아름다운 세상

아름다운 세상

더불어 행복한 세상으로 가는 길

이명현 지음

철학과 현실사

차례

Ⅰ ─ 안심입명(安心立命)에 이르는 길

II __ 정직한 바보들의 세상

III __ 새 길을 찾아서

Ⅳ __ 몰아 가지기로부터 나누어 가지기로

V __ 때에 알맞게 바꾸고 뒤집어야 산다

머리말

　인간은 나 자신과 타인, 그리고 나와 타인이라는 인간을 제외한 자연환경, 이 세 가지 종류의 존재 삼각형 안에 존재한다. 나 자신만 위해 살고자 하는 자세는 이기주의라 할 수 있다. 그리고 타인만을 위해 살고자 하는 자세는 이타주의라 표현할 수 있다. 그리고 나 자신과 타인이라는 인간만을 위해 자연환경을 마구 약탈하는 자세는 환경파괴적 삶이라 표현할 수 있다. 이 세 가지는 현실적으로 제대로 성취할 수 없는 그릇된 인간의 망상일 뿐이다.

　나 자신만을 위한 삶도, 타인만을 위한 삶도 현실적으로는 불가능하다. 더구나 나 자신과 타인이라는 인간만을 위한 삶, 그것을 무엇이라 표현하든 — 인간주의 — 불가능하다. 왜냐하면 자연환경은 바로 인간존재가 발을 붙이고 서 있는 존재의 바탕이요, 그루터기이기 때문이다. 자연환경이 무너지면 인간존재도 설 자리가 없기 때문이다. 나 자신과 타인 그리고 자연환경은 서로가 서로를 떠받쳐주는 상호의존적 구조로 되어 있기 때문이다.

　상호의존성, 상호연결성의 대각선 위에서 피어나는 아름다운 정신, 그것은 다름 아닌 나눔의 정신이다. 아름다운 세상은 바로 나눔의 정신에 따라 굴러가는 더불어 삶이다.

Ⅰ ― 안심입명(安心立命)에 이르는 길

안심입명(安心立命)에 이르는 길

　석가나 예수와 같은 성현들의 통찰을 구태여 빌리지 않더라도 우리가 겪는 매일의 경험으로 분명히 알고 있는 사실의 하나는, 인간인 나는 그 어떤 마음의 끊임없는 동요에 시달림을 받고 있거나 그럴 가능성 앞에 서 있다는 것이다. 동서고금의 현자(賢者)들은 한결같이 이러한 고통의 위협으로부터 벗어날 수 있는 여러 가지 처방들을 제시하여 왔다. 같은 병이라도 사람에 따라 약의 효험에 차이가 있어서 다른 약의 처방이 필요하듯이, 인간의 마음의 병에도 어느 누구에게나 똑같은 효험을 지닌 유일한 처방은 없는 것인지도 모른다. 사람은 사람이라는 한 가지 말로 부를 만한 공통적 특징이 있는 것도 사실이지만, 한방(韓方)에서 말하듯이 몇 가지 다른 유형으로 나눌 수 있는 차이점을 지니고 있으며, 그보다 더한 개인적 차이점도 무시할 수 없을 것같이 보인다. 이렇게 생각해 보면 사람마다 지닌 마음의 병을 고치는 데도 조금씩은 다른 처방이 요구될 듯싶다.

　그럼에도 불구하고 우리가 인간인 이상 그 어떤 본질적 공통점을 가지고 있으며, 이런 본질 때문에 생기는 인간의 공통의 문제가 있으며, 그 문제를 해결하는 데도 그 어떤 공통의 처방이 있으리라고 생각하는 것은 온당한 일이 아닌가 한다. 석가모니는 인간의 고통의 원인을 인간이 지닌 욕망의 구조에서 발견한다. 욕망이 없다면 고통은 없다. 욕망이 고통의 원인이요 고통이 그 결과라면, 원인이 없으면 결과도 없을 것이기 때문이다.

그러나 한편 생각해 보면 욕망이란 다름 아닌 인간이라는 존재가 살아가는 데 필요한 것을 얻고자 하는 자기보존의 표현으로 볼 수 있다. 배고플 때 먹고자 하는 욕망이 바로 그런 자기보존에의 몸짓의 대표적 예라 할 수 있다. 자고 싶은 욕망, 배설하고 싶은 욕망도 그런 종류에 속함은 말할 것도 없다. 그리고 성적 욕망은 개체의 자기보존에 '절대적'인 조건은 아니라 하더라도, '균형 있는' 자기보존에의 한 표현이라고 볼 수 있다. 그리고 생물인 인간존재에게 있어서 종족 보존은 개체 보존의 전제조건이므로 종족 보존과 직결된 성적 욕구도 궁극적으로는 인간의 자기보존의 한 표현으로 볼 수 있을 것이다.

그렇다면 인간의 욕구란 결국 인간의 존재방식이라 볼 수 있을 것 같다. 그러니 욕망의 부정은 인간의 존재방식의 부정으로 연결되고 만다. 인간의 이런 존재방식을 부정하는 것은 결국 죽음 이외에 무엇을 의미하는 것일까? 고통이 욕망으로부터 연유하는 것일진대, 고통으로부터 해방되는 길은 죽음밖에 없다는 결론에 우리가 도달하게 될 뿐이다. 이러한 결론 앞에서 우리는 당혹감을 느낄 수밖에 없다. 석가모니의 통찰이 함축하는 것은 결국 죽음에의 권고이기 때문이다. 이것은 본질적으로 우리가 흔히 경험하는 일상적인 현상과 조금도 다름이 없는 평범한 이야기에 지나지 않는다. 괴로운 일이 있을 때 흔히 사람들은 "죽어야지"라는 말을 내뱉는데, 바로 이런 무의식적인 발언이 의미하는 것은 죽음만이 고통으로부터 벗어나는 방도라는 것이라고 하겠다.

그렇다면 석가모니 같은 성현의 깨달음이 고작해서 고통을 면하고 싶거든 죽으라는 이야기밖에 안 되는 셈이다. 과연 그것이 석가모니의 깨달음의 알맹이일까?

석가모니나 예수의 가르침의 알맹이가 살아 있는 인간을 향해 죽으라는 권고는 아니라고 나는 생각한다. 그렇다면 무엇인가? 한마디로 그 핵심을 말한다면, '거짓된' 욕망으로부터 해방되라는 가르침이다. 인간의 생존에 필요한 것을 얻고자 하는 것은 인간이 인간이고자 하는 가장 아름다운 모습이라 아니 할 수 없다. 석가모니와 예수의 가르침의 핵심은 인간이 참으로 인간답게 사는 길을 가르치는 데 있다고 나는 생각한다. 인간이 참으로 인간답게 살지 못하게 되는 까닭은 거짓된 욕망의 포로가 되어 이리 뒹굴고 저리 뒹구는 데 있다.

그러면 그 '거짓된' 욕망의 '거짓'은 어디에서 나오는 것일까? 세계를 바로 보지 못함이 바로 그 거짓의 원천이다. 바로 보지 못함이 거짓된 욕망들을 낳는 장본인이다. 환상이라는 바로 보지 못함은 실재세계에 존재하지 않는 유령이나 도깨비를 존재하는 것으로 만들어놓는 장본인이다. 그리하여 그 실재하지 않는 도깨비와 싸움을 하며 온갖 고통을 겪게 된다. 바로 보는 사람에게는 도깨비가 없기에 그것과 싸우며 고통당하지 않는다.

거짓된 욕망은 인간의 참된 삶에 필수적인 것이 아닐 뿐 아니라 방해가 되는 것임에도, 그것을 꼭 필요한 것이라고 보고 그것을 미친 듯이 쫓는다. 이러한 맹목적인 미친 짓이 고통을 낳는 주범이다. 그런데 묘한 것은 이런 거짓된 욕망의 포로가 된 사람은, 그 욕망을 채우지 않으면 자기가 당장 멸망한다는 확신에 사로잡혀 있다는 사실이다. 환상을 보는 사람에게 아무리 그것이 사실이 아니라고 말해 주어도 남의 말을 믿지 않을 뿐 아니라, 오히려 그렇게 진실을 알려주는 사람을 미친놈이라고 보고, 없애버리려 하거나 멀리하려 한다.

그러면 어떻게 해서 우리가 이런 거짓된 욕망으로부터 참으로 해방될 수 있을까? 모든 봄(見)은 그 어떤 입각점을 전제로 한다. 어디에 서서 우리는 본다. 문제는 '어디'이다. 어디에서 보느냐에 따라 동일한 사물이나 사건도 달리 보인다. 열 평짜리 초가집과 백 평짜리 호화주택은 분명히 차이가 있다. 우리는 이 차이가 우주적인, 그리고 그 어떤 절대적인 차이라고 보통 생각하기 쉽다. 열 평짜리 초가집에서 백 평짜리 호화주택으로 옮겨가는 과정을 캄캄한 세상에 광명이 찾아오는 대사건으로 볼 수도 있다. 그래서 그것을 위해서, 그런 대사건을 혁명적으로 수행하기 위해서 무슨 일이든 불사하려 들기도 한다.

그러나 잠시 그 봄의 위치를 바꾸어 도봉산 꼭대기로 옮겨놓아 보자. (그 초가집과 호화주택이 서울 어느 위치에 있다고 가정하자.) 그리고 나서 그 두 집을 바라보자. 맨눈으로는 식별하기조차 어렵다면, 쌍안경으로 본다고 해보자. 그래도 그렇게 대단한 우주적인 차이가 눈에 잡히는가? 모든 봄은 어디에서 보는가에 따라 달라진다. 진리의 빛 아래서 볼 때야 비로소 우리는 우리 자신을 거짓된 욕망의 포로에서 해방시킴으로써 안심입명(安心立命)에 도달할 수 있다.

우리 같은 '보통 사람들'이 진리의 자리에 서서 세계를 보기란 어려운 일인지도 모른다. 그러나 이런 보통 사람들에게도 안심입명에의 길은 전혀 막혀 있지 않다. 자기의 집이 너무 초라하다고 느껴 마음에 그 어떤 통증이 생길 때면, 남산에라도 올라가서 세상을 바라보는 습관을 길러 보자. 남산에 올라서 마음이 안 풀리면 관악산에 올라가서 세상을 보든가, 그래도 개운치 않으면 도봉산에 올라가서 세상을 한 번 굽어보는 습관을 길러보면 어떨까. 그래도 시원치 않으면 비행기를 타고 저 구름 위로 올라가 한국 땅을 굽어볼 일이다. 만약 그럴 금전적 여유가 없다면, 우리 인간이 지닌 최대의 보배 가운데 하나인 상상력의 힘을 빌려 우주여행을 떠나보도록 하자.

우리의 고통이 만일 현미경으로 무엇을 봄으로써 생긴 것일 때는, 망원경을 통해 봄으로써 고통에서 해방될 수 있을 것이다. 미시적 봄과 거시적 봄 사이를 거침없이 왕래함으로써 인간은 세계에 대한 올바른 이해에 도달할 수 있을 것이다. 그리하여 우리는 참된 안심입명에 이를 수 있을 것이다.

『금융』(1985년 2월)

사람에 관한 명상: 연극하는 동물

    사람이 어떤 존재인가? 이 물음처럼 오래된 문제도 없으며, 이 물음처럼 어려운 문제도 없다. 인류의 오랜 지성사는 동서를 막론하고 이 문제에 관한 열띤 논쟁의 역사가 그 대부분을 차지하고 있다. 서양의 기독교적 전통은 인간존재의 위상을 신과 자연의 중간에 세워놓았다. 그런가 하면 이와 같은 기독교 전통에 반대하는 자연주의는 인간을 자연의 영역에 속한 하나의 존재로 파악하였다. 동양의 전통, 특히 중국 문화의 전통에서는 인간을 하늘과 땅 사이에 놓인 존재로 파악하였으나, 그 셋 사이에 뛰어넘을 수 없는 그 어떤 존재의 심연을 상정하지는 않았다. 그 셋은 그 운행의 방식에 있어서 뿌리가 하나라고 믿었다. 그러므로 인간은 하늘과 땅의 운행 원리인 도(道)에 따라 그의 삶을 이끌어가는 것이 정도(正道)라고 믿었다.

    널리 알려진 바와 같이 일찍이 그리스의 철인 아리스토텔레스는 '인간 = 이성적인 동물'이라는 인간에 관한 정의를 내린 바 있다. 현대의 철인 비트겐슈타인의 통찰을 응용한다면 '인간은 말하는 동물'이라고 표현할 수 있다. 언어는 이성의 구체화라는 것이 비트겐슈타인의 통찰이기 때문이다. 최근에 네델란드의 철학자 호이징가는 『유희하는 인간』이라는 제목의 책을 펴냄으로써 인간을 유희의 관점에서 풀이하려고 시도하였다.

나는 여기서 감히 '사람 = 연극하는 동물'이라는 새로운(?) 관점을 제시하고자 한다. 이것을 인간에 대한 정의(定義)나 이론(理論)이라고 말하지 않고, 하나의 관점이라고 말하는 까닭은, 나의 생각이 아직은 그렇게 영글고 짜임새 있는 것이 되지 못하기 때문이다. 그리고 이것이 어쩌면 전혀 새로운 것이 아닐 수도 있기 때문이다. 어쩌면 이미 존재해 왔던 생각들에다가 밑줄이나 방점을 붙여 돋보이도록 하는 것이 나의 발언의 참모습인지도 모르겠다.

저 고대 그리스의 철인의 정의가 그렇듯이 나는 인간을 동물이라고 본다. 동물이기는 하되 특별한 동물이 사람이다. 이 동물이라는 명사 앞에 붙여놓은 형용사가 인간을 다른 동물들, 이를테면, 호랑이와 당나귀, 혹은 비둘기와 참새, 혹은 꿩이나 닭과 같은 '움직이는 물건(動物)'들로부터 구별해 주는 특성을 표현한다. 모두 똑같이 '움직이는 존재'이긴 하나, 저 형용사가 표현하는 다른 특성을 지니고 있는 존재가 바로 인간인 셈이다.

아리스토텔레스는 '이성적(rational)'이라는 형용사를 붙였거니와 나는 '연극하는(playacting)'이라는 형용사를 동물이라는 명사 앞에 붙여놓는 바이다. 아리스토텔레스의 정의가 동물 가운데 이성적인 것은 인간밖에 없다고 말하는 것이라면, 나는 동물 가운데 연극할 줄 아는 존재는 인간밖에 없다고 말하는 셈이다.

연극을 할 줄 아는 동물, 더 나아가 연극하기를 즐기며 그것을 보기를 즐기는 동물, 그것은 분명히 예사로운 동물이 아니다. 어느 날 우리가 동물원에 가서 연극하는 동물을 발견했다고 하자. 그때 우리의 가슴이 예사롭게 움직일 수 있겠는가. 경악 없이 그것을 쳐다볼 수가 없을 것이다. 그 어떤 소스라치는 느낌이 우리를 압도하고야 말 것이다. 아니면 그 어떤 징그러운 느낌이 목까지 차오르는 것을 느끼게 되는지도 모르겠다.

연극은 배우와 관객을 요구한다. 연극하는 동물 배우의 모습이 경악을 자아낼 수 있을 뿐 아니라, 동물 관객의 모습 또한 우리의 몸을 관통하는 온갖 것을 멈추게라도 할 듯한 충격을 우리에게 가져다줄 것이다. 동물 배우가 연출하는 연극의 말짓과 몸짓을 보며 깔깔 웃어대는 동물 관객을 관찰하는 사람치고 그 어떤 마음의 충격을 느끼지 않을 사람은 아무도 없으리라. 그리고 그 충격의 밑바닥에는 그 어떤 기이함과 동시에 위협과 도전의 느낌이 자리 잡을 것이다. "야, 저것이 저렇게까지!" 그리고 어느새 나의 마음 한구석에 그 어떤 '태도의 변화'가 일어날 것이다. "아, 내가 잘못 봤구나. 미안하다." 하는 느낌과 함께 "다음부터는 내가…" 하며 그 어떤 사죄의 용서를 비는 마음까지 싹트게 되는지도 모른다. 연극은 누구나 하는 것이 아니라는 생각이 나의 이러한 태도의 변화를 가능케 하는 것이 아닐까. 말하자면 그것은 '굉장한 능력'을 요구한다. 그 능력의 실체는 과연 어떤 것일까?

우리는 '기계적이다'라는 표현을 쓴다. 이때 우리가 연상하는 것은 '융통성이 없다' 혹은 '유머의 여지가 없고 너무 고지식하다'와 같은 것이 아닐까. 물론 '정확하다' 혹은 '틀림없다'와 같은 느낌과 더불어. 그리고 또 한 가지 더 중요한 느낌은 아마도 '저 바보 같은 것'이 아닐까. 그리고 보면 기계란 일종의 '정확한 바보', 유머도 여유도 없는 재미없는 물건쯤으로 우리에게 인식되고 있는 셈이다. 이와 비슷한 점을 우리가 동물에게 귀속시키고 있는지도 모른다. 동물의 입장에서는 그것은 매우 불공정할 뿐 아니라, 사실과 어긋나는 인간의 오만의 표현일지 모르겠다.

'정확한 바보'는 있는 그대로 이상을 어찌하지 못한다. 그것은 있는 그대로를 보고할 뿐이며, 그것을 그대로 드러낼 뿐이다. 거기에 무엇을 보태거나 빼거나 하지 못한다. 이것이 그의 정상 상태이다. 만일 그렇지 않을 경우가 있다면 그것은 고장이 났을 때이다. 말하자면, 그것이 자기의 동일성을 유지하지 못하는 비정상의 경우에 있어서만 그것은 딴짓을 한다. 정확한 바보에겐 고장 이외의 경우에는 딴짓을 하는 것이 불가능하다.

그러면 '연극을 한다(playact)'는 것은 무엇을 뜻하는가? 그 알맹이는 '그런 척하는 것'이다. 배우에게 필요한 것은 자기의 현실이 아닌 그 어떤 것을 얼마나 그럴듯하게 그런 척할 수 있느냐 하는 능력이다. 배우가 맡는 역(役)은 자기의 실제의 현실이 아니다. 그것은 현실이 아닌 허구 속의 한 존재의 모습일 뿐이다. 배우가 수행해야 할 것은 자기의 실제 현실을 그대로 드러내는 것이 아니라, 자기의 현실이 아닌 허구를 마치 실제의 현실인 것처럼 말짓과 몸짓을 내보이는 일이다. 그런 척하는 몸짓과 말짓이 현실과 구별할 수 없을 정도가 되었을 때 배우의 연출은 최상의 것이 된다.

자기의 현실을 있는 그대로밖에 내보이지 못하는 정확한 바보에게는 그런 척하는 일은 불가능하다. 기계에게 그런 척하는 일은 불가능하다. 그리고 우리는 동물에게도 그런 척할 수 있으리라는 기대를 하지 않는다. 우리가 동물원에 가서 동물들이 연출하는 연극을 보게 되었을 경우에 소스라치는 충격을 받게 되는 까닭이 바로 여기에 있다.

그런 척할 수 있다는 것은 무엇보다도 먼저 자기의 현실로부터 일단 떠날 수 있다는 것을 말한다. 또한 그것은 자기의 현실이 아닌 것을 마치 자기의 현실인 것처럼 자신의 몸짓으로 표현할 수 있다는 것을 말한다. 앞의 것은 자기가 자기의 현실로부터 일단 거리를 둔다는 의미에서 자기의 쪼개짐을 의미한다. 거리란 무엇과 무엇이라는 둘을 전제하기에, 여기서 우리는 두 개의 자기를 발견한다. 이와 같은 자기의 둘로 나누어짐이 없이는 그런 척하는 것은 불가능하다.

그리고 자기의 현실이 아닌 그 어떤 것을 마치 자기의 현실인 것 같은 몸짓을 하는 데 가장 필요한 것은 상상력이다. 그 상상력의 힘을 빌려 현실이 아닌 그것을 마치 현실인 것처럼 육화함으로써 자기의 전체가 현실에 대응하는 것같이 움직이도록 되어야 한다. 자기의 현실이 아닌 것을 자기의 현실처럼 만들어놓는 것은 저 놀라운 상상력의 힘이다.

여기서 우리는 두 가지 놀라운 점과 만난다. 그 하나는 자기의 나눔에서 볼 수 있는 자기초월이요, 그 다른 하나는 자기 아닌 것을 자기인 것처럼 하게 만드는 데 동원되는 상상력의 가동이다. 자기초월과 상상력, 이 두 가지 능력이 없다면 그런 척하는 것은 불가능하다. 따라서 연출하는 일이 불가능하다.

그런 척하는 것은 배우요, 그런 척하는 것을 즐겨 보는 것은 관객이다. 관객은 자기의 현실이 아닌 허구를 보는 데서 즐거움을 얻는 존재이다. 관객에게 즐거움을 주는 것은 배우가 연출해 내는 그 기술일까? 자기의 현실이 아닌 것을 마치 자기 현실처럼 반응하는 그 몸짓의 기술이 관객의 마음을 사로잡는 것일까? 그 연기의 기술에서 느끼는 쾌감은 아마도 어려운 묘기를 보이는 스포츠맨의 액션을 볼 때 느끼는 그것과 동일한 것일는지도 모른다.

그러나 관객이 연극을 즐기는 까닭은 더 깊은 곳에 있는 것 같다. 관객은 연극이라는 허구를 하나의 비현실인 채 그냥 놔두기보다는 상상력의 도움으로 그 비현실을 자기의 현실의 한 부분으로 만듦으로써 강도 높은 삶의 진실과 마주 서게 된다. 거기서 그는 가장 짧은 시간 안에 가장 안전한 방식으로 인생의 오름과 내림, 환희와 고통의 긴장이 주는 맛을 느끼게 된다.

어쩌면 배우도 이러한 관객이 보는 맛을 보는 것인지도 모른다. 이런 의미에서 배우는 단지 배우임으로 해서 얻는 명예와 물질적, 사회적 보상만으로 연극을 하는 것은 아닐 것이다.

지금까지 들춰본 것이 연극함의 빛이라면, 이제부터 들춰보려는 것은 연극함의 그늘과 어두움이다. "야, 너 연극하지 마"라는 말은 연극의 그늘과 어두움을 드러내는 언어이다. 앞에서 우리는 정확한 바보로서의 기계에 관해 살펴보았다. 그리고 그와 함께 그러한 기계는 그 본성에 있어서 자기의 현실이 아닌 것을 표현할 수 없다는 점도 지적되었다.

거짓말은 현실과 어긋나는 말이다. 우리가 자기의 현실과 다른 말을 하였을 때 우리는 거짓말쟁이가 된다. 기계는 자기 현실을 그대로 노출하는 것 이외에는 다른 것을 할 수 없다(고장이라는 비정상 상태 이외에는). 이런 의미에서 기계는 거짓말을 할 수 없다. 그것이 기계의 본성이요, 본질적 구조이다. '거짓말하는 바보'라는 말은 이상하다. 거짓말까지 할 줄 안다면 우리는 그를 바보라고 부르지 않을는지 모른다. 거짓말하는 것은 그 어떤 능력을 전제한다. 기계는 고장이 나지 않는 한 있는 그대로를 드러낼 뿐이다.

거짓말을 하는 것은 연극의 어두운 면이다. 인간은 이런 의미에서 연극할 줄 아는 존재이다. 인간은 누구나 거짓말을 하지 않는다. 그러나 누구나 거짓말을 할 능력을 가지고 있다. 그는 연극을 할 줄 안다. 부정적 의미에서의 연극을 할 수 있는 능력을 가지고 있으며, 또한 어떤 사람은 그 능력을 실제로 탁월하게 발휘한다.

인간의 사회적 삶도 어떤 의미에 있어서는 하나의 연극이다. 우리는 사회에 있어서 그 어떤 배역을 맡아 연극을 하고 있다. 청소부, 배달부, 장사꾼, 수위, 경찰, 일등병, 장군, 교사, 공무원, 목사, 스님, 교수, 신문기자, 국회의원, 장관, 대통령, 검사, 판사, 정보원, 그리고 탤런트, 영화배우, 영화감독 등등 모두 각자가 맡은 배역을 잘해 내면 추위로부터 박수갈채를 받는다. 보이는 훈장과 보이지 않는 훈장을 받는다. 그리하여 역사의 장부에 기록되기까지 한다. 역사가는 삶의 역사라는 연극에 관해 논평하는 연극 평론가인 셈이다.

　연극에는 연출가(PD)가 있기 마련이다. 그리고 그가 연극의 무대 위에 나타나지는 않지만, 그도 그가 만든 연극의 질에 책임을 물어 심판의 대상이 된다. 역사의 PD가 누구인가? 혹자는 위대한 지도자, 위대한 사상가, 위대한 과학자, 혹은 위대한 혁명가라고 말하는지 모른다. 그러나 또 어떤 사람들은 이런 눈에 보이는 PD를 움직이는 눈에 보이지 않는 참 PD를 말하는지 모른다. "모든 것은 신의 섭리이다"라고. 그러나 이 참 PD의 연출을 놓고 왈가왈부할 수 있는 참 평론가는 없다.

　사람들은 이상적 사회에 관해 많은 논의들을 펼쳐왔다. 그 가운데는 허황되기 짝이 없는 흰소리들도 꽤나 된다. 좋은 그림은 얼마든지 그릴 수 있다. 문제는 실현 가능성이다. 실현 가능성의 조건들 가운데 가장 중요한 조건은 인간의 조건이다. 사람의 본성 때문에 어쩔 수 없는 허황된 그림은 없는 것만 같지 못하다.

　우리가 추구하는 열린사회는 인간의 조건 위에 토대한 실현 가능한 삶의 틀이다. 우리가 사회와 국가라는 모듬살이 안에서 연출하는 연극이 쓸 만하고 볼 만한 것이 되기 위해서는 연극의 그늘을 가능한 한 최소화한 것이어야 한다. 그것은 다름 아닌 거짓의 어둠을 쫓아낸 세상이다. 거짓의 묘밭은 모든 종류의 암실(暗室)이다. 모든 비밀주의와 폐쇄장치가 바로 그것이다. 여러 가지 암실로 꾸며진 사회는 그 어떤 아름다운 언어의 분장에도 불구하고 결코 살 만한 세상이 될 수 없다. 그리고 그것은 열린 세상이 아니다.

『언론과 비평』(1989년 11월)

올곧은 행동만이 행복을 키운다

'행복'이란 낱말처럼 사람들이 좋아하는 언어도 많지 않을 겁니다. 더구나 이제 막 세상에 눈뜨기 시작한 젊은 사람들에게는 말할 것도 없습니다.

오늘의 삶에 불만을 느끼는 사람일수록 행복에의 염원은 그 강도가 더 높습니다. 현실에 부재한 행복을 내일의 가능성 속에서 찾으려 듭니다. 그리고 머릿속에서 그것을 그려봅니다.

그러고는 혼자 미소 짓습니다. 그것은 내일의 가능성을 오늘에 가불(假拂)함으로써 얻어진 만족의 표현입니다. 그것은 현실의 열매를 보고 짓는 웃음이 아니라, 환상의 열매를 그리며 짓는 헛웃음입니다 오늘을 참을 수 없는 사람에게는 물론 그 환상의 열매가 필요합니다. 그것은 오늘의 통증을 완화시켜 주는 진통제가 될 수도 있기 때문입니다.

그러나 현실은 현실이며, 환상은 어디까지나 환상입니다. 그리고 삶의 토대는 분명히 현실입니다. 꿈꾸는 것도 현실 안에서 일어나는 하나의 현상이긴 하지만, 꿈이 곧 현실은 아닙니다. 그러므로 참 행복은 현실의 열매 안에서 찾아져야 합니다.

행복은 하나의 실체가 아닙니다. 행복을 찾는다는 것은, 그러므로, 잃어버린 금반지나 복슬강아지와 같은 그 어떤 실체를 찾는 일과 근본적으로 다른 일입니다. 행복은 본래 명사가 아니라 형용사에서 그 참뜻을 드러냅니다. 그렇기에 우리가 찾는 것은 행복이라는 그 어떤 실체가 아니라, 행복한 삶입니다.

그러면 행복한 삶이란 도대체 어떤 것일까요? 삶은 먹고 자고 배설하는 것과 같은 생물학적 행동들이 그 토대가 되어 영위된다는 것을 우리 모두가 부인하지 못할 것입니다. 그와 함께 우리 삶은 여러 가지 종류의 행동의 연속으로 엮어집니다. 한마디로 삶은 행동의 다발입니다.

산다는 것은 행동의 연속과정입니다. 그리고 잘 산다는 것은 행동이 바르고 옳게 이루어진다는 것입니다. 행복한 삶은 잘 살 때 이루어지며, 그것은 곧 내가 하는 행동 하나하나가 바르고 옳은 것이 될 때 도달할 수 있습니다. 행복한 삶은 밖으로부터 우연히 떨어지는 횡재가 가져다주는 것이 아닙니다. 그것은 내가 매일 행동을 어떻게 하느냐에 따라 잃을 수도 얻을 수도 있는 삶의 양식입니다.

『여성자신』(1985년 12월)

마음의 창을 활짝 열고

한국은 한때 고요한 아침과 같은 땅이었다. 자타가 그렇게 생각했다. 그러나 지금은 그렇지 않다. 자타가 그렇지 않다고 믿고 있다. 오늘의 한국을 조용한 땅이라고 말할 사람은 아무도 없다.

이제 한국은 더 이상 조용한 나라가 아니다. 매우 시끄러운 나라요, 매우 활기가 넘치는 나라임에 틀림없다. 길거리에서 이리 뛰고 저리 뛰는 사람들의 발자국 소리에서 우리는 그 활력의 현장을 본다.

오늘 한국 땅처럼 변화의 놀라움이 큰 곳이 어디 또 있을까. 눈 깜짝할 사이에 전에 못 보았던 건물과 도로가 탄생하며, 전에 없던 물건들이 쏟아져 나온다. 이 새로운 존재들의 출현 앞에서 우리의 눈은 갈피를 잡을 수 없다. 이 엄청난 변화 앞에서 우리는 이미 '전차에 받친 사람' 꼴이 되고 말았다.

우리는 5천 년 역사를 말한다. 시간은 그러나 그 길이로만 말할 수 없다. 5천 년은 그 길이로 보면 매우 긴 시간임에 비해 그 변화의 내용은 그리 대단치 못함을 우리는 알고 있다.

자연의 세계에서는 변화가 동질적일는지 모른다. 그러나 인간의 역사에서는 시간이 결코 동질적이 아니다. 과거의 500년 동안의 역사적 변화가 오늘의 5년 동안의 역사적 변화와 맞먹을 수도 있다. 참으로 놀라운 변화의 세상 속에 우리는 살고 있다.

여기서 우리의 마음은 그냥 바쁘기만 하다. 바쁘지 않으면 안 될 것 같은 상황의 압력 아래 우리는 놓여 있다. 이런 상황 아래서 마음의 여유를 갖는다는 것은 그리 쉬운 일이 아니다. 마음이 바쁘니 마음의 짐도 무겁다. 스트레스는 마음의 짐이다.

이러한 우리의 삶의 상황은 우리의 선택의 결과인가, 아니면 어쩔 수 없는 운명의 소산인가? 하나 분명한 것은 나 혼자서 거부함으로써 없애버릴 수 있는 것은 아니다. 이런 점에서 그것은 나 개인의 선택의 직접적 결과는 아니다. 그럼에도 우리가 부정할 수 없는 사실은 우리 대다수가 '극성'을 부리고 있다는 점이다. 무엇에도 극성이다. 신들린 사람들처럼 우리는 뛴다. 그런데 왜들 그렇게 극성들인가?

우리는 '한(恨)'을 이야기한다. 지나간 옛 사연치고 한에 사무치지 않을 게 없다. 한에 찌들고 찌든 이야기들이 우리가 읊조리는 노래요 사설들이다. 그런 한 때문에 우리는 신들린 사람처럼 이리 뛰고 저리 뛰고 있다. 그리 미친놈처럼 이리 뛰고 저리 뛰기만 한다고 뭐가 되랴마는 우선 뛰고 보는 것이다. 가만히 하늘만 쳐다보아서 되는 일이 없다는 것을 우리는 지나간 장구한 역사의 경험으로 배워 알고 있기 때문이다. 그래서 우선 뛰고 보는 것일 게다. 그래서 남 보기엔 '극성꾸러기들'이다. 이것이 오늘의 한국인의 겉모양이다. 한을 풀어보려는 바쁜 행렬들.

한은 그렇기에 오늘의 우리 역사를 움직여나가는 에너지인지도 모른다. 한은 오늘의 역사의 기관차를 움직이는 땔감이다.

우리는 모두 쾌속의 기관차를 원한다. 이 소원이 오늘의 역사 상황을 이처럼 밀도 높은 변화로 몰고 가고 있다. 너도나도 빨리 한의 보따리를 풀어보고자 한다. 오늘 이 땅을 가득 채운 열기는 한의 에너지가 발산하는 열기이다.

여기서 우리는 잠시 호흡을 낮추고 성찰의 시간을 가져보자.

먼저 가며 빨리하는 것은 좋다. 그러나 모든 사람이 나부터 먼저 빨리 가자고 하면, 그러한 모든 사람의 소원은 성취보다는 좌절과 충돌로 귀결되기 쉬울 것이다. 동시에 모든 사람이 먼저 가는 방법은 없기 때문이다. 어느 누구도 먼저 가지 못한 채 서로가 뒤얽혀 아무도 꼼짝 못하게 되는 것은 누구의 이익도 되지 않는다. 모두에게 손해만 남아 있을 뿐이다.

우리가 사는 세상은 '혼자살이'가 아니요, '모듬살이'다. '나만 먼저'라는 생각은 모듬살이의 기본 구조와 어울리지 않는 그릇된 생각이다. 오늘 이 땅에 절실히 요구되는 것은 모듬살이에 필요한 규범에 대한 자각이다. 우리의 존재는 더불어 있음이기에 우리의 존재질서는 '서로 맞물려 있음'에 뿌리하고 있다. '서로 맞물려 있음'에 뿌리내리고 있는 존재에 있어서는 네가 나와 다르기는 하나, 너 때문에 내가 있으며, 나 때문에 네가 존재할 수 있다. 너 없는 나란 하나의 가상이요 허구이다.

오늘의 삶과 터전은 본질적으로 아파트의 터전이다. 아파트는 각각 별도로 있지만, 그렇다고 하여 네 집을 부숴버리고 내 집만 따로 건재할 수 없다. 나의 집의 기둥은 곧 네 집의 기둥이요, 내 집의 쓰레기통이 네 집의 쓰레기통이요, 네 집의 하수구가 곧 내 집의 하수구이다. 이것이 아파트 공동체의 실상이다.

우리는 가끔 내 아파트만을 잘 꾸민다고 하여 아파트의 총체적 구조의 안전을 위협하는 내부구조 변경을 시도하는 사람들을 본다. 미련한 사람의 미련한 짓거리일 뿐이다.

아파트에 사는 사람은 내 집에만 깨끗한 수돗물이 들어오길 기대할 수 없다. 복잡한 거리를 혼자 질주하면서 혼자 무사히 자기 목적지까지 제일 먼저 도착하기를 기대하는 운전자의 어리석음을 깨닫지 못하는 사람은 오늘의 세계를 현명하게 살 수가 없다.

다른 사람은 더러운 공기를 들이마시게 해놓고 혼자 맑은 공기를 자기 허파에 들여보낼 수 있다고 믿는 사람은 오늘의 세계의 시민이 될 수 없다. 오늘의 우리의 삶의 공간은 하나의 호흡권이기 때문이다.

"혼자 잘 먹고 잘 살 수 있다"고 믿는 사람은 겉보기에는 매우 영리한 사람 같으나, 깊이 생각해 보면 어리석은 사람 가운데 어리석은 사람이다.

모든 사람은 외톨이가 결코 아니다. 오늘의 삶에 있어서 가장 기본적인 지혜는 내가 너와 맞물려 있음을 깨닫는 일이다.

"혼자 무슨 짓을 하든 무슨 상관이냐"고 외치는 사람은 겉보기에는 매우 기개가 있고 멋쟁이같이 보일는지 몰라도 오늘의 삶에서 낙제생의 운명을 면하기 어려울 것이다.

오늘 우리가 깊이 성찰해야 할 것은 "너와 내가 어떻게 더불어 웃을 수 있는가"라는 물음이다. 인생은 싸움하다가 끝내기에는 너무나 짧고 귀하다. 사람들에게 주어진 시간은 그리 길지 않다. 그리고 그것은 매우 소중하다. 소중한 시간은 소중하게 사용되어야 한다. 더불어 웃는다는 것처럼 소중한 삶의 시간이 어디에 있으랴. 네 눈에 비친 나의 웃는 얼굴이 내 눈에 비친 너의 웃는 일굴처럼 빛날 때, 우리의 삶의 디전은 비로 인간이 인간답게 사는 세상이 될 것이다.

『영풍 사보』(1989년 2월 15일)

큰 나(大我) 작은 나(小我) 그리고 공(公)과 사(私)

플라톤은 일찍이 제대로 된 나라를 꿈꾸며 '공화국(Republic)'이란 것을 구상했다. 그 핵심적인 문제는 어떤 사람이 다스려야 하는가에 모아졌다. 나라는 개인적인 것, 사적인 것을 넘어서는 곳에서 성립한다. 그래서 그는 개인적 이해관계에 얽매이지 않는 사람이 나라를 다스려야 할 것이라고 생각했다. 그래서 그는 다스리는 자는 모름지기 개인적인, 사적인 관계망으로부터 벗어난 삶을 살아야 한다고 보았다. 결혼을 해서 배우자를 맞이하고 가정을 만들어 자식을 낳는 것은 바로 사적 관계망의 핵심 고리라고 그는 진단하고, 나라를 다스리는 자는 이러한 가정의 삶으로부터 벗어나야 한다고 보았다.

"여우 같은 마누라와 토끼 같은 자식"의 인간 그물망에 갇히면 나라라는 공적 관계의 질서를 흩어놓기 쉽다고 그는 생각했다. 그래서 플라톤의 공화국에서는 치자(治者)는 독신의 삶을 살아야 한다고 보았다. 그렇게 되면 마누라와 자식을 부양하기 위한 보물과 재산으로부터 자유로워져서 온갖 부정의 유혹으로부터 멀리 떨어지게 됨으로써 공적 질서의 관리자로서 제 기능을 잘 수행할 수 있으리라고 그는 생각했다. 여기서 가정은 사적 동기에 의한 부정의 원천이라고 진단되고 있는 셈이다.

동양에서는 "수신제가치국평천하(修身齊家治國平天下)"를 말해 왔다. "내 한 몸을 잘 닦아서 가정을 꾸리고 나서 나라를 다스리면 천하가 평온케 된다"는 것이다. 여기서는 나 한 사람과 가정 그리고 나라와 온 세상이 일직선의 연속선상에 놓여 있는 것으로 파악되고 있다. 나와 가정이라는 사적 영역과 나라와 천하라는 공적 영역이 연속적인 관계에 놓여 있는 것처럼 보인다.

오늘 우리는 피로 연결되지 않은 '무수한 낯선 사람들'과 섞여 돌아가고 있다. 옛날 우리의 조상들은 피로 연결된 사람들, 종씨(宗氏)들과 한 마을에서 어울려 살았다. 낯익은 사람들의 공동체가 옛사람들의 삶의 터전이었다. 옛 도덕의 핵심인 오륜(五倫)은 본질적으로 이 아는 사람들, 낯익은 사람들 사이의 관계에 관한 도덕규범이다. 낯모르는 사람에 대해서 어떻게 해야 하는가에 대해서는 오륜은 아무런 언급도 하지 않는다. 전통적인 우리의 도덕규범이 지닌 한계가 바로 여기에 있다. 낯익은 사람들을 위한 도덕규범이 바로 그것이다.

오늘 우리가 사는 삶의 공간에서 부딪히는 사람들의 대부분은 낯선 사람들이요, 피로 연결되지 않은 이방인들이요, '에트랑제'들이다. 이러한 이방인들이 다수를 차지하고 피붙이들이 소수로 끼여 있는 보듬살이가 바로 오늘의 우리의 삶의 터전이다.

오늘 우리는 친인척, 동향, 동창의 끈적끈적한 유정(有情)의 아름다움을 이야기한다. "우리가 남이가"를 목소리 높여 외치며 뜨끈뜨끈한 삶의 열기를 돋우어보기도 한다.

아파트는 오늘 우리의 삶의 공간적 위상을 극적으로 표현해 준다. 생존의 기본적 조건들이 하나로 연결된 구조물, 그것이 바로 아파트이다. 말하자면 하나의 아파트 속에 사는 사람들은 하나의 공간적 공동 생명권 속에 놓여 있다.

그런데 그러한 한 공동 생명권 속에 사는 사람들 사이엔 아무런 피로 연결된 뜨거운 관계가 없다. 에트랑제들의 집합도, 그것이 바로 오늘의 아파트라는 삶의 터전이다. 이러한 삶의 터전 속에 몸을 담고 사는 우리가 종씨(宗氏)라는 피붙이들과 동향, 동창이라는 유사 피붙이들만을 쫓아다니면서 "우리가 남이가"를 목청 높여 부르짖는다면, 그러한 우리는 도대체 어떤 인간들인가? 그렇게 해도 세상이 제대로 굴러갈 수 있을 것인가?

안마를 해보면 안마사들이 "당신 몸에 피가 여기저기 뭉쳐 있다"고 말한다. 그래서 그 뭉친 피를 풀어주어야 된다고 하며 안마사는 나의 몸을 주물러댄다. 건강한 사람은 피가 여기저기 뭉쳐 있지 않고 몸 전체 고르게 돌아간다. 피붙이와 유사 피붙이들이 끼리끼리 뭉치는 사회는 건강한 사회일 수 없다. 공적 관계에 사적인 것을 섞음질하는 것, 그것이 바로 오늘 우리 사회의 구조적 병리현상이라고 나는 진단한다.

오늘 우리의 삶은 엉망진창이다. 지구촌 시대를 말하면서 '안동 ○씨', '김해 ○씨'를 들먹인다. 남북통일을 말하면서 '영남'과 '호남'을 따라 움직인다. 세계 속의 대학을 말하면서 '○○고등학교 출신'을 앞세운다. 공직자는 모름지기 낯모르는 수많은 사람들의 고통과 기쁨의 얼굴을 떠올릴 수 있는 상상력을 지녀야 한다. 아는 사람들의 얼굴 표정을 떠올리면서 공적 결정을 하는 사람은 공인이 될 자격이 없다. 그런데 이 땅의 공인(公人)들은 과연 어떤가? 그들에게 과연 낯모르는 무수한 사람들의 고통에 가득 찬 모습을 떠올릴 수 있는 상상력이 있는가? 자기에게 가까운 얼굴의 표정을 읽으면서 공적 결정을 내리고 있는 것은 아닌가?

이 땅의 보통 사람들은 어떠한가? 오늘 한국의 도로 위에는 철마차들로 가득 차 있다. 가히 선진국의 뺨을 칠 정도로 붐비는 자동차 세상이다. 그런데 우리는 거기서 무엇을 하고 있는가? 세계에서 가장 많은 사망자와 불구자를 양산하는 철마차 전쟁을 하고 있다고 신문은 보도하고 있다. 자동차 속에 들어가 앉으면 우리는 얼굴에 철판을 깔고 있는 철면피(鐵面皮)가 되고 마는 것일까? 나는 상상해 본다. 교통법규로 모든 자동차에 한 평짜리 자신의 대형 사진을 모든 운전자로 하여금 자기 자동차에 달고 다니도록 하면 어떨까 하고. 체면을 귀하게 여기는 동방예의지국의 백성들은 그때부터 교통법규대로 운전하게 되어 세계의 교통 모범국이 될 것인가. 나는 오늘의 교통법규가 오늘을 위한 삼강오륜이라고 생각한다. 도덕규범의 핵심은 사람들이 제대로 된 삶을 살게 하는 데 있으므로, 사람의 생명에 관계되는 규범이야말로 가장 소중한 규범 중의 규범일 수밖에 없다고 나는 생각한다.

옛사람들의 오륜은 사람의 삶을 품위 있게 하는 데 관계된 것이었지만, 생명의 보존과 직접 연관된 것은 아니었던 것이다. 그런 점에서 볼 때 오늘 우리의 삶에 있어서 교통규범은 무엇보다도 소중한 공적 삶에 있어서 필수적인 규범이요, 그것을 지킴은 오늘 우리의 삶에 있어서 필수 불가결의 공공심의 발로가 아닐 수 없다.

남에 대한 배려, 남을 억울하지 않게 대우하는 것, 이것은 오늘 우리의 공적 삶을 떠받치는 최소의 마음가짐이다. 이 기본규칙이 지켜지지 않는 세상 속에서 각자가 자기의 몫만 챙기려 든다면, 그가 얻을 것은 아무것도 없을 것이다. 작은 나(小我)에 집착하는 자는 얻고자 하는 작은 것마저도 잃어버리게 된다. 사회의 틀은 나와 무관한 어떤 것이 아니기 때문이다. 그것은 나의 삶의 방식과 내용을 결정해 주는 큰 나(大我)를 구성한다.

현명한 사람은 누구인가? 작은 나에 집착하지 않고 큰 나를 통해서 자아실현을 도모하는 자가 현명한 사람이 아닐까. 이 현명한 사람들이 만들어가는 세상이 바로 성숙한 사회와 성숙한 세상이다. 그렇기에 공(公)을 생각함은 나를 버리는 것이 아니라, 작은 나를 넘어서서 큰 나를 실현하려는 큰 뜻이다.

　나 혼자 먼저 가려고 네거리에 있는 운전자들이 서로 자동차의 액셀러레이터를 밟는다면 어떻게 될 것인가? 결과는 불을 보듯 뻔하다. 모두의 파멸, 그것뿐이다. 이것이 바로 공(公)을 버리고 사(私)만을 쫓는 사람들의 최후의 모습이다.

『철학과 현실』(2001년 가을)

젖 먹이는 여자

"늙은 개에게는 새 재주 못 가르친다"는 속담이 있습니다. 속담이 곧바로 진리인 듯이 생각하는 것은 경솔한 일입니다마는, 이 속담은 쉽게 지나쳐버릴 수 없는 깊은 뜻을 지니고 있는 듯합니다. 우리의 또 다른 속담에도 "세 살 버릇 여든까지 간다"는 말이 있는데, 그 말하려고 하는 깊은 뜻은 같다고 볼 수 있습니다.

사람은 다른 동물과 마찬가지로 태어날 때부터 배우지 않고서도 무엇인가 할 수 있는 능력을 가지고 태어나는 것은 우리가 다 아는 사실입니다. 그런데 사람은 이러한 본능으로 무엇을 하는 것보다는 태어난 뒤에 배워서 얻은 능력으로 무엇을 하는 것이 훨씬 많은 존재입니다. 바로 이러한 후천적인 가능성이 사람을 자연 가운데서 가장 적응력이 강한 존재로 만들며, 또 바로 그것 때문에 사람은 모든 자연의 존재 가운데서 가장 탁월한 자리에 놓이게 됩니다.

그런데 놀라운 것은 배우는 것 가운데 알맹이가 되는 세상을 보는 눈, 사물을 평가하는 눈, 무엇을 옳다고 보고 무엇을 나쁘다고 보는 눈, 이런 눈이 한 번 학습이 되고 나면, 그렇게 쉽사리 바뀌지 않는다는 점입니다. 여기서 학습한다는 것은 단순히 글자로 적힌 것을 머리로 암기하는 따위라기보다는, 알게 모르게 몸으로 익힌 것을 두고 하는 말입니다. 그리고 한 가지 더 말해야 할 것은 그러한 뿌리가 되는 배움이 이루어지는 때가 젖먹이 시절이라는 것입니다. 그러니 젖먹이 때 배운 것이 여든까지 간다는 말이 여기서 생기는 것입니다. 심리학자들에 따르면 어린 시절에 뿌리박힌 마음의 태도 — 무엇을 어떻게 보느냐 하는 눈 — 는 아무리 노력을 해도 서른 몇 해쯤은 걸려야 바뀐다고 합니다. 가만히 놔두면 일생 동안 그대로 같은 모양일 것이라는 추측도 가능합니다.

세상을 변혁시키고 싶어 하는 사람들은 세상의 제도나 법률을 뜯어고치는 게 상례입니다. 그러나 '포부가 많은' 사람들은 사람의 생각, 태도까지 바꾸어놓겠다고 덤비기도 합니다. '의식혁명'이니, '의식개혁'이니 하는 언어들도 그런 포부 많은 사람들이 만들어내는 말들 같기도 합니다. 그런데 그게 어디 쉬운 일입니까? 그렇게 우리의 생각과 태도가 쉽사리 바뀔 수 있다면야 얼마나 좋겠습니까마는, 그것이 어렵다는 것은 늙은 개에게 새 재주 못 가르친다는 말이 잘 말해 주고 있으니 어찌합니까?

설사 이미 어른이 다 된 30, 40 또는 50이 된 어른들의 못된 '의식'을 고치려고 든다고 합시다. 그것이 비록 성공한다 하더라도 그가 그 못된 버릇을 고쳐 새 사람이 되었을 때는 이미 무덤 앞에 서 있을 때이니, 그 낡은 '의식'을 버리고 새 의식을 가진 새 사람이 세상을 바꾸기는 불가능할 것이 뻔히 보입니다. 더군다나 그 '의식개혁'이란 것이 자기 자신으로부터 움터 나온 자기혁명이 아니라, 밖으로부터 들려오는 음성에 따라 가동되는 '타율적 개혁'일 때, 그 결말은 불을 보는 것보다 더 뻔한 일이 아니겠습니까?

몸을 움직여 남의 흉내를 내게 하는 것은 그리 어려운 일이 아닙니다.

손을 들라고 소리쳐 손을 들게 하고, 허리를 굽히라고 소리쳐서 허리를 굽히게 할 수 있습니다. 그러나 "너 정직해라." 하고 고함쳐서 정직한 마음을 만들어놓기란 여간 어려운 일이 아닙니다. 물론 그렇게 한다는 대답까지는 받아낼 수 있습니다. 서약까지도 받아낼 수 있습니다. 권위나 불호령으로 말입니다. 그렇다고 그 사람 자체가, 그 사람의 속마음까지 부정직에서 정직으로 바뀌었다고 말하기는 어렵습니다. 그 무서운 사람 앞에서 잠깐은 정직한 것과 같은 행동을 할 수도 있습니다. 그렇다고 그의 사람됨, 그의 태도, 그의 의식이 바뀌었다고 보기는 어렵습니다.

종교에서 말하는 '개종' 또는 '거듭남'이 바로 의식의 자기혁명이라 할 수 있는 것인데, 그것은 명령으로 이루어지는 사건이 아닙니다. 그것이야말로 종교적인 내밀한 언어로 표현해야 할 만큼, 그 어떤 일상을 넘어선 사건입니다. 어쩌면 '기적'이라는 말이 거기에 적합한 언어인지도 모르겠습니다. '도통한다'는 것은 어른이 옛 껍질을 벗어버리고 새로운 눈으로 세계를 보는 것인데, 그것도 의식의 자기혁명의 한 과정입니다.

그런데 도통은 누구나 할 수 있는 그런 인생의 체험이 아닙니다. 그냥 가만히 앉았다가 갑자기 도통할 수 있는 것이 아님은 말할 것도 없으려니와, 그렇다고 한 십 몇 년 절간에 틀어박혀 있었다고 해서 누구나 이를 수 있는 것도 아닙니다. 그러므로 도통해서, 모든 사람이 새로워져서 세상이 바뀌기를 기대하는 것은 너무 이상적이라 하지 않을 수 없을 듯합니다.

이제까지 말한 바로 분명해진 것은 다 된 어른의 마음이나 의식이나 생각을 고쳐서 세상을 고쳐보자는 생각은, 뜻은 좋으나 구름 잡는 이야기와 비슷한 데가 많다는 점입니다. 다 된 어른은 '거듭남', '도통'과 같은 예외적이고 기적적인 사건을 제외하고는, 이미 되어먹은 대로 한세상 살다 가기 마련인 것이 보통입니다. 중요한 것은 젖먹이 시절에 알게 모르게 몸에 익힌 버릇과 눈입니다. 그것이 삶의 바탕이요 뿌리입니다.

'교육, 교육' 하며 떠들어대지만, 저 젖먹이 시절의 익힘과 맞먹을 참교육이 어디 있습니까? 국민학교나 중고등학교 '훈장'도 젖먹이 시절의 훈장에 견주면 아무것도 아닙니다. 더구나 대학의 훈장은 그 곁에나 어디 갈 수 있습니까? 젖먹이 시절에 인간의 뼈대가 형성됩니다. 그 뒤의 학교교육은 그 뼈대에다가 살을 붙이는 작업이라고나 할까요.

그러니 선생님 중에 젖먹이 선생님보다 위력을 지닌 큰 선생님이 없습니다. 모든 어머니는 그러므로 큰 선생님입니다. 사람의 뿌리를 만드는 분들입니다. 그렇기에 젖 먹이는 분들은 위대한 분들입니다. 다 큰 사람 어떻게 두들겨 새 사람 만들어 세상 바꾸어보자는 생각은 뜻은 참 좋은 것이로되 너무 비현실적입니다. 그런 생각을 그 어떤 교주나 성직자가 가진다면 그래도 얼마만큼 이해할 수 있는 일이지만, 그 밖에는 말도 안 되는 소리입니다.

결국 새 사람의 출현을 통해서만 세상이 바뀌겠는데, 그 새 사람의 출현은 어른이 탈바꿈함으로가 아니라, 새로운 버릇과 눈을 몸에 길들인 어린 젖먹이들이 어른이 되는 것으로 나타나야만 세상은 바뀔 것입니다.

젖먹이들을 새로운 사람으로 만드는 큰 선생님은 바로 어머니이니, 세상을 변혁하는 원동력은 바로 젖 먹이는 분들이라 하지 않을 수 없습니다.

'의식개혁'이다 뭐다 하고 떠들어대는 걸 보면, 무언가는 지금 우리 생각 가운데 잘못된 것이 있는 것이 사실인 듯합니다. 그런데 무엇이 잘못되었는지, 또는 무엇은 괜찮은 것인지를 헤아려보기 위해서 우리가 먼저 챙겨야 할 것은 한국 사람들이 어떤 세상을 살아왔는가를 아는 것입니다.

물론 그 이야기를 다 하자면 너무나 긴 이야기가 됩니다. 그러니 몇 가지 참고가 될 만한 점을 살펴보겠습니다. 역사책에서 5천 년이나 되었다고 하는 한국 역사 가운데서 오늘 우리의 삶에 가장 직접적인 영향이 큰 과거의 무거운 짐들은 물론 조선시대의 것이라 해야겠습니다. 그런데 그 조선시대의 무거운 짐 가운데서 오늘 우리의 삶에 가장 큰 상처를 남긴 것은 중국 땅에 있던 나라들의 침략과 주인 노릇이었다고 보입니다. 이러한 밖으로부터의 누름은 한국 사람들의 기를 꺾는 데에 절대적인 역할을 했다고 봅니다. 이것을 '대외적인 예속'이라 부를 수 있습니다.

그리고 한국 사람은 조선왕조의 중앙집권적인 왕권 시대에 일반 백성은 거의 종과 같은 위치에서 기를 펴지 못하고 왕의 얼굴도 쳐다보지 못한 채 "네, 네"를 연발하면서 굽실거리기에 바빴습니다. 이러한 예속적인 삶에서 가장 큰 미덕은 복종이었습니다. 자기의 생각은 죽이거나 덮어놓고 오직 윗사람의 형편과 말씀에만 모든 관심과 시선을 기울이는 것이 백성이 마땅히 해야 할 도리로 통용되는 세상이 바로 우리의 조상들이 살던 세상이며, 그것이 아직도 오늘의 기성세대의 의식의 밑바닥에 자리 잡고 있는지도 모르겠습니다. 이것을 '대내적인 예속'이라 부를 수 있습니다.

우리의 과거는 한마디로 이 대내적인 예속과 대외적인 예속 가운데 살면서 주눅이 들어 기가 죽어 지내온 시간이라고 한다면 너무 지나친 말일지도 모릅니다. 그러나 외국인, 그 가운데서도 코 큰 서양 사람이라면 무턱대고 아양을 떨고 기가 죽으며, 높은 분이나 윗사람이라면 정도에 지나치게 굽실거리며 아첨과 순종의 겉모양을 지으려는 것이 바로 그러한 예속의 역사적인 경험이 낳은 유산은 아닌지 모르겠습니다.

그리고 의연함이 때로 시건방짐으로 나무람을 받고, 떳떳함이 당돌함으로 놀림을 받는 것도 이런 사정과 무슨 연관이 있어 보이기도 합니다. 사람됨에서 무엇보다도 중요한 것은 자기 스스로가 자기 자신에 대해 지니는 깊은 신뢰입니다. 그것은 자기 존재의 무게를 자신이 느끼는 것과도 같습니다. 자기가 자신을 업신여긴 다음에야 남이 자기를 업신여길 수 있습니다. 기가 죽은 사람은 자기 존재의 무게를 느끼는 사람이 아닙니다.

사람이 세계와 그 속에 존재하는 사람들을 소중히 여길 수 있으려면 자기 자신을 소중히 여길 수 있어야 합니다. 자기를 소중히 여기지 않는 사람이 어떻게 나의 이웃과 인류를 소중히 여길 수 있으며, 세상을 소중히 여길 수 있겠습니까? 이렇게 말하는 것은 결코 이기주의자가 되라는 말이 아닙니다. 이기주의자는 참으로 자기를 소중히 여기는 사람이라고 볼 수 없습니다. 이기주의자는 자기를 소중히 여기는 것같이 보이면서도, 사실은 그렇지가 못합니다. 그는 자기 자신 대신에 자기가 소유한 물건이나 재산을 소중히 여기는 데에 그치고 맙니다.

나의 재산이 내가 아님은 말할 것도 없거니와, 나의 몸이 곧 나의 전부인 것도 아닙니다. 내가 나를 소중히 여긴다는 것 가운데는 나의 몸을 함부로 망가뜨리지 않는다는 것도 포함되어 있지만, 나의 삶을 구속하는 온갖 생각과 행동도 함부로 아무렇게나 하지 않는다는 것도 포함되어 있습니다. 그렇기에 자기를 참으로 소중히 여기는 사람은 자기의 재산을 희생시키는 데에 주저하지 않기도 하며, 때로는 자기의 몸마저도 내걸 수 있는 사람입니다. 그의 값진 생각과 행동을 위해서 말입니다.

인류의 역사에 기록된 우리를 감동케 하는 저 위대한 사람들의 삶이 바로 그것을 웅변으로 증언하고 있습니다. 그들은 돈이나 자리를 탐하는 사람들이 아닙니다. 참으로 자기를 소중히 여기는 사람들입니다. 자기를 소중히 여긴다는 것은 결코 내 이웃과 인류를 소중히 여긴다는 것과 어긋나는 것이 아닙니다. 그것과 어긋나는 것이 아니라, 오히려 그것을 위한 전제조건입니다.

자기의 소중함을 모르는 이가 어떻게 이웃을 위해 땀과 피를 흘릴 수 있겠습니까? 자기가 소중한 것처럼 나의 이웃도 소중한 존재라고 믿기 때문에, 그 소중한 존재를 위해서 나의 고통을 마다하지 않고 달게 받아들일 수 있을 것입니다. 그러므로 자기의 소중함을 올바로 깨닫게 하는 교육은 사람됨을 가르치는 것의 출발점입니다. 자기를 소중히 여길 줄 아는 사람은 자신에 찬 표정을 지을 수가 있습니다. 그리고 쓸데없이 굽실거리지도 않습니다.

눈치나 아첨은 자신을 잃은 사람들이 세상을 살아가는 처세술입니다. 높으신 분, 윗사람이 무엇을 좋아하는지를 눈치로 살피며, 그들이 무슨 말을 듣고자 하는지에 맞추어 아첨의 낱말들을 주워섬기기에 온 정력을 기울이는 것은 기가 꺾인 머슴들의 짓거리입니다. 눈치나 아첨은 종놈의 버릇입니다. 주인은 눈치도 아첨도 필요 없습니다. 섬길 윗사람이 없기 때문입니다.

오늘은 모든 사람들이 주인으로 사는 세상입니다. 민주의 세상입니다. 민주주의는 단순한 정치제도만이 아닙니다. 그것은 삶의 방식입니다. 모든 사람들이 의연히 자기의 존재를 느끼며 주인으로 세상을 사는 삶의 양식입니다. 모든 젖먹이들은 바로 그러한 내일의 세상의 주인들입니다.

우리가 살아왔던 과거의 전통적 삶은 가족 중심의 삶이었습니다. 한 가족이 사회생활의 단위가 되어 사는 삶이었습니다. 가족은 단순히 개인생활의 단위였을 뿐만이 아니라, 자급자족하는 경제적인 삶의 독립된 영역이었습니다. 농경사회에서의 삶은 자기 밭에서 거두어들이는 수확물과 자기의 산에서 공급할 수 있는 자원들로 대체로 유지될 수 있었습니다. 물론 이때 가족은 핵가족이 아니라 대가족이며, 그것의 확대된 형태인 친척의 무리입니다. 이런 두서너 개의 씨족의 무리가 한마을에 살면서 하나의 독립적인 자족하는 삶의 공동체를 형성하여 살던 것이 우리의 조상들이 살던 일반적인 모습이었음은 우리가 다 잘 아는 일입니다.

이러한 삶의 양식에서 중요한 것은 인간관계를 따지는 것보다는 온정에 호소하여 조정해 가는 지혜입니다. 따라서 자연히 사람을 가르치는 일에서도 무엇을 말로 잘 분별해 내고 옳고 그름을 따지는 것보다는 온정으로 덮어주고 감싸주는 덕성의 교육에 치중하게 되었습니다. 물론 인간관계에서 중요한 것은 온정과 사랑입니다. 온정과 사랑이 없는 삶이란 죽음과 크게 다를 것이 없습니다.

그런데 문제는 사람들 사이의 관계가 복잡해지는 오늘날과 같은 사회에서 온정의 원리만으로는 인간들 사이의 갈등을 모두 원만하게 해결할 수 없는 데에 있습니다. 이름도 모르는 낯선 사람들과 어울려 살 수밖에 없는 것이 오늘의 우리의 처지입니다. 대부분의 사람들은 악인도 아니요 성인도 아닙니다. 성인은 모든 사람을 자기 몸처럼 사랑할 수 있는 고귀한 존재들입니다. 그러나 악인도 성인도 아닌 보통 사람은 고작해야 내 가족이나 친구들한테나 온정과 사랑으로 대할 수 있을 뿐입니다.

그런데 문제가 되는 것은 내 가족이나 친구들이 아닌 그 이름 모르는 낯선 사람들과도 무관하게 살 수는 없다는 데 있습니다. 옛적 같으면 이름도 모르는 낯선 사람들은 낯선, 모르는 사람이라는 바로 그 사실 때문에 차가운 눈초리로 마치 원수처럼 보아도 아무렇지가 않았습니다. 실제로 아주 옛날에는 원수란 말은 낯선 사람이란 말과 거의 동의어로 쓰일 정도였습니다.

내가 완전히 무관하게 지낼 수 없는 그 이름 모를 낯선 사람들과의 관계를 어떻게 하느냐가 바로 오늘과 같은 익명의 대중사회를 사는 사람들의 숙제입니다. 그것이 바로 오늘을 사는 사람들의 도덕적인 문제입니다.

그 이름 모를 사람들과도 모두 나의 부모나 형제처럼 사랑과 순정으로 따스함을 나누며 살 수 있다면 얼마나 좋겠습니까? 내가 점심때가 되면 배가 고픈 것처럼 내가 길거리에서 만난 저 수많은 이름 모를 사람도 배고픈 것이 사실이니, 내가 나의 배를 보살펴주는 것과 같이 그들의 배도 보살펴줄 수 있으면 얼마나 좋겠습니까? 어머니인 내가 나의 자식들의 굶주린 배를 보살펴주는 것과 같이, 모든 낯선 사람들의 굶주린 배도 보살펴줄 수만 있다면야, 이 세상이 곧바로 천국이 될 것입니다. 그러나 그것은 우리 같은 보통 사람들의 마음이 그렇게까지 자비롭지 못해서도 불가능하려니와, 그런 자비로운 마음을 가졌다손 치더라도 인간의 능력의 한계가 그것을 불가능하게 합니다.

그러면 저 이름 모를 낯선 사람들과 아무 상관없이 살 수는 없을까요? 오늘의 삶의 조건은 그것을 불가능하게 합니다. 저 이름 모를 사람의 차가 내뿜는 매연이 나의 건강과 나의 식구들의 건강을 좌우합니다. 나의 핏속에 들어 있는 간염 균이 이름 모를 낯선 사람이 마시는 술잔이나 찻잔에 옮겨져 그의 생명을 위협할 수도 있습니다. 저 이름 모를 운전수 아저씨가 어젯밤 설친 잠 때문에 내가 탄 차가 구렁으로 떨어지는 사고가 생길 수도 있습니다. 저 이름 모를 어느 관리의 부인에 대한 지나친 사랑이 공금 횡령으로 귀결되어, 그것이 나와 같은 영세민의 목줄을 조이는 결과를 빚을 수도 있습니다. 내가 모르는 어느 댐 관리 직원의 부주의로 내가 사는 온 동네가 물바다가 되어 막대한 재산과 생명을 빼앗길 수도 있습니다. 이것이 바로 오늘 우리가 살고 있는 세상입니다.

그렇다고 해서 우리나라 사람만 나와 뗄 수 없는 관계 속에 있는 것이 아닙니다. 중동에 있는 어느 이슬람교 교파끼리의 싸움이 드디어는 국제 석유 값을 크게 올리는 결과를 낳고, 그것이 나의 사업을 파산으로 몰고 갈 수도 있으며, 미국의 어느 보수주의자 대통령의 당선이 나의 국회의원 당선을 가로막는 결과가 될 수도 있습니다. 어찌 이뿐이겠습니까? 어느 나라가 기침을 하면 우리가 감기 드는 형편에 오늘 우리의 삶은 놓여 있습니다. 이것이 오늘의 우리의 삶의 조건입니다.

함께 삶, 같이 있음은 오늘의 우리의 존재양식입니다. 이러한 삶의 구조에 알맞은 도덕원리가 오늘 우리가 몸에 익혀야 할 삶의 지혜입니다. 모든 사람을 나의 첫사랑처럼, 내가 낳은 옥동자처럼 부둥켜안고 사랑할 수는 없다고 하더라도, 무관해질 수 없는 저 수많은 익명의 사람들과 더도 말고 덜도 말고 눈 흘기지 말고 아웅다웅하지 않고, 서로의 금도를 지키며, 눈이 마주치면 살며시 웃음을 지어 보내며 살 수 있는 도덕의 원리를 몸에 익히는 것을 내일의 주인이 될 오늘의 젖먹이들에게 연습시켜야 내일의 이 나라가 오늘보다는 더 밝은 삶의 공간이 될 것입니다.

그러한 도덕적인 원리의 뼈대는 공정성이라 할 수 있을 듯합니다. 어찌 보면 인생살이란 하나의 게임에 참여하여 놀이를 하는 것과 같습니다. 사람은 누구나 예외 없이 맨손으로 왔다가 맨손으로 돌아갑니다. 모두 맨손으로 와서 인생이라는 게임에 참여하여 놀이를 하는 것입니다. 게임에서 가장 중요한 것은 누구나 똑같은 조건 아래서 받아들이는 동일한 규칙에 따라 게임을 한다는 점입니다. 이것이 바로 이른바 페어플레이입니다. 공명정대하게 놀이를 하는 것입니다. 페어플레이를 하기 위해서 필요한 것은 온정도 사랑도 아닙니다. 규칙을 제대로 알고, 그 규칙이 지닌 여러 가지 의미를 제대로 활용하며, 그 규칙에 따라서 경기를 하는 정신, 그것이 바로 합리의 정신입니다.

낯선 사람들 사이에서 나타나는 여러 가지 이해와 갈등을 조정하려면 수많은 규칙들이 필요합니다. 이 규칙들을 지킴으로써 우리는 낯선 사람들에게 온정과 사랑의 뜨거운 행위는 베풀 수 없더라도, 나 때문에 그들에게 욕과 고통이 돌아가지 않게는 할 수 있습니다. 우리가 마땅히 따라야 할 규칙은 하늘에서 떨어진 것도 아니요, 그 어떤 높으신 분이 제 마음대로 만들어 이래라저래라 해서도 안 되는 것입니다.

모든 사람이 마땅히 따라야 하는 사회적인 규칙(법률)들은 그 만드는 과정에 도덕성이 부여될 수 있을 때에 정당화됩니다. 그것은 다름 아닌 공정성입니다. 그 규칙을 만드는 과정의 공정성은 그 과정에 사회 구성원의 소원과 희망이 고루 반영된 뒤에, 합리적인 논의를 거쳐 합의에 도달되었을 때 확보됩니다. 이러한 공정성이 확보된 사회적 규칙들만이 익명의 존재들 사이의 이해와 갈등을 제대로 조정할 수 있습니다. 수많은 낯선 사람들을 함께 살 수 있게 해주는 것은 바로 이러한 공정성에 토대를 둔 합리적인 규칙의 그물입니다.

속임과 억지는 함께 사는 원리가 아닙니다. 모든 규칙의 궁극의 받침대는 약속이요, 약속은 믿음이 없이 불가능합니다. 속임은 약속의 부정이요, 믿음의 포기입니다. 그리고 억지는 규칙을 거부하는 몸짓입니다. 그러므로 속임과 부정직은 인간과 인간을 연결시켜 주는 질서를 부정하는 인간에 대한 반역 행위입니다.

상대방에 대한 믿음과 신용은 한 사회의 수준을 재는 자입니다. 이른바 선진국이라는 나라들은 바로 신용의 수준이 높은 나라들입니다. 그러므로 선진국은 어떠한 거짓된 행위로도 이루어질 수 없습니다. 구호가 선진국을 만들 수도 없습니다. 길가를 메우는 자동차가 선진국을 만들 수도 없습니다. 올림픽에서 딴 메달 수효가 선진국을 만들지도 않습니다. 얼마나 공정성에 바탕을 둔 합리적인 규칙에 따라 모르는 사람들끼리 서로 원수처럼 대하지 않고 함께 잘 사는지가 바로 선진국과 후진국을 나누는 기준입니다. 그것은 바로 도덕적인 기준입니다.

역사는 오직 사람의 의도와 설계에 따라서 이렇게 또는 저렇게 되어가는 하나의 드라마는 아닙니다. 또 그렇다고 해서 그 어떤 사람이 무엇을 어떻게 하든지 상관없이 제 갈 길을 가는 그 어떤 숙명적인 체계도 아닙니다. 오로지 사람의 마음대로 요렇게 또는 저렇게 되는 것이 역사가 아니라 하더라도, 사람은 역사에 변혁을 가져오는 중대한 원동력입니다. 새로운 인간의 힘으로 새로운 역사가 창조됩니다. 그런데 젖 먹이는 분들은 바로 새로운 사람을 만드는 사람들입니다. 그러므로 젖 먹이는 분들은 세상에 변혁을 일으키는 원동력입니다. 새로운 역사에 필요한 삶의 원리를 내일의 역사의 주인공에게 익히게 함으로써 젖먹이의 선생님은 역사의 변혁을 준비하는 것입니다. 그러므로 어머니는 아이의 잉태와 더불어 새 역사를 잉태합니다. 복 누리시옵서.

『샘이 깊은 물』(1985년 3월)

그래도 '끈'은 있다

인간은 역사적 존재이다. 역사란 시간과 공간의 좌표에 따라 엮어지는 사건의 다발이라 할 수 있다. 여기서 중요한 것은 시간과 공간의 좌표이다. 사람은 누구나 할 것 없이 언제 어디서 태어나, 언제 어디서 살아가고 있는 존재이다. 언제 어디서가 바로 시공 좌표임은 말할 것도 없다. 우리의 삶이란 언제 어디서 벌어지는 함(행위)의 다발로 짜인다.

한 사람의 일생의 삶의 여정을 적어놓은 자서전이나 전기를 한 번 생각해 보라. 어디서 언제 무엇을 어떻게 (혹은 왜) 했다는 이야기가 즐비하게 나열되어 있는 것을 우리는 한 개인의 역사인 전기나 자서전에서 발견한다. 여기에서 언제 어디서가 매우 중요한 역할을 한다.

한 사건을 다른 사건으로부터 구별해 주는 중요한 계기가 바로 그것이 발생한 시간과 공간의 차이라 할 수 있다.

하나의 예를 들어보자. 박 첨지가 주먹으로 김 선달의 안면을 강타하는 사건을 생각해 보자. 이 동일한 내용의 행위가 언제 어디서 이루어졌는가에 따라 전혀 다른 사건이 될 수 있다. 그것이 만일 어떤 체육관 권투 링 위에서 정해진 경기시간에 이루어졌다면 그것은 '멋있는 권투의 한 가락'이지만, 길거리나 안방에서 정해 놓지 않은 시간에 일어났다면 그것은 분명히 '구타 행위'로서 비난과 문책의 대상이 될 수 있을 것이다. 여기서 우리가 분명히 깨달을 수 있는 것은 시간과 공간이 하나의 사건의 성격을 특징지어 주는 데 중요한 역할을 한다는 점이다.

우리가 말하는 '세대차'란 무엇인가? 인생의 출발점의 차이가 바로 그것이 아닐까? 모든 사람이 똑같은 시간에 태어나지 않으니, 인생의 출발점이 다른 사람들이 한둘이 아니기 마련이며, 따라서 세대차가 사람들 사이에 있을 수밖에 없다. 인간의 모듬살이란 이렇게 세대차가 있는 사람들이 더불어 사는 세계이다. 이것은 인간의 어쩔 수 없는 삶의 조건이다. 그렇기에 세대차란 오늘에 생긴 '신종의 문제'가 아니다. 그것은 인간존재의 영원한 조건이다.

그러면 세대차가 하나의 문제로서 등장하는 까닭은 무엇인가? 한마디로 잘라 말하면 세대차가 사람과 사람 사이에 생각의 오감을 막는 장애요인이 된다는 점이다. '너무 세대차를 느낀다'는 말이 암시하는 것은 '말이 잘 통하지 않는다'는 것이다. 때문에 세대차를 느끼는 사람들 사이에 감정과 의견의 불일치가 나타나게 된다. 느낌이 통하지 않고, 생각이 엇갈린다. '이심전심'이란 옛말과 정반대인 '쇠귀에 경 읽기'에 가까운 '불통'의 상황을 세대차는 암시하기도 한다.

오늘 한국에 있어서 세대차는 확실히 하나의 문제가 아닐 수 없다. 그것은 오늘의 시대가 우리 역사의 그 어느 때보다도 급속한 변화를 거듭하고 있기 때문이다. 시간의 길이가 문제가 아니라, 변화의 속도가 문제이기 때문이다. 과거의 1년과 오늘의 1년은 물리적 시간으로 보면 동일하지만, 변화의 속도에서 보면 엄청난 차이가 있다. 과거 조선시대에 있어서는 백 년이라 하더라도 뭐 그리 대단한 변화가 일어나지 않는 때가 있었지만, 오늘에 있어서는 단 1년 사이에도, 눈에 보이는 면만 본다면,

놀랄 만한 변화가 일어난다.

이와 같은 급변의 시대에 있어서 세대차의 의미는 매우 심각하다. 먼저 태어난 사람과 나중에 태어난 사람 사이에 느낌과 생각, 그리고 행동의 방식에 있어서 매우 커다란 간격이 나타나기 때문이다. 먼저 태어난 사람은 '옛 방식'에 젖어 나중에 태어난 사람이 지닌 '새로운 방식'을 낯설게 쳐다본다. 새로운 방식을 지닌 나중에 태어난 사람은 옛 방식을 지닌 먼저 태어난 사람을 촌놈 쳐다보듯 한다. 서로가 서로를 낯설게 보며, 우습게 본다. 서로가 서로를 이해하지 못한다.

세대차를 느낀다는 것은, 한 세대가 30년이니, 어른과 아이, 아버지와 아들, 어머니와 딸, 부모와 자식, 선생과 학생 사이에 느끼는 마음의 간격인 것이 상례라 할 수 있다. 그러나 요즈음은 한두 해 차이에도 세대차를 느낀다는 말이 나돌고 있는 세상이 되고 말았다. 이것은 한갓 말장난일 경우도 있겠으나, 그렇다고 말장난으로만 그냥 웃어넘길 일이 아니다. 그것은 사람과 사람 사이에 장벽이 더욱 많아지고 두꺼워지고 있다는 사회적 징후라 하지 않을 수 없기 때문이다. 사람과 사람 사이에 장벽이 많아지고 두꺼워지는 세상은 '살'맛이 나지 않는 세상이다. '인간소외'란 다름 아닌 그런 살맛이 나지 않는 세상 속에 사는 사람의 모습을 두고 하는 언어이다. 사람과 사람 사이에 벽이 두꺼워지고 많아지면 사람들은 자기 혼자만 거주하는 딱딱한 껍데기 속의 수인이 되고 만다. 무서운 고독과 좌절을 그 속에서 느낄 뿐이다. 이것은 사람과 사람의 참다운 관계가 끊어진 사람이 겪게 되는 고통이다.

이러한 세대의 장벽으로부터 해방되는 길은 과연 있는 것일까? 대답은 간단하다. 길이 있다. 문제는 그 길을 찾으려는 노력이 얼마나 진지한가에 달렸다. 첫째로 나의 입장을 떠나, 상대방이 서 있는 입장을 나의 입장으로 바꾸어 생각하라. 이 계율을 좇는 자에게는 해방의 길이 열릴 것이다.

인간은 너나 할 것 없이 자기의 입장, 자기의 시각에 갇혀 사는 것이 보통이다. 그리고 우리 스스로가 자기의 입장에 시각에 갇혀 있으면서도 그런 사실을 의식하지 못하고 있다. 이것이 우리의 일상적 모습이다. 그러므로 우리가 제일 먼저 해야 할 것은 자기 자신이 자기의 입장이라는 자기의 우물 안에 갇혀 있다는 엄연한 사실을 의식화하는 일이다. 그런 깨달음은 타인을 이해하기 위한 사고 여정의 출발점이다. "아, 나는 지금 나의 우물 안에 갇혀 있구나." 이 인식이야말로 너를 이해하는 길로 인도하는 첫 관문이다.

　그리고 나서 내가 해야 할 일은 상대방이 서 있는 입장에 내가 서는 일이다. 그것은 어떻게 가능할까? 사람에게는 상상력이라는 능력이 누구에게나 갖추어져 있다. 이 보배로운 능력의 힘을 빌려 네가 서 있는 상황이 어떤 것인가를 하나씩 나의 머릿속에 그려본다. 그리고 나서는 내가 바로 그 상황 속에 놓여 있다고 머릿속에 여러 가지 일에 대해 그려본다. 그리고 그 상황 속에서 생각해 본다. 이런 사고의 훈련을 거듭해 본다. 이런 거듭된 훈련은 나를 너의 입장으로 옮겨놓고 세상을 볼 수 있게 해줄 것이다.

　우리가 참으로 타인을 이해할 수 있기 위해서는 '나의 우물 안'을 박차고 나와야 한다. 그리고 상상력의 힘을 빌려 상대방이 놓여 있는 세계를 머릿속에 그려보아야 한다. 그리고 그 세계에서 생각하고 사물을 쳐다보아야 한다. 그럴 때 우리는 상대방의 얼굴을 볼 수 있으며, 그가 내뱉는 언어의 참 의미를 이해할 수 있을 것이다.

　그러나 나는 언제까지나 나이며, 내가 너일 수는 없는 것이 존재의 어쩔 수 없는 구조이다. 머리와 가슴을 통해 너를 이해할 수 있다는 것이 곧바로 내가 네가 되는 것은 아니다. 내가 네가 될 수도 없으며, 네가 내가 될 수도 없는 것이 존재의 어쩔 수 없음이다. 내가 네가 되고자 함도, 네가 내가 되고자 함도 부질없는 일이다.

그렇기에 내가 참으로 너와 만나기 위해서 필요한 둘째 계명은, 나와 다른 너의 존재를 있는 그대로 받아들여 그 가치를 인정하라는 것이다. 나와 다른 것은 멀리하거나 미워해야 할 그 무엇이 아니다. 세상은 나와 다른 그 무엇들로 가득 차 있다. 내가 미처 알 수조차 없는 그 무엇으로 가득 차 있다. 그것이 낯설다 하여 적대시하는 것은 세상의 참 이치를 모르는 풋내기의 몸짓이다.

성숙이란 나와 다른 것들과 나에게 낯선 것들, 그리고 내가 모르는 것들과 내가 어쩔 수 없는 것들, 이 모든 '타자'들을 있는 그대로 받아들이는 열린 마음을 지니는 일이다. 열린 마음이 아니고서는 사람과도 참으로 만날 수 없으며 자연과도 참으로 만날 수 없다. 자기의 모자람, 자기의 한계를 깨닫지 않고서는 열린 마음에 이를 수 없다. 자기의 모자람, 자기의 한계를 깨달음으로써만, 나를 넘어서서 타인이 선 자리에 가볼 수 있다. 자기초월이 없으면 눈이 있어도 너를 보지 못하며, 귀가 있어도 너의 말을 듣지 못한다. 오직 나만 보며, 나의 말만을 들을 수 있을 뿐이다. 네 얼굴을 보지 못하며, 네 말을 듣지 못하는 사람은 세대차라는 장벽에 갇혀 신음하는 소외된 사람일 뿐이다.

『삶과 꿈』(대우전자 사보, 1987년 3월)

두 가지의 게임

"인생 일장춘몽(一場春夢)"이라는 옛 글귀가 있다. 인생살이는 봄날의 꿈과 같다는 이야기이다. 어떤 사람은 여기서 인생의 허무를, 또 어떤 사람은 꿈과도 같은 인생의 찬란함을 느끼는지도 모른다. 이 옛 구절에서 무엇을 느끼든지, 이 비유의 말은 인생의 전부는 물론 아니라 할지라도, 인생살이의 어떤 국면을 우리에게 암시해 준다.

모든 사물에 관한 인간의 인식이 그렇듯이, 인간의 삶에 관한 인식도 시각에 따라 다르게 나타난다. 그래서 세상에는 비관론도 낙관론도 있으며, 그 중간 형태도 여러 가지가 있기 마련이다.

어떤 사람들은 인생살이를 놀이에 비유하기도 한다. 특히 사람들의 모듬살이를 놀이에 견주어 이야기한다. 우리 모두가 어린 시절 소꿉장난을 했던 경험을 기억하고 있다. 너는 엄마, 나는 아빠, 형은 할아버지, 누나는 할머니 등등 하며 꽤나 재미있는 놀이를 우리는 해본 경험을 가지고 있다. 우리는 그 옛 어린 시절을 회상하면서 빙긋이 웃음 짓는다. 더욱이 길가에서 소꿉장난하는 오늘의 어린아이들을 보며, 더 이상 그런 천진스러운 놀이꾼이 될 수 없음에 아쉬움을 느끼기도 한다. 그와 함께 우리의 오늘의 삶은 '놀이'이기에는 너무나 생각이 많고 엄숙하다고 자못 느끼기도 한다.

그러나 인생살이, 소위 어른들의 인생살이가 놀이라는 말은 결코 허튼소리가 아니다. 그 말은 인생이 춘몽과 같다는 옛말만큼이나 인생에 관한 깊은 통찰을 포함하고 있기 때문이다. 대체로 놀이(게임)는 일정한 규칙에 따라 진행된다. 그리고 때로는 그 규칙에 운영되어 얻어진 결과(업적)에 따라 승부가 결정된다. 그리고 또 어떤 놀이는 그 승부(업적)에 상응하는 보상이 주어지기도 한다.

사회생활이라는 모듬살이도 여러 가지 법과 제도, 그리고 각종 규칙에 의해 운영된다. 그리고 승부가 가려지기도 하고 또 보상도 주어진다. 일종의 놀이(게임)인 셈이다. 우선 사회적 놀이의 기초가 되는 모든 규칙(법, 제도, 정관, 규정 등)들은 사회 구성원의 합의에 의해 만들어진 일종의 약속의 체계이다. 적어도 민주사회에 있어서 원리적으로는 그렇다.

우리는 여기서 두 가지 유형의 놀이를 생각해 볼 수 있다. 여기 커다란 원형 경기장이 있다고 하자. 그리고 1만 명의 사람들이 모여 '뛰기' 놀이를 한다고 하자. 이때 어떤 규칙에 의해 놀이를 진행시킬 것인가를 놓고 김 선달이라는 사람과 허 생원이라는 사람이 다음과 같이 놀이 모형을 제시했다. 김 선달의 모형에 따르면, 모든 사람이 제 능력에 따라 원형 경기장을 몇 바퀴고 힘껏 뛴다. 어떤 사람은 한 바퀴, 어떤 사람은 두 바퀴, 또 어떤 사람은 세 바퀴 등등 각양각색의 뛰기의 결과로 나타난다. 그런데 모든 사람에 대한 보상은 똑같이 한다. 점심 한 그릇과 수건 한 개, 그리고 집으로 돌아갈 버스 값이 그것이다. 말하자면 최소한의 필요가 충족된다. 모두가 일등이요 모두가 승자인 셈이다. 그러나 어찌 보면 모두가 꼴찌요 모두가 패자라고 볼 수도 있다.

허 생원의 모델에 따르면, 이 놀이에 참가한 사람은 그가 뛴 결과(업적)에 따라 철저히 차등 보상이 이루어진다. 적어도 한 바퀴 뛴 사람에게는 점심만 주며, 그 밖에는 얼마나 빨리 그리고 많이 뛰었는가에 따라 특등에서부터 꼴찌까지 1만 명 모두에게 서열을 매겨 차등 보상을 한다.

여기서 우리는 김 선달의 놀이 모형과 허 생원의 놀이 모형 두 가지와 만난다. 우리의 의문은 이것이다. 만일 원형 경기장에 모인 1만 명의 사람에게 어떤 놀이를 하기를 원하는가를 투표에 부친다면 어떤 결과가 나올 것인가?

한 가지 상상해 볼 수 있는 것은, 뛰기에 자신 있는 사람들은 허 생원의 모형에 찬성표를 던질 것이고, 뛰기에 자신 없는 사람은 김 선달의 모형에 찬성표를 던질 것이라는 것이다. 이런 각자의 주관적인 관점에서만 보면, 어떤 게임이 좋은 게임인가는 각자의 처지에 가장 유리한, 그래서 자기의 이익을 최대로 보장해 주는 것이 될 것이다.

그러나 세상은 묘하게도, 사람들은 저마다 적어도 조금씩은 다르다. 사람들은 모두 똑같지가 않다. 따라서 만인에게 최대의 이익을 보장해 주는 단 하나의 게임 규칙에 도달하기란 매우 어렵다. 어떤 사람은 이런 점에, 어떤 사람은 저런 점에 장기가 있다. 사람들은 장단이 다르다. 가끔 사람들 가운데는 불구의 불운에 놓여 있는 사람들도 있어서 다른 사람과 같은 수준에서 경쟁을 할 수 없는 사람들이 있다. 따라서 이런 사람들에게는 별도의 게임 모형이 필요하다.

사람들은 오래전부터 이상사회를 꿈꾸어왔다. 그 결과 여러 가지 대안적 모형들이 제안되어 왔다. 고대 중국의 춘추전국시대를 풍미했던 이른바 제자백가(諸子百家)란 바로 이러한 여러 가지 사회 모형들을 제시한 사람들이다. 우리가 지난 조선 500년 동안 진리로 숭상해 마지않았던 신유학(新儒學)은 당시 제자백가의 한 사람이었던 공자라는 분의 사상적 전통을 계승한 것이다. 그러던 우리가 서양의 새로운 시장과 만나면서 우리에게는 새로운 삶의 방식, 새로운 사회 모형에 관한 논의가 밀어닥쳐 왔다. 그 속에서 우리는 시장경제와 사적 소유를 중심으로 하는 사회 모형과, 중앙계획경제와 공적 소유를 중심으로 하는 사회 모형 사이에 벌어진 대결을 눈과 몸으로 경험하고 있다.

앞의 모형은 개인의 능력과 경쟁을 부추기는 업적주의의 게임이요, 뒤의 모형은 균등배분에 초점을 둔 중앙관리식 게임이 되어왔다. 인간의 모듬살이도 어떤 면에서 보면 하나의 게임임에 틀림없다. 오늘의 역사적 경험이 우리에게 가르쳐주는 바가 있다면, 그것은 어떤 한 가지의 극단적 경우를 절대화하는 것은 결코 진리에 이르는 방법이 아니라고 하는 것이다.

김 선달과 허 생원이 제시한 두 극단 이외의 절충 형태가 얼마든지 가능하다. 그리고 그 어느 것도 절대적 진리는 아니라는 것이다. 중요한 것은 나와 다른 사람과 어떻게 '더불어 있음'이 가능한가이다. 나와 똑같지 않은 많은 존재들과 함께 존재하게 되어 있는 것, 이것은 어떤 인간도 초월할 수 없는 인간존재의 근원적 상황이기 때문이다.

『럭키 사보』(1990년 8월)

마무리와 새로운 준비

대나무의 마디처럼 또 한 해가 마무리되려고 한다. 그리고 대나무의 마디처럼 한 해의 마무리는 새로운 시작을 준비한다.

1988년은 여러 가지 의미에서 뜻 깊은 마무리의 시점이다. 역사의 중요한 매듭이 지어지는 시점이다. 지난 20여 년 동안 얼어붙어 있던 우리의 정치적 삶이 해빙되어 새로운 민주적인 정치적 삶을 준비하는 때가 바로 1988년이다. 그동안 우리 사회를 뒤덮고 있던 틀은 한마디로 닫힌 틀이었다. 우리가 지금 준비하고 있는 삶의 틀은 열린 틀이다.

우리가 치른 올림픽이 우리에게 지닌 의미가 있다면, 그것은 무엇보다도 우리의 마음을 닫힌 틀로부터 열린 틀로 바꾸는 데 기여할 그 어떤 체험을 제공하였다는 것이다. 피부의 색깔과 종교적 신념, 그리고 정치적, 경제적 신념과 문화적 전통, 이 모든 것들의 차이에도 불구하고, 사람들이 오직 사람이라는 한 가지 이유만으로 서로가 서로에 대해 마음을 활짝 열어놓고 만난다는 이 경험이야말로 우리에게 매우 값진 것이 아닐 수 없다.

우리가 앞으로 살아야 하는 세계는 열린 세계이다. 인종, 종교, 체제 등과 같은 그 어떤 한 가지 줄로 꽁꽁 묶어놓은 그런 닫힌 세계 속에서는 우리가 성공적으로 살 수 없다.

열린 세계의 거주민에게 필요한 자질은 무엇보다도 '열린 마음'이다. 고정관념에 묶여 있는 마음은 닫힌 마음이다. 자기의 생각과 같지 않은 것들에 대해 거부의 몸짓과 부정만을 일삼는 것은 닫힌 마음이다. 탁 트인 사람은 그 무엇이 자기와 다르다고 하여 무조건 배척하지 않고, 자기와 다른 것은 무조건 좋은 것이라고 하여 거기에 홀딱 빠지지도 않는다. 탁 트인 사람은 자기와 다른 것들과 더불어 있을 줄 알면서도 자기 됨을 버리지 않는다. 그리고 그는 변화의 상황 속에서 능동적인 몸짓으로 새로운 처방을 마련한다.

우리가 지금 청산해야 할 것은 바로 저 낡은 틀, 닫힌 틀이다. 그리고 그 닫힌 틀에 따라 세상과 인간을 보며 대응하던 그 낡은 생각과 몸짓들이다. 그리고 우리는 그 낡은 것의 청산 위에서 새 틀을 짜놓아야 한다. 이 땅 위에 사는 모든 사람들이 그렇게 해야 한다.

어린아이가 장성하면 새 옷으로 갈아입혀야 하듯이, 새 역사가 찾아오면 거기에 알맞은 새로운 틀을 짜놓아야 한다. 오늘 이 땅 구석구석에 쌓인 옛 껍질과 옛 때를 청소할 때만, 새 역사 안에서 새로운 삶을 살 수 있을 것이다.

우리가 청산해야 할 옛 껍질들 가운데 으뜸가는 것은 권위주의적 틀이다. 지난 20여 년간 몸에 배인 저 권위주의적 틀은 비단 정치적 삶에 있어서만 문젯거리가 아니다. 우리의 사회적 삶 곳곳에 저 권위주의적 틀은 작동하고 있다. 권위주의는 명령과 복종의 틀에 따라 세상을 본다. 이제는 명령과 복종 대신에 각자가 자기의 책임과 의무를 명확하게 인식함으로써 자발적으로 세상을 살아가도록 해야 한다. 여기에 필요한 것은 인간에 대한 존엄의식이요, 거기에 따른 '사람대접'을 하는 삶의 태도와 사회적 틀이다.

지렁이도 밟으면 꿈틀한다. 인간은 모두 자존(自尊)의식을 본래 가지고 있다. 사람이 저 자존의식을 잃어버렸을 때 가리는 일이 없게 된다. 자존의식을 잃어버린 사람들로 충만한 사회, 그것은 혼돈의 시대가 된다. 우리가 꾸려가야 할 세상은 바로 사람들이 스스로 자기가 귀한 존재임을 느끼게 해주는 세상이다. 사람이 사람답게 살 수 있는 세상은 바로 그런 세상이다.

사회는 본질적으로 모듬살이요 더불어 있음이다. 서로 다른 사람들의 더불어 삶이 오늘의 사회이다. 성이 다르다고, 고향이 다르다고, 더불어 살기를 거부하게 되면, 사람들은 서로 외톨이 신세를 면할 수 없다. 오늘의 사회는 섞여 사는 세상이다. 자기와 같지 않은 무수한 사람들과 오순도순 더불어 사는 지혜를 갖지 않을 때 오늘의 삶은 삭막하게 된다.

더불어 삶에 필요한 것은 자기 자신만의 탐욕으로부터 벗어나는 태도이다. 자기만을 바라보는 눈에는 타인이 보이지 않는다. '더불어 삶'은 타인이 자기의 눈동자에 나타날 때 움튼다. '눈에 보이는 것이 없는' 사람은 자기 삶뿐 아니라 타인의 삶을 불행하게 만든다.

더불어 삶은 두 눈동자에 타인의 얼굴이 영롱히 빛날 때 시작한다. 그리고 그 얼굴들의 수가 확대되어 감에 따라 우리의 삶의 가치도 증가한다. 내 눈동자에 나의 부모와 자식의 얼굴이 빛나면, 우리는 사람다운 아들과 부모가 될 수 있다. 그리고 우리의 눈동자에 형제의 얼굴이 드러나면 따뜻한 형과 동생이 될 수 있다. 그러나 만일 우리의 두 눈동자 이외에 아무것도 드러나지 않는다면, 우리는 오늘의 모듬살이에 적합한 인간이 될 수 없다.

인간은 그의 두 눈동자에 드러나는 존재의 범위에 따라 그의 삶의 가치가 정해지는 존재이다.

조선 말엽 우리의 선조들은 바깥세상은 변하고 있는데도 낡은 틀에 매달려 안간힘을 쓰다가 그만 쓰러지고 말았다. 사회적 틀은 영원한 것이 아니다. 그것은 사람이 만들어낸 환경에 대한 처방적 도구이다. 상황에 따라 하나의 다른 도구가 요구된다. 인간은 한 번 길들여진 인습의 틀로부터 자신을 자유롭게 하기 매우 어려운 존재이다. 상황이 옛 도구 대신 새 도구를 요구함에도 불구하고 우리는 옛 도구를 손에 들고 우왕좌왕하기 쉽다. 그래서 옛 껍질을 벗어던지는 일은 매우 어려운 일이다.

이제 시간의 한 매듭이 지어지려는 시점에 우리가 서 있다. 마무리를 어떻게 지을 것인가? 모두 각자가 처한 위치에 따라 마무리거리도, 방법도 서로 다를 수 있다.

그러나 오늘의 매듭은 예사 매듭이 아니기에, 오늘 1988년의 마무리는 예사로운 마무리가 아니다. 옛 껍질을 벗어던지는 마무리가 오늘의 마무리이다. 그리하여 새 틀을 준비하는 그런 마무리이다. 그리고 그 새 틀 속에는 보다 많은 사람들의 얼굴이 미소 짓는 모습으로 드러날 수 있어야 할 것이다.

『동아그룹 사보』(1988년 11월)

무엇이 우리를 열광케 하는가

　지난 8월에 있었던 로스앤젤레스 올림픽은 나 같은 스포츠 문외한에게도 무언가 뜨거운 경험을 남겨놓았다. 매스컴의 보도로는 전 국민이 온통 올림픽으로 열광과 흥분의 도가니 속에 빠져 있다고 했다. 갑자기 모두가 스포츠광(狂)이라도 된 듯이 말이다. 그러나 실제로 모두가 스포츠광으로 변신한 것은 아니다. 그렇다면 무엇이 이토록 우리를 열광과 흥분 속으로 몰아넣는가? 겉으로 눈에 보이는 것으로 말하면 금메달 6, 은메달 6, 동메달 7이다. 금은보화를 한국 청년들이 외국에서 벌어온다고 해서 흥분한 것은 물론 아니다. 또한 그 메달을 딴 한국 청년들이 멋진 스포츠 경기를 보여준 것도 사실이지만, 바로 그 멋진 경기 때문에 그토록 열광과 흥분을 한 것은 아닌 것 같다.

　로스앤젤레스 올림픽에서 한국인이 느끼는 열광과 흥분은 하나의 일시적 감흥이 아니라, 그것은 오랜 역사적 뿌리와 맞붙어 있는 것 같다. 즉 작은 나라 국민으로서 겪은 온갖 수모와 박해의 깊은 역사적 경험이 아직도 우리의 의식 속에 아픈 상처와 한을 남기고 있기 때문이 아닐까.

우리에게는 풀어야 할 역사의 한(恨)이 있다. 지금 한국 사람들은 그 한을 풀어보고자 한다. 집안의 한, 나라의 한을 풀어보고자 한다.

"어머니, 이젠 우리 고생도 끝났어요."

어느 금메달리스트가 자기 모친에게 국제전화로 한 이야기이다. 금메달 획득은 고생으로부터의 해방을 의미한다. 한스러운 삶으로부터의 해방을 뜻한다. 그것은 새로운 희망, 새로운 기약의 땅을 제시한다.

한국 사람들이 이번 올림픽에서 열광과 흥분을 느끼는 까닭은 바로 우리 모두의 어머니 한국이 이제 막 새로운 기약의 역사의 서광을 눈앞에 보는 듯하기 때문이다. 역사의 금메달을 읽기 때문이다. 그러나 올림픽에서의 금메달 획득에서 역사의 금메달을 읽는 것은 참으로 정당한 일인가를 우리는 성찰해 보아야 한다.

체력이 국력이라는 말을 하는 사람들이 있다. 물론 체력은 국력의 하나의 요소가 아닐 수 없다. 국민 대다수가 병약해서 골골하고 있는 나라가 뭘 제대로 해낼 수 없다는 것은 너무나 뻔한 일이다. 이런 의미에서 국민들의 건강한 신체는 한 나라의 능력의 기본적인 요소이다. 그렇다고 해서 체력만 있다고 한 나라가 능력 있는 나라가 되는 것은 아니다. 힘 있는 바보, 건장한 걸뱅이도 있을 수 있기 때문이다.

스포츠가 국력의 징표일 수는 있다. 한 나라가 스포츠를 가지고 국제사회에서 이름을 얻을 수 있으려면, 그것을 그만큼 시원할 수 있는 여러 가지 사회적 힘이 그 나라에 축적되어 있을 것이라는 측정을 할 수가 있다. 스포츠의 발전은 국력의 증가와 비례하는 것은 아니더라도 국력과 그 어떤 상관관계를 가지고 있다. 스포츠를 잘함으로써 형편없는 나라가 부강하고 살 만한 나라가 되는 것은 아니지만, 국제사회에서 스포츠로 이름을 날릴 만큼 된 형편을 보면, 우리도 뭔가 스스로의 능력에 대해 자신감을 가질 수 있다. 그것은 우리의 현실적 능력과 미래의 가능성에 대한 지표(指標)일 수가 있다.

종교를 가진 사람은 그 종교가 떠받드는 최고의 존재에게 기도와 기원을 드린다. 근원적으로 말하면 그의 삶 자체가 그 기도와 기원의 행위여야 할 것이다. 그것이 참된 종교적 삶의 모습일 것이다. 그러나 우리는 흔히 다급해진 상황에서 무언가에게 애원하는 기도와 기원을 드리는 사람들을 우리 주위에서 발견한다. 이번 올림픽에 참가한 선수들의 가족들이 거의 이런 기도와 기원을 했다는 보도에 우리는 접할 수 있었다. 너무나 인간적인 애절한 기원이었을 것이다. 그 애절한 기원을 차마 모른 척할 존재가 어디 있을까? 소원대로 금메달을 획득한 본인과 가족들은 신이 내려주신 은혜로 알고 깊이 감사를 드렸을 것이다. 어찌 이런 일이 올림픽 참가자들에게 있어서만 있는 일일까? 아들의 입학을 위하여, 남편의 국회의원 당선을 위하여, 귀한 옥동자의 출생을 위하여, 집안이 벌이는 사업의 번영을 위하여, 그리고 그 수많은 종류의 시합과 경쟁에서의 승리를 위하여 사람들은 자기들의 하느님을 향해 애원의 기도를 드린다.

"오 하느님, 저의 소원을 부디 들어주소서. 제가 이번에 꼭 이 소원을 성취할 수 있도록 해주시옵소서."

모두 자기의 하느님을 향해 간곡한 기원을 드린다.

인간은 여러 가지 종류의 꿈을 먹으며 살고 있다. 그 꿈들 가운데는 많은 돈, 최고의 권력, 최고의 영예 같은 것들도 포함되어 있다. 이러한 최고의 것들은 남과 동시에 같이 나누어 가질 수 없는 것들이 많다. 남을 꺾어 누르고 나 혼자 독식(獨食)해야 하는 것들이 있다. 많은 경우 많은 돈의 획득이 그러하며, 최고의 권력과 같은 정상의 자리가 그러하다. 이런 독점적(獨占的) 자리를 희구하여 사람들은 각기 자기의 하느님을 향해 애원한다.

"오 하느님, 제가 그것을 얻게 해주시옵소서. 오, 자비로운 나의 하느님이시여."

하느님의 귀는 이 애원의 함성으로 고요한 시간이 없을 것 같다. 제각기 이 애원의 함성으로 하느님은 매일 시달림을 받고 계신 것은 아닌지 모르겠다.

석가모니는 중생을 향해 온갖 욕심으로부터 벗어날 것을 가르쳤다. 욕망으로부터의 해방만이 모든 고뇌로부터의 해방을 보증해 준다고 그는 생각했기 때문이었다. 석가모니의 이런 가르침을 따라 사람들은 불도(佛徒)가 된다. 불도가 된 그들은 불당(佛堂)을 찾는다. 석가모니의 온갖 가르침의 위대함에 온갖 경의를 표한다. 그리고 자신도 그런 가르침에 따라 살기를 희구한다. 이것이 아마도 올바른 불자(佛者)의 자세일 것이다.

그러나 우리가 흔히 우리 주위에서 발견하는 것은 무엇인가? 자기의 온갖 욕심들이 성취되기를 비는 그 숱한 기원의 몸짓들이 아닌가. 그 욕망의 떡 바구니를 내던져 버리라고 가르치는 존재를 향해 우리는 그 떡 바구니가 더 많은 떡으로 충만되기를 그토록 애타게 비는 것이 아닌가. 인간적인 너무나 인간적인 모습이 아닐 수 없다.

올림픽에서의 이번의 개가는 틀림없이 한국 사람들의 사람됨에 대한 그 어떤 자부심을 부추겨주었다. 그것은 우리가 역사에서 얻은 상처를 매만져주는 치료적 효능을 준 것이 사실이다. 이것은 우리가 모두 함께 하느님께 감사해야 할 일이다. 올림픽에서의 개가가 그 어떤 독식(獨食)에의 탐욕스러운 몸짓으로 이해될 때, 우리의 기도는 과연 어떤 기도가 될 것인가? 하느님은 과연 누구를 위해 응답할 것인가?

『생활성서』(1984년 10월)

격랑 속의 한 해를 보내며

1986년이 저물어갑니다. 문자 그대로 다사다난(多事多難)한 한 해였습니다. 세상을 흔들어놓는 일도 많았으며, 어려운 일도 한두 가지가 아니었습니다. 그러한 와중에서도 며칠 동안이나마 소박한 마음으로 박수를 치며 통쾌한 웃음을 지을 수 있었던 것은, 아시안게임 때 우리 선수들이 특히 일본과 중국을 상대로 벌인 스포츠 게임에서 쾌거를 거둘 때가 아니었나 싶습니다.

심신이 매우 어지러운 사람이 가끔 찾는 곳은 점쟁이 집이 아닌가 합니다. 한 치의 앞을 내다볼 수 없는 사람이 최후로 기대해 보는 것은 그무슨 신통력이 아닐 수 없기 때문이겠지요. 오늘 심신이 매우 피곤해 있는 우리에게 들려오는 점괘가 있습니다. 그것은 물론 암울한 현실에 닫혀 있는 오늘의 우리에게 희망의 소식을 전해 주는 점괘입니다.

영국에서 발행되는 『이코노미스트』라는 시사 잡지는 최근의 보도에서 지금부터 48년 뒤인 2032년에는 한국의 1인당 GNP가 미국의 그것을 앞지를 것이라고 했습니다. 얼마 전까지만 해도 양놈의 똥도 좋다고 할 정도로 저 하늘같이 보이던 미국의 1인당 GNP를 능가할 날이 머지않았다는 이 소리는 꿈만 같은 이야기가 아닐 수 없습니다. 이 꿈과 같은 소리를 그냥 한 귀로 듣고 흘려버릴 수만은 없는 까닭은, 동양권에서도 그와 엇비슷한 소리가 들려오고 있기 때문입니다.

일본의 문명비평가인 사세휘(謝世輝) 교수는 지금부터 24년 뒤인 2010년에는 한국의 1인당 GNP가 일본을 앞지르게 될 것이라고 내다보고 있습니다. 금년 일본은 1인당 GNP가 1만 7천 달러를 기록함으로써 미국을 앞질러 세계의 정상에 올라섰습니다. 그러니 24년 뒤에 우리가 일본을 앞지르게 된다면, 한국이 세계의 정상에 우뚝 서 있게 된다는 말이 되는 셈입니다. 말만 들어도 흐뭇한 이야기가 아닐 수 없습니다.

옛이야기에 나오는 달걀 장수의 꿈과 같은 이야기일 수도 있습니다. 지금의 수준에서 헤아려보는 숫자 놀음에서 나온 말이기 때문입니다. 그것은 우리가 모든 여건이 좋은 가운데 최선을 다했을 경우에 나타날 수도 있는 미래의 모습일 수도 있습니다. 이런 점괘가 적어도 우리에게 시사하는 바는 "우리가 최선을 다한다면 우리에게 희망은 있다"는 메시지가 아닌가 합니다.

그런네 오늘 우리의 모습은 어떠합니까? 오늘 한국 사람들은 과연 최선을 다하고 있다고 우리가 감히 말할 수 있을까요? 그리고 도대체 그 '최선'이란 무엇일까요? 오늘 이 땅에 몸담고 있으면서 느끼는 일 가운데, 누가 뭐래도 한 가지 분명히 이야기할 수 있는 사실은 '상당히 많은 사람이 무엇엔가 열을 올리고 있다'는 것이라고 나는 봅니다. '극성을 부린다'는 말로 그것을 바꾸어 표현할 수도 있을 것입니다.

그리고 그것을 좀 점잖은 언어로 표현하면, '강렬한 삶의 의지'라고 할 수 있을지도 모르겠습니다. 오늘 한국 땅은 이제 그 강렬한 삶의 열기로 활활 타오르고 있는 광장인지도 모르겠습니다.

그런데 문제는 '무엇'을 향한 열기인가 하는 것입니다. 도둑질 말고는 모두 배워두어야 한다는 옛말이 있기도 합니다마는, 그 무엇이 정말 도둑질도 가리지 않는 것이 될 때, 그 강렬한 열기는 축복이 아니라 오히려 불행의 근원이 될 것입니다. 누가 봐도 고개를 끄덕일 수 있는 그런 무엇에 우리의 열의를 쏟아야 우리에게 희망이 약속되지 않겠습니까.

'하면 된다'는 구호가 우리의 강인한 의지로 이해될 때는 그보다 더 좋은 일이 없습니다. 그러나 무엇이라도 사양치 않는다는 '맹목성'과 '저돌성'으로 이해될 때, 그것은 우리를 매우 불행한 역사로 몰아넣게 될 것입니다. 하면 된다는 강철 같은 의지로 무장한 도둑을 한번 상상해 보면 이치가 분명해질 것입니다.

'좋은 일'에 쏟는 열기와 노력만이 우리에게 내일의 희망을 약속해 줄 것입니다. 목표의 설정이 매우 중요한 까닭이 바로 여기에 있습니다. 그리고 아무리 좋은 목표를 설정했다 하더라도 그것을 달성하는 방법이 추악한 것일 때는 목표의 달성 자체가 정당화될 수 없을 것입니다. 그렇기에 방법의 선택에 있어서 우리는 '합리성'을 매우 중요한 기준으로 삼지 않으면 안 될 것입니다.

'모듬살이'에 있어서 매우 중요한 것은 '공정성'입니다. 나 혼자의 이익만을 염두에 두고 수행되는 '억지의 몸짓' 가지고서는 그 목표가 아무리 숭고하다 하더라도 결코 정당화될 수 없습니다. 누가 들어봐도 고개를 끄덕일 수 있는 방식으로 일을 수행할 때에야 비로소 공정성은 획득될 것입니다. 그렇기에 장막 뒤에서 수군거림에 의해 추진되는 일들은 공정성과 거리가 멀기 일쑤입니다.

어디에 내놓아도 떳떳한 일을 공정하게 수행할 때만 우리는 최선을 다했다고 말할 수 있을 것입니다. 오늘 이 땅에 절실히 요청되는 것은 그러한 '떳떳함'입니다. 나 혼자만을 생각하고 행동하는 사람은 그런 떳떳한 사람일 수가 없습니다. 모두 '혼자만'에 눈이 응고되어 있는 세상은 문자 그대로 아비규환의 생지옥입니다. 도로 위의 차들이 차선을 무시하고 서로 먼저 가겠다고 저돌적으로 달려들 때 나타날 현상은 너무나 뻔하지 않습니까. 또한 몇 대의 차가 다른 모든 차들을 무시하고 앞으로 질주할 때 나타나게 될 결과는 불을 보는 것처럼 뻔한 일입니다.

또 한 해가 저물어갑니다. 다 저물기 전에 오늘의 어두움을 내일의 희망의 빛으로 전환시키기 위해, 각자가 수행할 최선의 삶을 점검해 보는 것이 어떨까요.

『현대중공업 사보』(1986년 12월)

최고 유감(有感)

"그것 참 최고야." 사람들은 '최고'를 부러워하나 봅니다. 영어에도 '베스트(best)'라는 말이 있습니다. 우리말의 '최고'에 해당되는 말이라 할 수 있습니다. 허나 최고가 무엇이겠습니까? '제일 좋은 것'이라 풀이할 수 있겠지요. 그러나 '제일 좋은 것'이 또 무엇이겠습니까? "아니, 제일 좋은 것도 몰라." 하고 어떤 사람은 핀잔을 할는지 모르겠습니다.

하지만 곰곰이 생각해 보면, 처음 얼른 생각했을 때와는 사정이 달라짐을 곧 느끼게 되리라 생각합니다. 도대체 세상에서 제일 좋은 것이 무엇이라고 말할 수 있을까요? 어떤 사람은 대통령이라 말하는지도 모르겠습니다. 하지만 어디 대통령이 세상에 한둘이 있습니까? 세상에서 제일 좋은 나라의 대통령이 제일 좋은 것이라고 말할 수 있을까요?

제일 좋은 나라가 어떤 나라인지 그것도 판별하기 쉬운 일은 아닐는지도 모르겠습니다. 돈이 가장 많은 나라일까요, 군사력이 가장 강한 나라일까요, 학문이 제일 발달한 나라일까요, 복지가 가장 잘된 나라일까요, 땅덩어리가 가장 넓은 나라일까요, 혹은 인구가 가장 많은 나라까요? 이러다 보면 제일 좋은 나라란 무엇을 기준으로 말하느냐에 따라서 달리 말할 수 있음을 우리가 여기서 깨닫게 되지 않나 싶습니다.

어떤 사람은 제일 좋은 것은 대통령이 아니라 돈이 제일 많은 사람이라고 말하는지도 모르겠습니다. 대통령은, 우선 일생 동안 해먹을 수 없고 — 가끔 그런 시도를 하다가 거꾸로 보통 사람보다도 짧게 살고 인생을 끝내버리기도 하지만 — 둘째로 골치 아픈 일이 한두 가지가 아니며, 셋째로 자기 마음대로 혼자 어디나 갈 수 없어 불편하기 짝이 없으며, 넷째로 조금만 무슨 일을 잘못해도 욕먹기 일쑤이며, 그리고 무엇보다도 가까운 친구와 어울려 아무 때나 족발집에서 소주 한잔 거나하게 마실 자유가 없다는 등의 이유를 들어, 대통령은 제발 하라고 누가 빌어도 절대로 안 하겠다고 할 사람도 있을 수 있지 않을까 합니다.

하기야 돈이 제일 많은 사람도 대통령에 못지않게 골치 아프고 어려운 일이 많을 뿐 아니라, 우리 보통 사람들처럼 그렇게 아무렇게나 자기 하고픈 대로 아무 데나 털썩 주저앉아 흥얼거릴 자유가 없는지도 모르겠습니다. "거지가 상팔자"라는 속담도 있습니다마는, 많이 가진 사람은 그 가진 것 때문에 속 썩여가며 마음 쓸 일이 한두 가지가 아닐지도 모르겠습니다.

세계 최고의 스타 배우나 운동선수가 제일 좋을 법도 합니다. 혹은 천재적인 학자나 예술가가 그럴 수 있겠습니다. 이렇게 자꾸 생각하다 보면, '최고'가 무엇인지 처음 얼른 생각했을 때와는 달리, 그리 간단치 않음을 우리가 깨닫게 됩니다. '최고'란 신기루와 같은 것인지도 모르겠습니다. 멀리서 볼 때는 무언가 정체가 뚜렷한 것 같다가, 가까이 접근하면 할수록 정체가 묘연해지는 그런 신기루 말입니다.

세상에는 여러 가지 과일들이 있습니다. 사과, 배, 감, 토마토, 참외, 살구, 포도, 바나나, 딸기, 복숭아, 이 외에도 많이 있습니다. "글쎄요,

이 가운데 어떤 과일이 '최고'일까요?" 하고 누가 묻는다고 합시다. 물론 어떤 사람은 조금도 당혹하지 않은 채 사과라고 대답할는지도 모르겠습니다. 그러나 이 대답을 듣고 혀를 차며, 그 사람 참 웃긴다고 말할 사람이 있을지도 모르겠습니다. 그는 단연코 바나나가 최고라고 말할지도 모르겠습니다. 그 이유로 우선 값이 제일 비싸며, 그 맛이 사과에 비할 바 없다고 말할는지도 모르겠습니다. 그 옆에서 두 사람의 주장을 가만히 듣고 있던 또 한 사람은 눈을 껌벅이며, 저 사람들 정말 아무것도 모른다며, 감이 최고의 과일이라고 외치고 나설지도 모르겠습니다. 감으로 말할 것 같으면, 달기가 그들에 비길 바가 아니며, 몸에 좋기로는 감이 폐를 건강하게 하는 강력한 활력소이기 때문이라는 이유를 그 최고의 논거로 들고 나올 수 있을 것입니다.

또 어떤 이는 시원한 배를, 또 어떤 이는 새콤하며 감칠맛 나는 포도를, 또 어떤 이는 술독과 담배의 니코틴 독을 해독시키는 복숭아를, 또 어떤 이는 우리 몸의 건강의 활력소인 비타민 C의 창고인 토마토를 최고의 과일로 들고 나올 수도 있을 것입니다. 물론이지요. 모두 그 주장에 일리가 있고말고요. 다 좋은 말씀들이지요.

세상에는 또 여러 가지 동물들이 있습니다. 고양이가 있는가 하면, 호랑이가 있으며, 박쥐가 있는가 하면, 돼지가 있으며, 꿩이 있는가 하면, 닭이 있으며, 학이 있는가 하면, 공작새가 있으며, 토끼가 있는가 하면, 여우가 있으며, 개가 있는가 하면 말이 있습니다. 그리고 그 밖에도 하고많은 동물들이 있습니다. 누가 동물 가운데 최고가 무엇이냐고 묻는다고 합시다. 이때도 한 가지 분명한 것은, 대답이 하나로 끝나지 않는다는 점이라고 봅니다. 이것이 최고다, 저것이 최고다. 각기 다른 이유와 논리를 가지고 다른 주장을 펼 것입니다. 힘으로 말할 것 같으면 사자나 호랑이를 최고로 칠 수 있으나, 얌전하고 착하기로 말할 것 같으면 비둘기나 토끼를 거론하지 않을 수 없으며, 화려하기로 말할 것 같으면 공작새를 따를 것이 없을 것이며, 집을 잘 보기로 말할 것 같으면 소나 돼지가 개에 비교될 수 없을 것입니다. 그렇기에 그 모든 주장들이 나름대로 뜻이 있으며 일리가 있다고 볼 수밖에 없습니다.

세상에 제일 어리석은 생각 가운데 하나는 '최고가 하나'라는 생각, 바로 그것이라고 나는 생각합니다. 최고는 하나가 아니기 때문입니다. 최고는 하나라는 생각에 의지하여 세상을 헤아려보는 사람은 참으로 어리석은 사람입니다. '낫 놓고 기역 자도 모르는' 무식쟁이라는 말이 있습니다마는, 최고가 하나라고 생각하는 사람은 무식쟁이 중의 무식쟁이라 하지 않을 수 없습니다.

세상에는 많은 사람들이 존재합니다. 그리고 세상에는 또한 여러 가지 직업들과 일들이 있습니다. 그 가운데 최고가 누구이며, 어떤 일이 최고냐고 물을 수 있습니다. 그러나 이 물음에 대해 오직 하나의 대답만이 정답이라고 믿는 사람이 있다면, 그는 낫 놓고 기역 자 모르는 사람보다 더 무식한 사람임에 틀림없습니다. 관점에 따라서 이것도 최고, 저것도 최고일 수 있기 때문입니다.

보람 있는 삶을 사는 것은 매우 중요한 일입니다. 그러나 무엇이 보람 있는 삶이냐고 물을 때, 우리는 그 어느 한 가지 형태의 것에다 못을 박아 대답하려 해서는 안 됩니다. 그것은 어리석은 일입니다. 문제는 '무엇'이 아니라, '어떻게'입니다. 보람 있는 일과 보람 있는 삶이 따로 있는 것이 아닙니다. 똑같은 일이라도 '어떻게 하느냐'에 따라 보람이 있을 수도 없을 수도 있기 때문입니다. 대통령이 모두 멋있는 것이 아니며, 사장이 모두 멋있는 것이 아닙니다. 심지어 거지라고 반드시 비참한 것만은 아닙니다. 극단적으로 말해서 당당한 거지는 멋있는 사람일 수 있습니다.

멋과 보람은 발견되는 것이며, 창조되는 것입니다. 한때 우리는 양복 입은 사람은 멋있는 신사이지만, 한복 입은 사람은 멋대가리 없는 촌놈이라고 생각했던 적도 있었습니다. 그러나 그것은 어리석은 생각입니다. '어떻게'가 중요합니다. '당당한 것'이 중요합니다. '떳떳한 것'이 중요합니다.

그렇기에 보람 있는 삶은 대통령이나 장관이나 사장의 자리에서만 찾아지는 삶의 형태가 아닙니다. 어떤 곳에서도 보람 있는 삶은 가능하기 때문입니다. 일의 종류나 직업의 종류는 기능의 차이일 뿐, 보람 있음과 없음의 차이가 아니기 때문입니다. 그렇기에 누구나 보람 있는 삶을 살 수 있습니다. 문제는 자기 하기 나름에 달려 있을 뿐입니다.

『대우중공업 사보』(1986년 12월)

네가 그 입장에 있다면

딜타이(W. Dilthey)는 해석학(Hermeneutik)의 수립자로 널리 알려진 독일의 철학자이다. 그에 의하면, 자연은 자연법칙을 토대로 설명할 수 있으나, 인간은 자연과는 달라 그런 법칙적 설명에 의해 파악되기 어려운 존재라는 것이다. 이해가 바로 인간 파악의 올바른 통로라는 것이다. 그런데 그러한 이해의 과정 속에는 '미루어 체험해 봄(Nacherleben)'이라는 정신활동이 포함되어야 한다는 것이다. 미루어 체험해 봄이란 무엇을 말하는가?

우리는 흔히 이런 말을 가끔 듣는다. "네가 그 입장에 있다면 어떠했을지 한번 생각해 봐." 그것은 다름 아닌 '입장을 바꾸어 생각해 봄'이다.

사람은 좀처럼 자기의 울 안에서 떠나기 어려운 존재인지도 모른다. 그렇다. 자기의 입장을 넘어서기란 여간 어려운 일이 아니다. 자기가 놓인 처지와 그 처지에서 느끼는 감성의 울타리를 넘어서서 대상을 보기란 좀처럼 어렵다.

편견이란 다름 아닌 그런 울 안에 갇힌 개구리의 봄이다. 이렇게 보면 인간의 생각이란 어쩔 수 없이 그런 울 안에 갇힌 자가 보는 봄에 지나지 않는 것인지도 모른다. 편견의 수인(囚人), 그것은 어쩔 수 없는 인간의 운명인가? 과부 사정은 과부만 알 수 있는 것인가? 과부가 아닌 사람이 과부 사정을 미루어 헤아려보는 일은 불가능한 일인가?

우리가 타인을 파악하려 할 때, 그것을 가로막고 있는 장애는 무엇일까? 과부 아닌 사람이 과부 사정을 이해하기 힘들게 되는 까닭은 무엇일까? 이 문제에 관해 철학자들은 인식론적인 장애를 지적했다. '타인의 마음'을 우리가 어떻게 인식할 수 있을 것인가 하는 문제는 오랫동안 철학자들의 골칫거리가 되어왔다. 타인의 신체는 우리가 눈으로 보아 알 수 있으며, 그의 음성도 귀로 알 수 있다. 그리고 손으로 타인의 신체의 상황도 파악할 수 있으며, 코로 냄새를 맡아 타인의 체취를 파악할 수 있다.

그러나 타인의 '마음'은 그렇게 눈이나 귀나 코와 같은 감각기관에 의해 파악될 수 없는 것이라고 생각되기 때문이다. "내 눈으로 네 마음을 환히 들여다보았다"라는 말을 우리는 하지 않는다. 그리고 "내 귀로 네 마음의 소리를 똑똑히 들었다"라고도 우리는 말하지 않는다.

여기서 우리는 무엇이 어떻다는 것을 '아는 방법'은 '감각기관'에 의존할 수밖에 없다는 생각에 부딪히게 되는 어려움(장애)을 분명히 볼 수 있다. 이것이 이른바 타인의 마음에 관한 '인식론적 장애'이다.

그러면 이런 인식론적 난관을 극복할 수 있는 길은 없는 것일까? 마음은 눈으로 볼 수 있는 신체와 구별되는 것이기는 하지만, 신체의 여러 가지 행동들과 전혀 관련이 없는 그 어떤 독립적인 존재일까? 몸과 마음은 전혀 독립적인 두 가지의 존재 영역이라고 데카르트라는 철학자는 주장했다. 이러한 데카르트의 심신이원론(心身二元論)의 모형에 따라 생각하면, 타인의 몸짓을 보고 그의 마음의 상태를 짐작하거나 알 수 있는 길은 없는 셈이다.

그렇다면 타인의 마음에 접근할 수 있으려면, 타인의 마음을 '직접 꿰뚫어 볼 수 있는 그 어떤 능력'이 인간에게 갖추어져 있지 않으면 안 된다. 모든 사람이 독심능력(讀心能力)을 갖춘 독심술가여야 한다. 그럴 때만 우리는 타인의 마음을 파악할 수 있을 것이다.

그러나 모든 인간이 마음을 직접 읽는 독심술가가 아니라는 것은 우리가 남에게 사기 당한다는 사실에 의해 반증되는 것 같다. 우리가 만일 남의 마음을 직접 훤히 들여다본다면 남에게 속임을 당하는 일은 없을 것이다. 그러므로 남에게 우리가 속임을 당할 수 있다는 사실은 우리가 남의 마음을 훤히 들여다보는 능력이 있다는 주장이 거짓됨을 보여주는 것이 아닐까?

그러면 우리가 타인의 마음에 접근할 수 있는 길은 전혀 없는 것일까? 말은 인격이라는 말이 있다. 타인의 말을 듣고 우리는 그가 어떤 생각을 하고 있는지를 가늠할 수 있다. 타인의 언행은 타인의 마음의 징표이다. 우리는 타인이 어떤 마음의 상태에 있는가를 그가 내뱉는 여러 가지 언어들을 통해 가늠할 수 있다. 물론 그가 거짓말을 할 수는 있다. 그래서 우리는 그의 말을 듣고 오도(誤導)될 수도 있다. 말은 이렇게 하나, 실제 그의 마음은 그렇지 않은 경우에 우리가 그의 말을 문자 그대로 믿으면, 우리는 그의 마음의 행방을 잘못 파악하게 된다. 이것은 우리가 성실하지 못한 인격과 만났을 때 흔히 경험하는 일들이다.

그러나 그러한 성실하지 못한 사람도 언제나 그런 거짓 언어들만 내뱉고 살 수는 없다. 적어도 그는 가끔은 참말을 한다. 의사에게 찾아가서 자기가 불편한 것이 무엇인가를 말할 때가 그 한 경우이다. 그가 병을 고치길 원하기에 병원을 찾아갔을 것이요, 그리고 그가 그 병을 고치려면 어디가 불편한가를 의사에게 자기가 아는 한 거짓 없이 말하지 않을 수 없을 것이다.

이런 사실이 보여주는 것은 무엇인가? 그것은 우리는 타인이 내뱉는 언어를 통해 그의 마음을 파악할 수 있다는 점이 아닐까? 비록 타인이 내뱉는 언어가 참말이 아닌 연고로, 그 언어가 우리를 방황케 한다 하더라도, 타인에 접근할 수 있는 가능한 통로는 타인이 말하는 언어라고 말하지 않을 수 없다.

그렇기에 말은 인격이다. 그의 참말은 그의 참모습을 보여줄 것이며, 그의 거짓말은 일시적으로 그의 모습을 착각하게 함으로써 우리를 방황케 할 것이다. 그리고 그런 우리의 방황은 그의 일그러진 마음의 몰골을 우리에게 보여줄 것이다.

이렇듯 언어는 타인에의 접근 통로임이 분명해졌다. 그러나 그 타인을 참으로 이해하지 못하는 것은 무엇 때문일까? 서로 마주보고 앉아 이야기를 주고받으면서도 서로가 서로를 이해하는 데 이르지 못하는 것은 무엇 때문일까? 서로 딴소리만 되풀이하며 서로가 만나지 못하는 것은 무엇 때문일까? 내 앞에 앉아 마주보고 있는 너를 눈으로는 보고 있지만, 마음으로 보지 못하게 하는 것은 무엇일까? 내가 네 입장에 서 있지 못하게 하는 것은 무엇일까? 내가 입장을 바꾸어 네 입장에 서서 세상을 보지 못하게 하는 것은 무엇일까? 그것은 나의 이익에만 얼어붙어 있는 나의 탐욕의 눈 때문이다. 나만을 생각하는 탐욕에 우리가 휘말려 있을 때, 우리는 나 아닌 세상의 존재들을 볼 수 없다. 탐욕은 우리를 눈멀게 한다.

네가 나의 입장에 서 있기만을 기대하고 있는 한, 우리가 서로를 참으로 만나는 일은 영원히 불가능하게 될 것이다. 네가 나의 입장에 서기를 기대하기 전에, 내가 네 입장에 서려고 할 때, 너와 나는 참으로 만날 수 있을 것이다. 나는 너의 존재를 보게 되며 너는 나의 존재를 보게 될 것이다. 인간존재의 참모습인 '모듬살이'는 바로 그러한 '이해' 위에서만 가능하다.

『쇳물』(포항제철 사보, 1985년 11월)

우리가 꾸고 싶은 꿈은 무엇인가

무엇을 좀 알 것 같다가도 다시 혼돈에 빠지고 마는 게 우리가 흔히 겪는 일상적 의식의 경험입니다. 도대체 나를 둘러싸고 있는 삼라만상을 움직이는 근본 법칙은 무엇이며, 그것은 어떻게 생겨났으며, 또 왜 그렇게 움직이고 있는지, 그리고 내가 살고 있는 사회는 왜 이 모양으로 굴러가고 있으며, 이 사회는 5천여 년의 역사가 흘러나와 형성되었다고 하는데, 그 역사는 어찌하여 이런 사회의 모습으로 나타나는지, 그리고 앞으로 우리 사회는 어떤 모양으로 움직여가서 어떤 모양을 갖춘 것이 될는지, 이 모두가 궁금하기 짝이 없는 일이 아닐 수 없습니다.

그리고 오늘의 세계는 개인도 그렇고 나라도 그렇고 혼자 고립되어 문 닫아놓고 살 수도 없는 형편인데, 그런 나와 나의 나라가 얽혀 있는 큰 덩어리인 지구촌은 어떤 모양으로 되어갈 것인지, 인류가 과연 하나의 공동체를 이루고 모든 장벽을 치워버리고 형제자매로서 오순도순 살 수 있는 인간적인 삶의 공간을 형성할 것인지, 아니면 서로 장벽을 더 굳건히 딱딱하게 쌓아놓고 반목과 질투와 투쟁으로 일관하다가 끝에 가서는 모두의 파멸을 가져오고 말 것인지, 정말 알 수 없는 물음들입니다. 그러나 그 대답을 그냥 모르는 것으로만 치부해 버리고 느긋하게 단잠을 잘 수는 없는 어려운 문제들이 우리의 머릿속에 밀려옵니다.

이러한 끊임없는 물음들의 소용돌이 속에서도 그러나 한 가지 분명한 것이 있습니다. 내가 이 모양으로 이렇게 여러 가지 어려운 물음들을 던지며 번민하다가도, 언젠가는 나도 다른 모든 이 세상에 이미 살다 간 선배들처럼, 기어이 이 세상을 떠나고 말게 되리라는 것이 바로 그것입니다. 그 모든 불확실성에 가득 찬 것들 가운데서 가장 확실한 것은 나도 모든 사람들과 함께 기어이 죽고 만다는 것입니다. 그런데 이상한 것은 이렇게도 확실한 것을 그렇게 애매하게 얼버무려놓은 채, 불확실한 것들을 마치 확실한 것처럼, 영원한 것처럼 붙들고 늘어지려 한다는 사실입니다. 우리의 어리석음 때문인 것 같습니다. 사람의 어리석음은 사물의 이치를 뒤집어 생각하는 데 있습니다. 사리를 뒤집어놓고 보면서 오히려 스스로 기뻐 어쩔 줄 모르는 것이 우리의 어리석음입니다.

우리는 영원한 존재가 아닙니다. 그리고 우리가 영원하리라고 믿는 그 모든 소중한 것들도 영원하지 않습니다. 이웃의 죽 그릇까지도 빼앗아 온갖 금은보화를 사기에 바쁜 우리의 탐욕스러운 마음은 정녕 어리석음의 극치라 할 수밖에 없습니다. 금은보화, 내 궤짝 속에 쌓아놓은 그 모든 나의 재산이라는 것들이 어찌 참으로 영원한 것이겠습니까. 설사 그 모든 것들을 나의 무덤에까지 가져다 쌓아놓게 한들 어찌 그게 영원한 것이 되겠습니까. 그저 허망한 바람에 불과합니다. 기껏해야 먼 훗날에 가서 골동품 장사꾼들의 노리갯감밖에 안 됩니다.

우리는 영원한 존재가 아닙니다. 조만간 우리 모두는 이 세상을 떠나고 맙니다. 이것은 지금 살았다고 장담하는 그 누구에게도 그 무엇보다도 지금 당장 가장 확실한 것입니다. 이 확실한 것을 덮어두지 않는 것이 인간의 최고의 현명함이요 지혜입니다. 사실을 사실대로 보는 것이 인간의 지혜요 현명함입니다. 그런 것을 그렇지 않은 것처럼 눈감아 버리거나 덮어두는 것은 영리한 것 같아 보이는 일시적 잔꾀에 지나지 않습니다. 잔꾀 가지고 뭘 할 수 있습니까? '일시적으로 빠져나가는 것'이겠지요. 그러나 시간은 그 모든 잔꾀를 결국 패배하게 하고야 맙니다. 시간의 위력을 인간은 어쩌지 못합니다. 시간은 모든 것을 진실대로 드러내고야 맙니다. 죽을 존재를 죽게 만들고 맙니다. 항우장사도, 올림픽 금메달리스트도, 그리고 세상의 보약, 불사약이라는 것을 다 주워다가 몸보신한 사람들도, 결국은 다 죽습니다. 천재도, 영웅도, 장군도, 재벌도, 물론 다 죽습니다. 그리고 가난한 사람도, 거지도, 고아도, 과부도, 모두 죽을 것입니다. 병신만 죽는 것은 아닙니다.

우리의 마음이 차분하게 되는 것은 인간이 이런 죽음의 존재라는 것을 깨닫는 순간입니다. 그때야 비로소 일시적인 것들을 영원한 것으로 착각하고 흥분하던 우리의 마음이 제 곬을 찾게 될 수 있습니다. 우리의 마음이 제자리를 찾게 됩니다. 물거품 같은 우리의 착각이 가라앉게 됩니다.

어떤 사람은 이런 삶의 한계상황 앞에서 절망을 어쩌지 못할는지도 모르겠습니다. 그렇긴 하지요. 영원을 갈망하는 우리의 기대에 찬물을 끼얹는 것이니까요. 그러나 사람이 모두 영원히 산다고 가정해 보십시오. 이 지구가 어떻게 그 많은 사람들을 수용할 수 있겠습니까? 자식을 모두 낳지 않고 산다면 몰라도 말입니다. 그러나 이것은 불가능한 일입니다. 우리가 자식 낳는 활동이 없었던들 어떻게 이 세상에 태어날 수나 있었겠습니까? 헛된 꿈이지요. 태어나는 사건이 있으면 죽는 사건도 있기 마련입니다. 태어나는 기쁨이 있으면 죽는 슬픔도 있기 마련입니다. 그것이 삶의 질서입니다. 이런 삶의 질서는 사람 마음에 따라 이렇게 혹은 저렇게 바뀔 수 있는 것이 아닙니다. 그렇기에 그것은 철칙(鐵則)입니다. 하늘의 법입니다. 이렇게 혹은 저렇게 바뀌는 것은 땅의 법입니다.

억지란 하늘의 법을 어기려는 몸짓입니다. 억지는 어리석음의 몸짓입니다. 참으로 지혜 있는 몸짓은 억지를 부리지 않는 것입니다. 그리고 하늘의 법을 따라 사는 것입니다. 하늘의 법 앞에서 절망을 느끼는 것은 참으로 지혜로운 몸짓이 아닙니다. 불가능을 불가능으로 받아들이는 것이 참 지혜이기 때문입니다.

죽음에의 가능성을 화평의 마음으로 받아들이는 데 인생의 참 지혜가 있습니다. 그리고 그 죽음의 존재에 적합한 일들로 삶을 채우는 데 삶의 지혜가 있습니다. 허황한 몸짓은 죽을 존재가 마치 죽지 않는 것처럼 착각할 뿐 아니라, 꺼져버릴 영원하지 않은 것을 영원한 것처럼 눈이 벌게 가지고 추구하는 데서 생겨납니다. 정말 허황된 짓이요, 세계의 진상과 어긋나는 짓을 하니 허황된 것이지요.

죽음 앞에 놓인 존재, 그것이 바로 자신이라는 깨달음은 삶의 지혜의 시작입니다. 그러나 거기서 절망하지 않음은 그 또 하나의 삶의 지혜입니다. 이것이 바로 자기기만 위에 서 있지 않은 진실한 삶의 토대입니다.

"호각에 너무 많은 것을 지불하지 말라." 이것은 미국의 벤저민 프랭클린의 이야기입니다. 어린아이에게 호각은 참으로 멋진 물건으로 보일 수 있습니다. 그래서 자기가 가진 모든 것을 주고서라도 그것을 얻으려 할 수도 있습니다. 그러나 그 호각의 존재가치를 아는 어른에게 그런 어린아이의 생각은 어리석음의 표현으로 인식됩니다.

의미 있는 삶은 호각에 너무 많은 것을 지불하지 않는 삶입니다. 모든 사물은 다 제값을 지니고 있습니다. 사물에 그것이 지닌 제값 이상을 지불하지 않는 현명함, 그것이 있어야 의미 있는 삶을 살 수 있습니다. 의미 있는 삶은 돈을 많이 가진 사람, 높은 자리에 오른 사람, 지식이 많은 사람에게만 가능한 삶의 형태라고 생각하는 것은 크나큰 잘못입니다.

오히려 그런 사람들에게 의미 있는 삶을 살 가능성이 적은 것이 사실입니다. 돈, 자리, 지식이 지니고 있는 제값이 있는데, 그들은 그 가치를 제값 이상으로 매겨놓고, 높은 값을 지불하고 있을 가능성이 많기 때문입니다.

자기 자신을 존귀한 존재로 모시고 거기에 알맞은 생각과 몸짓을 하는 것은 의미 있는 삶의 알맹이의 하나입니다. 자기 자신을 존귀한 존재로 모신다는 것은 무엇을 말합니까?

자기를 괴롭히는 것은 자기 자신을 존귀하게 모시는 것이 아닙니다.

자기가 소중히 여기는 물건이나 재산이 어찌하여 없어졌다고 합시다. 이때 툭툭 털고 일어나는 것은 자기를 존귀하게 모시는 것입니다. 그러나 이때 가슴을 치며 번민한 끝에 자기의 마음과 육체를 갉아먹는 것은 자기를 존귀하게 모시는 것이 아닙니다. 더구나 그렇게 자기학대를 극심하게 한 끝에 큰 병을 앓든가 그 병으로 인해 죽음을 재촉하는 것은 더욱 자기를 존귀하게 모시는 행위가 아닙니다. 귀한 것은 소중히 다루어야 합니다. 돈이나 물건은 자기의 활동에 의해 획득된 사물입니다. 돈이나 물건보다 귀한 것은 자기 자신입니다. 그리고 자기의 삶입니다. 그런 잃어버린 물건은 새로운 자기의 활동에 의해 다시 획득될 가능성이 있는 것들입니다. 자기 마음과 몸만 왕성하다면 물론 또 얻을 수 있는 것입니다. 그것은 근본적으로 그렇게 소중한 것도 아닙니다. 그리고 그것이 나에게 획득되는 것이 우연적이었던 것과 마찬가지로, 우연적으로 나에게서 떠나는 것도 세상의 순리에 속합니다. 우연적으로 온 것은 우연적으로 가기 마련인 것이 세상의 이치입니다.

나에게 속한 재산은 나라는 암탉이 낳은 달걀입니다. 내가 낳은 달걀은 어쩌다가 깨어질 수도 있습니다. 깨어진 달걀은 분명히 애석한 것입니다. 그러나 그 애석함이 지나쳐 암탉이 병들게 되거나 그래서 다시는 달걀을 더 이상 못 낳게 되는 데까지 발전하게 된다면, 이것은 정말로 애석한 일입니다. 달걀은 깨졌더라도 암탉을 못 쓰게 만들어서는 안 됩니다. 그것은 참으로 어리석은 일입니다. 달걀이 깨어져서 손해 본 것만 해도 애석한데, 거기다가 암탉마저 못 쓰게 만들어버리는 것은 '근본적인 손해'를 보는 일이기 때문입니다. 암탉의 소중함을 깨닫는 것은 삶의 지혜입니다. 우리 모두가 암탉입니다.

그러나 '나만이' 그런 소중하고 존귀한 존재라고 생각하는 착각에 빠지기 쉬운 것이 또한 우리의 어리석음입니다. 내가 존귀한 존재인 것과 꼭 마찬가지로 너도 그리고 저 사람도, 그리고 내가 직접 만나보지 못한 수많은 이름 모를 사람들도 모두 존귀한 존재들입니다. 그들도 내가 그러는 것처럼 자기 자신을 존귀한 존재로 생각하는 존재들이기 때문입니다.

그런데 우리는 이 엄연한 사실을 너무나 자주 잊고 맙니다. 그래서 그 존귀한 존재를 아무렇게나 대할 뿐 아니라, 그 존귀한 존재를 나의 어리석은 자아의 망상을 위한 희생물로 삼기까지 합니다. 이것은 우리가 빠지기 쉬운 악의 늪입니다. 이 늪에 한 번 빠지면 좀처럼 헤어나오기 어렵습니다.

이 세계는 이런 존귀한 존재들이 모여 사는 모듬살이의 공간입니다. 한쪽에서 냄새를 피우면 곧장 내 이웃의 코에 고약한 냄새를 전달하게 되어 있는 그런 '하나의 공간'이 인간이 살고 있는 세계입니다. 이 세계는 그렇기에 '함께 있음의 터전'이며 '더불어 삶의 둥지'입니다. 이 둥지는 나 혼자 마음대로 이렇게 혹은 저렇게 아무렇게나 해도 좋은 그런 나만의 공간이 아닙니다. 그렇다고 나와 피를 섞은 피붙이끼리만 웅크리고 사는 독립적 공간도 아닙니다. 이름 모를 수많은 사람들, 그들과 더불어 한 공기를 들이마시며 사는 공간입니다. 나의 온몸을 흐르는 핏속을 통과해서 나온 나의 입김이 다시 그 수많은 이름 모를 존귀한 존재의 핏줄 속으로 타고 들어가는 하나의 호흡권이 바로 우리가 살고 있는 세계입니다.

'참으로 있음'의 감동을 우리가 지니게 되는 것은 바로 '함께 있음'의 공감을 우리가 느꼈을 때입니다.

의미 있는 삶은 인간존재의 근원적 삶의 조건에 알맞게 될 때 성취됩니다. '함께 있음', '더불어 삶'은 인간존재의 근원적인 삶의 조건입니다. 진리란 바로 그러한 인간존재의 근원적 모습에 대한 인식입니다. 그렇기에 의미 있는 삶은 진리에 따라 사는 삶과 얽혀 있습니다.

진리란 '나만의 이익', '나만의 떡'을 얻고자 하는 탐욕의 동굴로부터 나와, 그 탐욕을 넘어선 자리에서 세계를 바라볼 때 획득하는 세계에 대한 인식이요 깨달음입니다.

나 혼자 먹는 떡이 참된 기쁨을 가져다줄 것 같으나, 그것은 위장된 웃음을 가져다줄 것입니다. 그러나 인간의 어리석음은 나 혼자 먹는 떡을 향해 우리의 마음과 몸을 움직이게 합니다. 그 어리석음에서 해방되어 진리의 빛 아래서 세계를 인식하여 행동으로 옮길 때, 우리의 삶은 의미 있는 삶이 될 것입니다. 우리의 영원한 스승 석가와 예수의 가르침의 알맹이가 바로 그것이라고 나는 생각합니다. 우리가 꾸고 싶은 꿈은 바로 그런 의미 있는 삶을 위한 꿈입니다.

『학원』(1985년 3월)

무엇이 '나'인가

우리는 흔히 인생관을 말한다. 인간의 삶을 어떻게 보느냐 하는 것이 바로 인생관이 지닌 글자의 뜻이라 할 수 있다. 우리는 흔히 인생관의 확고한 수립의 필요성을 말한다. 인생관을 수립하지 않은 채 사는 것은 자기가 살긴 하면서 자기가 하는 일의 뜻도 모르는 채 그냥 씩씩거리고 돌아가는 하급동물의 삶과 별로 크게 다를 바가 없기 때문인지도 모른다. 인생관이 없이 산다는 것은 맹목적인 삶이다. 그저 돌아가는 대로 굴러가는 삶이 바로 그것이다.

무엇이 나인가? 이 물음에 대한 대답으로부터 인생관 수립은 시작된다. 우리는 흔히 "네가 누구냐?"라는 물음에 자기의 이름을 말함으로써 자기의 정체를 드러내는 것으로 생각한다. 그러나 "무엇이 나인가?"라는 물음이 겨냥하는 것은 그런 이름이 아니다. 무엇이 나인가라는 물음에 대한 손쉬운 대답은, 나의 신체를 가리키며 이것이 바로 나라고 말하는 것일는지 모른다. 물론 나의 육체가 나라고 말할 수 있다.

그렇게 보면 나의 눈, 코, 귀, 머리, 팔, 다리 등이 곧 나이다. 누가 나의 머리를 탁 치면서 "나는 너의 머리를 쳤을 뿐 너를 친 것이 아니다"라고 말한다면 그놈은 미친놈이라고 생각할 것이다. 그러면 나의 육체 이외의 나는 아무것도 아닌가?

세상에는 여러 가지 종류의 일들이 있으며, 사람들은 그 각양각색의 일들에 종사하여 그들의 정열을 불태우며 산다. 어떤 사람들은 사업에, 어떤 사람들은 정치에, 어떤 사람들은 학문에, 어떤 사람들은 예술에, 또 어떤 사람들은 스포츠에 온 정열을 쏟아가며 삶을 산다. 이 모두가 여섯 자 남짓한 자기의 몸을 유지하기 위한 정열의 대열들인가?

나의 육체가 물론 나를 구성하는 기본 바탕임에는 틀림없으나, 나의 육체가 곧 나의 전부라고 보는 것은 삶의 참모습을 제대로 드러내지 못하는 봄이 아닌가? 나는 나의 육체를 기본 바탕으로 하여 '만들어지는 그 어떤 것'이 아닌가? 인간은 '만들어져가는 존재'이다. 내가 나를 어떻게 만들어가느냐에 따라 무엇이 나인가라는 물음에 대한 답도 달라진다. 나의 육체의 보존 외에 아무것도 하지 않는 자는 육체가 곧 나의 전부이다. 그러나 엄밀히 말해서 세상에 그런 사람은 하나도 없다. 나쁜 짓, 못된 짓만 하는 자도 무엇인가 하는 자이기 때문이다. 그 나쁜 짓, 못된 짓이 그의 존재의 내용을 구성한다.

"무엇이 나인가?"라는 물음은 "무엇을 내가 하고자 하는가?"라는 물음과 깊은 연관을 맺고 있다. 나의 설계가 나의 존재를 규정한다. 돈이 전부라고 생각하는 사람은 '돈 = 나'라는 등식을 자기의 인생관으로 삼고 있는 사람이라고 볼 수 있다.

인생은 빈 통과 같다. 그 속에 무엇을 만들어 넣느냐에 따라 천한 나와 귀한 나가 되는 것이다. 그렇기에 높은 가치의 추구는 누구에게나 참으로 소중한 것이 아닐 수 없다.

『주간매경』(1986년 7월 24일)

어제와 오늘, 그리고 내일

　사람이 동물이라고 하면, 어떤 이는 아마도 얼굴을 찡그릴는지 모르 겠습니다. '짐승 같은'이라는 표현이 욕이 되는 것도 사람을 동물과는 다른 그 어떤 고귀한 존재로 여기는 생각에서 비롯되는 것인지도 모릅니 다.

　사람에 대한 정의(定義)로 가장 널리 알려져 있을 뿐 아니라 가장 오 래된 것은 아리스토텔레스의 정의일 것입니다. '이성적 동물'이 바로 그 것입니다. 여기서 우리가 분명히 볼 수 있는 것은 인간을 동물로 보고 있 다는 점입니다. 물론 그리 단순한 동물은 아니지요. '이성적'이라는 추 가적인 특성을 지닌 동물, 그것이 바로 인간이라는 것입니다.

　아리스토텔레스의 인간에 대한 정의는, 그러나 동물로서의 인간의 모 습보다는 이성적 존재로서의 인간의 성격을 부각시킨 것으로 인식되어 왔습니다. 동물로서의 인간의 모습은 덮어놓은 채, 이성적 존재로서의 인간의 모습에 사람들은 관심을 기울여왔습니다.

　이와 같은 사정은 정도의 차이는 있어도, 동양에 있어서도 비슷하지 않았나 싶습니다. 사람들이 짐승과 구별되는 인간의 모습에서 인간의 참모습을 발견하려 했던 것이 바로 그것입니다. 그렇기에 인간을 짐승과 비교하는 것조차 불경스러운 일로 여겨졌던 것이 아닌가 합니다.

이성적 존재가 지닌 가장 두드러진 특성은 다름 아닌 역사의식입니다. 역사의식이란 가버린 어제에 대한 평가와 다가올 내일에 대한 창조적 기획입니다.

어제에 대해서 우리가 취해야 할 올바른 자세는 어제의 잘못에 대한 감정적 반응이 아니라, 냉정한 합리적 평가입니다. 어째서 그런 잘못을 저지르게 되었는가에 대한 냉정한 사실 인식과 그 잘못을 시인하는 것입니다. 그러한 합리적 평가가 우리에게 가져다주는 효능은, 그런 오류의 함정에 다시 빠지지 않는 데 있습니다. 여기에 진보의 가능성이 있습니다.

내일에 대한 오늘의 예견의 참된 값어치는 우리의 삶을 그 맹목성으로부터 구제하는 데 있습니다. 내일을 그저 안개로 싸인 불투명한 영역이 아니라, 그것을 나의 의지와 설계로 이룩된 투명한 세계로 만들려는 태도가 우리가 지녀야 할 올바른 역사의식입니다.

점쟁이들은 흔히 내일이 그 어떤 운명에 의해 미리 결정되어 있는 것처럼 말합니다. 그것은 패배주의입니다. 내일은 나의 설계와 노력에 의해 이렇게 혹은 저렇게 요리될 가능성의 지평이요, 창조의 세계입니다.

한국은 세계 어느 나라에 못지않게 오래된 역사를 지니고 있습니다. 그래서 우리는 그 장구함을 자랑하기도 합니다. 장구함이 말해 주는 뜻은 여러 가지일 수 있습니다. 무엇보다도 오랜 시간을 견디어낼 힘이 있었다는 것이 그 중요한 한 뜻일 것입니다. 하루 이틀이 아닌 그 하고많은 시간의 시련에 견디어낼 수 있는 그 견고함은 매우 놀라운 것이 아닐 수 없습니다. 오늘 우리 존재는 바로 그런 견고함의 현실적 증거입니다.

어떤 사람들은 한국의 역사를 한(恨)의 역사로 풀이하기도 합니다. 한

이 무엇입니까? 그것은 자기실현이 제대로 되지 못했음을 의미합니다. 자기의 의지와 욕구가 좌절되어 응고된 것이 곧 한입니다. 한의 역사란 다름 아닌 좌절의 역사란 말입니다.

한은 그렇기에 품고 다닐 그 어떤 소중한 보물과 같은 것이 아니라, 풀어내 버려야 할 배설물과 같은 것입니다. 그것은 막힘입니다. 기(氣)가 막히면 죽습니다. 막힌 기는 풀어야 합니다. 쌓인 한도 풀어 없애야 합니다. 그렇기에 한의 역사는 찬양의 대상이 아니라 극복의 대상입니다. 한은 역사의 병(病)입니다. 그것은 치료되어야 합니다. 병을 고치고자 하는 사람은 병을 숨기지 않습니다. 병은 자랑하듯 터놓고 이야기해야 고칠 방도를 찾게 된다고 하지 않습니까. 역사의 병도 마찬가지입니다. 한의 역사의 보따리를 펴놓고 그 몰골들을 활짝 들춰 세상에 드러내놓아야 합니다. '소경 똥 싼 바지 뭉개듯'해서는 안 됩니다. 그래야 비로소 한의 역사로부터 구제될 수 있습니다.

그렇기에 우리가 어제를 바라볼 때 지녀야 할 올바른 자세는 어제의 찬양이 아니라 어제의 반성입니다. 어제 빠졌던 역사의 함정에 다시는 빠지지 않도록 하는 데에 어제를 반성하는 뜻이 있습니다. 역사는 오늘의 삶을 위한 채찍입니다. 그렇기에 역사책은 아픈 마음으로 읽어야 합니다. 역사책은 심심풀이거리일 수 없습니다.

인류문명은 지금 새로운 변혁을 위한 전회(轉回)의 용트림을 하고 있습니다. 우리가 오늘 선 지점은 바로 전 인류적 전환의 지렛목입니다.

우리의 시선을 어제에 응고시켜서는 안 됩니다. 내일에 펼쳐질 새로운 가능성의 세계에 우리의 시선을 모아야 합니다. 내일에 있을 세계의 모습을 우리의 상상력을 총동원하여 그려보아야 합니다. 거침없는 상상력은 창조의 모태입니다.

동물은 이미 프로그램된 소프트웨어에 따라서 살다가 죽는 존재입니다. 그것이 바로 본능에 의한 삶입니다. 물론 인간도 본능이 있지만, 인간의 문화와 문명은 새로운 소프트웨어의 개발에 의해 결정됩니다.

내일의 세계는 바로 새로운 소프트웨어가 짜놓은 세계입니다. 이성은 바로 그 소프트웨어의 산실(産室)입니다.

자연과학의 발달은 동물로서의 인간존재의 모습에 시선을 돌리게 하는 큰 계기를 마련하였습니다. 말하자면 자연현상 속에서 움직이는 하나의 생명을 지닌 유기체의 한 부류로 인간을 이해하려는 태도가 자연과학으로부터 움터 나왔습니다.

인간에 대한 과학적 연구가 모두 그런 시각에서 출발하였다고 볼 수 있습니다. 그래서 어떤 사람들은 이러한 인간 이해에 대해 매우 거센 반발을 표시하기도 하였습니다. 이런 반발의 터전을 이루고 있는 것은, 인간은 근원적으로 자연을 초월한 그 어떤 신적(神的) 속성 비슷한 것을 지니고 있다는 주장이라고 할 수 있습니다. 물질과 정신을 두 가지의 독자적인 존재 영역으로 구별하고, 인간의 본질을 정신의 영역에서 찾으려고 했던 것이 그 대표적인 경우라 할 수 있습니다.

이와 같은 인간존재의 근본 성격에 관한 전문적인 논의들을 떠나서, 보통 사람들에게도 뻔하게 여겨지는 사실은, 인간도 다른 동물과 마찬가지로 먹고 배설하며 종족을 퍼뜨린다는 점입니다. 개체보존을 위해서는 먹고 배설하며 잠을 자야 하고, 종족보존을 위해서는 음양의 교합이 있어야 한다는 것이 모든 생물의 공통된 특성이라 할 수 있습니다. 이것은 우리 모두가 너무나 잘 알고 있는 뻔한 이치가 아닌가 합니다.

그리고 보통 사람들도 알고 있는 뻔한 이치가 또 있습니다. 사람은 어제 일어난 일을 오늘에 기억하고 있으며, 또 내일에 일어날 일을 오늘에 미리 염려하고 있다는 사실입니다. 오늘을 지렛대로 하여 어제와 내일이 나의 삶 속에 얽혀 있습니다. 만일 사람이 어제를 기억하지 못한다면, 아마도 인간의 고통은 많이 사라질 것입니다. 그리고 우리가 만일 내일에 대한 어떤 생각도 하지 않는다면, 우리를 괴롭히는 많은 불안으로부터 해방될 수 있을 것입니다. 우리가 소위 '역사의식'이라고 말하는 것은 바로 이러한 어제에 대한 오늘의 기억과, 내일에 대한 오늘의 예견에 그 토대를 두고 있습니다. 이러한 역사의식은 인간을 저 단순한 동물의 삶으로부터 구별해 주는 근본적인 특성의 하나가 아닌가 합니다. '이성적'이라는 말이 함축하는 의미의 하나가 바로 그러한 역사의식이라고 보입니다.

그렇기에 어제를 망각하고 내일을 예견하지 않는다면, 우리는 이성적 존재가 아니게 되는 셈입니다. 인류의 문화란 이런 역사의식을 지닌 존재가 만든 작품입니다. 물론 문화의 가치에 대해서는 긍정론과 부정론이 나란히 있어왔습니다. 마찬가지로, 역사의식을 인간이 가지고 있다는 사실이 과연 인간의 삶에 긍정적인 것이냐 부정적인 것이냐에 대해서도 서로 두 가지로 나누어질 수 있습니다. 평가야 어쨌든, 인간이 역사의식을 가진 존재라는 것은 아무도 부정할 수 없는 엄연한 인간의 조건입니다.

인간이 아닌 다른 동물에게는 인간과 같은 첨예한 역사의식은 없습니다. 그렇기에 역사도 없으며 문명도 없습니다. 역사의식이란 다름 아닌 어제의 자기 삶의 모습에 대한 오늘의 자기평가요, 내일의 자기 삶의 모습에 대한 오늘의 설계입니다. 어제의 자기 삶에 대한 아무 평가도 없이 사는 삶, 내일의 삶에 대한 아무 설계도 없는 삶, 그것은 그저 굴러가는 대로 살아가는 맹목의 삶입니다.

요즈음 한국 사람들은 그 어느 때보다도 역사의식이 매우 첨예화되어 있습니다. 역사에 대한 관심이 그 어느 때보다도 높습니다. 이것은 매우 고무적인 현상이 아닐 수 없습니다. 역사의식의 상승이야말로 삶의 의지가 매우 활성화되어 있다는 산 증거이기 때문입니다.

어제는 그저 가버린 과거가 아닙니다. 그것은 오늘의 나의 삶의 터전입니다. 그렇기에 그 터전에 대한 올바른 인식은 나의 삶을 바로 인도하는 지침이 됩니다. 어제에 대한 올바른 자세는 탄식과 후회가 아닙니다. 탄식과 후회 그 자체는 나의 오늘의 생기를 꺾을 뿐입니다. 내일의 역사는 그렇기에 오늘의 이성의 가동에 크게 달려 있습니다. 오늘 우리가 힘써야 할 것은 어제의 한에 대한 감성적 반응이 아니라, 내일의 가능성을 향한 이성의 활성화입니다.

『열매』(1987년 1월)

그 어떤 낯선 것이 되어버림

　말 가운데 소외란 말처럼 그 어떤 묘한 매력을 지닌 말도 그리 많지
않다. 그 매력의 첫째가는 원천은 그 말이 지닌 뜻의 불투명성일는지도
모른다. 알 것도 같고 모를 것도 같은 그 알쏭달쏭함이 요즈음 사람들의
마음을 잡아끄는 데가 있는지 모른다. 모든 매력이 바로 이 알쏭달쏭함
을 그 본질로 하고 있는 것처럼. 이렇게 소외란 언어는 오늘을 살며 지성
(知性)의 냄새를 풍기려는 사람들의 귀염둥이로 총애를 받는다.

　오늘의 귀염둥이로 된 이 언어의 최초의 제작자는 19세기 독일의 철
학자 헤겔이었다. 그는 이렇게 주장했다. 존재하는 모든 것은 절대정신,
즉 신의 소외의 한 모습에 지나지 않는다. 헤겔은 모든 존재를 신적 존재
가 자기 자신을 실현함으로 생겨난다고 보았다. 이 자기의 실현은 자기
와는 다른 어떤 것을 자기 자신이 만들어가는 과정이다. 이런 논리에 따
라 그는, 자연은 신의 소외의 한 모습이라고 표현했다. 쉽게 말하면 자연
은 신이 만든 것이지만 신과는 다른, 따라서 낯선 그리고 동떨어진 존재
라는 것이다. 이렇게 고답적(高踏的)인 철학적 주장 속에 쓰인 소외라는

말은 20세기에 들어와서도 철학의 영역을 넘어서서 심리학, 정신의학, 사회학, 정치학, 문학의 여러 영역 속에서 갖가지의 의미로 변용되어 나타났다.

오늘에 이르러 소외란 말의 뜻은 공작새의 모습과 같이 하나로 고정시킬 수가 없다. 말은 하나이나 내용은 천태만상이다. 그러나 '그 어떤 낯선 것이 되어버림'이라는 이 말의 어원은 아직도 소외라는 말의 여러 모습에서 찾아볼 수 있는 공통적 요소라 할 수 있다.

오늘의 소외를 이야기하는 많은 사람들은 우선 인간이 낯설게 되어버리는 상황에 눈을 돌린다. 내 주위에 사람은 많이 있으나 나와는 낯설고 아무 상관이 없는 타인으로 되어버리는 상황을 그들은 탄식한다. '군중 속의 고독'이 바로 이런 상황의 언어적 표현이다. 또한 오늘의 인간은 다른 사람으로부터 낯설고 떨어져 있음을 느낄 뿐 아니라, 자기 자신에 대해서마저 같은 느낌을 갖는다. 자기분열의 느낌은 바로 이런 현상의 징후이다. 자기 자신으로부터의 소외를 정신의학은 병적 현상으로 파악한다. 현대사회 속에 사는 많은 사람들이 타인으로부터 소외되었다는 느낌과 함께 자아로부터 소외되었다는 느낌 속에서 절망과 허무를 체험하는지도 모른다.

소외를 이야기하는 오늘의 논자들은 인간이 만들어놓은 사물들이 인간과 낯선 것이 되어갈 뿐 아니라, 그것이 오히려 인간을 지배하고 그리하여 인간이 그것의 하수인이 되어간다는 사실을 지적한다. 경제, 정치, 사회 등의 온갖 사회제도가 인간이 만들어낸 것들이지만, 이것이 오히려 인간을 노예화하고 인간은 그것의 존속을 위해 고투하고 있다는 사실은 수단이 목적으로 바뀐 상황임을 부인할 수 없다. 정치적 제도가 인간의 삶의 가능성의 폭을 넓혀주기보다는 그 가능성의 폭을 좁히는 데 이용되고 있는 오늘의 상황은 그 한 예이다. 그뿐만 아니라 돈과 물질 자체가 우상화되어 그것을 모시고 떠받들기 위해 인간적 노력이 총동원되고 있는 오늘의 금전만능의 세태는 인간이 자기가 만든 사물로부터 소외되는 현상의 또 다른 하나의 사례이다.

　이런 소외는 과연 극복될 수 있는 것인가? 누구도 장담하기는 어려울는지 모른다. 그러나 인간의 역사가 문제의 극복의 과정이라고 한다면, 우리는 오늘의 인간이 놓인 이 난경(難境)을 극복하려는 의지를 저버릴 수 없다. 이 소외의 극복은 이러한 소외를 가능케 하는 온갖 제도적 장치와 또한 인간의 그릇된 생각을 뜯어고침으로써 가능해질 수 있을 것이다.

　오늘의 이 소외의 상황에 대한 투명한 인식은 소외를 극복하기 위한 출발점이다.

『진주』(1979년 9월)

'나'만이 귀중한 존재

　사람은 어찌 보면 모든 다른 생물들과 별로 다름없는 존재인 것이 사실입니다. 사람이 태어나는 것도 죽는 것도 겉으로만 보면 생물학적 원리에 따라 이루어지며, 먹고 자고 배설하며 살아가는 과정 역시 그러하기 때문입니다. 그렇게만 보면 사람은 하나의 짐승에 불과합니다. 그러니 사람의 삶이란 것도 결국 짐승의 삶에 지나지 않으니, 인생이 어쩌고저쩌고하며 심각하게 말하는 것이 한편 쑥스러운 일이 될 수도 있는 것 같습니다. '그래 봤자' 하는 말처럼 말입니다.

　정말 그런 것일까요? 사람은 그저 단순한 동물에 불과할까요? 그렇다고만 하고 나면 아쉬움이 있지요. 왜 그럴까요? 인간이 스스로를 사랑하는 자기애(自己愛) 때문일까요? 물론이지요. 그 자기애 때문이지요. 자기를 사랑하는 그 '마음' 때문입니다. 그러면 마음은 도대체 무엇일까요? 마음은 생각의 원천입니다. 마음이 없으면 '생각'을 할 수 없습니다. 여러 가지 생각 말입니다. 고향에서 같이 놀던 옛 친구 생각, 어느 때인가 불현듯 나의 옆을 스치고 간 인상적인 그 인간에 대한 생각, 얼마 전

갑자기 세상을 떠난 친구의 어머니에 대한 생각, 그리고 저 밤하늘에 반짝이는 별들에 대한 생각, 땅 위에 수없이 많은 사람들 가운데서도 먹지 못하고 굶어 죽어가는 아프리카의 어느 난민촌 사람들에 대한 생각, 거기다가 도대체 이런 여러 가지 생각을 하고 있는 자기 자신은 어떤 존재인가 하고 살펴보는 그 생각을 할 수 있는 것은 바로 우리의 마음 때문입니다. 인간이 비록 동물에 불과하다 하더라도, 그리고 인간이 여러 가지 분자들의 결합에 의해 이루어진 물질적 존재에 불과하다 하더라도, 그래도 우리가 떨쳐버릴 수 없는 것은 바로 그러한 존재가 자기 자신일 수도 있다는 것을 바로 알아차리고 있는 그런 '생각하는 능력'을 지닌 존재라는 사실입니다. 이 '생각하는 존재'는 그저 아무렇게나 주워 먹다가 그냥 사라지기에는 무언가 근본적으로 아쉬움이 있습니다. 그 아쉬움은 바로 '생각하는 능력'에서 비롯됩니다. 우리가 생각하는 능력이 없다면 우리에겐 그 어떤 아쉬움이란 것도 있을 수 없습니다.

인간이 지닌 중요한 특징은 바로 이러한 생각하는 능력이 있다는 것이며, 바로 이 생각하는 능력 때문에 우리는 우리 자신이 그리 마구 아무렇게나 사라져가는 데 대한 아쉬움을 느낍니다. 이 아쉬움이 다름 아닌 자기애, 즉 자기 자신에 대한 사랑입니다. 자기를 사랑하는 마음의 밑바닥에는 자기가 '귀중한 존재'라는 생각이 깔려 있습니다. 아무래도 좋은 허드레라면 그것을 굳이 사랑할 필요가 없겠기 때문입니다.

인간이 인간답게 살기 위해 필요한 것의 첫째는 바로 '자기 존재의 소중함을 깨닫는 일'입니다. 그리고 둘째로 필요한 것은 '다른 사람도 모두 그러한 귀중한 존재라는 것을 깨닫는 일'입니다. 어느 누구 한 사람도 소중하지 않은 존재가 없다는 이 생각이야말로 인간의 삶을 흐뭇하게 하는 진리가 아닐 수 없습니다.

이 소중한 존재들과의 소중한 만남, 그 속에서 삶은 환희와 활력을 얻게 됩니다. 인생이란 이러한 만남의 여러 가지 과정으로 엮어가는 멋진 드라마의 연속이라고 할 수 있습니다. 만남에서 엮어지는 드라마에서 우리가 맡은 역할은 사람의 소질과 취향에 따라 각기 다를 수 있습니다. 어떤 이는 농군으로, 어떤 이는 목수로, 어떤 이는 씨름꾼으로, 어떤 이는 주방장으로, 어떤 이는 점원으로, 또 어떤 이는 유치원 보모로, 그리고 세상에 있는 허다한 여러 가지 역할을 맡게 됩니다. 뜻있는 삶이란 그가 어떤 역할을 맡느냐에 있는 것이 아니라, 자기가 맡은 역할을 얼마나 훌륭하게, 그리고 자기 자신에게 충실하게 해내느냐에 달려 있습니다. 삶에 있어서 진정한 충족감은 밖으로부터 오는 것이라기보다 자기의 깊은 마음속에서 우러나오는 것입니다.

오늘 한국의 역사는 새로운 전환의 문턱에 서 있습니다. 오늘의 이 나라 젊은이들은 바로 우리 역사에 다가올 그 새로운 역사의 주역입니다. 오늘의 우리의 삶이 비록 누추하다 하더라도, 우리의 내일의 삶은 오늘의 젊은이들의 '마음먹음'에 의해 풍요로운 것이 될 수 있습니다. 역사가 전적으로 인간의 '마음먹음'에 달린 것은 아니지만, 역사의 기운(機運)이 다가왔을 때 우리의 '마음먹음'은 역사의 결정적 변수로 작동합니다. 역사를 만드는 사람들이 어디 따로 있는 것이 아닙니다. 어떤 역할을 맡은 사람이건 모두 역사를 만들어내는 주역들입니다. 뜻있는 삶은 누구에게도 가능합니다. 소위 '지위가 높은 사람'들만 뜻있는 삶을 사는 것이 아닙니다. '뜻'은 '지위'에 붙어 다니는 그 어떤 것이 아닙니다.

뜻있는 삶은 그 삶의 주체인 자기가 전념하고 있는 일에 어떤 의미를 부여하느냐에 달려 있습니다. 내가 하는 일에 아무런 의미를 부여하지 않을 때, 나의 삶이 어떻게 뜻있는 것이 될 수 있겠습니까? 남이 맛있다고 아무리 떠들어대는 음식이라도 내 혀에 당기지 않는다면 그것은 허사입니다. 고귀한 것은 따로 있지 않습니다. '고귀한 활동'에 고귀한 삶은 깃듭니다.

인생살이는 교향악과 같습니다. 하나의 교향악단이 훌륭한 연주를 하는 데는 어느 한 연주자의 정성스러운 노력도 **빼놓을** 수 없습니다. 어느 한 사람의 실수도 전 교향악을 망치게 하는 데 충분합니다. 아무리 훌륭한 지휘자가 정성을 다해 지휘봉을 흔들어댄다 하더라도 한 사람의 망령으로 모든 것이 허사가 될 수 있습니다. 세상살이는 '모듬살이'이기 때문입니다. 참된 모듬살이에 있어서는 어떤 누구도 무가치하지 않으며, 어떤 누구도 업신여김을 당해서도 안 됩니다. 인간은 '함께 사는 존재'이기 때문입니다.

우리가 이룩해야 할 인간적인 사회란 바로 '함께 사는 삶'의 공간입니다. 오늘 이 땅의 젊은이들이 꾸어야 할 꿈은 바로 그러한 '훈훈한 사회'를 이룩하려는 꿈입니다. 그 꿈은 이 땅 어느 곳에 있거나, 누구이거나 이 땅의 젊은이라면 꿀 수 있는 꿈입니다. 그리고 그 꿈은 굳센 실현에의 의지로 밑받침될 때 꼭 실현될 것입니다.

『삶과 꿈』(대우전자 사보, 1985년 1월)

무엇이 '일류'인가

　사람들은 '일류'를 찾는다. 일류 대학, 일류 양복점과 일류 양장점, 일류 백화점, 일류 호텔, 일류 음식점, 일류 음악가, 일류 작가, 일류 화가, 일류 디자이너 등 일류라는 형용사가 붙여지는 것들을 사람들은 찾는다. 일류란 다른 말로 표현하면 '최고급'이요 '제일 좋은 것'이다. 좋은 게 좋다는 말이 있듯이 사람들은 좋은 것을 좋아한다. '좋은 것'이라는 말은 어떤 사물이나 사건에 부여되는 특성이요, '좋아한다'는 말은 인간의 심리적 특성 내지 작용을 서술하는 언어이다. 달리 말하면 '좋은 것'이라는 표현은 어떤 대상이 지닌 '가치'를 나타내며, '좋아한다'는 말은 인간의 정신적 태도를 나타낸다.

　인간은 가치의 눈금이 제일 높은 위치에 놓여 있는 것을 추구한다는 말이다. 이것은 어쩌면 인간의 근원적 특성인지도 모른다. 그러나 '아무 것이나 좋다'는 말이 없는 것도 아니다. 이것저것을 가리지 않고 모두 좋아한다는 말이다. 동양의 위대한 사상가 노자는 『도덕경』에서 사람이 도둑질을 하게 되는 것은, 어떤 것은 귀하게 여기고 어떤 것은 귀하지 않게 보는 그 차별하는 생각이 사회에 두루 퍼져 있기 때문이라고 하였다. 우리가 무엇을 좋은 것으로 여기고 무엇을 나쁘게 여기는 마음을 갖지 않게 된다면, 도둑질과 같은 일이 일어나지 않게 된다는 것이다. 사람들이 좋게 보는 어떤 것이 있는데, 자기가 그것을 소유하고 있지 못할 경우, 그것을 도둑질이라도 해서 가지고자 하게 된다는 것이 노자의 생각이라 할 수 있다.

그러나 한편 생각해 보면, 사람들이 무엇을 좋게 혹은 귀하게 여기게 되는 까닭이 있을 것이다. 일류 선수를 한번 생각해 보자. 어떤 운동하는 사람을 우리가 '일류' 선수라고 하게 되는 까닭은 그 운동을 잘하여 시합에서 승자가 되기 때문일 것이다. 운동도 잘 못하고, 시합 때마다 지는 사람을 우리가 일류 운동선수라고 부를 수는 없을 것이다. 그리고 사람들은 운동시합에서 지는 것보다 이기는 것을 좋아하기에 일류 선수를 좋아하게 되는 것일 것이다. 일류 음식점의 경우도 비슷한 이야기를 할 수 있다. 음식을 잘 만드는 음식점, 그래서 입맛에 당기는 음식을 먹을 수 있는 곳이 바로 일류 음식점이라 할 수 있을 것이다.

그러나 때로는 일류 음식점이라는 것은 음식 맛도 좋으려니와, 음식점의 분위기가 좋은 것도 포함되기도 한다. 사람은 맛 좋은 음식, 분위기 좋은 장소를 찾는다. 그래서 이러한 사람들의 요구에 따라 일류 음식점은 사람들의 애호의 대상이 된다.

노자가 경계한 것은 저 까닭이 있는 좋음과 귀함이라기보다는, 남의 눈과 입에 업혀 생겨나는 '허세'와 '거짓된 욕망'일 것이다. 실속은 없고 남들이 좋다 하니 나도 덩달아 좋다고 정신없이 쫓아다니는 그런 정신 빠진 몸짓을 노자는 경계하였다. 유행은 많은 경우 그런 속이 빈 사람들이 쫓아가는 고무풍선과 같은 것이기 일쑤이다. 자기가 참으로 필요로 하는 것을 찾는 것은 인간의 정당한 도리이다. 그러나 자기 자신보다는 남들의 눈과 귀에 따라 떠돌아다니는 몸짓을 짓게 되는 것은 바로 거짓

욕망과 허세 때문이다.

요즈음 우리나라에 불고 있는 일류의 바람은 어떤 것인가? 그것은 남의 입과 눈에 따라 이리 몰리고 저리 몰리는 거짓된 욕망의 몸짓이 아니라고 과연 말할 수 있을까? 일류 대학만 해도 그렇다. 대학은 학문 연구를 본래의 기능과 목적으로 삼는 곳이다. 일류 대학이란 바로 그러한 학문 연구를 가장 잘 수행하는 곳일 것이다. 그리고 그러한 일류 대학을 찾는 사람들은 바로 그러한 학문 연구를 최고의 수준으로 수행하기를 원하는 사람이라고 볼 수 있다. 그러나 생각해 보라. 오늘 이 땅에서 일류 대학을 찾아 눈이 벌겋게 달아오른 사람들이 진리 탐구 그 자체를 그렇게 열성으로 희구하는 사람들이라고 볼 수 있을까?

놀기를 학문 연구보다 몇 배나 좋아하면서도 일류 대학을 찾는다면, 그 찾는 동기는 분명히 딴 데 있을 것이다. 일류라는 그 이름 때문이다. 남들의 입과 눈이 일류라는 그 이름에 모아지고 있기 때문이다.

어찌 일류 대학만 그런 것일까? 일류 음식점, 일류 양장점, 일류 호텔을 찾는 사람들의 대부분이 거짓된 욕망에 끌려 다니는 허세 때문이 아니라고 누가 과감히 말할 수 있을까?

참된 일류란 무엇인가? 그것이 무엇이든 가장 좋은 상태에 있음이다. 그러므로 무엇에 있어서나 일류가 있을 수 있다. 일류가 될 수 있는 것이 따로 있는 것이 아니다. 모든 사물과 일에 일류가 있다. 무엇의 잠재성이 가장 잘 실현된 것이면 무엇이든 일류이다. 일류 이발사, 일류 목수, 일류 가정부, 일류 연관공, 일류 재봉사, 일류 운전사, 일류 청소부, 일류 수위, 일류 인쇄공, 일류 식자공, 일류 용접사, 일류 정비공, 일류 점원, 일류 배달원, 일류 타이피스트, 일류 경리원, 일류 접객원, 일류 농부, 어디에든 무엇이든 일류는 있으며, 또한 우리는 누구나 일류가 될 수 있다. 운동선수, 가수, 학교, 호텔, 양장점, 백화점, 회사만 일류가 되는 것은 아니다.

모든 일과 모든 사람은 일류일 수 있다. 일류는 최선의 노력의 열매에 붙여지는 명칭이다. 일류는 그러한 최선을 다한 사람들과 일들에 붙여지는 영예의 이름이다. 우리가 추구해야 할 것은 남의 눈과 귀에 놀아나는 허세의 일류가 아니라, 최선의 노력의 열매로서의 일류이다. 그렇기에 참된 일류는 허둥대며 쫓아다닐 그 어떤 유행품이 아니라, 자기의 최선을 다해 스스로 만들어가야 할 최선의 상태이다. 일류는 남의 눈과 입에 따라 쫓아다니는 사람에게는 영원히 잡히지 않는 신기루로 남는다. 그러나 그것은 최선의 노력을 통해 창조하려는 사람에게는 언제나 어디서나 획득할 수 있는 삶의 보람이요, 인생의 꽃이다.

고양이가 개의 몸짓을 하려고 한다거나, 말이 황소의 소리를 내려고 하는 것은 모두 허세요, 거짓된 몸짓이다. 고양이는 고양이로서의 역할이 있으며 개는 개로서의 역할이 있다. 우리가 추구해야 할 것은 각자의 특성과 각자의 위치에서 최선을 다하는 것이다. 우리가 멋있음을 느끼는 것은 그 무엇의 제 모습이 가장 잘 발휘되었을 때이다. 성실하고 근면한 농부는 제자리 지키는 데만 급급한 높으신 분보다 얼마나 멋있는 사람인가. 성실과 열심히 삶을 꾸려가고 있는 떳떳한 사람은 얼마나 멋이 있는 것일까.

『삶과 꿈』(대우전자 사보, 1986년 2월)

'알사탕'과 '호랑이'

내가 어릴 때만 해도 이 나라의 어른들은 어린아이가 보채고 울면 이렇게 아이에게 말했다. "호랑이가 저 문밖에 와서 으르렁거리고 있어. 얼른 뚝 그치지 않으면 호랑이가 너를 잡아먹어. 얼른 뚝 그쳐, 응." 이처럼 달래도 특효가 안 나면 알사탕을 꺼내 입에다 물려준다. 이쯤 해주면 웬만한 아이의 경우 울음을 멈추고 어른들의 마음에 들게 제법 잘 놀기 마련이었다. 호랑이와 알사탕, 이 두 가지로도 달랠 수 없는 아이는 종아리에 회초리를 면하기 어려웠다. 웬만한 아이면 회초리 몇 대에 떨어지기 마련이지만, 가끔은 그것으로도 어쩔 수 없는 경우도 있다.

이 나라를 다스리는 사람들은 어릴 때에 경험한 어른들의 육아 방법으로부터 통치의 철학을 터득한 것같이 보인다. 1970년대에는 이것이 가장 뚜렷이 실증된 시대가 아니었던가 싶다. 이 나라에 있어서 호랑이는 안보(安保)였고, 알사탕은 고도 경제성장의 구호였으며, 회초리는 그 육중한 무슨 무슨 조처들이었다. 그 셋은 이 나라 통치의 3대 원리였다.

아이가 어른이 되면 호랑이도 알사탕도 우스운 것이 되고 만다. 회초리 또한 어른에게는 격에 안 맞는 처사가 되고 만다. 사실인즉 어른은 그 모두가 필요 없는 존재이다. 양육되어야 할 존재가 이미 아니기 때문이다. 어른은 무엇을 가지고 '달래는' 일로는 통하지 않는다. 진리의 원리에 따라 하는 일만이 어른의 참된 동의와 지지를 받을 수 있다.

이 나라의 사람들은 이제 어른의 정치의 세계로 들어가고 있는 새 차원의 역사를 맞이하고 있다. 어른의 정치는 어린아이의 양육법 가지고는 안 된다. 이성이 지배하는 개방정치만이 새 역사 속에서 어른들의 동의와 갈채를 받을 것이다.

공신력(公信力)은 정부의 생명이다. 공신력을 잃은 정부는 가장 힘없는 정부요, 가장 위험한 정부이다.

안보가 우는 어린아이 달래는 호랑이로 되고 말면, 아이가 어른이 된 경우 무엇으로 그 공신력을 회복할 것인가? 진짜 호랑이가 왔을 때 도대체 어떻게 할 것인가?

『조선일보』(1980년 5월 16일)

II — 정직한 바보들의 세상

정직한 바보들의 세상

　세상을 제멋대로만 살 수 있다면 얼마나 좋을까? 왜 제 좋은 대로, 제 기분 내키는 대로 살아서는 안 되는가? 또 그렇게 산다면 세상은 어떻게 되는가? 도대체 제멋대로 살고 싶은 우리의 소원을 가로막고 있는 것은 무엇인가? 이런 물음들에 대한 가장 손쉬운 대답은 세상에 도덕이 있고 법이 있으니까 그렇다는 것일 것이다. 그러나 이런 물음들에 대한 대답은 그렇게 간단하지 않다. 위의 물음들이 겨냥하고 있는 과녁은 도대체 그런 도덕이나 법률을 인간이 만들어놓고 따라야 할 이유가 무엇인가 하는 것이기 때문이다.

　왜 그런 거추장스러운 사회적 장치들을 만들어놓고 사람들은 스스로 고생을 사서 하는가 말이다.

　이것은 마구 하는 소리 같아 보여도 실상은 참으로 근본적인 물음이 아닐 수 없다. 그것은 인간의 모듬살이가 가능하기 위한 토대가 무엇인가를 묻는 물음이기 때문이다. 인간은 근원적으로 함께 사는 존재이므로 모듬살이는 인간존재의 근본 양식이다. 따라서 그것은 인간의 삶의 방식의 뿌리가 무엇인가에 달라붙은 물음이다.

초만원의 인기를 모으고 있는 어느 극장의 입장권을 사는 경우를 생각해 보자. 너도나도 표를 사고자 원하는 사람들로 극장 현관은 메워져 있다. 서로 먼저 들어가려고 밀치고 제치고 하는 바람에 넘어지는 사람, 사람 밑에 깔려 신음하는 사람으로 아수라장이 되어가고 있다. 사태가 이쯤 되고 보면 기분 좀 좋게 하려고 극장에 왔다가 기분만 잡칠 뿐 아니라, 큰 손상마저 입을 사람들이 한둘이 아니다. 이런 식으로 세상을 사는 것은 미련스러운 일이다. 너도나도 기분을 잡치지도 않을 뿐 아니라 손상도 입지 않고 본래의 목적인 관람의 즐거움을 획득하는 방법은 아마도 줄을 서서 입장권을 산 다음, 그 순서에 따라 입장하여 표에 적힌 좌석 번호대로 제자리를 찾아 앉아 관람한 후, 또 순서에 따라 퇴장하는 것일 것이다.

그런데 그러한 사회적 규범들을 거침돌로 파악하고 예외를 노리는 사람들이 있다. 새치기가 그 가장 전형적인 일상적인 사례이다. 줄을 서서 기다리려면 30분이나 걸려야 하니 내 멋대로 내 기분대로 사람들을 비집고 나가 맨 앞에 선다. 이렇게 새치기하는 사람은 제멋대로 제 기분대로 세상을 살려는 사람이다. 그런데 그 새치기하는 사람의 행복(?)을 사람들이 부러워하며 저마다 그 새치기를 실천에 옮기려 한다고 하자.

모두가 새치기한다면 새치기를 해봤자이다. 결국은 모두가 본래의 순서에 서 있을 뿐이요, 그 새치기하는 동안에 써버린 시간과 정력, 그 위에다가 분주함과 그 염치없음만 더 추가되었을 뿐이다.

위대한 철학자 칸트는, 도덕의 근본원리는 '나뿐만 아니라' 나 아닌 '모든 타인들도' 그래도 좋은 것을 아무 조건 없이 행하는 것이라고 갈파하였다. 다른 말로 표현하면 '보편화 가능성'이다. 사람들은 영원히 혼자 바보로 남아 있지 않기 때문에, 누구에게나 똑같이 적용해도 좋은 것이 아니면 도덕적인 것이 될 수 없다. 새치기는 얌체이다. 얌체는 예외를 노리는 자이다. 특권, 특혜를 먹고 사는 사람이 바로 얌체이다. 새치기의 부도덕성은 그 예외성에 있다. 도덕의 근본은 보편화 가능성, 즉 예외를 인정하지 않는 데 있기 때문이다. 새치기의 예외성은 새치기하는 그 얌체에게는 '일시적'인 이득을 가져오지만, 그 결과 줄을 서서 기다리는 사람들에게는 손실을 초래한다. 새치기 때문에 손해 보는 사람들은 유유히 줄을 서서 기다리는 순박한 사람들이다. 그 순박한 사람들은 순교자들이다.

얌체로 들썩거리는 사회, 그것은 참으로 불행한 모듬살이다. 얌체들이 으스대고 불호령하는 세상에는 신음하는 순교자들의 고통의 소리가 필연적이다. 순교자는 도덕과 모든 규범의 저 근본원리인 보편화 가능성의 이념을 고수하려는 사람들이다. 인간의 사회적 존재 가능성의 최후의 보루를 지키려는 사람들이 바로 "나뿐만 아니라 모든 사람들도 똑같이 해도 좋은 것을 행하라"는 저 보편화 가능성의 원리를 사수하려는 사람이다. 이런 사람들은 순박한 보통 사람들이다. 그들은 예외를 노리려 할 만큼 똑똑하지 않은 사람들이다. 제대로 굴러가는 세상, 살 만한 세상은 바로 그런 양순한 사람들이 묵묵히 제자리에 서서 제 차례를 기다리는 세상이다. 그러므로 제대로 된 세상이란 그리 별난 사람들이 별난 짓을 하는 세상이 아니다. 바보같이 정직한 사람들이 제 위치를 지키는 세상이다.

난세(亂世)란 얌체들의 등쌀 때문에 저 바보같이 정직한 보통 사람들이 순교자로 변신하게 되는 세상이다. 얌체들은 스스로 똑똑하다고 자부하겠지만, 크게 보면 자기가 속해 있는 모듬살이의 바탕을 허물고 있는 어리석은 사람들이다. 그리하여 역사적 지평에서 보면 손해 보는 사람들이다.

제자리를 지키며 끝내 새치기를 거부하는 순박한 보통 사람들은 늘 찬밥만 얻어먹는 어리석은 사람들처럼 보이지만, 역사를 지키는 참으로 똑똑한 사람들이다. 보편화 가능성의 도덕원리가 지향하는 것은 인간들의 공동선(共同善)의 실현이다. 그러한 공동선이 실현되는 세상, 그것이 바로 우리 모두가 실현해야 할 사회요 나라다. 그것은 얌체도 순교자도 없는 세상이다.

『조선일보』(1985년 5월 8일)

반골(反骨)과 무골호인(無骨好人)

언제부터 우리말에 입적되었는지 잘 알 수는 없으나 반골(反骨)이란 말이 요즈음 심심치 않게 쓰인다. 그 쓰임새를 보면 크게 두 가지 다른 뜻이 있다. 바른말 하는 사람, 이의(異議)나 반론(反論)을 제기하는 사람, 비판적 정신의 소유자와 같은 것이 그 한 가지이다. 그리고 배반자, 반역자, 반대를 위한 반대를 하는 사람, 놀부와 같이 못된 심보가 꽉 찬 사람과 같은 것이 그 다른 한 가지 의미이다.

어찌하여 이런 두 가지 뜻이 한 말 속에 들어 있을까를 생각해 본다. 바른말을 하거나 이의나 반론을 제기하는 사람을 일종의 배반자나 반역자, 혹은 반대를 위한 반대만을 일삼는 고약한 사람으로 몰아치는 그런 세상이 바로 우리가 살고 있는 세상이란 것을 그것이 보여주는 것은 아닐까. 하기야 임금님이 세상을 호령하던 시대에 임금님의 말씀에 말대꾸를 하거나 비판을 하고 나서는 것은 '충성'스러운 신하가 취할 자세가 아니었는지 모른다.

하지만 이렇게 말하는 것도 옛 시대를 무조건 깔보고 하는 경박하고 피상적인 말일는지 모르겠다. 왜냐하면 적어도 당대의 교과서인 경전들 속에는 '충성'은 '맹목적인 추종'과는 전혀 다른 것이라고 적혀 있기 때문이다. 참말, 바른말을 임금에게 하는 것이 충(忠)이라는 것이다. 그러나 이런 경전 속의 충의 개념은 현실적인 문맥에서는 아랑곳없이, 오직 "지당하옵니다"를 입 속의 침이 마르도록 연발하는 자가 충신이요, 토를 달거나 이의를 말하는 자는 반역자로 몰리는 것이 상례였는지 모른다.

이런 상황에서 태어난 언어가 반골이란 말인지도 모른다. 찬동과 복종, '아멘'과 '옳소'만이 미덕으로 떠받들어지는 세상, 그것은 반골의 고향이다.

무골호인(無骨好人)이란 말도 있다. '뼈 없이 좋은 사람'이라고 사전에 적혀 있다. '뼈 없는 사람'이 곧 '좋은 사람'이라는 뜻이 그 말 속에 들어 있다. 줏대 없는 사람이란 말도 있다. 뼈 없는 사람과 줏대 없는 사람의 차이가 무엇인지 알 수 없으나, 두 말은 모두 '원칙이나 원리에 따라 움직이는 사람'과는 상반되는 사람이라 할 수 있다. '원칙에 따라 사는 사람'과는 거리가 먼 사람이 뼈 없는 사람일 것이다.

그런 뼈 없는 사람이 좋은 사람이라는 것이 무골호인이라는 말의 뜻이라고 해석할 수 있다.

무골호인이라는 언어의 고향은 원칙도 원리도 없이 굴러가는 세상이다. 그렇기에 이런 세상에서 잘 사는 사람은 무엇에 대해서도 '옳소'만 외쳐대며 굽실굽실 순종의 몸짓만을 연출해 대는 사람이다. 원칙이 없으니 잘못된 것이 있을 수 없다. 무엇이 잘못되었다고 꼬집거나 비판하기 위해서는 기준이 있어야 하기 때문이다. 원칙이 없는 곳에 무슨 기준이 있을 수 있겠는가.

무골(無骨)이 곧 호인(好人)으로 통하는 세상은 무원칙(無原則)이거나 원칙이 뒤집어진 세상이다. 그런 세상이 다름 아닌 난세(亂世)일 것이다. '물구나무서서 보아야 바로 보이는 세상'이 바로 그런 난세가 아닐까 한다.

제대로 운행되는 세상, 그것은 원칙과 원리에 따라 운행되는 세상이다. 원칙과 원리가 살아서 숨 쉬는 세상이다. 그것은 이성이 숨 쉬는 세상이다. 원칙과 원리는 다름 아닌 이성의 표현이기 때문이다. 제대로 된 세상은 원칙과 원리에 비추어 그릇된 것을 그르다고 하는 비판의 언어가 자유롭게 기동하는 열린사회이다. 옳은 것을 옳다고 하고 그른 것을 그르다고 하는 참말, 진실한 언어가 생동하는 세상이다.

유골호인(有骨豪人)은 바로 그런 제대로 된 세상에서 호흡하는 제대로 된 사람이다. 그것은 '뼈가 있는 탁 트인 사람'이다. 그는 원리에 사는 사람이며 용기 있는 사람이다. 그리고 그는 아무 원칙도 없이 이리 누르면 이런 모양이 되고 저리 누르면 저런 모양이 되는 연체동물도 아니요, 찌들고 주눅이 들고 가위눌린 사람도 아니다. 무엇이 옳은 것인가를 꿰뚫어 볼 수 있는 혜안과 그 옳은 것을 실천에 옮길 수 있는 기개와 용기가 있는 사람이 '유골호인'이다.

제대로 된 세상은 딱딱한 세상, 경직화된 세상이 아니다. 제대로 된 세상은 부드러운 세상이다.

비판정신은 세상의 막힌 곳을 뚫고 응어리져서 아픈 곳을 풀어줌으로써 세상을 부드럽게 만드는 사회의 영약이다. 비판이 없고 찬동의 박수 소리만 들리는 세상은 부드러운 세상이 아니다. 그것은 딱딱한 세상, 획일적인 세상, 그리고 경직화된 세상이다.

비판정신은 사회의 안마사이다. 몸의 혈(血)과 기(氣)가 막혀 응어리져서 아픈 곳을 풀어주는 사람이 안마사이다. 유능한 안마사는 응어리져 딱딱해진 구석구석을 꼭꼭 집어내서 문질러준다. 응어리진 곳에 안마사의 손길이 가 닿을 때마다 통증이 나타나기 마련이다. 그러나 통증이 괴롭다고 안마사의 손길을 거부하는 사람은 자기 몸의 경직화를 재촉할 뿐이다.

경직화는 죽음의 길이다. 비판정신은 경직된 사회의 구석구석을 풀어주어 사회에 새로운 생기를 불러일으킨다. 비판과 반론이 없는 사회는 종국에는 죽음에의 길인 경직화를 면할 방도가 없다.

노자(老子)도 그 옛날 옛적에 이렇게 말했다. "사람은 태어날 때는 부드러우며, 죽을 때는 딱딱하게 된다. 초목도 갓 자랄 때는 부드러우나, 시들어 죽을 때는 딱딱하게 된다. 그러므로 억세고 굵은 것은 죽음의 무리요, 부드러운 것은 삶의 무리이다. 무력이 강하면 결국 이기지 못하고, 나무도 억세면 결국 잘리고 만다. 강하고 큰 것은 결국 밑에 깔리기 마련이고, 유연한 것이 결국에는 위로 오르기 마련이니라."(『도덕경(道德經)』제76장 戒强)

『조선일보』(1985년 6월 11일)

학교, 과외, 돈

우리가 살고 있는 세상에서 알게 모르게 우리의 삶을 지배하고 있는 하나의 원리가 있다. 귀한 것에 대해서는 유형무형의 많은 대가를 지불한다는 원리이다. 귀한 물건에는 많은 금전을, 귀한 일에는 많은 보수를, 귀한 사람에게는 격조 높은 예우를 한다.

요즈음 매스컴을 타고 들려오는 소리들 가운데 교육자에 대한 처우 문제가 있다. 선생 대접이 하도 시원치 않아 이미 교직에 몸을 둔 사람들은 풀이 죽어 있거나 교단을 떠나기가 일쑤이고, 유능한 새로운 인재가 교단을 찾아드는 일이 좀처럼 쉬운 일이 아닌 세상이 되어가고 있다는 이야기이다.

교육열이 높기로 한국을 따라잡을 나라도 그리 많지 않을 것이다. 과외에 대한 그 뜨거운 열기는 그 한 증거이다. 없는 돈 있는 돈 다 긁어 아이들의 교육에 다 쏟아 넣는 그 열의는 감복할 만도 하다. 과외를 하지 못하게 막는 일을 맡은 어르신네들도 자기 집의 자식은 과외를 보낸다는 이야기도 있다. 참 갸륵한 교육에의 집념이다. 다 좋다. 사람을 잘 만들어보겠다는 부모들의 그 열의가 왜 비난되어야 하는가? 돈이 자식의 교육보다 중할 수 없음도, 부모가 자식이 좋은 사람 되기를 희망함이 마땅한 일임도 누가 부정하랴.

그럼에도 분명한 것은 과열된 과외에 문제가 있다는 점이다. 도대체 무엇이 문제인가? 한마디로 잘라 말하면 정부에서 돈을 맡아 씀씀이를 배정하는 일에 무언가 잘못이 있다. 교육투자가 너무 빈약하다. 국민총생산에서 교육 서비스가 차지하는 비중이 1959년에 4.0%에서 1978년에 2.6%로 격감한 것을 보면 오늘의 교육투자의 실상을 알 수 있다.

이 빈약한 교육투자가 결과한 것은 무엇인가? 온 국민이 모두 암암리에 동의하고 있듯이 교육은 귀중한 일인데, 정부가 돈을 내놓아서 하는 공교육인 학교교육은 말이 아니게 되었으니, 결국 제 호주머니에서 엄청난 돈을 내서 경영되는 사교육인 과외교육이 번창하지 않을 수 없게 되었다. 그러니 암만 과외를 단속해 봐도 소용이 없다.

정상적인 교육기관인 학교가 엉망이 되어가니 비정상적인 과외가 극성을 부리지 않을 수 없다. 정상적 교육의 질을 높이는 길만이 과외의 과열도 없애는 길이 될 것이다. 그것은 결국 교육의 귀중함을 깨닫고 그 일에 정부가 충분한 대가를 지불함으로써 이루어질 수 있다.

사람은 어머니 뱃속에서 기어 나옴으로써 사람다운 사람이 되는 것이 아니다. 10년, 20년에 걸친 엄청난 교육이 바로 사람을 쓸모 있는 존재로 만든다. 교육은 사람을 만드는 과정인 동시에 교육과정 자체가 삶의 중요한 내용이다.

공교육이 빈약하다는 것은 그만큼 이 사회에 살고 있는 모든 사람의 젊은 시절의 삶이 그늘져 있다는 것을 말해 준다. 왜냐하면 누구나 한 번은 그 시원치 않은 학교라는 울타리 속에서 적어도 10여 년의 인생의 노른자위를 보내고 있기 때문이다. 우리 모두가 사람다운 사람으로 자라고 인생의 노른자위가 풍성하게 되기 위해 교육하는 일에 돈 씀씀이를 제대로 해야 할 것이다. 귀한 일에는 많은 대가를 지불해야 한다는 원리를 다시 한 번 되씹어봄이 어떨까.

『서울신문』(1979년 9월 3일)

1980년대의 빛과 그늘

모든 것에는 빛과 그늘이 있다. 어떤 눈(眼)은 빛을 겨냥하고, 어떤 눈은 그늘을 겨냥한다.

낙관론자는 앞의 눈을, 비관론자는 뒤의 눈을 가지고 있다. 그리고 현재를 있는 그대로 끌어안고 지내려는 사람의 눈과, 현재를 뛰어넘으려는 사람의 눈이 겨냥하는 것도 극적 대조를 이룬다.

사람들은 무슨 무슨 주의(主義)들을 말한다. 주의란 알고 보면 한쪽만을 응시하는 눈의 표상(表象)일 뿐이다.

그렇기에 그것은 있는 그대로의 이야기가 아니다. 그리고 그것은 살아 있는 것에 대한 이야기가 아니다. 빛과 그늘의 리듬을 지니고 있기 때문이다.

역사는 살아 있는 운동이다. 살아 있는 인간들의 운동이다. 무슨 주의, 무슨 주의에 중독된 눈으로 본 역사란 그렇기에 늘 한쪽의 이야기에 그치고 만다. 주의에 사로잡힌 지성은 식자우환(識字憂患)의 전형인 셈이다. 그래서 있는 그대로 사물을 보기가 매우 어렵다. 모든 주의가 진리

(眞理)를 앞세우고 있음에도 늘 진리로부터 멀리 떨어져 있는 까닭이 바로 여기에 있다. 진리란 다름 아닌 있는 그대로의 모습이기 때문이다.

1980년대가 이제 막 막을 내리려 하고 있다. 우리에게 있어서 1980년대는 매우 놀라운 시간이다. 우리의 목을 죄어온 고통의 오랏줄이 풀리기 시작한 때이다. 우리의 몸과 마음에 고통을 자아내던 경제적 빈곤과 정치적 빈곤의 늪으로부터 우리가 헤어날 수 있으리라는 그 어떤 가능성의 씨앗을 보여준 시대가 바로 1980년대이기 때문이다.

어디 그뿐인가. 사상의 빈곤 또한 우리를 괴롭혀온 터였는데, 이제 온 지구를 동요시키는 저 굉음처럼 번져가는 이데올로기의 장벽이 무너지는 소리가 지금 우리의 귀에도 쟁쟁하게 들리고 있지 않은가. 이제까지 이쪽에서는 저것을, 저쪽에서는 이것을 생각조차 못하도록 금치산(禁治産) 선고해 왔다. 사상의 원산지보다 몇 배나 강도 높게 타자들을 서로 매도해 왔다. 우리는 너무나 초라한 변방의식(邊方意識)의 포로들이었다.

이러한 빈곤들은 우리에게 한(恨)을 자아냈으며 우리 특유의 열등의식을 형성해 놓았다. 이제 이 빈곤의 늪으로부터 우리가 헤어날 수 있는 밧줄을 우리가 손에 움켜쥐었다. 우리 손에 묻은 진흙탕으로 밧줄은 매우 미끄럽다. 까딱하면 우리 손에서 밧줄이 빠져나갈지도 모를 지경이다. 이것이 우리가 오늘 놓인 상황이다.

현명한 사람은 자기가 놓인 상황과 때를 올바로 인식하고 거기에 걸맞은 실천을 하는 사람이다. 비관주의자는 어제의 그늘에서 절망을 느끼고 내일에 떠오르는 빛을 보기를 거부한다. 경박한 낙관주의자는 남의 죽음 앞에서 주연(酒宴)을 벌이며 언제나 축제의 들뜬 분위기에 휩싸인다. 3저(三低)라는 우연의 만남 덕택으로 얻은 흑자(黑字)의 행운에 도취되어 호들갑을 떨던 경박한 낙관론자들은 비바람 부는 내일을 준비하지 못했다. 절망적인 비관론자도 경박한 낙관론자도 오늘을 있는 그대로 보지 못한다.

지금 이 땅은 이른바 '5공 청산'으로 들떠 있다. 이른바 '12·15 대타협'을 놓고 박수와 욕설이 교차하고 있다. 한편 생각하면 기묘한 느낌마저 든다. 1979년 12월 12일에 싹튼 5공이 10년이 지난 1989년 12월 15일을 기해서 일단 매듭이 지어졌다는 이 기연의 기묘함.

'5공'은 유신이라는 권위주의적 체제로부터 새로운 열린사회로 진입하는 과도기에 탄생한 불행한 시대였다. 물론 그 불행은 시대를 바로 읽지 못한 몇 명의 군복 입은 정치 야망생들에 의해 씨앗이 뿌려졌지만, 거기에 적절히 대처하지 못한 기존 정치권의 책임 또한 결코 간과할 수 없다. 오늘날 5공 청산을 위한 이른바 '12·15 대타협'을 놓고 비난의 목소리가 나오게 되는 역사적 원인(遠因)은 결국 1980년 봄과 1987년 대선이라는 중요한 때에 거기에 알맞은 인식과 실천을 하지 못한 정치권에 거슬러 올라갈 수밖에 없다.

공적(公的) 행복보다 사적(私的) 행복을 선행시키는 판단과 행동으로는 역사를 올바로 인도하지 못한다. 1980년대는 바로 이러한 경험의 현장이었다. 그것이 1980년대에 드리운 역사의 어두운 그늘 가운데 하나이다.

지금 생각해도 1980년대의 상처는 너무나 쓰라리다. 그러나 상처를 위한 선(善)은 상처를 후벼서 고통을 증가시키는 것이 아니라 상처를 감싸서 치유하는 것이다. 그리고 보다 큰 선은 그 상처의 의미를 깨달아 우리의 삶을 한 차원 높이는 일이다. 우리가 역사책을 뒤적이는 이유는 어제의 아픔과 쓰레기를 오늘에 재현시켜 오늘 우리의 삶을 불행하게 하려는 것이 아니다. 자학(自虐)이나 피학(被虐)을 즐거움으로 삼는 정신적 비정상인이 아니라면 말이다. 현명한 사람은 어제의 역사의 그늘로부터 얻은 깨달음을 통하여 오늘의 삶을 고양(高揚)시킨다.

우리가 원하건 말건 역사는 흘러간다. 괴로웠던 일도 즐거웠던 일도 역사의 페이지 사이로 감추어버린다. 삶은 정지가 아니라 운동이다. 그렇기에 참으로 사는 사람에게 어제는 오늘을 위한 운동의 발판으로서만 인식된다. 어제에 매달리는 사람은 삶을 정지로 인식하는 사람일 뿐이다. 어제의 한에 매달리는 것도, 어제의 흑자나 올림픽의 영광에 매달리는 것도 모두가 하나의 편집이요, 정체의 몸짓이다.

우리에게 지금 필요한 마음의 자세는 어제에 대한 망각이나 체념이 아니라, 어제의 죄과와 어리석음에 대한 죄 사함과 화해의 정신이다. 사람은 누구나 죄와 어리석음의 가능성 앞에 놓여 있다. 아무도 절대적 면죄부를 지닌 사람은 없다. 절대적 의인(義人)과 절대적 죄인(罪人)은 관념의 극한치로서만 존재한다. 인간에게 있어서 아름다운 것은 선(善)과 의(義)를 향한 긴장된 노력의 자세와 몸짓이다. 자기의 의로움에 사로잡힌 나머지 죄인의 비겁한 몸짓과 머뭇거리는 사죄에의 갈구를 눈여겨보지 못한다면, 그리고 용서를 베풀지 못한다면, 자기의 의로움이 도대체 무엇이겠는가.

참 용서와 화해가 없이는 5공 청산이 있을 수 없다. 그리고 그 용서와 화해와 함께 지난 어두운 시대를 지배했던 온갖 법률과 제도와 관행을 뜯어고침으로써 '더불어 있음'의 삶의 터전을 마련함이 없이는 5공 청산은 빈말에 불과하다. 상처와 영광을 안은 1980년대여, 부디 안녕!

『조선일보』(1989년 12월 19일)

1989 망년송(忘年頌)

해가 저물어갈 즈음 우리는 망년의 모임들을 갖는다. 소주나 맥주를 곁들이는 모임도 있으며 금주(禁酒)의 엄숙함 속에 치러지는 망년의 모임도 있다. 젊은 사람들에게는 1년이 꽤나 긴 세월로 느껴지겠지만, 나이깨나 든 사람들은 언제 새해가 시작됐나 싶더니 '아니 벌써' 해가 저물어가다니 하며 세월의 속절없음을 한숨짓기도 한다. 이렇듯 시간의 속도는 나이에 비례라도 하듯 차이가 있을망정, 시간에 담긴 역사의 내용이 주는 충격은 누구에게나 엄청난 것이다. 지난 1989년 한 해는 참으로 충격적인 역사의 현장이었다.

1970년대 중반부터 1980년대 중반에 걸쳐 거세게 불어닥친 제3세계 나라들의 군부독재를 무너뜨리던 '민주화 태풍'이 1980년대 후반에 들어와서는 공산권을 강타하기에 이르더니, 급기야 1989년은 그 절정을 이루었다. 24년 동안이나 버텨온 권력의 철옹성을 버리고 헬리콥터를 타고 도망가는 차우세스쿠의 비극의 현장을 담은 사진이 지난 22일자 몇몇 신문들의 1면을 장식했다. 그 사진은 5공 시절 서울 근교에 대통령

124

전용기가 늘 비상대기하고 있었다는 '유언비어'를 머리에 떠올리게 하였다. 불행인지 다행인지 우리는 전용기를 타고 도망가는 독재자의 비극의 현장을 보지 못했다.

정치의 비극에는 이념의 장벽이 없는 것이다. 백성을 배반하는 독재자는 자본주의 사회만의 특산물은 아닌 모양이다. 동독의 호네커와 루마니아의 차우셰스쿠는 '인민'의 분노를 견뎌내지 못한 공산사회의 독재자들이었다.

지난 20여 년 동안 제3세계에 속한 자본주의 사회에서는 독재와 사회모순에 대한 엄청난 갈등의 역사가 진행되었다. 그런데 그러한 정치적 독재와 사회모순에 대한 비판 세력의 일부는 자기들의 기존 체제인 자본주의와 반대되는 체제의 방향에서 그 어떤 해결의 출구를 모색하려고 시도했다. 그들은 차마 견디어내기 어려운 모든 고통의 원인은 자본주의 사회의 구조적 모순에 있다고 진단하고, 기존 체제를 부정하며 그와 반대되는 사회체제에 손뼉을 쳤다.

그렇게 하는 것만이 역사를 정도에 올려놓는 길이기에 그러한 역사적 과제에 복무하는 것은 매우 신성하고 의미 있는 과업이라는 믿음이 생기게 되었다.

그런데 또 놀라운 사실은 공산권 안에 몸담고 있으면서 그 사회에 염증을 느낀 사람들은 자유시장제도를 지닌 자본주의에서 그 어떤 희망의 빛을 발견하려 한다. 지난 8월에 오스트리아에서 열린 한 국제철학회에서 만난 소련 연방국의 한 나라에서 온 철학자는 나에게 이렇게 말했다. "우리는 지금 미국의 노직(Nozick)이나 프리드먼(Friedman)에 대단한 관심을 가지고 있습니다."

하버드대학교 철학과 교수인 노직은 고전적 최소국가론의 옹호자로서 자유시장경제의 정당성을 철학적으로 대변하는 현대의 자유주의 정치철학의 대변자이며, 프리드먼은 시카고대학교의 경제학 교수로서 또

한 자유시장경제의 대표적인 경제이론가이다.

어디 그뿐인가. 폴란드에서 온 대여섯 명의 철학자들과 마주 앉아 당시 폴란드의 상황에 관해 이야기를 주고받고 있었는데, 그들이 전해 준 말 가운데 이런 이야기도 있었다. "우리는 지금 현실적인 초현실주의 (real surrealism)의 사회에 살고 있다." 이 말은 폴란드 사람들 사이에 널리 유행되고 있는 자기 사회에 대한 힐난의 언어라는 것이었다.

'현실적인 초현실주의' 사회가 바로 자기들이 사는 사회의 자화상이라는 것이다. '초현실주의'란 실제로는 불가능한 허황된 이야기의 가공의 세계란 뜻인데, 그러한 허황된 허구의 세계가 현실로 존재하고 있으니 그것이 바로 자기들이 사는 나라라는 것이다. 이 얼마나 무서운 자기 체제에 대한 비판의 소리인가. 그리고 자유노조 소속인 한 교수는 이렇게 말했다. "우리가 추구하는 것은 자유시장경제입니다."

낭만주의자는 파도 위에 떠다니는 똑딱선을 쳐다보며 아름다움을 노래한다. 그러나 정작 그 배 안에 탄 어부들은 그 파도와 생명을 겨루며 악전고투한다. 남의 상 위에 올라 있는 밥그릇은 크게 보인다. 또한 남의 감나무에 매달린 감은 크게 보인다. 물론 그렇게 보는 것은 사람의 마음이다.

묘한 것은 사람의 마음이다. 자기 집 안방보다 텐트 속에서 자는 것을 아이들은 좋아한다. 우리의 아이들도 그렇지만 서양의 아이들도 그렇다. 어찌 아이들뿐일까. 여름이 되면 '바캉스'에 사족을 못 쓰는 많은 사람들의 꼴을 보면 '사서 고생한다'는 말이 정말로 실감이 난다. 그게 사람의 마음이다. 변화를 그리워하는 인간의 변덕, 그렇다고 그 변덕을 탓할 생각은 없다. 삶은 운동이요, 운동은 오르락내리락, 들락날락하는 리듬이니 말이다. 집에 있으면 여행을 떠나고 싶고 여행을 떠나면 집에 돌아오고 싶은 것이 사람의 마음 아닌가.

인간은, 특히 서양 사람들은 '절대(絕對)'를 말하며 절대가 되고자 했다. 그러나 역사가 보여주는 것은, 그것은 허공을 향한 하나의 주먹질에 불과하다는 것이다. 그것은 인간이 제 분수를 모르고 내지르는 고함소리요, 꼴불견의 몸짓에 불과했다.

모든 절대주의는 그렇기에 역사에 선보다는 악을 더 많이 생산했다.

세속적 절대주의의 경우는 한결 더 심했다. 인간은 완전한 존재가 아니다. 그렇기에 완전한 그 어떤 것도 설계할 수도 없으며 만들 수도 없다. 완전한 이상적 사회도 마찬가지다. 인간의 능력 밖에 있다.

그것은 문자 그대로 '유토피아(Utopia)'이다. '유토피아'란 '어디에도 없다'는 뜻의 그리스어이다. 그것은 꿈에나 꾸어봄직한 '한여름 밤의 단꿈'과 같은 이야기이다.

자본주의는 자유의 천국도 아니며, 공산주의는 노동의 천국도 아니다. 천국(天國)은 적어도 이 지구 위 어디에도 없다. 인류의 역사와 오늘의 역사의 현장이 바로 그 증인이다.

그런데 불행한 것은 사람들이 말의 최면에 걸린다는 사실이다. 언어의 마술, 그것은 사람을 미치게 한다. 없는 것을 믿게 하고 보게 한다. 그래서 사람들은 가끔 '허튼소리'에 광분하게 되는 모양이다.

이제 인류문명적인 대격변의 한 해가 저물어간다. 지금은 망년(忘年)을 해야 할 시간이다. 나라 안팎에서 일어난 엄청난 일들이 남긴 그 아픔과 충격을 그냥 껴안은 채 우리는 삶을 계속할 수 없다.

더욱이나 어떤 일들이 남긴 마음의 상처의 무게는 우리의 연약한 마음 가지고서는 더 이상 감당할 수도 없다. 잊어버리자. 그래서 가볍게 된 마음으로 내일의 삶을 다시 준비하자. "오늘의 근심은 오늘에 족하느니라." 예수의 가르침이다.

『조선일보』(1989년 12월 29일)

충효는 시대착오 논리

한때 사람들은 이렇게 믿고 있었다. 모든 윤리규범(倫理規範)은 시간과 공간을 초월하여 타당한 변하지 않는 가치규범이라고. 이러한 생각은 결국 허망한 것임을 사람들은 깨닫게 되었다. 한 시대에 철석같이 옳은 것이라고 생각됐던 윤리규범이 사회의 조건이 달라지면 그대로 받아들이기 어렵다는 것을 사람들은 알아차리게 되었다.

그뿐만 아니라 같은 시대라도 한 사회에서는 금과옥조(金科玉條)로 떠받드는 윤리규범이 다른 사회에서는 이래도 좋고 저래도 좋은 대수롭지 않은 일로 인식되기도 한다.

여기서 우리는 커다란 의문에 부닥치게 된다. 도대체 윤리규범이란 우연히 한 사회에 사는 사람들이 갖게 된 관습에 불과한 것인가? 그렇다면 그것을 굳이 꼭 따라야 할 이유가 없지 않은가? 달리 표현하면 윤리규범에 정당성을 부여하는 것은 무엇이냐 하는 물음이다. 물론 이 물음에 대한 대답은 한두 가지가 아니다. 동서고금의 많은 철학자들이 내놓은 이 문제에 대한 고답적이고 전문적인 이론들을 우리가 여기서 들추어

시비를 가릴 수는 없다.

그런데 어느 누구도 그렇게 쉽게 부인하지 못하는 점은 이것이다. 인류가 오늘날까지 만들고 지배당해 온 '변화하는 윤리규범'의 밑바닥에는 '변화하는 역사적 조건'이 깔려 있다는 점이다. 여기서 역사적 조건이라고 말하는 것은 한 역사를 이루는 사람들의 생각과 행동 양식 등을 포함하는 문화적 조건과 경제적, 정치적 조건을 통틀어 말한다. 이것은 무엇을 말해 주는가? 한 사회를 지배하는 윤리규범과 그 사회를 구성하는 여러 가지 조건들 사이는 뗄 수 없는 관계를 가지고 있다는 사실이 바로 그것이 아닐까.

충효(忠孝)라는 윤리규범이 과연 오늘을 사는 우리에게 무슨 의미를 가지고 있는가를 평가하는 데 있어서 우리가 의지해야 할 잣대(尺度)는 무엇일까? 그것은 아마도 위에서 지적한 대로 충효라는 윤리규범의 내용과 그것이 적용되는 사회의 여러 조건들이 얼마나 잘 어울리는가 하는 점일 것이다. 우리 모두가 잘 아는 대로 충효는 중국 고대사회에 뿌리를 둔 윤리규범이다. 『춘추좌전(春秋左傳)』과 『논어(論語)』는 그러한 고대 중국 사람의 윤리적 관습을 기록해 놓은 가장 오래된 문헌 중에 속한다.

이 문헌에 나타난 충(忠)은 자기 자신에 대한 성실성과 통하는 것으로 풀이되어 있다. 나중에 한대(漢代)에 와서 동중서(董仲舒)라는 사람에 의해 체계화된 삼강오륜(三綱五倫)에 속하는 충과 효(孝)는 『논어』의 사상과는 거리가 있다. 삼강오륜에 있어서의 충은 임금에 대한 절대적인 복종심, 희생적인 봉사심을 뜻하며, 효는 부모를 모시고 살며 사후(死後) 제사를 드리며 심지어 부모가 중병에 걸렸을 경우 허벅다리의 살을 잘라 내어 약으로 드시도록 하는 등 구체적인 효행(孝行)들을 통틀어 가리키는 윤리적 규범이다.

이러한 삼강오륜이 조선시대에 우리나라에 들어와 윤리적 규범으로 뿌리를 내리게 됨으로써 충효가 한국의 전통적 가치규범으로 인식되었음은 우리가 잘 아는 사실이다. 한마디로 잘라 말해서 효는 전통적인 가부장적 농업사회의 '위에서 밑으로' 내리뻗는 권위주의적 윤리규범이며, 충은 이러한 가부장적 권위주의가 국가에 확대 적용되어 임금을 마치 자기 부모 모시듯 하라는 신민적(臣民的) 윤리규범이다. 국부(國父)는 바로 이런 발상에서 나온 언어이다.

물론 이러한 윤리규범은 당시 가족 중심의 농업사회, 세습적 임금을 정점으로 하는 군주국가에서는 그 나름대로의 타당성이 있다.

그러나 1970년대 이 땅에서 관주도형(官主導型)으로 충효를 외쳐댔던 저 복고주의적 작태는 도대체 무엇을 의미하는가? 그것은 조선시대의 윤리규범이었던 충효의 뜻을 모르고 한 헛소리이거나, 아니면 충효가 지배하던 시대에 임금을 떠받들고 살던 신민적(臣民的) 권위주의를 이 땅 위에 재생시키려는 짓거리였다고밖에 볼 수 없다. 민중이 주인인 민주시대에 떠받들 임금이 어디에 있기에 충을 말하는가? 차라리 대통령과 관료들에게 나라의 주인인 민중의 심부름꾼임을 명심하라고 공복심(公僕心)을 강조하는 것이 오늘 더럽혀진 이 나라를 깨끗하게 하는 일이 될 것이다.

그리고 피에 얽힌 인간만을 중시하는 가족주의적인 윤리규범인 효를 부르짖기보다는 가장 가까운 이웃으로서의 '부모에 대한 사랑과 존경'을 부르짖는 것이 오늘에 적합한 윤리가 될 것이다. 그리고 모든 이웃에 대한 공정심(公正心)이 오늘을 위한 최대의 덕목으로 강조되어야 할 것이다.

『동아일보』(1980년 5월 6일)

비(非)유괴범 증명

따사로운 햇살이 내리쬐는 일요일 한낮이었다. 여러 가지 보이지 않는 끈에 끌려 분주하기만 하던 나의 생활에 오랜만에 정감(情感)의 여유가 살며시 고개를 내미는 시간이었다. 문밖을 나섰다. 문밖이라야 대문밖 거리가 아니라 비둘기장과 같은 아파트의 출구를 벗어나는 것에 불과했지만, 겹겹이 둘러선 비둘기장들 사잇길에서 어린아이 서너 명이 흥에 겨워 지껄이며 놀고 있는 모습이 나의 눈을 끌었다. 순간 나의 마음도 거기에 딸려가고 말았다. 어린아이들이 저 무목적적(無目的的)인 행위인 놀이에 취해 있는 모습을 구경만 해도 나는 해방의식을 체험하기 때문일까. 나는 구경에서 참여에의 충동에 얼른 사로잡히고 말았다.

"얘, 너 몇 살이지?"

"몰라…."

"그 애는 모르는 사람에겐 말을 안 해요."

일곱 살 정도 되어 보이는 옆에 있는 다른 아이의 해명이다.

"왜 그래?"

"모르는 사람은 의심하니까요"

"왜 그렇게 의심하지?"

"아저씨가 유괴범인지 모르잖아요."

"아하하…."

"아저씨, 왜 웃기만 하세요? 아저씨가 유괴범이 아니라는 증명을 좀 해봐요."

"아하하, 아하하하…."

나는 정말 나의 온갖 위트가 기능을 정지함을 느꼈다. 내가 여태까지 훈련해 온 논리적 사고가 일순에 무화(無化)됨을 체험했다. 나의 입가에는 언어가 금시에 말라버리고 울음 아닌 근육의 경련만 꿈틀거릴 뿐이었다.

요즈음 세상에 증명(證明)이 많기로서니 유괴범이 아니라는 증명을 어디에서 해온단 말인가. 모든 증명은 어딘가 한 군데는 더 이상의 증명 없이 받아들일 수 있는 시발점을 가정해야만 이루어질 수 있다. 어떤 증명서도 그 자체가 진짜라는 자신에 관한 증명은 해주지 못한다. 사회적 질서를 구체적으로 나타내주는 모든 사회적 규범과 규칙들은 최소한의 것을 전제로 하는 토대 위에 서 있다.

그 최소한의 것이란 다름 아닌 약속을 이행한다는 믿음이다. 왜냐하면 온갖 사회적 질서는 자연의 질서와는 달리 약속의 체계이기 때문이다. 타인에 대한, 아니 인간에 대한 신뢰가 몽땅 무너진 사회에서는 어떤 증명서도 무엇의 참됨을 보증해 주는 장치일 수가 없다. 위대한 사회는 아니더라도 적어도 살 만한 사회를 열망하는 모든 인간에게 인간에 대한 신뢰가 파괴되어 가는 것을 보는 것은 근원적인 아픔이 아닐 수 없다.

『동아일보』(1977년 5월 4일)

주체성

언어에 대한 혼란은 사고의 혼란을 낳고, 사고의 혼란은 행동의 혼란을 낳는다. 1951년에 작고한 20세기의 천재적 사상가 비트겐슈타인은 언어에 관한 불투명한 이해로 인해 인간이 얼마나 많은 곤혹을 겪게 되는가를 일찍이 날카롭게 지적해 주었다.

요즈음 웬만한 사람이면 입버릇처럼 내뱉는 말 가운데 '주체성'이라는 말이 있다. 이 말의 원적(原籍)은 물론 실존철학자들의 저술들이다. 한때 우리나라에서 실존철학이 시대의 총아로서 각광을 받던 시절에 '주체성'이라는 말은 한국의 지식인 사회에 널리 유포되었다.

그 이후 차차 이 말은 점잖은 양반들의 식사(式辭)나 논객(論客)들의 논설(論說) 속에서 세력을 뻗쳐갔다. 이제는 바야흐로 일상인의 식탁의 언어로 화해 버릴 지경에 이른 것 같다.

무엇을 주체적으로 한다는 것은 무엇을 단순히 맹종하거나 그저 남의 흉내만 내는 것(모방)과 대비해서 쓰는 말이다. 그러나 요즈음 드물지 않게 그것은 '나의 과거'의 어느 부분에 속하거나 '현재의 나의 울타리' 안에 있는 것을 애지중지하며, 나의 울타리 밖에 있는 것들은 이단시하거나 백안시하는 자세와 동일시되는 것을 본다.

이런 의미에서라면 조선의 대원군은 한국사에서 가장 주체적인 인간으로 기록될 법도 하다.

주체적으로 무엇을 한다는 것은 자유스러운 자신의 '결단'에 의해 무엇을 수행한다는 것을 뜻한다. 한 나라의 문화가 그 자신의 것이 되려면 그 자신의 취사선택적인 행위에 의해 형성된 것일 수밖에 없다. 우리가 주의해야 할 것은 문화란 어떤 고정불변의 실체도 아니며, 손바닥의 손금이 각기 다르듯 '차이성'을 가짐으로써만 반드시 그 생명력을 가지는 것은 아니라는 점이다.

영국 사람인 뉴턴이 만들어낸 고전역학 이론과 독일 사람인 아인슈타인이 창안해 놓은 상대성 이론을 공부하는 것은 주체적 문화를 형성하려는 노력과 상치되는 것이 아님은 명백하다. 우리의 전통 사상으로 생각하고 있는 이퇴계나 이율곡의 이론도 당시의 문화권을 지배하던 중국의 주자학의 한 가닥에 지나지 않음을 상기할 필요가 있다.

우리가 진정 찬란한 문화를 형성하기를 원한다면 지금 세계를 석권하고 있는 사상과 이론을 우선 잘 터득하고 난 다음, 그것을 극복하는 새로운 이론과 사상을 창안해 내도록 해야 한다. 이것만이 참으로 우리가 주체적으로 우리의 문화를 창조하는 일이 될 것이다.

『동아일보』(1977년 5월 26일)

돈보다 우리 생명을

막스 베버라는 독일의 사회학자는 일찍이 『자본주의와 개신교의 윤리』라는 책을 저술하였다. 거기서 그는 서양 자본주의의 형성의 본질을 파헤치려고 하였다. 개신교의 청교도적 윤리가 서양 자본주의 형성의 토대가 되었다는 것이 그의 결론이다. 하나님을 기쁘게 하기 위하여 성실과 근면으로 일하는 청교도의 생활철학이 자본주의를 가동시킨 원동력이 되었다는 것이 베버의 이론이다.

물론 이러한 베버의 이론에 대해 여러 가지 비판들이 가능하겠지만, 베버의 통찰은 오늘 우리의 자본주의적 상황을 성찰하는 데 시사하는 바가 크다.

오늘날 한국인치고 돈을 좋아하지 않는 사람이 몇이나 될까마는, 한국인치고 돈 많은 사람을 존경하는 사람도 그리 많은 것 같지 않다. '더러운 돈'이라는 매우 분열증적인 관념을 사람들은 가지고 있는 것 같다. 매우 좋기는 하나 더러운 것이 돈이요, 더구나 그것을 많이 가진 사람은 말할 필요조차 없다. 한편으로는 매우 부러워하면서도 또 한편으로는 타기하고 싶은 존재, 그것이 아마도 '떼돈 가진 사람'에 대한 한국인의 통념이 아닌가도 싶다.

이런 돈과 거리가 있으면서 산뜻하게 좋은 것, 그것이 아마도 좋은 학교 졸업장을 얻는 일이 아닌가 한다. 이 땅의 이상(異常) 향학열(向學熱)을 부추기는 사유들 가운데 하나가 바로 '깨끗한 가치'를 추구하는 인생철학이 아닌가 싶다. 그래서 돈 많은 사람에 대해서는 구역질을 느끼는 사람도 공부 잘하는 사람, 학벌 좋은 사람에 대해서는 고개를 숙인다.

마찬가지 이치에서 기부금 입학은 매우 불쾌한 일이며, 과외도 그러하다. 더러운 돈과 거리가 있는 깨끗한 가치가 그로 인해서 부정 타기 때문이다.

그렇기에 '입학시험'은 인생의 모든 것을 결판내는 엄청난 사건으로 인식되기 마련이다. 대학입시를 눈앞에 둔 집안은 최후의 결전을 눈앞에 둔 부대처럼 초긴장으로 감싸여 있기 마련이다. 참으로 다른 어느 나라에서도 보기 드문 일이다. 대학을 가는 것은 꼭 직장을 얻기 위한 것만이 아니다. 대학에 붙어 다니는 저 '깨끗한 가치'를 얻기 위해서이다.

지난주 이 땅의 매스컴을 통해 저 더러운 돈의 또 다른 이면을 보고 이 땅의 많은 사람들은 충격을 받았다. 어린아이들에게 친구의 이름처럼 친밀한 생존의 필수품들에서 자기의 애인이 비수를 품은 요괴로 돌변하는 것과 같은 배반을 이 땅의 사람들은 느꼈다. 참으로 회복하기 어려운 마음의 상처가 생기고 말았다.

기업의 당사자들은 말한다. 공업용 우지(牛脂)를 사용한 것은 사실이나, 잘 정제했기 때문에 아무 문제가 없다고. 그런데 놀라운 것은 문제가 된 기업들 가운데 어떤 기업의 경우는 창업 이래 20여 년 동안 줄곧 그 공업용 우지를 가지고 사람의 입 속으로 들어가는 음식물을 제조해 왔다는 것이다. 거기다 더욱 놀라운 것은 이번에 검찰 당국이 단속의 근거로 삼은 법적 근거가 올해 마련된 것이라고 신문은 보도하고 있다.

하기야 자기가 먹는 음식물은 자기 집 부엌에서 만들어 먹어야 하는데, 공장에 그 일을 맡긴 사람들의 게으름을 탓해야 마땅한지도 모르겠다. 어쩌면 오늘 우리가 겪는 이 수난은 문명의 이름으로 편익만을 도모하려는 얄팍한 사람들이 마땅히 치러야 하는 대가인지도 모른다.

도덕에 의해 담보되지 않은 문명은 하나의 괴물일 뿐이다. 문명은 계산적 합리성의 산물인 것은 틀림없지만, 공동의 선의지(善意志)가 문명을 떠받치고 있지 못할 때, 그것은 결코 인간의 삶의 질을 향상시키는 데 이바지할 수가 없다.

그런데 오늘과 같은 문명사회에 있어서 저 공동의 선의지는 개인의 마음속에서만 가동되어서는 그 효능이 제대로 발휘될 수 없다. 그것은 공동체의 기본 틀 속에 제도화되어야 한다. 오늘 우리 사회가 당면한 가장 절박한 문제는 바로 저 공동의 선의지가 어떻게 제도 속에서 살아 숨쉴 수 있게 하겠는가 하는 문제이다. 이번에 파문을 일으키고 있는 '공장 음식물' 사건도 기업가 개인의 양심의 문제와 함께 국가의 제도의 문제라는 차원에서 우리의 반성을 요구한다.

보도에 따르면 지금 정부 안에 우리의 입으로 들어가는 의약품과 공장 음식물을 관리하는 장치가 허술하기 짝이 없다. 외국에는 이 분야를 관장하는 독립된 기구가 따로 있는 것이 상례임은 말할 것도 없다. 공장에서 쏟아져 나오는 의약품과 음식물은 태산 같은데 '더러운 돈'을 모으는 데만 혈안이 되어 있는 사람들의 자비심의 처분에만 우리의 몸을 맡기고 공장 물건들을 마구 입에 집어넣으며 살 수는 없는 것이 아닌가.

이것은 우리 모두의 생명에 관한 문제이다. 돈과 권력 그리고 명예도 우리의 생명보다 우선될 수는 없다. 지금부터라도 이 나라의 관리자들은 우리의 생명을 보호하기 위한 제도적 장치를 튼튼히 하는 일을 서둘러야 한다. 이것은 매우 절박한 일이다. 이미 짜인 예산이라도 국회 심의 과정에서 뜯어고쳐서라도 우리의 생명을 보호하기 위한 기구가 제대로 가동될 수 있도록 해야 할 것이다. 이 일보다 더 중요하고 화급한 일이 또 어디 있겠는가.

이제 이 땅에서도 '깨끗한 돈'이 이 사회의 혈류(血流)에 흘러야 할 때가 되었다. 사람의 몸에 더러운 피가 어느 한계를 넘어서면, 그 몸은 최후의 길로 접어들고야 만다. 사회도 마찬가지다. 그동안 우리 사회는 경제의 양적 확대에만 관심을 쏟은 나머지 경제의 질에는 너무나 무신경하였다. '깨끗한 돈'에 사회의 시선이 집중되지 못했다.

도대체 산다는 것이 무엇인가? 면전에서는 남의 웃음과 박수를 받으나, 뒷전에서는 남의 저주와 모멸밖에 못 받는다면, 그의 삶이란 도대체 무엇인가? 비록 면전에서 박수까지는 못 받는다 하더라도 사람들의 기억 속에 남을 수 있는 삶이라면, 그는 사람답게 살았다고 할 수 있지 않을까. 그가 비록 재벌이나 대통령이 아니고 영웅과 천재가 아니더라도 말이다.

더러운 물은 정화 장치를 여과하여 깨끗한 물이 될 수 있다. 더러운 돈도 공동의 선(善)이라는 도덕의 여과 장치를 통해 깨끗한 돈으로 정화될 수 있다. 우리에게 지금 필요한 것은 탁해진 우리 사회의 혈류를 정화시킬 도덕의 정화 장치이다. 그럼으로써 깨끗한 사회의 혈류가 흐르도록 하는 일이다. 그럴 수 있을 때 우리는 다가오는 새 문명의 총아로 역사의 지평 위에 우뚝 설 수 있게 될 것이다.

『조선일보』(1989년 11월 10일)

어쩌면 사람이 저럴 수가

　"어쩌면 사람이 저런 일을…." 이런 탄식 소리가 저절로 우리의 입가에 나돈다. 이런 세상을 우리가 오늘 살고 있다. 사람이 도대체 무엇이기에 사람인 우리가 사람이 하는 짓을 보고 스스로 놀라지 않을 수 없는 것일까? '이성적 동물'이 사람이라고 옛 그리스의 선철(先哲) 아리스토텔레스가 말했다는 것을 우리가 잘 알고 있다. 동물이되 '이성'이라는 특별한 성질을 가진 존재가 사람이라는 말이겠다.

　아리스토텔레스가 저 인간의 정의(定義)를 내놓은 이래 서양에서는 동물 부분은 제쳐놓은 채 '이성적 존재'로서의 인간에 관한 온갖 종류의 이론들이 논자(論者)들 사이에서 설왕설래되어 왔다. 특히 계몽주의자들은 이성의 힘에 대해 어느 누구보다도 강한 신뢰를 보냈다. 이성의 힘만 잘 발휘하면 지상 위에 낙원을, 유토피아를 건설할 수 있으리라는 데 그들은 조금도 의심이 없었다. 말하자면 그들은 이성교(理性敎)의 독신자(篤信者)였다. 서양 근세 이후의 대부분의 사상가들이 그러한 계몽주의 전통의 후예라 해도 결코 지나친 말이 아니다. 물론 칼 마르크스도 그 예외가 아니다.

두 차례에 걸친 세계대전의 경험은 이성교의 독신자들에게 엄청난 좌절을 안겨주었다. 인간의 인간에 대한 극도의 증오와 더불어 자행된 대살육의 현장, 그 속에서 인간의 이성에 대한 예찬과 신뢰란 하나의 사기에 불과하다는 것을 서구인들은 뼛속 깊이 느꼈다. 더욱이 사람의 기름을 짜서 비누까지 만들어낸 히틀러를 정점으로 하는 독일인의 광기(狂氣) 앞에서 본회퍼 같은 목사는 신(神)의 죽음을 통감했다. "신이 계시다면 어떻게 이런 끔찍한 일이 그대로 방치될 수 있겠는가"라고 그는 땅을 치며 신을 원망했다.

계산하는 능력으로서의 이성이 고작 연출해 낸 드라마는 유토피아가 아니라, 인류 역사에 유례를 찾아볼 수 없는 어마어마한 인간의 처참한 대살육, 바로 그것이라는 것을 서구인들은 역사로부터 배웠다.

아들이 아버지를 죽이던 중국의 전국시대를 살았던 맹자는 어둠의 시대 한가운데서도 그 어떤 한 가닥의 희망의 빛을 사람의 심성(心性) 속에서 발견했다. "어린아이가 우물에 빠지는 것을 보고 태연할 사람이 어디 있겠는가." 이때 느끼는 '측은해하는 마음' 속에서 인간을 무도(無道)의 수라장으로부터 구제할 수 있는 그 어떤 도덕의 씨앗을 그는 발견했다.

서양의 철학자 데이비드 흄은 '공감(共感)'이야말로 도덕세계를 가능케 하는 실마리라고 일찍이 간파하였다. 공감이란 니의 느낌을, 그의 느낌을 내가 똑같이 나누어 가지는 것이다. 같은 느낌을 당신과 내가 그리고 그들과 내가 나누어 가지는 것, 그것이 바로 공감이다.

얼마 전의 일이다. 이름조차 기억하기 싫은 고(高) 아무개라는 청년은 결혼식을 올리지 못하고 아내와 살고 있었다. 그는 웨딩드레스를 한 번 입어보고 싶어 하는 아내의 소박한 꿈을 성취시켜 줄 돈을 마련하기 위해 닥치는 대로 사람들을 도끼로 내리쳐 수많은 아까운 생명을 앗아가는 데 주저하지 않았다. 어떻게 이런 일이 일어날 수 있는가? 저 가련한 청년은 자기 아내에 대해서는 따뜻한 마음을 가졌음에 틀림없다. 그러나 그는 그가 도끼로 무참히 살육한 사람들의 자식과 아내와 남편, 그리고 그들의 친구들이 느낄 저 애통의 느낌을 나누어 가질 만한 따뜻한 마음을 가지고 있지 못했다. 그에게는 저 공감의 능력이 상실되어 있거나 작동하지 않았다.

'입장을 바꾸어 생각함(易地思之)'은 공감의 전제조건이다. 우리는 보통 자기의 입장에서 사물을 보고 판단하며 생각한다. 바로 여기서 독단의 편견은 양육되고 번성한다. 물론 자기의 입장에서 사물을 보고 판단하는 것은 어쩔 수 없는 인간의 조건이다.

그러나 그것은 어디까지나 시작이요, 끝머리가 되어서는 안 된다. 자기의 입장, 자기의 시각 안에 갇혀 있는 인간이 우물 안 개구리이다. 우물 안 개구리의 유아(唯我)의 세계에서는 공감이 있을 수 없다.

공감은 내가 너의 입장, 그리고 그의 입장을 번갈아 바꾸어서 볼 수 있을 때만 가능하다. 내가 너와 그의 입장에서 어떻게 느끼는가를 모를 때 나는 너와 같은 느낌을 나누어 가지기가 매우 어려울 것이다. 그런데 그것은 바로 자기를 넘어섬, 곧 자기초월 행위이다.

지금 이 땅은 굳게 닫혔던 문들과 짓눌렸던 억압이 점차 열리고 풀리면서 일대 각개약진의 아수라장이 되어가고 있다.

옆 사람들이야 어쨌건 내 볼 장만 보면 그만이라는 허무주의가 이 땅의 사람들에게 전염병처럼 번져가고 있다. 그래서 "어쩌면 사람이 저럴 수가…"라는 탄식을 자아내게 하는 놀라운 일들이 꼬리를 물고 일어나고 있다. 물론 오늘의 이러한 놀라운 현상들은 어제의 역사에서 뿌려진 악의 씨앗들 때문임을 우리가 모르는 바 아니다. 그런데 우리를 무엇보다 우려케 하는 문제는 이러한 현상들이 몰고 올 최후의 모습이다. 역사의 나락이 두려운 것이다.

그래서 많은 사람들은 도덕에 관해 말한다. 무너진 도덕의 권위의 재생을 애타게 이야기한다. 그러나 무너진 도덕의 권위가 재생이 된다면 얼마나 좋으련만, 그것이 하루아침의 일로 나타날 수 있으리라 기대하는 것은 소원치고는 너무나 지나친 소원이 아닌지 모르겠다.

사람은 혼자 살 수 없다. 더욱이 오늘의 삶에 있어서는 너무나 그렇다. 그렇기에 오늘의 삶은 너와 내가, 그리고 그가 함께 모여 사는 '모듬살이'다. 모듬살이는 더불어 삶이다. 그것은 더불어 느낌이요, 더불어 생각함이요, 더불어 행동함이요, 더불어 있음이다.

공감은 다름 아닌 더불어 느낌이다. 그렇기에 공감은 오늘의 삶을 가능케 하는 시작의 조건, 알파이다. 이 공감이 없이 오늘의 삶은 불가능하다. 그것은 오늘의 삶을 떠받치는 삶의 씨줄이기 때문이다.

사람은 분노하는 존재이다. 더구나 악에 대해 분노하는 것은 도덕적 행위이다. 그러나 분노보다 더 위대한 것은 사랑이다. 사랑의 본질은 나눔이다. 입장을 바꾸어 생각함은 나눔의 행위에 앞서가는 전주곡이다. 우리가 분노할 때, 사람마저 '물건'으로 보인다. 그러나 우리가 더불어 느낄 때, 사람이 사람으로 우리에게 다가온다. 그렇기에 더불어 느낌(공감)은 인간다운 삶을 살 수 있는 사회를 건설하기 위한 최우선의 조건이 아닐 수 없다.

『조선일보』(1989년 10월 20일)

사람과 땅

땅으로부터 와서 땅으로 돌아가는 존재, 그것이 바로 인간이다. 나와 네가 바로 그런 존재이다. 나와 네가 바로 그런 존재이다. 기독교 경전 창세기는 말한다. 창조의 마지막 날에 흙으로 사람을 만들었다고. 그리고 그가 이 세상을 어떤 모양으로 살았건 그의 마지막 장례식이 어떻게 치러졌건, 모두 무덤의 주인공이 되기 마련이며, 그러고 나면 얼마 안 가 모두 한 줌의 흙이 되기 마련이다.

땅은 사람의 삶이 시작하며 끝을 마무리하는 곳이다. 시작과 끝만이 아니다. 땅은 삶을 살게 하는 생명의 젖줄이다. 그렇기에 땅이 없는 사람의 삶이란 불가능하다.

오늘 이 나라는 '땅 문제'가 소위 '체제의 존속'이라는 위기의 관점에서 설왕설래되고 있다. 땅이 이처럼 최대의 화급한 문제로 우리 앞에 다가서게 된 것은 부동산 투기가 자아내는 사회적 통증 때문이다. 하늘 높은 줄 모르고 올라가기만 하는 땅값이 모듬살이의 토대를 온통 뒤흔들어 놓고 있다. 한국의 땅을 한국 사람들이 고루 나누어 가지고 있다면 땅값이 천정부지인들 무슨 큰 상관이 있겠느냐마는, 이 나라의 5%의 사람들이 이 땅의 70%를 몰아 가지고 있다 하니 문제 중의 문제가 되는 것이다.

평당 10만 원 하던 땅값이 100만 원이 된다고 해서 사람의 삶에 필요한 무슨 물건이 세상에 더 생산되는 것도 아니다. 물건의 증가 없이 돈뭉치만 세상에 더 늘어날 때, 눈감고 가만 앉아 10배의 재산이 늘어나 떼돈의 주인공이 되는 사람은 땅주인이요, 그와 더불어 가만 앉아서 자기의 품삯으로 받는 돈의 값어치가 거꾸로 곤두박질당하는 사람은 땅 없이 꾸역꾸역 땀을 흘리며 일하는 사람들이다.

쉽게 이야기하면 땅값의 폭등은 부(富)의 이동을 의미하는 것이어서, 땅 못 가진 사람으로부터 땅 가진 사람으로 돈을 옮겨놓는 경제의 운동이라 할 수 있을 것이다. 한마디로 고약하기 이를 데 없는 경제의 운동이 바로 땅값의 폭등인 셈이다.

사람들은 예부터 '사람이 살 만한 세상', '이상적인 사회'에 관해 많은 이야기를 해왔다. 얼마나 많은 거창하고 현학적인 언어로 분장한 이론들과 학설들이 앞을 다투어 저 이상적인 모듬살이의 틀에 관해 이야기해 왔던가. 그러나 단 한 가지 분명히 말해 두어야 할 것은, 무력감과 허탈감만을 느끼게 하는 모듬살이의 틀은 결코 바람직한 것일 수 없다는 것이다.

아무리 최선을 다해도, 아무리 발버둥을 쳐도 별 수가 없을 때, 사람은 깊은 무력감과 허탈감을 느끼게 되는 것이다. 자기의 노력이 아무런 효력을 지니지 못할 때, 사람은 팔다리를 움직이기를 멈추고 깊은 탄식 속에 빠져들게 된다. 그 앞에는 어떤 희망도 존재하지 않는다. 절망의 어두운 장막이 그를 감싸올 뿐이다. 설사 희망이 한갓된 꿈으로 현실화된다 하더라도, 희망은 역시 삶의 필수적인 활력소가 된다. 희망에 최선의 노력이 동반될 때, 그것은 단순한 꿈이 아닌, 현실의 열매로 드러난다. 최선의 노력이 희망의 열매로 바꾸어지는 세상을, 낙원은 아니더라도 '살아볼 만한 세상'이라고 우리가 말할 수 있을 것이다.

하늘 높은 줄 모르고 올라가기만 하는 땅값 덕분에 가만 앉아서 일확천금하는 떼 부자들이 우글거리는 세상은 정녕 보통 사람들에게 희망을 안겨주는 세상이 아니다. "열심히 일해 봤자 무엇하나"라는 소리가 보통 사람들의 입가에 울려 퍼지는 세상, 이 세상은 결코 어떤 아름다운 언어와 현란한 이론을 가지고도 옹호될 수 없을 것이다.

근면과 성실로 일하는 사람에게 휘황찬란한 궁궐은 아니더라도, 일과 후 산뜻한 밥 한 그릇을 끓여 먹은 후 하룻밤의 단잠을 자기에 충분한 공간이라도 주어질 때, 보통 사람의 희망의 싹은 움트기 시작할 것이다. 보통 사람들의 희망을 앗아가는 '땅의 괴질'을 치유하기 위해 정부는 토지 공개념에 토대한 세 가지 입법안을 국회에 내놓았다.

그리고 지금 여야의 각 정당들과 사회단체들은 이를 놓고 찬반의 고심을 하고 있다. 한 가지 쉽게 예상되는 것은 땅 부자들이 기득권 유지를 위해서 온갖 수단을 동원하리라는 것이다. 그 방법의 하나로 여러 가지 그럴듯한 이론과 논리를 구사하는 친위부대를 각 곳에 배치하여 여러 가지 수정안을 만들어 본래의 입법 취지를 무력화하려 할는지도 모른다. 그리고 그러한 시도가 성공할는지도 모른다. 그러나 우리가 여기서 분명히 깨달아야 할 것은 그것이 단기적으로는 성공일 수 있으나 '내일의 성공'으로 드러나지는 못할 것이라는 점이다. 내일을 생각해야 할 위치에 있는 사람은 아무것도 가진 것이 없는 사람이 아니다.

오늘 우리에게 요구되는 지혜는 '더불어 삶'에 필요한 생각과 몸짓이다. 무엇보다도 땅은 '더불어 있음'의 토대이다. 사람은 땅으로부터 태어날 수 있을 뿐, 땅을 업고 태어나지 않는다.

땅은 모든 생명의 젖줄이자 모든 생명의 종착역이다. 생명을 사랑하는 사람은, 그렇기에 땅을 사랑하지 않으면 안 된다. 그리고 땅에 대한 참사랑은 결코 탐욕으로부터 나올 수가 없다.

우리 한국 사람들이 몸담고 있는 땅은 몇 사람이 많은 땅을 소유하기엔 너무나 협소하다. 우리가 이 좁은 땅에서나마 살 만한 세상을 만들고 살 것이냐 하는 문제는, 무엇보다도 '공동의 생명권'으로서의 땅의 의미를 우리가 얼마나 실천적으로 살려나가느냐에 달려 있다고 나는 생각한다. 아무리 많은 땅을 소유한 땅 부자라도 그가 인생의 마지막 문턱에서 사용하게 될 땅은 고작해야 몇 평의 땅밖에 되지 않을 것이기 때문이다.

『조선일보』(1989년 9월 19일)

어른과 아이 그리고 자율과 타율

　어른은 어른이고, 아이는 아이다. 산은 산이요, 물은 물이다. 그런데 어른과 아이를 제대로 구분하지 못하는 착시 현상이 한반도 위에서 벌어지고 있는 것 같다.

　어른과 아이는 무엇이 다른가? 그것은 산과 물이 다른 것처럼 그 차이를 구별하기 어려운 일이 아니다. 산과 물이 다르다는 것을 알기 위해서 심오한 과학적 탐구가 필요하지 않다. 그저 누구나 눈으로 보면 산과 물을 구별할 수 있듯이 어른과 아이의 구별도 마찬가지다. 때로 일상에서 그 구별이 애매한 경우도 있으나 이럴 때는 나이를 통해서 쉽게 가려낼 수 있다. 현재 법적으로 어른과 아이를 구별하는 기준은 만 19세이다. 이런 기준으로 보면 고등학생 이하는 아이요, 그 이상은 어른인 셈이다. 물론 개인의 사정상 19세 이상인 고등학생도 있겠지만, 그런 경우는 어른 고등학생이다.

　어른과 아이를 구별하는 기준은 생물학적인 성숙과 미성숙이다. 아이는 성숙한 생물학적 인간이 아니다. 키와 몸집은 커도 두뇌가 아직 미성숙인 경우 아이라고 볼 수 있다. 핵심은 두뇌 기능이 자율적 판단을 제대로 수행할 수 없으면 성숙한 어른이 아니요, 미성숙한 아이이다.

미성숙한 아이는 혼자 힘으로 자율적 판단에 따라 행위하기에 부적합한 존재이므로 자신 이외의 타인의 도움이 필요한 존재이다. 한마디로 말하면 완전한 자율적 존재가 아니요, 타율적 도움이 필요한 존재, 그것이 아이라 할 수 있다.

요즘 대학 이전의 학교교육의 현장에서 혼란이 벌어지고 있다. 그 혼란의 핵심은 '아이를 어른처럼 완전한 자율적 존재로 취급하느냐, 미성숙한 타율적 존재로 보느냐'이다. 정답은 너무나 뻔하다. 아이는 아이요, 미성숙한 존재요, 타율적 도움이 필요한 존재이다.

학교 현장에서 아이들에게 필요한 타율적 도움을 주는 것을 책무로 삼고 있는 존재가 바로 교사이다. 요즘 학교 현장에서 교권이 도전을 받고 있다는 이 새로운 현상은 무엇을 말해 주고 있는가?

아이와 어른을 구별하지 못하는 사람들이 교육의 새 방향을 제시하는 특수한 임무를 자처하고 있다. 이러한 사람들은 바로 이 땅의 교육현장을 혼란으로 몰고 가는 주인공들이 아닌가.

아이들의 인권은 마땅히 보장되고 존중되어야 한다. 그래서 선진국에서는 학생들을 태우고 다니는 스쿨버스가 정지하면 적색 교통신호가 켜진 경우와 같이 쌍방향으로 오가는 모든 차량이 정지한다. 위반하면 가차 없이 징벌을 받는다. 미성년자들에 대한 보호와 존중이 철저하다. 그런가 하면 스쿨버스에 아이가 승차하고 하차할 때는 반드시 보호자가 동행해야 한다. 그리고 10세 이하 미성년자를 집에 혼자 두고 어른이 외출하면 국가의 제재를 받는다.

우리는 어떠한가? 보호해야 할 인권적 상황은 내버려둔 채, 아이의 인권을 보호한답시고 미성숙한 아이들에게 성숙한 어른들에게 주어지는 자율적 결정권과 행위를 허용해야 한다고 말도 안 되는 주장을 하는 사

람들이 야단법석을 지르는 오늘의 학교 현장을 본다. 너무나 한심한 오
늘의 한국의 현실이다.

『성숙의 불씨』(2013년 1월 15일)

집짓기: 균형

노무현 행정부가 출범한다. 노무현 행정부의 출현에 대해서는 환희와 실망이 교차하고 있다. 그것을 사람들은 '2030'과 '5060'으로 기호화하고 있다. 또 어떤 이들은 '진보'와 '보수'로 표현한다. 한 가지 분명한 것은, 게임이 끝난 후에는 승자에게 박수를 보내는 것이 상식인데, 지금은 그런 상식이 지배하는 상황이 아니라는 사실이다.

노무현의 깃발 아래 모여 열광하는 사람들과 그것을 불안한 마음으로 쳐다보는 사람들 사이에는 아직도 깊은 단절이 있다는 이 사실은 앞으로 노무현 행정부가 풀어가야 할 국민통합의 과제가 얼마나 어려운 일인가를 미리 예고한다. 한 나라의 정치 리더가 된다는 것은 자기를 좋아하는 한 무리의 우두머리가 되는 것과는 엄청나게 다른 일이다. '전체를 아우르는 통이 큰 생각과 행동'이 나라의 리더에게 무엇보다 긴요하다. 그러기 위해서는 자기와 '다른 사람들'의 입장에서 생각하는 자세와 능력이 요구된다. '같음의 철학'의 좁은 울타리에서 벗어나야 한다. 같음의 철학으로부터 '다름의 철학'으로 사고의 대전환이 일어나야 한다.

같음의 철학은 이렇게 말한다. '자기와 같은 생각을 가진 사람 = 친구요 동지'다. '자기와 다른 생각을 가진 사람 = 적이요 원수'다. 원수와 적은 배척하고 없애야 한다.

이런 같음의 철학이 얼마나 가혹한 세상을 만들어내는가를 우리는 지난 군사통치 아래서 뼈아프게 체험했다. '유신'이라는 깃발 아래 '총화단결'을 외치면서 다른 사람들을 대역죄로 단죄하지 않았던가. 하기야 모든 전체주의 국가들은 바로 그런 같음의 철학의 신봉자들이었다.

성숙한 정신은 자기와 다른 것을 자기의 적으로 보지 않는다. 성숙한 정신의 소유자들이 만들어가는 성숙한 사회, 성숙한 나라는 나와 다른 것이 살아 숨 쉬는 열린 세상을 지향한다. 성숙한 정신은 다름의 철학을 지향하기 때문이다. 다름의 철학은 이렇게 말한다. 다른 것은 나를 보태주는 것이다. 그 다른 것은 나를 '보태줌'으로 나를 '있게 하는 것'이며 나를 '살려주는 것'이다. 그 다름이 있기 때문에 내가 존재한다. 그 다름이 없어지면 나도 없어진다. 그러므로 그 다름은 곧 나를 있게 하며 나를 살려주는 것이다. 나 혼자서는 존재할 수 없다. 나와 다른 것이 있으므로 나에게 부족한 것이 보태져서 보다 차원 높은 존재가 된다. "다른 네가 없다면, 나는 아무것도 아니다."

다름의 철학은 단순한 말놀이가 아니다. 우주의 생성과 운행이 그렇게 되어 있다. 세상은 다른 것들이 서로를 보태주고 살려줌으로 더불어 살아가는 큰 통이다. 통 큰 사람이 모름지기 추구하는 세상은 다름과 더불어 살아가는 큰 통이다.

나는 노무현 '정권'이라 하지 않고 노무현 '행정부'라고 표현했다. 우리는 대통령이 국가의 모든 권력을 좌지우지하는 정권 아래서 살아왔다. 민주국가의 기본 문법에서 대통령은 삼권분립의 원칙 아래 입법부, 사법부 그리고 행정부로 나뉘어 있는 행정부의 수장(首長)일 뿐이다. 입법부와 사법부에는 대통령과 견해가 다른 사람들이 앉아 있을 수 있다.

이 다른 사람들을 상보관계로 바라보면서 나라 살림이라는 보다 큰 통을 잘 꾸려나가야 한다.

독재가 따로 없다. 군사독재만 독재가 아니다. 모든 독재가 가능하다. 다름을 자기와 보완관계에 있는 상생의 반려로 인정하지 않는 모든 정치적 몸짓은 독재에의 함정을 준비하고 있다.

'노무현 후보'는 지역과 계층의 약자들을 위해 많은 것을 해주겠다고 소리 높여 약속했다. 나는 그것을 매우 높이 사고 싶다. 그리고 그가 약속한 것들을 실행에 옮겨주길 기대한다.

이 모든 약자들을 위한 약속은 한마디로 표현하면 '깨어진 균형'을 바로잡아 놓겠다는 뜻이다. 우리나라는 '서울공화국'이라는 말이 나돈 지가 매우 오래되어 지금은 옛말처럼 되어버렸다. 소설가 이호철이 『서울은 만원이다』라는 신문 연재소설을 쓰던 1960년대 초는 지금 생각하면 호랑이 담배 피우던 시절의 서울이다. 그때 기준에서 보면 지금의 서울은 '초만원의 초초초만원'이라고나 해야 할까. 참으로 숨 막히는 서울이다. 이래 가지고서는 제대로 된 삶을 살 수가 없는 나라, 정말 꼴불견의 나라가 아닐 수 없다. 따라서 이 불균형은 시정되어야 한다. 그리고 계층 사이의 불균형도 시정되어야 할 것은 시정되어야 마땅하다.

그런데 문제는 시정의 방법이다. 목표가 좋다고 하여 모든 일이 저절로 되는 것도 아닐 뿐 아니라, 아무 방법을 써도 되는 것이 아니다. 성경을 읽는 것이 좋은 일이라 하여 남의 촛불을 도둑질하는 것이 정당화될 수는 없다.

한마디로 '깨어진 균형'을 바로잡기 위해서 '균형을 잃은 방법'을 동원해서는 안 된다는 말이다. 균형을 잃은 방법을 동원해서는 일을 제대로 해낼 수가 없다. 모든 과욕은 일을 성사시키지 못한다. 균형은 너무 지나치지도 너무 미흡하지도 않는 알맞음에 있다.

노무현의 깨진 균형 바로 세우기 사업은 많은 좋은 생각과 많은 일꾼들을 필요로 한다. '인사가 만사'라는 말은 그냥 말장난이 아니다. 그런데 그 인사가 그렇게도 어려운 것은 사람에 대한 많은 정보도 문제지만, 그 정보들에 대한 균형 잡힌 시각과 균형 잡힌 판단이 좀처럼 확보되기 어렵다는 데 있다.

정책도 마찬가지다. 균형 잡힌 정보와 균형 잡힌 시각과 판단이 문제이다. 나눔이 매우 중요한 것이지만, 나누어 줄 것을 제대로 장만하지 않은 채 나누어 주는 데만 마음을 쏟다 보면, 빈털터리가 되는 모두의 불행을 자초할 수도 있다. 생산의 효율성을 높이는 일과 정의로운 나눔의 균형을 맞추는 일이 얼마나 중요한 일인가를 아무리 강조해도 지나치는 일이 과연 있을까?

노무현의 '균형 바로 세우기' 작업이 앞으로 넘어야 할 고비들은 한두 가지가 아니다. 우선 가장 두려운 고비가 그를 열광해 마지않던 많은 사람들의 '부풀어 오른 기대들'이다. 세상에 아무리 능력 있는 정치 리더라도 그를 추종하는 사람들의 부풀어 오른 기대들을 모두 충족시켜 준다는 것은 불가능에 가깝다. 그런데 문제는 그들의 부풀어 오른 기대가 부메랑이 되어 돌아오는 날, 불타오르던 연인의 배신처럼 돌변하지 않으리라고 장담할 수 없다. 이것이 바로 사람의 마음이다.

깊이 실망하지 않으려면 지나친 기대를 하지 않아야 한다. 개혁에 100점이란 없다. 그것은 현실적으로 가능하지 않다. 그런데 100점이라는 개혁을 기대하는 사람에게 80점의 개혁은 실망으로 인식될 수 있다. 그런데 각양각색의 사람들이 모여서 각기 제 목소리를 내는 세상에서 80%의 공통분모를 찾아낸다는 것은 어려운 일 중의 어려운 일이다. 따라서 80점짜리 개혁은 성공 중의 성공이 아닐 수 없다.

나는 물 흐르듯(?) 하는 개혁의 최고 점수는 60점이라고 생각한다. 60점이란 무엇인가? 대세를 이루었다는 것이요, 주류를 형성했다는 뜻이다. 백 퍼센트가 다 같이 손뼉 치는 사회는 같음의 철학의 신봉자들이 만들어내는 단색 사회이다. 그것은 성숙한 사회가 아니요, 닫힌사회이다.

우리는 지금 21세기라는 새로운 역사의 매듭에 서 있을 뿐 아니라 문명의 대전환이라는 엄청난 때를 마주하고 있다. 지난 산업문명을 지배해 온 온갖 사고와 제도의 틀이 더 이상 맥을 추지 못하는 때가 다가오고 있는 것이다. 지난 20세기의 골칫거리였던 이데올로기 논쟁도 이미 한 풀 지나간 낡은 사고와 제도의 틀에 대한 논쟁임을 눈여겨볼 줄 아는 지혜가 우리에게 필요한 때가 되었다.

한마디로 새로운 사고와 제도의 틀을 탐색해야 할 때이다. 새로운 문명의 대전환에 적합한 새로운 사고와 제도를 찾아 열린 마음으로 나서야 할 때이다. 그런데 솔직히 말해서 우리는 아직도 20세기를 풍미한 생각과 제도에만 우리의 온 정신이 몰두해 있다. 이 땅에서 지금 소위 '진보'니 '보수'니 하는 딱지는 지난 20세기를 지배해 온 생각과 제도의 틀에 따른 구분법이다. 우리가 진정 새로운 문명의 선두주자가 되기 위해서는 20세기의 낡은 틀에 안주해서는 안 된다. 새로운 문명에 알맞은 새로운 틀을 찾아 나서야 한다.

노무현 행정부는 '토론 공화국'을 지향한다. 토론이야말로 열린 세상을 만들어가는 최소조건이다. 또 노무현 행정부는 '동북아 중심국가'를 지향한다. 우리의 지난 20세기의 역사는 산업문명의 변방에서 허덕이는 수난의 역사 그 자체였다 해도 지나친 말이 아니다. 정녕 우리가 지금부터 추구해야 할 것은 새로운 문명의 선두주자가 되어 새 역사의 주변이 아니라 중심의 자리에 서는 일이 아닐 수 없다.

그러기 위해서는 20세기의 사고의 틀에서 벗어나지 않으면 안 된다. 그래서 새로운 사고, 새로운 제도의 틀을 창안해 내지 않으면 안 된다. 낡은 생각과 낡은 전략을 가지고 새 문명의 중심의 자리에 설 수는 없다.

이러한 새 문명을 위한 새로운 사고와 제도의 틀의 탐색이라는 점에서는 지금 인류가 모두 '동등한 출발점'에 서 있다. 문제는 지금부터 우리가 무엇을 어떻게 하느냐에 달려 있다. 지난 산업문명의 주역은 물론 서구였다. 그리고 서구가 역사의 중심이었다.

우리는 지금 새로운 역사의 출발점에 서 있다. '새로운 사고와 제도의 틀, 신문법(Neo-Grammar)'의 탐색이 우리가 추구해야 할 과제라고 나는 생각한다. 새 역사의 집을 짓기 위해 필요한 청사진, 그것이 바로 신문법이다. 누가 새 문명의 중심에 설 것인가는 열린 마음으로 새 역사에 알맞은 신문법을 누가 창안해 내서 그것을 실현하느냐에 달려 있다고 나는 생각한다.

노무현의 토론 공화국 이야기가 멋있는 수사의 차원을 넘어 새 문명의 신문법을 탐색해 가는 열린 세상을 향한 토론의 마당으로 승화된다면 얼마나 좋을까. 참으로 우리에게 지금 필요한 것은 열린 세상을 향한 열린 마음이다. 그리고 새로운 사고의 틀, 새로운 제도의 틀을 창안해 내는 일이다. 그것이 바로 우리가 새로운 역사의 중심에 서서 살 수 있는 길이다.

『철학과 현실』(2003년 봄)

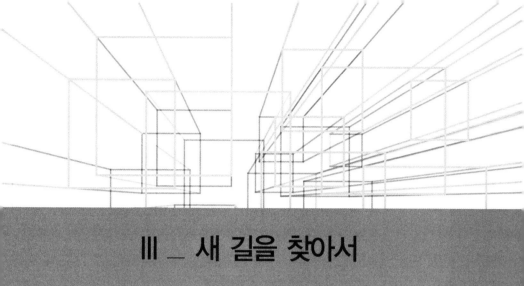

Ⅲ _ 새 길을 찾아서

새 길을 찾아서

　지금은 문명의 대전환기이다. 종래에 통하던 길과 처방, 문법, 그리고 대책과 카드가 무의미해져 버린 혼란의 때이다. 그것이 바로 오늘이다. 그래서 사람들은 '헷갈려' 흐느적거리기 일쑤이다. 뭐가 틀어졌는지 쉽게 진단도 되지 않는다. 살려고 이것도 해보고 저것도 해본다. 그야말로 암중모색(暗中摸索)이다. 이러한 상황은 비단 한반도에서 숨 쉬는 우리만의 처지가 아니다. 이러한 상황에 빠진 사람들은 자칫 잘못하면 허무주의의 깊은 나락 속에 빠질 수 있다. 허무주의 악령이 도처에 도사리고 있다. 그래서 자신도 통제할 수 없는 우발적 광란이나 자살로 치닫기 쉽다. 우리에게 구원의 새 길은 없는가?

　중요한 것은 희망의 끈을 놓치지 않는 것이다. 희망의 밧줄을 잡고 최선의 진력을 다하는 것이다. 여기에 몇 가지 가이드라인을 제안해 본다.

　첫째, 종래의 획일적 처방들로부터 자유로워지는 것이다. 획일성으로부터 해방되는 길은 다양성을 모색하는 길이다. 획일성은 많은 사람들에게 절망과 좌절을 가져다준다. 이것만 좋은 것이 아니요, 저것도 좋을 수 있다. 또 이 줄에 못 섰으면 저 줄에 서면 될 것이다. 여러 개의 가능성이 주어질 때 빡빡하고 획일적인 기준에서 탈락한 많은 사람들이 모두 자신의 존재의 값어치를 발견하게 될 것이다. 그리고 살맛나는 세상에 손뼉을 치게 될 것이다.

둘째, 지금까지 한곳으로 몰려 있던 것들을 여러 방향으로 분산하는 것이다. 권력과 재화를 분산함으로써 어떠한 위기 상황이나 돌발 상황이 닥쳐도 살아남을 수 있는 균형 잡힌 방향으로 전환한다. 한국은 정치 개혁을 통하여 집중된 권력을 분산하여 권력의 텃밭인 시민이 참여와 책임의 주인이 되도록 한다. 재화는 대기업 중심으로부터 중소기업과 소상인으로 경제 활력을 나누어 가지도록 바꾼다. 오늘과 같은 대전환의 시대에는 큰 것은 예측할 수 없는 때에 깨지기 쉬우므로 분산을 통해 전체의 파멸로부터 안전을 모색해야 한다.

셋째, 우리 밖의 세력들과는 균형 있는 관계를 항상 유지해야 한다. 어느 쪽이든 영구 안전 세력은 없기 때문이다. 한 기둥이 무너져도 같이 붙들고 있을 다른 기둥이 있어야 안전이 보장될 수 있다. 우리는 그물망 관계 속에 얽혀 있다. 나는 혼자 존재하는 것이 아니다.

마지막으로 모든 것이 깨지기 쉬운 오늘과 같은 위기의 시대에 균형추의 핵심은 인간 자신이다. 이 시대를 숨 쉬는 인간들은 누구나 자신의 마음의 균형을 유지하도록 부단한 노력을 경주해야 한다. 너 자신을 아는 데 머무르지 말고 너 자신의 균형을 유지하여야 한다.

한마디로 지금 우리에게 필요한 것은 새 길, 새 처방, 새 문법이다. 신문명(新文明)은 신문법(新文法)을 요청한다.

『철학과 현실』(2013년 봄)

봉투문화여 안녕: 얼굴문화의 빛과 그늘

나는 다음과 같이 시작하는 '결혼 알림장'이 이 땅에 나타나기를 바란다.

"우리는 너무나 서로를 사랑하여 한 집에서 한 몸이 되어 살기를 작정하고 결혼했음을 알려드립니다."

그리고 다음과 같이 시작하는 부고장 또한 나타나기를 바란다.

"저를 그토록 사랑하시고 길러주신 저의 어머님(아버님)께서 세상을 떠나셔서 정성스럽게 영결식을 올렸음을 알려드립니다."

이것들은 우리가 지금까지 해온 결혼 초대장이나 부고장과는 다른 알림글이다. 나는 단연코 '새로운 삶의 양식'이 우리의 땅에 번져나가야 한다고 믿는다. 그래서 나는 이 글을 쓴다. 그것은 다른 게 아니라 현재 한국 땅에 사는 많은 사람들을 괴롭히는 저 '봉투문화'와 결별하는 일이다. 솔직히 말해서 오늘 이 땅의 많은 사람들은 저 봉투의 중압에 허덕이고 있다 해도 과언이 아니다. 그래서 그것으로부터 '해방'을 절실하게 느끼고 있다. 그런데 문제는 고양이 목에 누가 방울을 달 수 있느냐 하는 것처럼 그 실천이 좀처럼 쉬운 일이 아니라는 것이다.

인류의 역사는 어쩌면 낡은 관행과 태도로부터의 해방의 역사라 해도 과언이 아니다. 그런데 그 해방이란 것이 여간 어려운 일이 아니다. 한 번 사람들의 마음과 행동에 박혀버리고 나면 좀처럼 뽑아버리기 어려운 것이 의식과 제도이다. 사람들은 자기가 만들어놓은 온갖 문화의 틀에 얽매여 신음한다. 한때 필요해서 무엇을 만들어놓은 것까지는 좋은데, 이제 상황이 달라져서 그것이 필요 없거나 다른 것으로 대체되어야 함에도 불구하고, 사람들은 좀처럼 그것을 털어버리지 못하고 그 옛 틀에 얽매여 신음한다. 한 번 달라붙으면 찰거머리처럼 떨어지지 않으려는 것이 사물의 관성인지도 모른다. 그래서 알면서도 그것을 털어버리지 못하고 거기에 매달려 끌려 다닌다. 불쌍한 우리의 삶의 모습이다. 그 봉투에 '인격 유지비'라는 별명이 붙어 있으니 인격을 내던져버리지 않고서는 그것을 털어버릴 수 없는 고통의 멍에가 아닐 수 없다.

하기야 애당초 저 봉투문화는 따뜻한 이웃사랑의 한 표본으로 잉태되었을 것이다. 한 '고을' 안에 사는 일가친척과 이웃이 오순도순 모여 인생의 대사라 할 관혼상제(冠婚喪祭)에 축하와 위로를 나누는 것은 너무나 아름다운 삶의 정감(情感)의 표현이 아닐 수 없다. 몇 년 전만 해도 침을 줄줄 흘리고 나니던 앞집 옥순이가 시집을 가는데 집구석에 가만 앉아 있을 수 없다.

그런가 하면 이불에 오줌을 쌌다고 키를 쓰고 소금을 얻으러 오던 옆집의 개구쟁이 철수가 장가를 간다고 하니, 발바닥에 몽둥이질이라도 해주어 결혼 첫날밤을 즐겁게 해주지 않을 수가 없을 것이다.

또한 내게 개구쟁이라고 호통은 치시면서도 가을이 되면 밤을 한 자루 담아 주면서 부모님 말씀 잘 들어서 훌륭한 사람이 되라고 타이르곤 하시던 이웃집 아저씨가 세상을 떠났는데, 어떻게 내가 집에 처박혀 나

몰라라 할 수 있겠는가. 동네 친구들과 어울려 이웃집 아저씨와 살아생전 얽히고설킨 이야기를 나누고 이웃집 아저씨와의 영원한 이별을 마음 깊이 새기며, 유족의 아픈 마음에 위로를 아낄 수 있으랴. 이런 행위는 그 무슨 초월적인 도덕률이 있어서라기보다는 인간의 자연스러운 정감(情感)의 발로이다. 우리의 경우 이것을 그 무슨 거창한 유교문화의 규범의 한 사례로 말할 수도 있겠으나, 그런 거창한 규범을 들먹일 필요가 없다고 나는 본다.

도대체 사람이 사는 세상치고 이런 정도의 사람끼리 주고받음이 없는 세상이 어디 있겠는가? 인류학적인 증거들을 굳이 들먹일 필요가 없을 것이다. 이런 풍습은 동양과 서양을 가릴 필요도 없거니와 문명사회와 원시사회를 가릴 것도 없다. 그것은 사람이 사는 가장 원초적인 모습이기 때문이다.

그러면 무엇이 문제란 말인가? 한마디로 잘라 말하면, 그 옛 '고을'이 없어졌는데, 그 옛 고을에서 하던 버릇만을 고집하는 데 있다. 옥순이와 철수의 집은 엎어지면 코 닿을 데 있었다. 그리고 그 아저씨네도 긴 장대를 가지고 아저씨네 집의 지붕 위에 걸린 호박을 딸 수 있는 거리에 있었다. 한 고을 전체라 해도 걸어서 10-20분이면 충분한 것이었다.

그런데 오늘 우리는 어떻게 사는가? 이 땅의 대부분의 사람들에겐 이미 그런 옛 고을이 없다. 그들은 이미 '한 고을 사람들'이 아니다. 옛날 같으면 새벽에 일어나 해가 지도록 걸어 발이 퉁퉁 부어도 가지 못할 머나먼 공간에 살면서 "우리 아들 결혼식에 오라", "우리 부친 별세했으니 오라"고 통지를 날려 보낸다. 오늘의 서울은 옛날의 한양도 아니며 경성도 아니다. 이미 그것은 한 골짜기의 고을(州)이 아니다. 한두 골짜기가 아님은 말할 것도 없다. 수십 골짜기에 다닥다닥 붙어 살 뿐 아니라, 요즈음엔 빨리 가려고 만들어놓은 자동차를 타면 숨이 막혀 죽을 것 같은 세상이다.

그래서 하루의 중간쯤에 거행하는 결혼식에 다녀오려면 오전과 오후에 걸쳐 네다섯 시간은 허비해야 한다. 봉투만 건네고 혼주(婚主)의 '눈도장'만 받고 오는데 말이다. 작은 생선 무엇 자르고 무엇 도려내면 먹을 것 없다고, 결혼식 한 번 다녀오면 하루가 속절없이 사라지고 일할 시간이 별로 남지 않는다. 그런데 그것도 한 달에 한 번 정도라면 그런대로 이해할 만하다. 일주일에 한 번이 무엇인가? 하루에 세 탕이나 뛰어야 하는 상황이 벌어진다면 어찌할 것인가?

거기다가 결혼의 주인공인 당사자들은 어떻게 생겼는지조차 알 길이 없으며, 무엇을 하며 어떻게 지내는지도 알 길이 없다. 중요한 것은 청첩장을 보낸 어른(혼주)에 대한 체면을 생각해서 만사를 제치고 결혼식장으로 달려가야 하는 데 있다. 어디 그뿐인가? 결혼식장이 초래하는 교통혼잡은 이루 말할 수가 없다. 더구나 무슨 '자리'에 앉아 있는 혼주의 경우에는 온 장안이 떠들썩하니 그것 또한 무슨 꼴인가? 이것은 단순한 시간문제, 교통문제가 아니다. 오늘의 봉투문화의 심층 속에는 우리가 그저 웃고 넘길 수 없는 이 땅의 왜곡된 사회병리가 도사리고 있다.

우리는 '추상적 신호'가 잘 작동되지 않는 세상에 살고 있다. 자동차를 몰고 가다가 차선을 바꾸기 위해서 깜빡이 신호를 켜놓는다. 그러나 이 깜빡이 신호를 보고 차선을 양보해 주는 차량은 거의 없다. 그러나 유리창을 내리고 손을 내밀어 손짓 신호를 하면 상황은 달라진다. 더구나 얼굴을 반쯤이라도 내놓고 흔들어대면 만사는 오케이다. 추상적인, 몰인간적인 신호는 통하지 않는다. '얼굴이 있는 신호'라야 통한다.

우리나라의 길거리 위의 운전자들은 얼굴이 없는 사람들이다. '얼굴에 철판을 깐 사람'이 바로 이 땅의 차 속의 사람이다. 자동차의 철판 속에 얼굴을 숨기고 있는 사람은 얼굴이 없는 사람이다. '체면'이면 꼼짝 못하는 사람은 얼굴만 숨기면 무엇이든 할 수 있다.

텔레비전 뉴스의 화면에 나타나는 각종 범죄자들은 얼굴을 한사코 가리려고 한다. '체면'만 중요하기 때문이다.

한국이 세계 제일의 자동차 사고 공화국이 되는 까닭은 자동차의 철판으로 얼굴을 가리고 있기 때문인지도 모른다. 그래서 나는 우리의 자동차 윤리 — 이것은 생명윤리이다 — 를 현재의 최저 수준으로부터 끌어올리기 위해서는 자동차의 바깥에 운전자의 대형 얼굴 사진을 붙이고 다니도록 입법화하는 길밖에 없다고 감히 말하고자 한다. 얼굴을 소중히 여기는 사람에게 합당한 처방이기 때문이다. 체면(體面)에 죽고 사는 우리이기 때문이다.

우리가 오늘날 기를 쓰고 봉투를 들고 동분서주하는 의식적, 무의식적 사연의 뒷면에는 '체면을 차리기' 위한 필사의 의지가 자리 잡고 있다. 그러면 그렇게 체면을 소중히 여기는 까닭은 어디에 있는가? 물론 사람됨의 일차적 무게를 거기에 두고 있기 때문일 것이다. 사람으로서의 최소한의 도리를 다해야겠다는 의지가 거기에 담겨 있다고 볼 수 있다. 그러나 그뿐인가?

혼주(婚主)에게 눈도장을 받으러 간다는 말은 우리 사회가 어떤 방식에 의해 움직여 가는가를 암시해 준다. 추상적 원리나 원칙보다는 얼굴을 알아서 얼굴에 따라 굴러가는 사회가 이 땅의 모듬살이라는 것을 그것은 말해 준다. 얼굴을 알지 않고서는 제대로 되는 일이 없는 사회, 법과 규정에 따라 공정하게 일이 처리되는 사회가 아니라는 말이다. 그래서 사람들은 얼굴을 익히려고 안간힘을 쓴다. '얼굴로 엮어진 줄'을 잘 잡지 않고서는 무슨 일을 제대로 할 수 없는 세상이 바로 우리가 오늘 숨을 쉬고 있는 우리의 사회이다. 오늘날 사람들이 결혼식장에 가는 것은 옛 고을 안에서 서로 주고받던 정감어린 삶의 숨결을 체험하려는 것보다는 혼주의 눈도장을 잘 받아두었다가 얼굴이 필요할 때 잘 기억해 두도록 하자는 데 더 무게를 두고 있는 것은 아닌지 모르겠다. 그러니 결혼하는 사람들에 관해서는 신경을 쓸 필요가 없다. 얼굴이 없는 사람은 무능력한 사람이기에, 얼굴 있는 사람이 되는 것이 무엇보다 중요한 일이 아닐 수 없다.

그러면 추상적 원리나 원칙보다 아는 얼굴에 의해 움직이는 사회가 왜 문제가 되는가?

쉽게 결론부터 말하면, '얼굴 없는 놈의 죽은 사회'를 우리가 그냥 좋다고 할 수 있는가? '끼리끼리만 통하는 사회'는 온몸에 피가 고루 통하지 않는 사람처럼 '병든 것'이다. 건강한 사람은 온몸에 피가 고루 잘 돌아가는 사람이다. 사회도 마찬가지다. 어떤 곳에는 피가 넘치고 어떤 곳에는 피가 돌지 않는 몸은 병든 몸이다. 한곳에 피가 너무 많이 모이면 터진다. 그리고 피가 제대로 돌아가지 않은 곳을 누르면 아프다. 너무 아파서 비명소리가 날 정도면 병이 깊이 들어 있다.

얼굴 아는 사람이라 하여 봐주고 얼굴 모르는 사람이라 하여 되는 일도 제대로 처리해 주지 않는 사회는 병든 사회이다. 법과 규정이 얼굴에 따라 움직이는 사회는 고약한 냄새가 나는 사회이다. 법과 규정이 얼굴을 가리면 그것은 이미 법의 정신에서 벗어난 것이다. 법이 눈먼 장님이 아니고서는 공정한 사회, 정의로운 세상이 이루어질 수 없다.

지금 우리는 어제의 한 '고을 사람'들이 아니다. 낯모르는 사람들이 법과 규정에 의해 굴러가는 모듬살이를 살고 있는 시민이다. 얼굴을 아는 사람과 얼굴을 모르는 사람으로 나누어 사회를 운행해 가는 사회는 공정한 사회, 정의로운 사회가 아니다.

그런데 우리는 아직도 어제의 한 고을 사람들처럼 생각하며 살려고 한다. 그래서 '눈도장 찍으려고' 동분서주하는 것이다. 아니 적어도 괘씸죄로 찍히지 않으려고 그 야단들인지도 모른다. 그러나 우리는 이 낡은 버릇을 털어버려야 한다. 이제는 그럴 때가 되었다. 아니 너무 늦었다. 옛날 한 고을 살 적 의식을 가지고서는 산업사회도 안 되겠는데, 탈산업문명을 살겠다고 해서야 말이 되겠는가?

우선 봉투 버릇을 내던져버리자. 그래서 공정한 사회도 세우고, 따뜻한 정감의 삶의 양식도 회복하자. 앞으로는 결혼하는 젊은이들의 얼굴을 쓰다듬으며, 귀여운 키스를 해도 무방한 '아주 가까운 사람들'만 참석하는 결혼식다운 결혼식을 올리도록 하자. 그리고 결혼식에 무엇을 들고 간다면, 돈 봉투가 아니라 결혼하는 젊은이에게 어렸을 적에 약속했다가 사주지 못한 자그마한 '추억의 선물'을 가지고 가도록 하자. 그리하여, 결혼식은 아무리 많아도 백 명을 넘지 않는 작은 사랑의 모임이 되도록 하자. 그리고 그 결혼식에 참여하지 못한 숱한 이는 사람들에게는 결혼했음을 알리는 '사후 통지서'를 보내도록 하자.

장례도 본질적으로 결혼식과 동일한 방식으로 치러져야 할 것이다.

문제는 이런 엄청난 변화, 아니 엄청난 생각의 혁명(?)을 어떻게 실천에 옮길 것인가이다. 우선 두 가지 차원에서 접근할 수 있을 것이다.

첫째는 법적 차원이요, 둘째는 시민운동 차원의 접근이다. 법적 차원에서는 공무원의 경우 각종 관혼상제에서 금품 접수를 불법으로 명문화한다. 그리고 기업가의 경우 금품 수수가 있을 경우 세무조사의 대상으로 삼는다.

그리고 시민운동의 차원에서는 봉투 없애기 의식을 계통하여 알찬 정감의 문화가 정착하도록 노력한다.

오늘 이 땅의 봉투문화는 단순한 전통 생활관습의 수준을 넘어서 있다. 그것은 우리 사회의 불공정거래의 배후의 주인공으로 작용하고 있을 뿐 아니라, 우리 사회의 보통 사람들은 도저히 감당할 수 없는 수준에 이르렀다. 정말 '해방'이 필요하다. 봉투의 올가미로부터 자유롭게 되기를 바라지 않는 사람이 얼마나 되겠는가? 봉투의 올가미로부터 해방될 때 우리 사회는 한층 효율성과 공정성을 확보하게 될 뿐 아니라, 봉투의 본래의 뜻인 정감의 삶의 양식도 회복될 수 있을 것이다.

봄이 왔는데, 겨울에 입던 헌 누더기를 걸치고 다녀서야 되겠는가?

『철학과 현실』(1997년 봄)

역경에서 친구를 고르는 법

대한민국은 지금 최대의 역경에 처해 있다. 역경에 처한 자는 누가 자기를 진정으로 살려줄 것인가를 판단하는 지혜가 절실하다. 개인뿐 아니라 국가 공동체도 마찬가지다. 자기를 죽이려는 자를 자기를 살려줄 자로 잘못 판단하면 그 선택은 결국 죽음의 선택이 되고 만다. 인류의 역사는 돌고 돌아 오늘 대한민국은 또다시 미국과 중국의 틈바구니에서 보다 더 나은 생존 전략적 선택을 해야 하는 상황에 놓이게 되었다.

사드(THAAD, Terminal High Altitude Area Defense) 배치를 둘러싸고 벌어지는 작금의 군사적, 외교적 결단의 문제를 통해 대한민국의 생존 전략의 문제가 대두되었다. 사드라는 무기를 한국에 배치할 것인가의 문제는 크게 두 가지 핵심 쟁점을 포함하고 있다.

첫째, 사드가 북한의 핵을 저지하기 위한 가장 효과적인 무기인가 하는 문제이다.

둘째, 미국과 중국이라는 두 나라 가운데 어느 쪽을 친구로 받아들여야 대한민국의 미래에 보다 나은 생존을 가능케 할 것인가 하는 외교적 문제이다.

먼저, 무기의 효율성은 군사과학 전문가의 영역이라 일반 사람들로서는 확언하기 어렵다. 그러나 널리 알려진 대로 미국이라는 나라는 세계 어느 나라보다도 과학기술이 발달한 나라일 뿐 아니라 무기 제조에 있어서는 타의 추종을 불허하는 나라이다. 미국이 엉터리 무기를 만들어놓고 자국과 일본에 사드를 배치해 놓고 있다고 생각하는 것은 너무나 어리석은 추측이 아닐 수 없다. 그런 사드라는 무기를 방패막이 삼아 북한의 핵미사일의 공격에 대처하겠다는 군사전략은 너무나 합리적인 생각이 아닐 수 없다.

둘째로 누구를 우리의 진정한 친구로 삼을 것인가 하는 문제가 초미의 관심사가 되고 있다. 예부터 외교에는 '근공원교(近攻遠交)'라는 덕담이 있다. 우리가 '근공원교'라는 덕담을 그냥 좋은 말로 치부해서는 안 되는 것은 그 덕담의 배후에 오랜 인류의 경험의 축적이 놓여 있기 때문이다.

인류 역사에는 늘 강대국이 존재해 왔다. 그리고 그 강대국을 오늘날 사람들은 제국주의자라고 부른다. 중국은 과거 역사에서 막강한 제국이었다. 우리는 그 제국주의자들에게 '조공'이라는 형태로 경배하며 모시고 살아왔다. 그래서 중국의 정치적 두목은 '황제'라고 불렀고, 우리의 경우에는 '왕'이라고 불렀다. 이런 사실을 한국의 역사를 가르치는 사람들은 별것 아닌 것처럼 치부해 왔다. 그리고 오늘날 일부의 대한민국 사람들은 미국을 오늘의 강대국이라고 해서 제국주의라고 매도하고 있다. 그런데 일찍이 미국과 가까이 지내는 오늘의 한국만큼 5천 년 역사에서 이처럼 강하고 부강했던 적이 있는가? 중국이 자본주의 경제체제를 도입한 이후 세계 제2의 경제대국이 되었다고 요즘 대한민국에 취한 그들의 태도는 벼락부자의 오만한 자세와 크게 다르지 않다. 더구나 사드를 일본에 배치했을 때는 가만히 있다가 일본에 배치했던 사드 부대를 한국에 옮겨 배치하겠다고 해서 중국의 외교 수장이 대한민국의 외교 수장에게 보인 외교적 자세는 그야말로 오만불손하기 짝이 없지 않은가.

　물론, 가까운 이웃인 중국과 낯을 붉히며 살 필요는 없다. 중요한 것은 모든 외교 전략이 그렇듯, 제일 먼저 국익을 고려하면서 이웃과 더불어 평화롭게 사는 방책(方策)을 모색하는 것이 지혜로운 처사이다.

『성숙의 불씨』(2016년 8월 2일)

소통의 역설

언제부턴가 이 땅에서 사람들의 입에 자주 오르내리는 말 가운데 하나가 '소통'이라는 단어이다. 소통은 의사소통, 영어로 'communication'의 준말이라 할 수 있다. 사람과 사람 사이에 의사 전달이 되는 것을 말한다. 그런데 왜 이 말이 갑자기 중요한 단어로 등장하게 되었을까?

오늘 이 시대를 특징짓는 말로 '정보화'란 말이 있다. 20여 년 전부터 이 땅 위에는 "산업화에는 뒤처졌으나 정보화는 앞선 일류 국가가 되자"는 외침이 이 나라 구석구석에서 울려 퍼졌다. 요즘 IT 산업이라는 신종 산업이 번성하면서 우리나라는 어느 틈에 정보화 선진국이 된 듯 야단법석이다. IT 산업의 진흥으로 시간과 공간의 장벽을 넘어 각종 정보가 사람과 사람 사이에서 쾌속으로 넘쳐나고 있다.

요즘 사람들은 어디에서나 손에 조그만 물건을 들고 열심히 손가락을 놀리는 모양을 하고 있다. 길거리, 지하철, 버스, 사무실, 식당, 심지어는 변소 안에서조차 그놈을 만지작거리고 있다. 어디에서 무슨 일이 터졌다면 금세 알아챈다. 또 누가 이상야릇한 행동이나 말을 내뱉었다면 온 세상이 알아챈다. 그런 세상이 오늘의 세상이다. 그런데 웬일인지 소통이 안 된다고 여기저기서 야단이다. 인류 역사상 오늘처럼 사람과 사람 사이를 연결해 주는 말의 전달매체가 발달했던 때가 언제 있었던가?

도대체 소통 부재를 말하는 사람이 지적하고자 하는 진짜 사연은 무엇인가? 소리와 문자는 넘쳐나고 있으나, 말을 나누는 사람의 깊은 속마음은 알 수 없다는 답답한 심정을 소통 부재란 말로 표현하고 있는 것은 아닌지 모르겠다. 말은 많으나 그 속마음을 알 수 없는 경우 말과 글자가 아무리 많이 쏟아진들 무엇하겠는가? 명(名)과 실(實)이 제대로 연결되지 않는 세상은 헛소리만 난무하는 세상이 아닐까? 오늘처럼 말의 거품이 온 세상을 휘덮고 있는 때가 또 있을까?

진짜 강아지를 보고 '강아지'라는 말을 내뱉어야 되는데, 아무것이나 '강아지'라는 말을 내뱉는다면 '강아지'란 단어는 헛바퀴 도는 말, 헛소리 이외에 다른 것이겠는가? 말이 헛바퀴 도는 세상은 한마디로 참마음, 신뢰가 상실된 세상일 뿐이다. 아무리 많은 소리와 문자가 넘쳐나더라도 소통 부재의 세상일 뿐이다. 말이 본래의 값대로 쓰이는 세상에는 소통 부재란 탄식 소리는 없다.

『성숙의 불씨』(2013년 2월 19일)

바다와 같은 마음

지금 이 땅 위에 벌어지는 꼴을 보고 있노라면 한숨밖에 나오지 않는다. 그러나 높은 차원으로 향하는 과도기라 여기면 절망하지 않는다. 희망의 철학을 품고 웅지의 날개를 펼 자세를 가다듬는다.

지금 이 땅의 정치꾼들이 펼치는 알량한 모습은 한마디로 어제의 껍질 속에 갇혀 한 발자국도 새로운 세계로 내딛지 못하는 꼽추 춤의 쇼이다. 그들의 입가에서 내뱉는 언어들은 한결같이 새로운 세계의 과녁을 향한 것이 아니다. '혁신'이라고 하나 그 내용을 들여다보면 우물 안 개구리 행세를 못 벗어난 것들이다.

옛 이데올로기의 덫에 갇혀 있다. 인물 또한 그 밥에 그 반찬들이다. 나이의 젊고 늙음을 따지는 것이 아니다. 인간이 사는 공동체 안에는 어린 갓난아이부터 노인까지 항상 같이 숨 쉬며 살기 마련이다. 문제는 생각의 틀이다. 생각이 얼마나 새로우냐가 문제이다.

이 땅의 정치를 제외한 많은 분야에서는 생각 혁명의 불이 훨훨 타고 있건만, 정치권만은 옛 껍질 속에 갇혀 있다. 한국 운명 공동체의 성장

발목을 꼭 붙잡고 있다. 이 한국 정치의 '고디언 놋(Gordian Knot)'을 어떻게 풀 것인가?

나라의 주인들의 '분노의 불길'로? 아서라. 불은 불을 부를 뿐, 새로운 것을 창조하지 못한다. 모든 것을 받아들이는 바다와 같은 마음, 소금으로 온갖 더러운 것을 용해시키는 바다와 같은 마음, 그런 마음이 지금 이 땅에 필요하다.

새해가 그런 마음 운동의 작은 파도가 시작되는 해가 되길 빈다. 우리가 이 마음 운동에 성공하면, 우리는 새 문명의 중심권에 서게 될 것이다. 그렇지 못하면, 미래 문명 세계의 변방에서 통곡의 역사를 면하기 어려울 것이다.

『성숙의 불씨』(2016년 1월 5일)

개꿈은 내려놓아야 한다

    요즈음 많은 사람들이 꿈 이야기를 한다. 아마 인류 역사상 오늘처럼 꿈을 가지라는 충고가 세상에 넘쳐나는 때도 일찍이 없었으리라. 우리는 밤에 꿈을 꾼다. 잠 속에서. 잠을 잔다고 늘 꿈을 꾸는 것은 아니다. 좋은 꿈을 꾸라고 친구에게 입버릇처럼 말하기도 한다. 그러나 전문가들은 꿈이 없는 잠, 그것이 건강의 징표라고 말하기도 한다. 일찍이 정신분석학자 프로이트는 꿈의 해석을 통해서 인간의 정신세계를 들여다보려고 시도했다.

    꿈에 관한 속설은 참 많다. 똥통에 빠지는 꿈은 돈이 생길 좋은 꿈이요, 꿈에서 시체를 보거나 자신이 죽은 시체로 나타나면 좋은 일이 생길 것이라는 등. 하지만 사실 우리는 좋은 꿈을 꾸려고 노력한다고 해서 좋은 꿈을 꿀 수 있는 것이 아니라는 것을 안다.

    오늘날 많은 사람들이 꿈 이야기를 들먹거리는 것은 잠 속의 꿈을 염두에 두고 하는 말은 아닐 것이다. 앞으로 자신이 성취하고자 하는 일에 관한 계획을 마음속에 그려보는 것, 그것이 아마도 요즈음 세상에서

'꿈'이라는 말을 사용할 때 의도하는 내용일 것이다. 어쩌면 사람들은 자신이 바라는 일의 성취를 통해 행복감을 얻는지도 모른다. 그러므로 다음과 같은 행복의 공식을 생각해 볼 수 있다.

$$행복 = \frac{실현}{기획하는\ 일}$$

기획하는 일, 프로젝트(project)가 없는 사람은 빈둥거리는 사람, 아무렇게나 사는 사람이라 볼 수 있다. 그래서 사람들은 꿈 이야기를 하는 것 같다. 그런데 문제는 허황된 꿈, 개꿈이다. 실현 가능성이 전혀 없는 프로젝트에 매달리는 것이다. 실현 가능하더라도, 그 실현으로 인하여 타인들에게 해가 되거나 세상에 재앙을 불러일으키게 되는 경우, 그 꿈은 허황된 꿈이요 개꿈이다.

요즈음 일본의 정치 지도자라는 사람들의 입에서 튀어나오는 말을 듣고 있노라면, 그들의 유권자들에게 개꿈을 가지고 최면을 걸고 있다는 느낌을 지울 수가 없다. 지난 19세기 약육강식의 맹수들이 극성을 부리던 불행했던 시대를 머리에 떠올리면서 일본 국민의 사기를 올리려고 개꿈 최면술을 부리는 오늘의 일본 정치꾼들을 보며, 일본은 과연 어디로 가고 있으며 어디로 가고 싶은가에 대해 이웃나라 사람으로서 안쓰러운 마음을 감출 수가 없는 오늘이다.

"개꿈은 내려놓아야 한다." 이웃 일본에게 참으로 하고 싶은 말이다.

『성숙의 불씨』(2013년 6월 4일)

국가 안보에 여야가 따로 없다

나라가 없는데 여당과 야당이 어떻게 존재하겠는가? 요즘 미국으로부터는 한국 땅 위에 사드 배치를 요청한다는 언론 보도가 있는가 하면, 중국으로부터는 AIIB 가입을 요청받는다는 보도가 있다. 그런가 하면 두 강대국들은 자신만을 따르라는 듯한 분위기가 조성되고 있는 모양이다.

우리는 5천 년의 역사 속에서 이와 유사한 경험을 수차례 해왔다. 그때마다 국론이 분열되어 왔다 갔다 허둥대는 모습을 보여왔다. 그러다가 지난 백여 년 전에는 나라를 잃고 마는 망국의 치욕을 경험했다.

지금 대한민국은 북한이 날이면 날마다 원자폭탄으로 남한을 불바다로 만들겠다는 협박을 일삼고 있다. 그동안 주변 강국들이 북한을 비핵화하려는 여러 가지 노력을 기울여왔음에도 불구하고 북한의 핵무장을 제어하는 데 성공하지 못하며 오늘에 이르렀다.

이런 상황에서 한국은 어떤 자세를 취해야 나라를 지키고 국민을 잘 살게 할 수 있는가 하는 중대 기로에 서 있다. 우선 내가 두 발로 굳게 서 있어야 남도 돕고 이웃과 더불어 평화롭게 살 수 있다. 당장 우리에게 절실한 것은 북한의 핵 위협으로부터 대한민국의 안전을 확보하는 일이다. 여기에 대한민국 국민이라면 누구나 동의하지 않을 수 없다. 물론 대한민국 땅에서 숨을 쉬면서 대한민국이 망하고 북한이 대한민국 땅을 집어삼키는 것을 원하는 사람이 아니라면.

지금 대한민국의 정부와 국회는 이 중차대한 문제 앞에 서 있다. 우리는 우리의 주변 강대국들에게 이러한 우리의 처지를 강력하게 호소하고, 우리의 확고한 자기방어의 태세를 보여주는 중대 결단을 해야 한다. 그리고 대한민국 땅에서 숨을 쉬고 있는 대한민국 국민은 이런 중대 결단 앞에서 국가의 지도자들이 어떤 자세를 취하는지 눈을 부릅뜨고 쳐다보아야 한다. 이것이 이 땅의 성숙한 시민이 취해야 할 태도라고 나는 생각한다.

『성숙의 불씨』(2015년 3월 17일)

알사탕 타령

지난 1980년대 초에 있었던 이야기이다.

최규하 총리가 유신체제의 종언으로 대통령직으로 '진급'하여 대통령 노릇을 하던 때이다. 매우 혼란스러운 때였다. 그때 나는 유력 일간신문에 기명 칼럼을 쓰고 있었는데, 그해 4월 즈음에 '호랑이와 알사탕'이라는 제목의 글을 썼다.

내용의 요지는, 이른바 유신체제 시대의 국가운영의 요체는 두 가지로 요약할 수 있는데, 그것은 지난날 이 땅의 어른들의 어린아이가 울고 불고 난리를 치면 활용하는 훈육법에 의존하고 있다는 것이다. 그 첫째가 "호랑이가 온다"고 엄포를 놓는 방법이다. 기가 약한 놈은 호랑이가 온다는 소리를 듣자마자 울음소리를 뚝 그친다. 그래도 계속 우는 놈에게는 "자, 여기 알사탕이 있다. 울음을 그치면 알사탕을 주겠다"고 하며 어른다. 그러면 금세 울고 보채던 어린놈이 울음을 뚝 그치곤 한다.

유신체제의 통치의 핵심은 안보와 경제 건설이었다. 북한 공산군이 쳐들어오니 잔소리 말고 가만있으라는 '안보제일주의'가 그 첫째였다.

둘째는 보릿고개를 넘어 자가용 시대가 눈앞에 다가오고 있으니 잔소리 말고 정부를 따르라는 것이었다. 정부가 국민에게 하는 달콤한 약속이다.

이 글을 쓰고 난 후 얼마 되지 않아 전두환 장군이 이끈 신군부가 등장하면서, 나는 그때 세상을 호령하던 군의 수사기관에 끌려가 여러 가지 심문을 받는 가운데 문제의 '호랑이와 알사탕'도 문초의 대상이 된 적이 있다. 그 문초 끝에 서울대학교 교수직으로부터 추방되어 4년 1개월 동안 백수 노릇을 했던 적이 있다.

그 당시 대학생으로 혼쭐이 났던 사람들 가운데 일부는 민주 투사 브랜드를 가슴에 달고 이 나라의 정치 지도자로 정치 무대 위에 등판하여 알사탕 장사를 도부 치고 있는 세상, 그것이 바로 오늘이 아닌가 싶다. 격세지감이 나를 사로잡는다.

세상에 공짜가 어디 있는가. 제 입에 밥술 퍼 넣는 일도 제대로 못하는 주제에 온 나라 백성을 한 수에 복지 천국으로 인도할 듯이 떠들어대는 사람들을 21세기 알사탕 장사꾼이라 할 수 있는데, 철모르는 어린아이라면 몰라도 제정신이 든 어른들 가운데 얼마가 그 소리에 마음이 설렐까?

더구나 세계 방방곡곡에서 초가삼간 불태워먹듯이 나라 곳간을 빈털터리로 만들어놓은 나라들이 온 세상을 떠들썩하게 하는 이 마당에, 이 땅 위에 사는 사람들 가운데 몇이나 그 "알사탕 사려"를 도부 치는 사람들의 진정성을 믿을 것인가? 너무나 궁금스럽다. 이 땅의 주인 되신 분들이여, 사람의 목구멍에서 나오는 소리라 하여 모두 참말, 참 소리일 수 있겠는가?

(1990년)

골드 엘더 예찬

내가 젊었을 때 머리털이 하얀 어르신을 보면 저절로 그 어떤 경외심과 같은 것이 생겼다. 그런데 막상 나 자신이 70세가 넘어 내 주위에서 만나는 나와 비슷한 노년 사람들의 얼굴을 보면 그 어떤 야릇한 느낌, 약자에게 느끼는 연민의 정을 느끼곤 한다. 어찌 된 일인가? 같은 대상을 놓고 보는 사람의 입장에 따라 달리 보이는 것이다.

1960년대, 내가 20대 청년이었을 때, 내가 미국사회에서 발견한 것은 그 딩시 한국사회의 '노인 우대'의 분위기와는 많은 차이가 있는 사회 환경이었다. 그 당시 미국은 젊음의 열정을 높이 사는 '일하는 세상'이었다. 모든 것이 숨 가쁘게 돌아가는, "나 바빠(I am busy)"라는 말을 입에 달고 사는 성장제일주의의 철학이 지배하는 세상이었다. 이런 세상에서 일꾼으로서의 능력이 감소된 노인에 대한 사회적 인식이 그렇게 좋을 리 없다.

오늘날 한국사회도 내가 1960년대 미국에서 느꼈던 성장제일주의가 지배하는 그런 바쁜 세상이 되어버렸다. 그래서 한국사회도 노인에 대한 느낌과 인식이 옛날과 다른 세상이 되어버렸다. 노인에 대한 느낌과 인식은 보는 사람의 연령에 따라 다를 뿐 아니라, 사회 환경에 따라 다르기도 하다는 점을 우리는 여기서 발견한다.

'골드미스(Gold Miss)'라는 말이 요즈음 한국 사람들의 입가에 나돈다. 옛날에 없던 말이다. 과년(瓜年)이란 말이 있다. 결혼하기에 적합한 나이라는 말이다. 옛날에 이팔청춘이란 말도 있었다. 열여섯 살 젊은 아가씨를 가리키는 말인데, 아가씨가 열여섯 먹으면 결혼에 적합한 과년인 셈이다. 과년의 '과(瓜)'란 글자는 오이를 뜻한다. 오이는 야들야들한 시기에 따 먹어야 맛이 좋다고 옛사람들은 생각했다. 그런데 지금은 어떤가?

남녀칠세부동석(男女七歲不同席)이란 옛 윤리규범이 넌지시 말해 주는 것은 어린 나이에 결혼하던 옛날 세상의 삶의 모습이다. 내가 어릴 때부터 절친하게 지낸 나의 친구의 부친은 일곱 살 때, 열두 살의 아내와 결혼했다. 그러니 이 땅에서 이런 조혼의 풍습이 사라진 지 그리 오래되지 않았다. 영국의 셰익스피어의 『로미오와 줄리엣』에 등장하는 비극적 사랑의 주인공들도 십 대의 어린아이들이다.

골드미스는 어떤 사람들을 가리키는 말인가? 그냥 '미스(처녀)'도 아니고, 골드미스, 금처녀는 도대체 몇 살부터인가? 요즈음 초등학교에 다니는 어린아이가 결혼하겠다고 나선다면 누가 그의 청혼을 받아들일 것인가? 중학교를 졸업한 사람은 이팔청춘에 해당한다. 적어도 대학은 마쳤을 나이에 해당하는 20대 초반에 들어선 처녀가 되어야 결혼 적령기가 아닐까?

골드미스는 30대 이상, 40대 이하의 나이에 있는, 사회적으로 유능한 아직 결혼하지 않은 사람을 가리키는 말로 쓰이는 것 같다. 옛날에 이 땅에 '올드미스'란 말이 있었는데, 그것은 '노처녀'라는 한물간 처녀의 뜻을 함축하는 말이었던 것 같다. 골드미스는 그냥 결혼하지 않은 여자를 넘어서서 금처럼 보배로운 사람, 사회적으로 능력이 많은 사람을 뜻하는 높임말이 아닐까? 100세 시대에 30-40세는 인생의 황금기임에 틀림없다.

공자께서는 나이가 70에 이르면, 종심소욕불유구(從心所慾不踰矩)의 경지에 도달한다고 토로했다. 자기가 원하는 대로 해도 법도에 어긋나지 않는 경지에 도달한다는 것이다. 한마디로 진정한 자유인의 경지, 도통한 인간이 된다는 것이다. 불가(佛家)에서 모든 것에 걸림 없는 마음, '무애심(無碍心)'의 경지와 비슷한 도통한 인간이 된다는 것이다.

사람들은 청춘을 예찬한다. 에너지가 넘쳐흐르고 꿈이 넘치는 젊은이는 인생의 '푸른 봄', 청춘(靑春)이다. 그러나 꿈이 많고 에너지가 넘치는 인생의 봄은 기쁨과 행복만이 넘치는 인생의 계절이 아니다. 인생의 청춘기에도 빛만 있는 것이 아니라 그림자도 있다. 기쁨과 동시에 고통도 수반하는 인생의 봄이다. 빛이 있으면 그림자가 드리우기 마련이다.

공자께서는 70세 노년 인생에 찾아오는 삶의 빛에 관해 이야기한다. 노년의 삶에는 에너지와 꿈의 빈곤이라는 그림자가 드리우는 반면, 세상 사는 지혜와 세상을 살면서 얻은 인생의 열매라는 빛이 있다. 물론 그 열매는 사람마다 다르다. 노년은 인생의 열매를 거둬들이는 수확의 계절이다. 젊은 사람을 푸른 봄(靑春)이라 한다면, 노년은 황금빛 나는 가을, 금추(金秋)라 할 수 있지 않을까? 골드 엘더(Gold Elder)는 금추의 영어 표현일 것이다.

공자께서 도달한 참된 자유인의 경지는 노년의 삶에 깃든 최상의 영광이 아닐까?

청년에겐 꿈이 넘쳐나지만, 자기와의 싸움에서 승리하지 못하면 청년의 꿈은 한갓된 백일몽으로 사라질 뿐이다. 인생에 공짜란 없다. 청년의 꿈을 실현하려면 끊임없이 닥쳐오는 자기와의 싸움에서 이겨내는 인고(忍苦)의 시간이 필요하다.

노년에는 청년과 같은 화려한 꿈은 없으나, 갖가지 욕망을 넘어선 마음의 평화가 있다. 젊음이 지났다고 서글퍼하지 말지어다. 푸른 봄이 있는가 하면, 황금빛 계절 금추가 있다. 그것이 바로 노인, 골드 엘더의 지복(至福)이 아닐까?

인생의 모든 계절엔 빛이 있는가 하면, 그림자도 있기 마련이다. 그것이 바로 세상의 이치이다.

『계간수필』(2015년 겨울)

단풍 유감

늦가을이다. 나의 앞집에 사는 70대 후반의 은퇴한 부부는 친구 부부와 함께 설악산 단풍 구경을 떠났다. 단풍놀이는 아마 인류 역사에서 가장 오래된 삶의 양식의 하나일 것이다. 은퇴자가 아니라도 주말이 되면 단풍 구경을 떠나는 사람들이 줄을 짓는다. 봄은 여자의 계절이요, 가을은 남자의 계절이란 말이 있지만, 단풍의 아름다움은 남자 여자 가릴 것도 없거니와 젊은 사람 늙은 사람 모두를 유혹한다. 울긋불긋한 나뭇잎의 색깔은 인간을 유혹하기에 충분하다. 하지만 단풍의 뒤안길 사정은 그렇게 유쾌한 것만이 아니다.

'추풍낙엽(秋風落葉)'이란 말이 넌지시 암시하듯이, 단풍은 낙엽의 전조이다. 바람이 불어오면 단풍은 나무에 매달려 있을 힘이 없어 땅 위로 떨어지고 만다. 그것이 단풍의 운명이다. 이른 봄 짙푸른 녹색으로 한껏 생명의 약동을 과시하던 나뭇잎이 늦가을에 추위가 다가오기 시작하면 그 거센 생명의 성장세가 꺾이고 만다. 짙푸른 녹색이 울긋불긋한 색으로 바뀐다. 생명의 약동하는 힘이 마지막 잔칫상을 펴는 것이다. 그것이 단풍의 향연이다. 잎의 최후의 빛깔이다. 식물들은 왜 이런 우수의 잔치를 벌이는가? 꼭 집어 말하면 몸뚱이가 길게 살기 위해서 자기의 살림살이를 '긴축하는 몸짓'이 바로 단풍이다. 길게 살기 위해서 거센 성장의 날개를 잠시 접는 식물의 지혜의 몸짓이 단풍이다.

그런데 오늘 지구 위에서 숨을 쉬며 문명적 삶을 산다는 인간들은 어떤가? 그동안 인류는 성장의 신화를 내걸고 '소비가 미덕'이라고 외치면서 거들먹거리며 살아왔다. 지속적 무한 성장의 신화를 구가하다가 환경 위기로 대변되는 성장의 한계 앞에서 인류는 당혹감에 빠져 허둥대고 있다. 하지만 허리띠를 졸라맬 생각은 하지 않고, 자신들이 지금까지 누려왔던 권익만을 내세우며 계속적인 향유만을 울부짖고 있다.

인류문명은 지금 추운 계절을 맞이하고 있는데, '긴축의 몸짓'은 아랑곳하지 않는다. 인류문명의 지속적 유지를 위해 오늘 인류에게 필요한 지혜는 긴축의 전략이 아닐까? 더 오래 몸뚱이가 살기 위해서 자신의 살림살이를 조금 줄이는 지혜를 인간은 식물에게서 배워야 하지 않을까? 이성적 존재, 만물의 영장이라는 인간이 식물만도 못해서야 되겠는가?

『성숙의 불씨』(2014년 10월 20일)

우리는 대망(待望)한다: 아름다운 인간, 성숙한 모듬살이, 평화로운 지구촌 문명을

우리는 너무나 허겁지겁 달려왔다.

앞뒤를 가리지도 않고 '빨리빨리'를 외치며 가난으로부터의 탈출 충동을 어찌하지 못했다.

산업문명의 막차를 사력을 다해 올라탔다.

그리고 이성이 숨 쉬는 열린 민주 공동체를 엮어보려고 무진 애를 썼다.

그러고 나니 어느 틈에 신문명의 거대한 새 물결이 밀려오고 있는 것이 아닌가!

ICT, BT라는 신기술들이 어제의 생각의 틀을 온통 뒤집어놓는 새 세상이 우리를 덮쳐오지 않는가!

마차 몰고 다니던 생각의 틀로는 어림도 없는 새 세상살이가 안전(眼前)에 전개되도다.

뒤집히고, 자빠지고, 깨지고, 부딪히고, 터지고, 부서지는 소리, 아비규환의 비명소리가 귓전을 때리는구나!

제정신 차리고 사는 인간 찾아보기 힘든, 광란의 현장 한가운데 내가 웅크리고 있는 게 아닌가!

아, 통재라. 어찌할꼬! 어찌할꼬!

눈을 뜨고 하늘을 쳐다본다.

그리고 긴 숨을 내쉬고 대망(待望)해 본다.

아름다운 인간과 성숙한 모듬살이를, 그리고 평화가 깃든 지구촌 신문명을!

공짜는 없다.

이제 기운을 차리고 일어서야 한다.

그리고 그런 소중한 것들을 가꾸고 엮어가야 한다.

그 한가운데 내가 있다.

그리고 나의 손을 잡은 당신들의 따뜻한 손의 감촉을 느낀다.

새 생명의 힘찬 고동소리가 들린다.

바로 여기에 한줄기 빛과 희망이 있다.

『철학과 현실』(2014년 가을)

변하지 않는 것과 변하는 것

사람은 변하지 않는 것, 영원한 것, 절대적인 것을 갈망하며 찾는다. 또한 사람은 변화하는 삶의 현실을 눈감고 그냥 지나쳐버릴 수도 없다. 불변적인 것은 인간의 소망에 불과한 것인가? 그것은 이상적인 것일 뿐 현실과는 무관한 것인가?

소크라테스보다 먼저 태어나 근원적인 철학적 물음을 제기했던 파르메니데스와 헤라클레이토스는 각기 상반되는 입론(立論)을 세웠다. 파르메니데스는 불변의 입론을, 헤라클레이토스는 변화의 입론을 세워 날카롭게 대립하였다. 그것은 난형난제(難兄難弟)의 형국이었다. 어찌 보면 불변의 논변이 옳고, 또 어찌 보면 변화의 논변이 옳다. 한 손 쪽에서 보면(on the one hand) 파르메니데스의 말이 옳고, 다른 손 쪽에서 보면(on the other hand) 헤라클레이토스의 말이 옳다.

그러면 두 손을 다 고려해 보면(on both hands) 어떨까? 한 손잡이가 아니라, 두 손잡이가 보면 세상은 어떤 것일까? 독일 철학자 헤겔은 두 손잡이 철학자가 되고자 했다. 그것을 위해서 그는 변증법이라는 사고의 틀을 도입했다. 변증법은 대화적 말의 전개를 염두에 두고 만들어진 틀이다. 한 사람이 먼저 말을 꺼내면 또 다른 사람이 말을 이어, 이런 면이 있는가 하면 그와 다른 (상반된) 면이 있음을 지적하는 대화의 방식 속에서 우리는 헤겔의 정명제(These)와 반명제(Antithese)의 뿌리를 찾을 수 있다. 그리고 제3의 대화자가 해결사로 나타나서 양자의 대결을 해소하는 종합명제(Synthese)에서 헤겔은 변화와 불변의 대립을 넘어서는 해결사로서의 화려한 등장을 꾀한다.

오늘 우리는 엄청난 변화의 소용돌이 속에서 허우적거리고 있다. 이 엄청난 변화의 속도와 리듬에 발맞추지 못하는 자는 그야말로 낙동강 오리알 신세를 면하기 어렵다. 어떻게 해서라도 이 쾌속의 변화와 어울리는 장단 춤을 추어야 살아남게 되는 세상을 우리가 숨 가쁘게 허덕거리고 있다. 우리의 생각과 느낌, 그리고 우리의 몸은 변화에 대해 예민해 있다. '변화 민감성'은 오늘의 우리의 모습이다.

이런 상황 속에 사는 우리에게 '불변'의 언어는 결코 설득력을 가질 수 없다. 아무것도 그대로인 것은 없다. 흔들리지 않는 것은 없다. 이런 의식이 오늘을 지배하고 있다. 오늘 서구의 각종의 상대주의적 색채를 지닌 유행 사조는 이러한 시대의식을 표현한 것이라 볼 수 있다.

자크 데리다를 비롯한 이른바 포스트모더니스트들은 그런 의미에서 시대의 아들들이라 볼 수 있다. 그러나 여기서 우리가 눈여겨보아야 할 것은 이런 상대주의적 색깔을 지닌 사고가 몰고 가는 그 극단의 함정이다. 그것은 다름 아닌 '허무의 깊은 심연'이다. 일찍이 19세기의 끝머리에서 허무의 찬가를 외쳤던 프리드리히 니체의 귀에 익은 목소리가 다시 우리의 귓전에 울려오는 것이다. 그렇기에 오늘의 많은 포스트모더니스트들은 스스로를 니체의 계승자로 자처하는 데 주저하지 않는다. 그래서 그들은 신니체주의자가 되는 것이다.

그러나 오늘 우리가 데리다의 생각을 추적해 보고, 또 그 빛과 그림자가 무엇인가를 되씹어보게 되는 것은 그가 오늘의 의식을 대변해 주고 있다는 점에 있는 것만이 아니다. 우리는 오늘의 변화의 의미와 향방을 가늠해 보고, 보다 장기적인 안목에서 그에 대한 대처 방안을 탐색해야 한다. 그냥 허둥거리면서 뒤쫓아 갈 수만은 없다.

우리가 변화의 설교에만 심취해 있을 수 없는 것은 변화 밑에 놓여 있는 그 어떤 불변의 틀에도 결코 눈감을 수 없기 때문이다. 변화의 큰 틀을 모르는 자는 눈앞에서 전개되는 낱개의 사건들에 매달려 이리 뛰고 저리 뛰며 허둥댈 뿐이다. 그러면서 남의 뒤꽁무니만 쫓아다니며 숨차게 뛰지만 별 수 없는 주변적 존재로 머물 뿐이다. 역사의 중심, 변화의 중심의 자리에는 설 수 없게 된다.

그러나 그렇다고 옛것을 고집하며 변화를 거부하는 것은 결단코 옳은 자세가 될 수 없다. 변화하되, 변화의 큰 틀, 변화를 주도하는 큰 줄기를 눈여겨보아야 한다는 말이다.

오늘 우리는 금융위기를 계기로 촉발된 국가와 기업 그리고 사회조직에 대한 '구조조정'이란 이름의 일대 변화의 회오리바람 속에서 정신을 못 차릴 정도로 황망한 가운데 있다. 한때 서양 사람들은 이른바 유교의 아시아적 가치와 아시아의 경제성장 사이에 상당한 인과관계가 있다는 믿음을 이론화하면서 아시아적 가치에 큰 의미를 부여하기도 하였다. 그러다가 오늘에 와서는 붕괴되어 가는 아시아 경제의 허상을 감지라도 한 듯, 아시아적 가치의 허망함을 거론하기도 한다. 어쩌면 그것은 잘못된 인과추론에 의해 축조된 이론의 공중누각을 허물어버리는 것과 같은 관념의 유희일 수도 있다.

어제까지 유효한 기업 경영 방식이 오늘에 와서는 기업 부실화의 주범으로 변해 가는 오늘의 삶의 현장에서 영원히 붙들 것은 아무것도 없다는 허무의식에 사로잡히기 쉽다. 그러나 우리가 분명히 읽어야 할 것은 우리끼리 놀던 작은 판으로부터 온 세계 사람들과 어울려 경쟁하는 새 역사의 큰 판으로 역사의 전환이 일어나고 있다는 점 외에도, 우리끼리의 작은 판과 전 지구적 큰 판의 놀이 규칙이 전혀 별개의 다른 것이 아니라는 점이다. 우리끼리 놀던 작은 판의 놀이 규칙이라는 것이 그 나름대로 괜찮은 것이었다는 생각도 해볼 수 있으나, 그것은 어디까지나 우리끼리의 판에서는 어쩌다가 통하던 게임 규칙일 뿐, 큰 판에서는 통하지 않는다는 것을 우리가 지금 깨닫고 있는 것이다. 왜 통하지 않는 것일까? 한마디로 말하면, '거품' 때문이다. 거품이란 무엇인가? 도덕적인 관점에서는 성실성과 믿음이 결여되었다는 것이요, 경제적인 관점에서는 효율성이 매우 낮다는 것이요, 삶의 태도에서는 실력보다는 허세가 판친다는 말이다.

이렇게 본다면, 우리끼리의 작은 판에서 그런 규칙들이 통했다는 것이 어쩌면 하나의 기적이 아니었을까?

믿음(trust)은 모든 인간적 활동과 사회적 운영의 핵심이요 주춧돌이 아닐 수 없다. 믿음은 사회라는 존재세계를 떠받치고 있는 핵심 요소요 핵심 기반이다. 믿음의 토대가 약한 사회는 언제라도 붕괴될 수 있는 매우 취약한 구조물이다. 몇 년 전의 삼풍백화점의 붕괴는 본질적으로 제대로 된 토대 위에 제대로 된 골격을 갖추지 못한 채 세워진 축조물에게 다가온 재앙의 한 표본일 뿐이다.

우리끼리만 통하던 놀이 규칙에 따라 움직여온 우리의 작은 판은 어쩌면 저 삼풍백화점의 운명과 유사한 것이었는지도 모른다. 삼풍백화점과 성수대교의 붕괴는 우리의 엉터리 작은 판에 닥쳐올 재앙을 예고한 징후들이 아닐까?

어제의 진리가 오늘의 허위가 되었다고 허탈에 빠질 것은 없다. 믿음,

신용, 트러스트(trust), 신(信)은 공자의 시대에도 사회 구성의 토대였을 뿐 아니라, 오늘에도, 또 내일에도 그렇기 때문이다. 공자가 일찍이 군사, 식량, 믿음, 이 세 가지 가운데 최우선적인 것이 신(信)임을 역설했다는 사실을 우리가 잊어버렸단 말인가.

믿음의 붕괴는 곧 사회의 붕괴와 삶의 붕괴로 귀결된다. 이것은 변화를 지배하는 불변의 원리가 아닐까?

허세가, 저효율이 높은 가치로 떠받들어지는 사회가 견고한 사회일 수 있을까?

2천 수백 년 전에 헤라클레이토스는 이렇게 말했다. "같은 냇물에 두 번 다시 들어갈 수 없다." 물론 그렇다. 그러나 같은 냇물에는 두 번 다시 못 들어가도 같은 종류의 냇물에는 두 번 들어갈 수 있다. 물은 물이요, 공기는 공기이다. 물론 어제 흘러간 물은 맑은 물이요, 오늘 흘러가는 물은 썩은 물일 수 있다. 그리고 어제 맑은 공기가 오늘에 탁한 공기로 변할 수는 있다. 변화하는 것과 변화하지 않는 것에 대한 균형 있는 시선의 배분이 우리에게 긴요하다.

호들갑을 떠는 자세에는 대국(大局)을 헤아리는 몸가짐이 결여되어 있다. 오늘의 변화 앞에서 상대주의의 설교에 매혹되는 사람들에게 내가 권하고 싶은 것은 대국을 꿰뚫어 보는 의연한 자세를 가지도록 노력하라는 것이다. 프랑스의 오늘의 철학자 데리다에게도 그의 섬광에 번뜩이는 온갖 지적 탁월함에 경하하면서, 대국을 꿰뚫어 보는 혜안을 지니도록 권하고 싶은 것이다.

그리고 오늘의 우리 땅의 엄청난 변화 앞에서 황망해 하는 이 땅의 친구들에게도 하나의 위안의 말을 전하고 싶다. 허무는 없다고. 단 우리가 믿음을 우리 사회의 굳건한 토대로 삼는 데 성공만 한다면.

참으로 우리는 이제부터 새로운 시작을 감행해야 한다. 엉터리는 어디에서도 통하지 않는다. 세상에 공짜란 어디에도 없다. 알짜는 언제나 어디에서나 통한다. 한때 거짓의 세계에서 박해받는 일이 있긴 하지만.
한국의 내일은 오늘의 우리에 달렸다.

『철학과 현실』(1998년 가을)

우리 것은 찾아서 무얼 하나

요즈음 한국 사람들의 의식세계 속에 강렬하게 불어대는 바람이 있다면 그것은 '우리 것 열풍'이라고 할 수 있다. 이 뜨거운 바람은 한국 사람의 자기 확인의 몸짓이며 자기 밝힘의 음성이라 볼 수 있다. 이 '우리 것 열풍'은 해방 이후에 한동안 세차게 불어오던 '서양 바람'에 맞서는 맞바람인 듯싶다. '서양 바람'은 우리 것이 아닌 것이면 무엇이든지 다 좋다는 의식의 회오리바람이었다. 그것은 서양, 더 좁게는 미국을 우리 것이 아닌 것의 대표로 심고, "미국 깃은 똥도 좋다"는 표현으로 구체화되었다. 요즈음 불고 있는 '우리 것 바람'은 우리나라의 역사적인 맥락에서 볼 때 '양풍(洋風)'에 대한 하나의 반작용이다. 말하자면 그것은 제 정신 나간 놈 모양으로 남의 것만을 지상의 것으로 모시려고 하는 의식의 회오리바람에 맞서는 바람이고, 그런 의미에서 제정신을 도로 찾자는 생명력의 자기표현이라고 볼 수도 있다.

8 · 15 해방 후에 세차게 불어대던 그런 회오리바람이 1960년을 앞뒤로 해서 점차로 가라앉기 시작한 것은 너무나 다행스러운 일이었다. 그

뒤에 점차로 자기 자신의 정체를 투명하게 들여다봄으로써 자기의 모습을 가다듬으려는 자세가 잡혀갔던 것 같다. 그런데 요즈음 불고 있는 바람은 해방 후에 불어대던 '서양 회오리바람'과는 정반대의 것같이 보인다는 점에서 크게 우리의 주의를 끈다. '서양 회오리바람'이 내 것이 아닌 것이면 무엇이든지 좋다는 의식의 표현이었다면, '우리 것 바람'은 내 것이면 무엇이든지 좋다는 의식의 표현이라고 관찰될 수 있기 때문이다. 우리 것만 애지중지하고, 우리 것이 아닌 것에는 어떤 알레르기 증세를 보이는 그런 의식의 바람이 요즈음 불고 있는 것이 아닐까?

그런데 이 '우리 것 열풍'의 이념을 하나로 뭉뚱그려 대표해 주는 단어가 주체성이라는 말인 것 같다. 그러므로 이 열풍의 풍향을 가늠하기 위해서는 우선 주체성이란 말부터 음미해 보아야 한다. 주체성이란 말이 한국말 속에 입적하게 된 것은 아마도 우리나라에 실존철학이 상륙한 것과 때를 같이한 것 같다. 본디 주체성이란 말은 독일어의 'Subjektivität'의 번역어로, 이미 널리 알려진 것처럼 그 말은 실존철학의 주장을 나타내는 중요한 개념적인 틀의 하나이다.

실존철학자들이 이 말을 통해 나타내려고 한 중요한 사상으로 다음의 두 가지 점을 지적할 수 있을 것이다. 첫째는 인간존재의 개별성이고, 둘째는 인간존재의 결정의 독자성이다. 인간은 개별적인 존재성을 지니고 있다는 첫 번째 주장은 '나는 다른 사람이 될 수 없다'는 사실을 뜻한다. 이러한 인간존재의 개별성이 가장 뚜렷이 드러나는 상황이 바로 죽음이다. 병들어서 죽어가는 사랑하는 연인의 목숨을 자기가 대신해 줄 수 없고, 또 그 연인이 자기의 삶을 대신해서 살아줄 수 없다는 사실은 바로 인간존재의 개별성을 가장 생생하게 나타내준다. 실존철학자들에 따르면 이런 인간존재의 개별성은 인간이 어떤 행위를 할 때 혼자서 결정할 수밖에 없는 결정의 독자성을 요청한다. 이 결정의 독자성은 다음과 같은 태도를 배격한다. 곧, 전통에의 '맹목적인 추종', 권위에 대한 '무조건적인 순종', 세평과 풍문의 등에 업혀서만 사물을 인식하고 평가하는 태도, 신문에서 말하는 것이면 그대로 수용하려고 드는 습관성 '매스컴병'들을 배격한다. 모든 것을 자기 자신의 사고의 용광로 속에 녹여 찌꺼기는 걸러 버리고 알짜 생각에 따라서만 행동하지 않는 것은 모두 결정의 독자성에 역행하는 것이다.

여기서 우리가 의문을 제기하는 것은 이러한 실존철학적인 개념으로서의 주체성이 지닌 뜻과 '우리 것 열풍'의 이념적인 표어로서의 주체성이 함축하고 있는 뜻 사이에 얼마나 거리가 있느냐 하는 점이다. 그러나 한편으로 생각하면 그 거리 문제는 문제조차 안 될 수 있다. 언어의 뜻이란 고정되어 있는 것이 아니라 항상 변화하는 유동적인 것이기 때문이다. 만일 실존주의에서 뜻하는 '주체성'이란 말의 의미와 요즈음 우리나라에서 쓰는 의미가 다르다면, 그것은 언어의 용법의 변화를 나타내는 한 보기에 불과할 뿐이다. 또 그렇게 변화시켜서 안 된다는 어떤 언어의 강제력도 없다. 그러므로 우리가 생각해야 할 것은 차라리 새로운 뜻으로 사용되는 주체성이 무엇을 함축하며 그것은 과연 바람직한가 하는 문제가 될 것이다.

"미국 것은 똥도 좋다"는 그런 의식의 회오리바람이 한국인의 의식세계에 그렇게도 세차게 불었다는 것은 무엇을 뜻하는가 하는 물음을 여기서 우리는 다시 해볼 필요가 있나. 긴 이야기를 짧게 해서 밀하면, 그것은 "나는 별것 아니다", "내 것은 그지없이 보잘것없다"는 자기모멸감과 좌절감의 다른 표현이었다. 왜 그런 좌절감과 자기모멸감이 생겼느냐고 되묻고 싶을 것이다. 그것은, 국민학교 역사책에서 우리의 5천 년 역사의 위대함을 말해 주는 여러 가지 점잖은 말씀에도 불구하고, 19세기 말엽부터 우리가 치른 그 곤욕스러운 체험에 대한 기억이 너무나 뼈아픈 것이었기 때문이 아닐까? 이러한 뼈아픈 기억은 우리의 의식세계에 반동의 흐름을 만들어놓았다. 내 것, 우리 것은 결국 아무것도 아니어서 그렇게 경을 치른 것이니, 우리가 그렇게 되지 않으려면 내 것이 아닌 것, 곧 네 것을 모시고 받들어야겠다는 것이 서풍을 몰고 온 기상 조건이었다.

오늘 부는 바람은 바로 그 서풍이 몰고 온 독기를 뿜어내려고 내뱉는 부르짖음이 아닐까? 어떤 사람은 그것을 '서양 독 씻어내기 운동'이라고 말하고 싶을지도 모른다. 또 어떤 사람은 서양 바람에 휘말려간 '한국 사람의 얼 다시 찾아오기 운동'이라고 말하고 싶을지도 모른다.

그러면 '우리 것 열풍'을 타고 들려오는 음성은 어떤 것일까? 그것은 몇 가지로 나누어 볼 수 있을 것 같다. 첫째로, 서양 것만 죽자 사자 쫓아다니며 그것을 모방하려는 것은 제정신 나간 짓이다. 둘째로, 하나의 민족이나 국가에는 본질적으로 거기에만 '특유한' 어떤 '불변의 실체'와 같은 문화가 있다. 셋째로, 우리가 오늘 한국인으로 '주체성' 있게 사는 길은 옛날 우리 조상들이 남겨놓은 이론, 가치관, 관습, 예술품 같은 전통문화를 잘 배워 몸에 익히고 그것을 잘 보존하는 일이다. 넷째로, 우리가 우리 민족 주체성 확립과 무관하거나 방해가 되는 서양의 사상을 심각하게 논의하거나 그것에서부터 무엇을 배우려는 것은 한국 사람이나 한국 문화의 발전에 도움이 되지 않는 일이고, 그것은 순수한 한국 사람이고자 하는 사람이 할 짓이 못 된다.

물론 위에 늘어놓은 네 가지 주장은 우리의 논의를 쉽게 하기 위해 내가 재구성해 놓은 것이다. 그러므로 여기에는 지나치게 과장된 것이 있을 수 있고, 또 '우리 것 열풍'이 외치는 소리를 다 포괄하지 못한 점도 있을 것 같다. 한마디로 위의 주장들은 내 눈에 포착된 '우리 것 열풍'이 지닌 두드러진 모습이라고 해야 옳겠다.

이와 같은 네 가지 주장을 차례로 검토해 보면, 첫째 주장은 서양 것을 무조건 눈 감고 쫓아다니는 것은 제정신 나간 짓이라는 이야기이다. 물론 이 주장은 옳은 말이다. 확실히 이런 비판은 해방 후에 거세게 분

'서양 회오리바람'이 남긴 독소를 빼내는 보약이 아닐 수 없다. 다만 여기서 지적되어야 할 것은 서양 것뿐만 아니라 동양 것이나 중국 것이나 인도 것일 때도 그것들을 무턱대고 눈 감고 받아들이는 것은 제정신이 나간 짓이라는 점이다. 비판 기능을 상실한 지성 행위는 맹목적이고 따라서 창조적일 수 없다.

둘째 주장은 한 나라는 그 나라에 '고유한' 어떤 '불변의 실체'와 같은 문화를 가지고 있다는 것이다. 이 주장을 검토하기 위해 우리는 먼저 문화가 무엇인가부터 이야기해 보아야겠다. 한마디로 문화란 인간이 주어진 '상황' 속에서 자기의 삶을 살아가기 위해 고안해 낸 '문제 해결 방식'과 그 방식에 따라 산출된 '인간의 산물'을 통틀어 가리킨다. 그런데 인간의 삶을 영위하는 '상황' 조건은 크게 두 가지로 나눌 수 있다. 곧, 그것은 '물리 조건'과 '문화 조건'이다. 문화가 형성되는 가장 원초적인 단계를 상상하면 다음과 같은 이야기를 할 수 있다. 이 원초 단계에서의 삶의 상황 조건에는 오로지 물리 조건만 존재할 것이다. 그리고 인간은 본디부터 동일하다고 가정한다면, 문화 형성의 첫 단계에서 문화의 차이란 인간이 놓인 물리 조건의 차이에 기인한다고 말할 수 있다. 이렇게 해서 문화가 한번 형성된 뒤에는, 그 형성된 문화가 인간이 놓인 상황 조건 속에 포함된다. 그리하여 문화 형성의 제3단계에서는 제2단계에서 형성된 문화가 문화 결정 요인인 상황 조건이 된다. 이런 과정은 계속해서 같은 방식으로 진행된다고 말할 수 있다. 여기에서 다음과 같은 점들이 분명해진다. 문화 형성 조건은 문화의 조건에 따라 달라지며, 저마다 다른 문화 형성 단계에 의해 형성되어 새로 나타나는 문화는 그 이전의 것과 다른 모양을 갖게 된다. 간단히 말하면 문화 형성 조건에 포함되는 문화 조건의 변화가 항상 문화를 변화하게 한다고 말할 수 있다.

한 걸음 더 나아가서 문화 형성 조건에 포함되는 물리 조건도 변화하고, 문화 형성 조건의 주체인 인간 자신도 변화하는 것이라고 말하지 않으면 안 된다. 자연환경도 인간이 고안해 낸 장치로 변모하게 되고, 또 변화하는 상황 조건에 따라 인간 자신도 변모하게 된다. 이러한 논의로부터 따라오는 논리적인 귀결은 "한 나라의 문화에는 영구히 불변하는 고유한 특색이 있다"고 말하기가 힘들다는 것이다. 물론 이것은 한 나라의 '어떤 역사 단계'에 고유성이 있다는 것을 부정하는 것은 아니다. 문화란 위에서도 말한 것처럼 일정한 '상황'에 놓인 인간이 그의 '삶을 영위하기 위해' 고안해 낸 인간의 한 '장치'이기 때문에, '상황' 자체가 변한다면 그에 '알맞은 장치', 곧 문화도 변화하기 마련이다. 여기서 알맞다고 함은 한 나라에 사는 사람들의 삶의 여러 가지 가능성과 가치들이 그 속에서 가장 폭넓게 실현됨을 말한다. 그리고 가치는 인간이 먹고 자는 생물학적인 생존을 위한 기초 여건의 충족뿐만이 아니라, 사회의 차원에서 인간이 그의 여러 가지 정신적인 요구를 실현하는 것을 의미한다. 그러므로 오늘의 한국 문화는 우리의 옛 조상들이 살던 삶의 상황과는 아주 다른 새로운 상황에 놓인 우리의 삶을 얼마나 슬기롭고 풍성하게 살 수 있게 하는 틀이냐에 의해 그 건강성이 판가름되어야 할 것이다.

　이로써 우리는 셋째 주장의 참됨을 저울질해 볼 수 있게 되었다. 셋째 주장은 한국 사람이 주체성을 살리는 길은 한국의 전통문화를 몸에 익히고 또 그것을 잘 보존하는 일이라는 것이다. 우리가 만일 전통문화를 예술품에만 한정한다면 위의 주장은 어느 정도 타당성을 지닌다. 분명히 우리는 과거 우리 조상들이 남겨놓은 예술적인 유산을 음미하고 잘 보존하는 일에 너무 게을리하였다. 그렇게 된 데에는 우리의 처지가 전쟁과 굶주림 때문에 그럴 만한 여유가 없었던 탓도 있지만, 서양 병에 걸려 자기를 망각한 것이 또 다른 원인이었다. 그러나 우리가 예술에서 우리의 주체적인 문화를 형성하는 일이 반드시 옛것을 떠받들고 다니는 것으로 충족되지는 않을 것이다. 현대 한국 예술은 우리의 옛날 것을 다만 보존하거나 모방하는 이상의 작업을 할 때에 오늘 우리에게 주어진 문화의 사명을 다할 수 있을 것이다. 그리고 우리가 전통문화 속에 학문이론, 가치관, 생활관습 같은 것을 포함시켜 이야기할 때는, 전통문화를 그대로 떠받들고 다니는 행위가 반드시 주체적인 행위가 아니라는 점을 지적하지 않을 수 없다. 특히 가치관에 이르러서는 문제가 너무 심각하다. 우리 조상들이 애지중지하던 전통 가치관은 '상하의 서열'로 꽉 짜인 봉건 농업사회를 유지하기 위한 질서 개념이 그 기둥을 이루는데, 그것을 오늘의 상황에 적용하는 것은 무엇을 뜻할까? 한국 역사의 초기에 세력을 떨쳤던 주술적인 원시 의식을 한국 사람이 지닌 불변하는 의식 양태로 보고 그것을 오늘의 한국 문화 의식의 뼈대로 삼으려는 시도는 인간 의식의 역동적인 성격을 무시하는 행위로, 너무 내 것에만 집착해서 마음의 위안을 꾀하려는 것이 아닐까?

오늘을 사는 한국인은 오늘에 알맞은 문화를 만들 때 비로소 문화적인 주체성을 가질 수 있다. 자기의 몸에 맞지 않는 어떤 기성복을 — 그것이 서양 제품이거나 동양 제품이거나 — 억지로 끼워 입는 것은 하나의 흉내일 뿐이지 자기 자신의 처지를 돌아보고 하는 일은 아니다. 그런 일은 전혀 주체적인 행위라 할 수 없다. 문화가 어떤 물질 여건과 동일시될 수 없는 것일진대, 그것은 특정인의 소유물로서만 존재한다기보다는 누구든지 함께 품을 수 있는 것이다. 문화에서 중요한 것은 예술품처럼 눈으로 볼 수 있는 구체적인 물질이 아니라, 그러한 구체적인 물질을 통해 표현된 정신적인 이념이요 질서라고 볼 수 있다. 그것은 그것을 아쉬워하는 모든 사람이 품을 수 있는 만인 공동의 것이다. 뉴턴의 머리를 통해 파악된 고전역학 이론이 영국 사람들만의 것이 아니고, 독일 사람이었다가 미국 사람으로 국적을 옮긴 아인슈타인이 세워놓은 상대성 이론이 한국 사람이 발견한 것이 아니라고 해서 배격해야 할 것이 못 되는 것처럼, 문화의 내용물은 누구나 필요하면 사용할 수 있는 만인 공동의 것이다.

다만 과학의 이론만 그런 것이 아니다. 가치관도 근본에서는 다를 것이 없다. 가치 질서는 일정한 조건 아래서 인간이 삶을 성공적으로 살게 하는 방식에 대한 처방이지 그 밖의 다른 것이 아니다. 어떤 가치관을 가지고 사느냐 하는 것은 인간이 어떤 방식으로 살기를 원하느냐 하는 문제와 밀접히 관련된다. 한국 사람이나 미국 사람이나 독일 사람이나 모두 사람인 점에서는 다를 것이 없다. 따라서 인간이 희구하는 가치 질서도 근본적인 점에서는 다른 것일 수 없다. 역사의 '발전 단계'에 따라 인간이 세워놓은 가치 질서가 다를 뿐이다. 그러므로 현대 서양의 가치관이 과거에 만들어진 우리의 전통 가치관과 같을 수 없음은 너무나 자명하다. 이 말은 모든 역사 조건이 다른 지역에서도 똑같은 가치 질서가 존재하고 적용되어야 한다는 것을 뜻하는 것은 아니다. 삶의 조건이 근본에서는 같은 상황 아래 사는 사람들은 근본적으로 비슷한 가치 질서를 갖기 마련이라는 것이다. 이러한 논의를 통해 분명해지는 사실은 서양 사람들이 가지고 있는 가치 질서라고 하여, 그것은 우리 것이 아니니 못 본 척하거나 침을 뱉을 것이 아니라, 그런 질서에 따라 사는 것이 우리의 삶의 질을 높이는 것이라고 생각되면 그것을 우리가 채택해도 무방하리라는 것이다. 여기서 외국 것을 받아들이는 것은 주체적인 행위가 아니라는 넷째 주장의 부당함을 엿볼 수 있다.

우리의 전통문화의 보따리 속에 있는 것들도 그 족보를 따져보면 인도나 중국과 같은 그때의 거대한 외래문화에서 유래한 것이 숱하다. 원효의 사상이, 퇴계와 율곡의 사상들이 바로 그 대표가 되는 예들이다. 이론이나 가치관은 이론 구조나 성격 자체의 타당성을 문제로 삼아야지, 그 이론을 만든 사람의 족보에 따라서 진리성을 판정하려 하거나 그것을 받아들이거나 거부하려고 해서는 안 된다. 현실의 인간은 분명히 어떤 족보를 가지고 있고 그의 삶은 그 족보와의 긴밀한 연관 속에서 영위되기 마련이다. 국적이라는 것은 집단적인 족보이다. 개인의 삶의 양식은 바로 그가 어느 나라의 국적을 가졌느냐에 따라 크게 좌우된다. 그렇기에 개인은 자기가 소속되어 있는 나라의 운명에 깊은 관심을 가지지 않을 수 없다. 그의 삶의 조건이 바로 그 나라의 조건에 매어 있기 때문이다. 그러나 자기의 호적이 올라 있는 나라에 깊은 관심과 애정을 가지는 것과 그 나라의 과거 문화에 속한 것만을 사랑하는 것은 전혀 동떨어진 두 가지의 일임을 마음에 새겨두어야 한다. 내가 내 자식을 사랑하는 것은 내 자식이 해놓은 일이면 무엇이든지 사랑하는 것은 다른 범주에 속하는 일이다. 오히려 나는 내 자식을 사랑하기에 내 자식이 한 일 가운데 좋지 않은 것을 꾸짖고 남의 자식이 하는 좋은 일을 본받으라고 말하게 되는 것이다.

우리가 서양 것은 무엇이든지 좋다고 하며 게걸스럽게 그것을 집어삼키려 하거나, 내 것이면 그만이라 하여 내 것만을 애지중지하거나, 그 마음의 밑바닥에 흐르는 생각은 같을 것이다. 곧, 우리 자신의 생명의 힘을 어떻게 하면 세차게 할 수 있을까 하는 궁극적인 관심에서는 모두가 뜻을 같이할 것이다. 차이가 있다면 그것은 사태를 파악하는 눈의 차이요, 그것을 개선하는 방법의 차이라고 하겠다. 이 땅에 태어난 이성 있는 사람으로 이 땅의 문화의 몰락과 그 속에서 살고 있는 이웃의 파멸이나 불행을 누가 원하랴? 그러나 속마음은 한가지라고 하더라도 상황을 바로 인식하고 거기에 알맞은 처방을 하지 못할 때 사태는 인간의 좋은 뜻과 소원을 배반하고 전개되어 갈 것이다.

요즈음 한국 사람들은 자신을 향해 "너는 누구냐?"라는 질문을 던지고 있다. 그리고 "나는 한국 사람이다"라고 힘주어 말하려고 한다. 이것은 한국 사람의 자기 확인의 몸짓이며, 타인에 대한 자기 존재의 선언이다. 그러나 이 물음과 대답이 '지금' 여기에 내가 존재한다는 것을 알려주는 단순한 징후에 그쳐서는 안 된다. 그 물음과 대답은 내일 나는 어떤 양식으로 존재할 것인가 하는 '미래 전망의 차원'에서 행해지지 않으면 안 된다. 그럴 때에만 그 물음과 대답은 단순히 감정적인 자기 발산의 외침이 아니라, 자기 존재를 새로운 역사의 차원으로 높여주는 존재의 음성이 될 것이다.

여기서 우리는 '우리의 존재'를 슬기롭고 풍성하게 해줄 문화가 지녀야 할 기본 성격이 어떤 것이어야 할지에 대해 몇 가지의 잠정적인 생각을 가져볼 수 있겠다.

첫째로 창의성을 북돋아주는 것이어야 한다. 이것은 상상력이 아무런 제한도 없이 자유분방하게 활동할 수 있도록 해야 함을 뜻한다. '창의성'은 이미 있는 이론이나 삶의 틀과 전혀 '다른 새로운 것'을 '생각해 내는 것'을 말하는데, 그것이 가능하려면 상상력이 자유분방하게 움직여야 한다. 우리의 전통문화의 근본적인 취약점은 그러한 자유로운 상상력을 용납하지 않는 가치관을 가지고 있는 점이다. 모든 진리는 옛것에 다 있으니 그 옛것을 잘 익히고 실천만 하면 된다는 것이 우리의 전통 속에 있는 보수정신이 가르치는 것이었다. '새로운' 소리와 옛것과 '다른' 소리는 다 몹쓸 소리이고 고약한 소리라는 가치관은 학문에서나 실제 일상생활에서나 다 적용되었다. 그리하여 후학이 할 수 있는 일은 기껏해야 옛 조상이 한 말씀이 얼마나 훌륭한 말씀이며 얼마나 틀림없이 꼭 맞아떨어지는 말씀인가를 보여주기 위해 거기에 주석을 다는 일뿐이었다. 그리고 일상생활에서는 절대로 어른이 한 말에 이의를 내세워서는 안 되고, 오로지 '말없이 따르는 것'만이 으뜸가는 미덕이었다.

이러한 태도가 우리의 골수에 박힌 탓인지 서양 문화를 대했을 때에도 그대로 나타났다. 서양의 사상이나 이론들을 '비판적'으로 검토할 생각은 처음부터 단념하고, 그것을 자명한 진리로 받아들여 놓고 그것을 터득하고 찬양하는 데만 서둘렀다. 이런 자세는 학문 본래의 정신과도 어긋나며, 또 서양 사람들 자신이 그들의 선배의 사상이나 이론에 대해서 갖는 태도도 아니었다. 한마디로 이미 세력을 얻은 견해나 이론에 도전하는 다른 견해나 이론은 용납하지 않는 가치관이 지배하는 문화 안에서는 상상력이 발동하지 못하게 되고, 그것은 결국에는 창조적인 사유를 원천에서부터 마비시키고 만다. 우리는 어머니의 젖꼭지에서 입을 떼어 말문을 열기 시작하면서부터 어른들로부터 '말대꾸'하지 말라는 엄명 아래 우리의 창조적인 발상력이 잠들도록 길들여졌다. 그리고 이런 상황이 사회적인 차원으로 확대되었을 때 그것은 한결 더했다. 우리가 참으로 우리의 문화를 창조적이게 하려면 우리의 전통적인 가치 의식에서 이것을 뿌리째 뽑아버리지 않으면 안 된다.

둘째로, 참된 문화의 성격은 과거지향적이 아니라 '미래지향적'이어야 한다. 삶은 내일을 향한 행위의 연속 과정이다. 문화란 이러한 삶의 구체적인 표현이다. 살아 있는 문화는 '내일'을 겨냥하여 수행되는 역동적인 인간 행위의 집합이고 그 소산이다. 문화가 과거지향적이 될 때 그것은 고인 물과 같이 썩어버리고 피가 잘 안 도는 살처럼 딱딱해지고 만다. 그렇기에 내일을 이야기하는 문화여야지 어제를 침이 마르도록 이야기하는 문화여서는 안 된다. 어제는 어디까지나 오늘의 나의 존재를 받쳐주는 발판에 지나지 않는다. 어제에다 내일에 주어야 할 무게까지도 다 주어서는 역사의 저울대의 균형이 깨어진다. 그러므로 거듭 말해서 절박하게 문제가 되는 것은 오늘이고 내일이지, 어제가 아니다. 찬란한 어세를 가진 그리스나 이집트의 사람들이 그 친란한 어제 때문에 얼마나 오늘의 그들의 삶이 윤택해지는 것일까? 거지가 족보 자랑을 아무리 해도 배불러지지는 않을 것이다.

한 나라의 문화의 건강성은 그 문화 안에서 살아가는 사람들이 지금 부딪치고, 또 내일에 부딪쳐갈 문제들을 얼마나 슬기롭게 풀어줄 수 있는 구조를 갖추고 있는가에 따라 저울질되어야 한다. 박물관이나 고적에 유폐된 활동하지 못하는 문화에 우리의 시선이 얼어붙어 있을 때 우리는 과거지향적인 문화의 포로가 되고 만다.

참된 문화의 성격은 또 자기긍정적이어야 한다. 인간이 스스로가 열세하다는 느낌에 사로잡혔을 경우에는 자기부정적인 분위기에 '완전히' 휘말려버리기 쉽다. 더구나 한 나라가 다른 나라에 압도되어 있을 경우에 자기 민족이 '원천적'으로 종족 면에서 열등하다는 생각에 사로잡히기 쉽다. 그러나 종족에 따라 우열을 가늠하자는 것은 잘못된 생각이다. 나라와 나라 사이에 나타나는 우열의 차이는 역사적으로 형성된 문화 소산에서 생긴 차이에 지나지 않는다. 문화의 주체는 어디까지나 사람이기 때문에 문화에서 우열이 있다면 그것은 사람 자신의 '창의적'인 노력에 의해 극복될 수 있다. 따라서 현재 나라와 나라 사이에 우열이 있다면 그것은 어쩔 수 없는 것, 숙명적인 것이 아니고, 뛰어넘을 수 있는 것이다. 그러나 그 장벽을 뛰어넘으려면 자기 자신에 대한 투명한 인식을 바탕으로 자신의 약점을 보강하는 데 주저해서는 안 된다. 무엇이든 자기 것이면 싸고돌려는 자기합리화의 몸짓만 갖고서는 그 장벽은 영원히 뛰어넘을 수 없게 되고 만다. 그는 오로지 자기 환상 속에서 스스로를 왕자로 만들 수 있을 뿐이다.

그러므로 덮어놓고 내 것, 우리 것을 옹호하고 치켜세우려는 것은 올바른 의미에서 자기 자신을 살피려는 몸짓, 자기긍정적인 자세가 못 된다. 자기를 긍정하는 것은 자기를 거시적인 안목에서 높이 들어 올린다는 뜻이고 자기의 가능성에 대한 근원적인 믿음을 뜻한다. 그럴 수 있는 사람은 자기 자신의 몸에서 병든 부분, 곪은 부분을 아프다고 그냥 놔두고 나는 멀쩡하다고 남에게 호언장담하지는 않을 것이다. 그 병든 부분을 '도려내는 용기'를 가진 사람만이 진정으로 자기를 긍정하는 사람이다. 자기긍정적인 사람은 자신을 '근원'에서는 저주하지 않는 사람이다. 그러나 그는 자신의 흠을 보는 데 결코 인색하지 않고 그것을 보완하는 데 게으르지 않다. 자기부정적인 사람은 자신을 '원천적'으로 어쩔 수 없는 존재로 낙인찍는다. 자신이 할 수 있는 일까지도 못한다고 생각함으로써 스스로를 무기력한 존재로 만들고 만다. 그리하여 그는 자학의 애호가가 된다. 자학과 자기비판은 엄격히 구별되어야 한다. 자학의 애호가는 스스로의 몰락을 들여다보는 데서 일종의 쾌감마저 느낀다. 그러나 자기비판은, 자기를 거시적인 차원에서 높이고 싶기에, 그렇게 되는 데 모자라는 것이 무엇인가를 냉정히 검토하고, 모자람을 시인하는 일이 뼈아픈 고통이기는 하지만 사실을 사실로서 인식하는 강인한 자세를 말한다. 이것은 모든 사태를 정서적으로 무마하고 자기의 정서에 알맞은 것만을 고르고 자기 속에 없는 것을 자기의 관념 세계 속에 멋대로 만들어놓고 도취하는 환상적인 감상의 세계에서 벗어남을 뜻한다. 오늘 한국의 역사는 바로 그러한 용기 있는 한국 사람을 요청한다.

『뿌리 깊은 나무』(1978년 1월)

찻길과 사람

　'십일호 자가용(두 다리) 시대'가 어쩌면 오늘의 '자동차 문명 시대'보다 좋았는지 모른다. 자동차 문명은 인간에게 다리의 수고와 시간의 절약을 약속해 주기도 하지만, 그에 못지않게 우리가 치러야 할 대가가 만만치 않기 때문이다. 십일호 자가용 시대에는 그 까다로운 운전 시험으로 골치를 썩여야 할 필요도 없었으며, 혼잡한 도로 위에서 생명을 내걸고 '차들의 전쟁'을 벌이지 않아도 되었다. 세상에 공짜가 없다는 말은 너무나 평범한 말이지만, 너무나 절실한 진리임에 틀림없다는 생각을 여기서 새삼스레 느끼게 된다.

　내가 어릴 때만 해도 시골에서는 거의 짚신을 신고 다녔으며, 도시에 탈것이 있었다고 해야 고작 사람이 끄는 인력거에 지나지 않았다. 얼마 살지 않은 것 같은데, 그 사이에 세상은 천지개벽이나 한 듯이 정말 엄청나게 변했다. 흙길 위의 '소달구지' 대신에 아스팔트 위의 '기름 달구지'가 아니면 꼼짝하기 어려운 세상이 어느새 되어버렸다. 오늘의 삶에서 자동차는 의식주와 뗄 수 없는 우리 삶의 어쩔 수 없는 한 부분이 되었다. 밥을 먹는 일도, 잠을 자는 일도 자동차가 없으면 거의 불가능한 세상이 되었다. 일찍이 루소를 비롯한 문명 비평가들은 기계문명이 뿜어내는 해독에 대해 눈살을 찌푸리며 자연 상태로 돌아가기를 동경해 마지않았다. 그러나 루소가 오늘 무덤에서 벌떡 일어난다고 하더라도 자동차 타기를 마다할 수는 없을 것이다. 무덤에 가려 해도 영구차라는 자동차를 타야 하는 세상이 바로 오늘이다.

그렇다면 우리는 오늘 우리 삶의 근본 조건을 이루고 있는 자동차 문화에 적합한 몸짓과 여건을 제대로 갖추고 있는 것일까? 결론부터 잘라 말하면, 빛 좋은 개살구처럼 겉모양은 갖추어져 있으나 속알이 제대로 들어 있지 않은 형태라고 말하지 않을 수 없다. 한마디로 모든 것이 '제자리'에 있지 않다.

누가 뭐라 해도 도로 표지판은 자동차 문화의 방향타라 하지 않을 수 없다. 그래서 거리에 여러 가지 도로 표지판을 즐비하게 세워놓았다. 그 도로 표지판 가운데 무엇보다 중요한 것은 행방을 가르쳐주는 표지판이라 할 수 있다.

그러나 요즈음 서울에서 길거리에 나붙어 있는 표지판의 안내를 받아 자기가 목적하는 곳을 찾아간다는 것은 매우 어렵다. 모두 어디로 간다는 표시만 되어 있을 뿐이지, 그 어디가 바로 여기라고 적어놓은 표지판은 매우 드물기 때문이다. 예를 들어 '갑'이라는 곳으로 간다고 적힌 표지판을 따라가다 보면, '을'로 간다는 표지판이 나올 뿐이지, '갑'이 어디인지를 알려주는 표지판은 없다. 어디로 가는 방향을 가르쳐주는 표지판 못지않게, 그곳이 어디인지를 가르쳐주는 표지판이 긴요하다는 것은, 낯선 곳에 가서 길을 찾아본 경험이 한 번이라도 있는 사람이라면 너무나 절실하게 느낄 수 있다. 그런데 어째서 서울 거리에 있는 표지판들은 어디로 간다는 것만 알려주고 있는 것일까?

동네 사람들에게는 그 동네가 어디라고 알리는 표지판이 필요 없음은 말할 것도 없다. 그러나 길의 행방을 알리는 표지판은 그 동네 사람들을 위한 것이 아니라, '낯선 행인'에게 행방을 가르쳐주기 위해 세워진 것이다.

'돼지 셈법'은 자기 자신을 객관화할 줄 모르는 사고방식을 지칭하는 말이다. 서울 시내의 도로 표지판은 그런 돼지 셈법의 전형적인 전시장이 아닌가 한다. '어디로' 가는 방향을 알려주는 표지판이 세워져 있는 그곳이 어디인가가 객관화되어 있지 않기 때문이다. 방향을 가리키는 팻말의 현주소가 상실된 팻말들을 설치하는 사람은 자기를 객관화하는 사고가 결여된 사람이라고 말하는 것은 지나친 말일까?

그렇기에 서울 거리에 즐비하게 세워져 있는 표지판들은 '불구의 표지판'이라 하지 않을 수 없다. 길을 모르는 나그네에게 길을 제대로 가르쳐주지 못하고 서민이 피땀으로 벌어서 낸 세금만 축내고 겉만 번드르르하게 서 있으니 불구의 팻말이라 하지 않을 수 없다.

더구나 서울 거리를 처음 찾는 외국인에게 그것은 더욱더 치명적이다. 모든 표지판에는 한글 표기 옆에 로마 문자로 지명이 표기되어 있으나, 같은 지명의 로마 문자 표기가 표지판에 따라 다른 경우가 허다하여 크나큰 혼란을 일으키기 때문이다.

표지판은 그냥 멋으로 세워놓는 것도 아니요, 길거리의 장식품도 아니다.

또 한 가지 더 도로 표지판과 관련하여 지적되어야 할 것은 표지판 위치에 관한 것이다. 한 군데에 몰아서 여러 가지 표지판들을 설치해 놓았기 때문에 운행 중인 차 안에서 제대로 식별하기가 매우 어려운 경우가 있다. 그런 사태는 고속도로에서도 발견된다. 그리고 표지판이 운전자가 잘 식별하기 어려운 곳에 설치되어 있는 경우도 많다. 글자의 크기가 작아 적당한 위치에서 금방 알아보기가 어려운 것도 있다.

우리의 합리적인 자동차 문화의 생활을 해치는 또 다른 장본인은 불합리한 도로 구조이다. 제멋대로 생긴 도로에 제멋대로 그은 차선이 바로 그것이다. 서울에서 차선을 따라 '신사답게' 운행하는 것을 원칙적으로 방해하는 것은 바로 제멋대로 생긴 도로에 제멋대로 그은 차선이라 하지 않을 수 없다. 차선을 존중하지 않고 '바퀴벌레가 기어가듯이 적당히' 굴러가는 서울의 자동차들의 몸짓은 바로 그러한 구조적인 불합리성에서 배양된 것인지도 모른다.

도로 위에 흰색 페인트로 행선 방향을 표시해 놓았는데, 그것이 운전자가 여유를 가지고 안전하게 원하는 방향을 미리 선정할 수 있기에 적절한 위치에 표시되어 있지 않은 경우가 많다. 그것은 교통사고의 잠재적인 유발 요인이 아닐 수 없다. 그뿐만 아니라 도로 여건으로 보아 유턴을 허락해서는 안 되는 지점에 유턴 표시를 해놓은 것도 교통의 원활한 소통을 크게 해치는 요인이다.

요새 들어 새로이 교통 체증을 가중시키는 중요한 요인으로 나타난 것이 지나치게 많이 설치된 신호등 문제이다. 어떤 곳은 100미터가 채 될까 말까 한 거리에 신호등이 하나씩 세워져 있는데다가 신호가 이른바 싱크로나이즈 되어 있지 않기 때문에 맨발로 걸어가는 것이 더 빠를 것 같이 느껴질 때가 많다. 게다가 신호등의 위치가 부적절하니 서울 시내만 하더라도 지금 낯선 나그네의 눈에는 잘 들어오기 어려운 위치에 신호등이 세워진 곳이 한두 군데가 아니다. 아는 사람만 알아서 처신하라는 듯이 말이다.

도로 표지판, 도로 구조, 신호등은 자동차 문화의 기본을 이루는 구조들이다. 이와 같은 것들이 불합리하게 되어 있을 때에 자동차 문화 안에서 이루어지는 우리의 삶이 합리적일 수 없게 될 뿐만 아니라, 불안에서 벗어날 수 없다. 길가에 번듯하게 세워졌다 해서 도로 표지판이라 할 수 없다. 빛 좋은 개살구와 같은 도로 표지판 같은 것들이 오늘 우리의 삶을 근원적으로 위태롭게 하는 삶의 조건이라 하지 않을 수 없다.

그러나 또 한편 생각해 보면, 아무리 자동차 문화의 기본 구조가 합리적으로 되어 있다고 하더라도, 자동차 문화의 주인공의 생각과 몸짓이 합리적이지 못하다면 우리의 삶은 제 궤도 안에서 영위되기 힘들 것이다. 넓은 의미에서 오늘날에 살고 있는 모든 사람이 자동차 문화의 주인공이다. 그러나 실제로 자동차의 핸들을 움직이는 사람의 생각과 몸짓이 오늘의 자동차 문화의 질적인 수준을 결정하는 중요한 요소라 하지 않을 수 없다.

우리나라는 예로부터 '동방예의지국'이라는 것을 내세우며 살아오던 문화 민족이다. 그런데 오늘날 우리는 도로 위에서도 그런 예의바른 사람들이라 할 수 있을까? 우리는 가끔 음식점 같은 데서 서로 음식 값을 내겠다고 밀고 제치는 '정다운 풍경'을 본다. 그러나 도로 위에서 자동차까지 서로 앞을 다투어 밀고 제치는 풍경은 결코 '정다운 풍경'이라 할 수 없다. 오히려 그 정반대인 '살벌한 풍경'이다. 생명을 내건 '투쟁의 현장'을 거기서 볼 뿐이다.

음식점에서 돈을 먼저 내겠다고 하는 것은 '나의 손해'를 무릅쓰고 행해지는 양보와 희생정신의 표현이다. 그것은 동방예의지국의 백성다운 몸짓이라 할 수 있다. 그러나 노상에서 하는 차들의 돌진은 양보와 희생의 몸짓이 아니다. 그것은 '내가 먼저'라는 점에서는 음식점에서의 몸짓과 같으나, '희생'이 아니라 '이익'을 노린다는 점에서 그와 정반대이다.

어째서 우리의 몸짓은 이처럼 다를 수 있을까? 음식점과 노상이라는 공간의 차이가 그렇게도 무서운 것일까? 아마도 문제는 공간의 차이가 아닐 것이다. 그것은 '아는 사람과 모르는 사람'에 대한 우리의 생각과 몸짓의 차이라 할 수 있다. '얼굴을 아는 사람'을 대하는 우리의 생각과 몸짓이 나타나는 곳이 음식점이며, '얼굴이 없는 상태'에서 사람과 사람이 만나는 모습이 나타나는 곳이 노상이다.

"얼굴에 철판 깔았다"라는 표현이 암시하듯이, 얼굴을 내놓았을 때와 얼굴을 가렸을 때에 우리의 몸짓은 너무나 엄청난 차이를 보이는 듯하다. 황야의 무법자와 같이 움직이는 도로 위의 자동차를 움직이는 사람의 얼굴에는 철판이 깔려 있는 셈이다. '체면 차린다'는 말이 있다. 우리는 체면을 그토록 소중하게 여긴다. 그러나 차 속에 들어앉아 있는 사람은 체면(얼굴)이 가려져 있으니, 체면 차릴 필요가 없는 것이겠다.

'운전을 잘한다'는 것은 무엇을 뜻할까? 자동차의 조작을 잘한다는 것을 뜻한다고 볼 수 있다. 자동차 경주(카 레이스)에서 상을 받은 사람들은 그런 의미에서 운전을 잘하는 사람들이라 할 수 있다. 그러나 자동차 경주는 자동차 운행의 특수한 형태이지 일반적인 형태가 아니다. 그것은 특수한 장소에서 특수한 목적 — 누가 목숨을 내걸고 차가 부서지더라도 일등을 하느냐 — 으로 이루어지는 차의 움직임이기 때문이다.

우리가 노상에서 자동차를 몰고 가는 것은 그런 특수한 운행을 하고 있는 경우가 결코 아니다. 노상에서 하는 운행은 일반적인 운행이요, 정상 운행이다. 이런 정상 운행에서 운전을 잘한다는 것은 무엇을 뜻할까? 그것은 한마디로 '규칙에 따른 운전'이요, '얼굴을 가진 사람의 예의바른 몸짓'이다. 도로 위에 차를 몰고 가는 것은 자동차 묘기 대행진을 펼치는 것과는 다르다.

노상에서 자동차 묘기 대행진을 벌이는 것처럼 차를 몰고 가는 사람은 스스로 운전을 잘한다고 생각하고 있을지 모른다. 그러나 그것은 착각 중의 착각이다. 실상은 그와 정반대이기 때문이다. 우리가 자동차를 몰고 다니는 것은 '잘 살자'는 행위이지 빨리 죽자는 행위가 아니다. 그런데 왜들 그렇게 덤비는지 알 도리가 없다. 죽기로 환장한 사람들은 아닐 텐데 오직 1분 빨리 가려고 모든 것을 걸고 그렇게 저돌적인 행위를 하고 있으니 말이다. 문제는 나만 먼저 죽지 않는 데에 있는지 모른다.

엉뚱한 사람까지, 오래 잘 살겠다는 착한 사람들까지 먼저 죽게 하는 데에 있다.

여기서 분명해지는 것은 '운전 잘한다'고 하는 개념의 확립이 매우 중요하다는 것이다. 얼굴을 가진 사람으로 행동할 때의 몸짓으로 하는 운전이 바로 잘하는 운전이라 할 수 있다. '체면 있는 운전'이 잘하는 운전이다.

도로는 오늘의 삶의 현장이다. 오늘의 예의바름은 그렇기에 도로 위에서 나타나야 한다. 안방 속의 동방예의지국을 노상으로 끌어내 와야 한다. 그것이 바로 전통을 오늘 삶의 현장에 뿌리내리는 일이다.

여기서 꼭 한 번 우리가 이야기하고 넘어가야 할 것이 있다. 그것은 다름 아닌 한국의 운전 시험이다.

한국의 운전 시험의 실상을 다음과 같은 일화가 잘 보여준다. 미국에서 10년 가깝게 살면서 차를 운전하다가 귀국한 내 친구가 한국에서 운전 시험을 보았는데 불합격되었다. 그런가 하면, 한국에서 운전면허를 받고 미국에 건너간 사람들이 길에 차를 몰고 나가지 못하는 일이 흔하다고 한다.

도대체 어떻게 된 일일까? 소위 자동차 문화의 선진국이라 할 나라에서 운전을 10년 가까이 잘하던 무사고 운전사가 한국의 운전 시험에서는 낙방하고, 한국의 운전 시험에 합격했다는 사람은 미국 도로에서 운전도 할 수 없다니, 도대체 어찌된 일일까? 합격과 불합격의 기준이 우선 문제가 되지 않을 수 없다. 운전 시험에 합격했다는 것은 '운전을 잘한다'는 것일 테고, 불합격했다는 것은 '운전을 잘 못한다'고 판정을 받을 것일 텐데, 그때 그 판정의 기준이 무엇인지 매우 궁금하지 않을 수 없다.

운전 시험에 합격 판정을 내려 운전면허증을 주는 것은 도로 위에서 자동차를 몰고 가도 좋을 만큼 운전을 잘한다는 뜻이어야 할 것이다. 그런데 현실은 그와 정반대이니 어찌된 일일까? 여기서 우리는 또 하나의 빛 좋은 개살구를 발견한다. 현실과 동떨어진, 알맹이가 빠진 요식 행위, 겉치레의 전형을 여기서 발견한다.

한마디로 잘라 말해서 우리의 운전 시험에는 문제가 있다. 시험 합격의 기준에 문제가 있다. 미국에서 운전 시험에 합격하는 것은 한국에 견주면 매우 쉬운 편이다. 합격하기 어려우나 정작 실제로 운전은 잘할 수 없는 것이 우리의 경우요, 합격은 쉬우나 운전은 잘할 수 있는 것이 남의 나라의 경우인 셈이다. 이 역설적인 현상을 어떻게 설명해야 좋을까? 현실에 뿌리내리지 않은 '사고의 경직성'이 낳은 현상이 바로 그것이 아닐까? 요식 행위에 길들여진 우리의 사고가 낳은 이 웃지 못할 현실이 바로 그것이다.

앞에서 말한 바와 같이 '운전을 잘한다'는 것은 단순한 기계 조작을 잘하거나 자동차 묘기의 연출에 뛰어남을 뜻하지 않는다. 그것의 기준은 다른 차들과 더불어 일정한 규칙을 지키며, 얼마나 얼굴을 가진 사람으로 차를 몰고 가느냐 하는 점에 있다. 그런데 우리의 운전 시험은 자동차 기계 조작 내지 묘기 연출 능력을 시험하는 데에 초점을 두고 있는 듯하다.

나는 우리 운전 시험에서 우리나라의 교육 일반이 지닌 모순을 발견한다. 우리 교육의 모순은 열심히 하기는 하는데, 그 시험들이 매우 어렵기는 한데, 정작 그렇게 어려운 관문을 통과한 사람들의 자질은 대단치 않음에 있다고 알려져 있다. 껍데기를 붙들고 아무리 고생을 해봤자 무슨 소용이 있을까. 알맹이를 바로잡으면, 그렇게 허겁지겁하지 않아도, 점잖게 해도 제값을 얻는 법이다. 알맹이를 바로 보지 못하는 사람들이 치르는 대가는 엄청나지만, 거두는 열매는 신통치 않은 게 세상의 근본 이치가 아닌가 한다. 중요한 것과 대수롭지 않은 것, 뿌리(本)와 잔가지

(末)를 구별하지 못하고, 그것을 거꾸로 잡는 사람들이 치르는 대가는 엄청나다. '본말이 전도됐다'는 말이 뜻하는 바가 그것이거니와, 오늘 이 땅의 교육도 그런 현상의 하나이며, 운전 시험도 그것의 예외가 아니다.

자동차 문화와 관련하여 본말이 전도된 현상에서 또 한 가지 지적하면, 교통경찰의 업무 집행 자세를 들 수 있다. 말할 것도 없이 교통경찰의 본디 임무는 교통질서의 확립이다. 교통질서 확립이란 다름 아닌, 도로 위에 자동차들이 막힘이 없이, 순조롭게 소통되게 하는 것을 말한다. 그러려면 차가 서로 충돌하는 일이 되도록 없어야 할 것이고, 차를 아무 데나 세워놓는 일이 없어야 한다.

그 일을 돕기 위해 애쓰는 이들이 교통경찰이라 할 수 있다. 그런데 어찌된 일인지, 때때로 우리 교통경찰의 관심은 다른 데에 있는 것같이 보일 때가 있다. 소통의 원활을 돕는 일보다는 경직된 규칙의 부과와 허물을 꼬집는 데에 더 관심을 두고 있는 것처럼 보일 때도 있다는 말이다. 실제로 그렇기도 하다면 그것은 뿌리와 잔가지를 거꾸로 파악하고 있는 일에 해당한다고 하겠다. 그 두드러진 한 가지 예로, 운전자들이 흔히 하는 이야기를 들 수 있다. 즉, 교통 여건이 고약한 곳에 교통경찰이 숨어 있다가 위반자를 잡는 일에 열을 올린다는 것이다. 흔한 일은 아니겠으나 그런 일이 드물게라도 있다면, 소통의 원활이 근본적인 교통경찰의 임무인 만큼 취약 지점에 숨어서 위반자를 잡기보다는 미리 그런 위반을 하지 않도록 지도하는 일이 앞서야 할 것이다.

교통경찰은 길거리의 무서운 호랑이가 아니라, 길거리의 안내자요 지팡이여야 한다는 것을 나는 외국에서 경험으로 배웠다. 20년 전 일이다. 미국 뉴헤이븐이라는 도시에 차를 몰고 가다가 해가 저물어 늦은 밤이 되었는데 비가 억수같이 내리퍼붓고 있었다. 나는 도시를 빠져나와 보스턴 쪽으로 향하는 고속도로 진입로를 찾고 있었으나, 워낙 비가 심하게 내리고 있어 방향을 분간하기가 매우 어려워 깊은 밤에 도로 위에서

쩔쩔매고 있었다. 그때 경찰차가 옆에 다가서더니, 무슨 도움이 필요하냐고 물었다. 그래서 보스턴 쪽으로 가려고 고속도로 진입로를 찾고 있다고 말했더니, 자기 차를 따라오라고 하여 진입로까지 안내해 주고는 내가 진입로로 차를 몰고 들어가는 것을 확인한 뒤에 어디론가 사라졌다. 또 한 번은 나의 부주의로 자동차에 휘발유가 다 떨어진 것을 모르고 차를 몰고 가다가 차가 외딴 길가에 정지하고 말았다. 당황하며 방도를 궁리하고 있는 차에, 경찰차가 접근하여 무슨 도움이 필요하냐고 물었다. 휘발유가 떨어졌다고 했더니, 자기 차에 나를 태우고 주유소에 가서 휘발유 한 깡통을 사게 한 뒤에 내 차가 있는 곳으로 도로 실어다주고는 잘 가라는 인사를 남기고 어디론가 사라졌다.

우리는 아직 자동차 문화의 초기에 있다. 모든 것이 제자리에 자리 잡고 있지 않다는 것이 그 증좌이다. 교통의 기본 구조도, 운전하는 사람들의 생각과 몸짓도, 교통 종사원의 생각과 몸짓도 모두 제자리에 있지 않은 듯하다. 이런 이지러진 교통 문화를 제자리에 돌려놓지 않고서는 교통사고율이 세계에서 으뜸이라는 불명예와 고통에서 해방될 수 없을 것이다. 자동차가 길거리를 꽉 메운다고 선진국이 되는 것은 아니다. 어쩌면 그것은 살인 마차가 득실거리는 복마전일 수도 있다.

우리가 지금부터 애써 노력해야 할 것은 자동차 문화에 필요한 합리적인 소프트웨어의 개발이다. 우리는 쇠 마차는 가지고 있으나, 그것을 우리 삶을 윤택하게 하도록 사용하는 데에 필요한 소프트웨어는 '유치한' 수준에 머물러 있다.

표지판도 자기를 객관화하지 못하는 돼지 셈법의 수준에 머물러 있으며, 자기만 먼저 돌진하겠다는 운전자들의 의식도 돼지 셈법의 수준에 머물러 있다. 어떻게 자기만 먼저 갈 수 있을까. 세상이 모듬살이라는 것을, 남도 나처럼 똑같은 욕망을 지닌 존재라는 것을 인식하지 못하는 사람들이 벌이는 몸짓은 참으로 우둔하고 가련해 보인다.

인간의 힘은 사고에 있으며 사고의 가장 높은 수준은 돼지 셈법을 넘어서서 자기를 객관화하는 데서 이루어진다. 문화는 사람이 만들어가는 것이다. 그것은 하늘에서 떨어지는 선물이 아니다. 고급문화는 '수준 높은 생각'으로부터 탄생한다. '하면 된다'는 강인한 자세는 좋으나, 아무렇게나 해도 되는 것은 아니다. 일에는 다 이치가 있는 법이고 그 이치를 터득하는 것은 저돌적이고 거친 움직임에 의해 이루어지는 것은 아니다. 차분하고 깊은 생각을 통해서만 세상의 근본 이치는 터득될 수 있다. 호랑이나 사자의 울부짖음이 아무리 우렁차고 박력이 있다고 하더라도, 그것으로 세상의 근본 이치를 터득할 수는 없다. 사람의 참된 힘은 생각하는 능력에 있다.

『샘이 깊은 물』(1986년 12월)

불사약(不死藥)을 만드는 땀방울

　몇 십 년 전만 해도 이 땅에 사는 사람의 대개가 농사꾼이었다. 내가 어릴 적만 해도 그랬다. 농사는 이 땅에 사는 사람들의 삶의 유일한 수단이자 방법이었다.

　농사에 삶을 의지하지 않는 사람이란 소수의 어부와 장인들, 그리고 농부의 힘에 얹혀살던 임금과 귀족 내지 관리들뿐이었다. 어떻게 보면 농업은 여러 가지 직업 가운데 하나였다기보다는 당시 사람들의 직업 그 자체, 삶 그 자체와 같은 것이었다.

　그러나 시간은 이 모든 것을 뒤집어놓고야 말았다. 요즈음 선진국이라는 나라를 보면, 농업에 종사하는 사람은 전체 인구의 6-7%에 불과하다고 한다. 백 명 가운데 예닐곱 명이 일해서 수확해 놓은 곡식과 온갖 음식물로 아흔서너 명이 배불리 먹고 산다는 이야기이다. 놀라운 변화이다.

　우리나라도 소위 '선진국'이 된다면 그렇게 되리라고 예상할 수 있다.

　지금 우리는 그 어느 중간쯤에 위치하고 있는 것인지도 모른다. 그래서인지는 몰라도 농촌 인구는 날이 갈수록 줄어든다. 선진국처럼 되려면 앞으로 농촌 인구는 줄고 또 줄어야 하는 셈이다. 아직도 농사일에 너무 많은 사람이 매달려 있는 셈이다.

가만히 생각해 보면 기적 같은 이야기이다. 옛날에는 사람마다 모두 농사일에 매달려도 죽이냐 밥이냐 했었는데, 어떻게 그 적은 숫자의 사람이 바치는 수고로 그 많은 사람들이 배불리 먹고살 수 있단 말인가.

그것은 아직도 우리에겐 너무나 실감이 안 나고 믿어지지 않는 소리만 같다. 그렇게까지 되는 데는 물론 여러 가지 변화가 뒤따라야 할 것이다. 현재와 같은 영농 방식도 문제려니와, 토지 소유 상한 제도도 물론 문제가 될 것이며, 또한 국가의 농업경제정책도 문제가 될 것이다. 이 모든 것에 근본적인 변화가 먼저 있지 않고서는 소위 선진국형 농업 인구란 생각할 수도 없을 것이다.

어쨌거나 우리가 살고 있는 지금은 옛날과 같은 그런 농업 중심의 사회는 이미 아니다. '천하 모든 일의 근본이라던 농업'은 자동차와 TV, 컴퓨터 등을 만드는 공업에 밀려 역사의 뒷전으로 물러난 것 같은 세상, 그것이 바로 우리가 살고 있는 오늘이다. '기계를 만질 줄 아는 사람들'이 으스대는 세상이 오늘이다. 소위 과학기술의 총아들의 세상이 오늘이다.

가만히 앉아 곰곰이 생각해 보면 참으로 기이한 세상이 오늘의 세상이다. 도대체 93%에 달하는 그 많은 사람들이 하는 일들을 하나씩 따져 보면, 사실 그런 일들 없이도 사람이 살 수 있었던 때가 있었음을 알 수 있다. '없어도 될 일들'에 종사하는 그 수많은 사람들이 으스대며 북적대는 세상, 그것이 바로 우리가 사는 오늘인 셈이다. '없어도 될 일들'에 종사하는 사람이 대우받는 세상이 바로 오늘이다.

그러나 농사는 그 누구 할 것 없이, 높고 낮음, 귀하고 천함, 남자와 여자, 어른과 아이, 그 모든 구별 없이 없어서는 안 될 일이다. '먹지 않고 살 수 있는 존재'는 아무도 없기 때문이다. 물론 하루 이틀, 아니 40일까지는 음식을 먹지 않고 살 수 있을는지 모른다. 그러나 도대체 먹지 않고 살 수 있는 인간이란 과거에도 없었을 뿐 아니라 미래에도 없으리라고 우리는 단언할 수 있다. 누구나 먹지 않으면 죽는다. 그렇기에 불사약(不死藥)이 따로 없다. 모든 음식물이 바로 불사약이다. 농사꾼은 바로 그 불사약을 만드는 사람들이다. 불사약 제조업, 그것이 바로 농업이다. 그런 의미에서 농업은 대단한 직업이다.

사람치고 죽기 좋아하는 사람은, 예외적인 경우를 제외하고는 거의 없다. 모두 살기를 원한다. 어떤 사람들은 정말 수단 방법을 가리지 않고, 오히려 죽는 것이 더 낫다고 할 수 있을 만큼, 비열한 방법으로 살아남으려고 무척 애를 쓴다. 그러니 죽지 않는 일처럼 귀중한 일은 없는 것 같다.

그런데 바로 그 죽지 않게 생명을 유지해 주는 에너지물을 보급해 주는 직업이 농업이고 보니, 농업처럼 소중한 직업이 어디 있으며, 농사꾼처럼 존귀한 사람이 어디 있겠는가. 농업은 신성한 직업이며, 농사꾼은 무슨 무슨 꾼 못지않게 멋있는 꾼이 아닌가.

오늘은 꾼의 시대이다. '꾼'이란 '전문인'이며, '헌신하는 사람'이다. 그런데 이상한 일은 꾼 중의 꾼인 농사꾼은 오늘 그 하고 많은 '전문인'으로 좀처럼 보려 하지 않는다. 그뿐만 아니라, '농사꾼'이란 일은 일종의 경멸 어린 말이 되어버린 것도 같다. "나야 뭐 농사꾼에 불과합니다"와 같은 말에서 우리는 그것을 경험한다.

나는 '농사꾼'이란 말이야말로 가장 당당한 언어라고 생각한다. 누구나 '꾼'일 수는 없다. 무엇에 정통할 뿐 아니라, 거기에 자기의 모든 것을 바친 사람만이 꾼이 될 수 있다. 농업은 그러한 꾼을 필요로 하는 인류의 소중한 본업이며, 농사꾼은 모든 꾼 중의 꾼이 아니면 안 된다. 왜냐하면 그것은 사람을 죽음으로부터 피신시키는 물건을 생산하는 일이며, 사람이기 때문이다. 그렇기에 농사꾼처럼 소중한 전문인은 없다.

우리가 농사꾼의 소중함을 망각하게 되는 것은 하나의 신화 때문이다. 그것은 공업에 대한 신화, 미신 때문이다. 공업은 없어도 될 것임에도 불구하고 거기에 지나친 값을 우리가 매겨놓았다. 그것이 바로 우리가 지닌 신화요 미신이다.

지혜는 사물의 참된 값을 아는 데 있다. 사물의 값을 지나치게 높게 평가하거나 낮게 평가하는 것 모두 지혜로운 처사가 아니다. 사물에게 값을 매길 줄 알며, 그 사물에 적합한 값을 지불할 줄 아는 사람이 지혜로운 사람이다.

오늘 이 땅의 농촌은 지금 이 땅의 음지로 인식되고 있다. 물론 그것은 앞에서 지적한 저 공업의 신화의 탓과 함께 농업 인구의 축소화 현상과 궤를 같이한다. 앞에서 이미 말한 바와 같이 농업 인구의 축소화는 '농사꾼'의 삶의 질을 높이기 위해서 필요한 일일 뿐 아니라, 현대사회의 구조적 특성이기도 하다. 그러나 그 축소화가 바로 농업의 중요성의 경감과 동일시될 수는 없다. 많은 것은 반드시 좋은 것은 아니며, 때로는 희소성 자체가 중요성의 증가를 초래하기도 한다.

지금 이 땅 위에 팽배해 있는 농업과 농사꾼에 대한 그릇된 인식은 마땅히 시정되어야 하며 시정될 것이 틀림없다.

나는 사람들이 저 '생명의 배터리'인 온갖 농산물의 생산자인 농사꾼을 부러운 눈빛으로 쳐다볼 날이 언젠가 찾아올 것이라고 믿는다. '생명의 배터리'가 자동차보다 소중한 것이 너무나 분명한 이상, 자동차 배터리를 생산하는 사람들보다 생명의 배터리를 생산하는 사람들이 더 소중하게 여겨지지 않을 까닭이 어디에 있겠는가 말이다.

농산물은 저 태양으로부터 퍼져 나오는 에너지를 생명체 속에 저장해 놓은 생명의 배터리가 아니고 무엇이겠는가. 그 생명의 배터리 속에 농축된 에너지를 흡수하여 인간은 생명을 부지해 가고 있는 존재가 아닌가.

그렇기에 '농사꾼'의 참값을 깨닫는 것은 곧 인간이 자기 존재의 참모습을 깨닫는 일이 아닐 수 없다.

'농사꾼'의 존립은 사람됨의 깊은 뜻과 맞물려 있음을 우리가 여기서 본다. 그리고 '농사꾼'의 꾼으로서의 봉사는 인간 자체에 대한 봉사임을 또한 우리가 여기서 본다. 그렇기에 농사꾼의 땀방울은 인간을 불사케 하는 생명의 땀방울이다.

『남해화학 사보』(1987년 6월)

그래도 희망은 있다

새해가 되면 새날이 밝아온다. 사실 알고 보면 헤밍웨이의 말처럼 날이면 날마다 새날이 아닌 날이 없다(Everyday is a new day). 지난 한 해는 너무나 어려운 한 해였다. '흔들리는 나라'를 마음 조리며 보낸 한 해였다. 어쩌면 우리 가운데 누구도 나라의 곤경에 대한 책임으로부터 자유로울 수 없는 것인지도 모른다. 모든 것을 남의 탓으로만 돌리는 데 곤경의 심각성이 있는지 모르겠다. 가장 무거운 책임을 느껴야 할 위치에 있는 사람으로부터 보통 사람에 이르기까지 남의 탓 타령만 해서는 우리가 겪고 있는 이 곤경으로부터 헤어나기 어려울 것이다.

그러나 다른 한편 생각해 보면 지난 50여 년의 역사는 한국 역사상 보기 드문 비약과 성공의 역사라고 해도 가히 지나친 말은 아닌지도 모르겠다. 아주 짧은 시간 안에 산업화와 민주화를 어느 정도 수준까지 달성하는 데 성공했기 때문이다. 물론 너무나 고통스러운 과정이었다. 수많은 사람들의 땀과 눈물 그리고 값진 피의 대가를 치른 고통의 역사였다. 이것은 우리 스스로가 우리 자신에 대해 내리는 평가만이 아니다. 나라

밖에서의 평가도 그런대로 좋은 편이다.

그런 점에서 스스로 어깨를 으쓱댈 만한 대견스러운 일을 했다는 자부심을 가져볼 만도 하다. 세상을 돌아다녀 보면 우리만한 나라도 세상에 그리 많지 않다는 걸 느끼면서 우리의 어깨는 한층 더 올라갈 수도 있다. 그런 점에서 이 땅의 모든 사람들은 서로를 끌어안고 위로하며 감격할 만도 하다. "너무 수고가 많았습니다." 서로의 귀에 대고 속삭일 만하다. 2002년 월드컵 때 우리는 그 비슷한 감동의 순간을 경험했다.

그런데 그 이후 우리가 겪은 한국 세상은 온통 쪼개지는 세상이었다. '통합'의 기치를 내걸었던 사람이 대통령에 당선되었건만 현실은 그와 정반대로 굴러갔다. 그리고 나라 살림은 더욱 빈곤해지고 일터를 잃거나 찾지 못하고 길거리를 헤매는 사람들이 넘치고 있으니 말이다.

어디 그뿐인가. 국민들은 그들대로 집단 이익의 깃발을 높이 쳐들고 길거리로 뛰쳐나와 큰소리를 치는 바람에 국가운영자들은 우왕좌왕하며 뭐 하나 제대로 굴러가는 나라 살림이 없다.

이렇게 계속되다간 나라가 거덜 나고 말 것 같은 위기감이 이 나라를 짓누르고 있다. 하늘로 올라가던 용이 땅에 떨어지고 나면 한 마리의 보잘것없는 죽은 이무기에 불과하다. 지난 50여 년 동안 온갖 고통 끝에 이루어놓은 산업화와 민주화의 살림살이가 박살나고 나면 우리 앞에 기다리는 것은 그야말로 절망과 통곡밖에 없을 것이다.

왜 이렇게 되는가? 세밀한 분석과 진단은 어차피 후세의 학자들의 몫이요, 직관적으로 오늘의 사태에 대한 진단을 한마디로 말한다면 '때에 알맞은 지혜'를 발휘하지 못하기 때문이다. 봄이 되었는데 지난겨울에 입던 옷을 걸치고 다니는 것은 때에 알맞은 행동이 아니다. 해수욕장에 나가서 알맞은 몸짓과 말짓을 결혼식장에서 하는 것도 때에 알맞은 짓거리가 아니다.

지난 시대의 이데올로기의 옛 발상법과 잣대를 가지고 이 엄청난 문명의 대전환기에 대처하려는 것이야말로 시대를 선도한다는 사람들이 해야 할 일이라고 볼 수 없다. 온갖 사회사상과 사회제도는 시대의 산물이요, 따라서 시효(時效)가 있기 마련이다. 아무 때나 들고 다니며 만병통치약으로 사용하려는 것은 참 지혜를 가진 사람의 행동이라 할 수 없다. 새 술은 새 자루에 담아야 한다. 새 술을 헌 자루에 담으면 안 된다. 자루가 찢어져서 술이 다 흘러나오고 만다.

새 문명은 새로운 사고와 새로운 제도의 틀을 요구한다. 인류의 역사는 바로 이런 교체와 변화의 과정을 우리에게 분명하게 보여주고 있다. 농경문명에 알맞은 사고와 제도의 틀을 가지고 산업문명을 이끌고 갈 수 없다. 산업화와 민주화는 서양의 산업문명의 양대 요소요, 과학기술과 근대의 서양사상은 바로 산업문명에 필요한 발상법과 제도의 틀을 마련해 준 것이었다. 자본주의와 그에 맞서는 사회주의와 공산주의의 이념적 대결도 산업문명 안에서의 대결이었다.

우리가 지금 마주하고 있는 인류 역사는 대전환의 용트림을 하고 있다. 우리가 새로운 역사의 광장에서 성공적으로 살려면, 이 새로운 문명에 알맞은 새로운 사고와 제도의 틀을 모색하지 않으면 안 된다. 우리가 지금까지 애지중지해 온 사고의 틀과 제도의 틀을 가지고서는 결코 새 문명의 중심의 자리에 설 수 없다. 엄청난 탈바꿈이 요청된다.

그럼에도 불구하고 지난날의 옛 사고의 틀 안에 머물면서 이른바 보수와 진보의 편 가르기 싸움에 몰두하고 있다면, 우리가 시중(時中)의 지혜를 실천하는 사람이라고 할 수 없을 것이 아닌가. 지금 세계의 선두주자가 되고자 하는 사람들은 새로운 발상의 모색에 전력하고 있다. 물론 지금 이것이다 하고 내놓은 그럴듯한 새것은 없다.

이러한 과도기적 상황 아래 우리는 살고 있다. 적어도 우리가 옛날의 껍질을 뒤집어쓰고 우리끼리 서로 죽이기 싸움만은 안 하는 것이 현명한 일이 아닐까.

더구나 나라 살림을 떠맡은 사람들이 새로운 세상을 만든다고 하면서, 이미 시효가 지난 생각과 제도의 틀을 들고 새 시대를 이끌어간다고 떠들고 다니며 자기와 다른 것을 모두 제거하면 좋은 세상이 올 것처럼 행세를 한다면, 그야말로 통탄스러운 일이 아닐 수 없다. 종속성에서 벗어나겠다고 하면서, 자신의 새로운 목소리가 아니라 남에게서 빌려온 것을 그냥 외우고 다닌다면 그것이야말로 우스꽝스러운 풍경이 아닐 수 없다. 해방 후에 이 땅에서 벌어졌던 그 옛 풍경의 필름을 보는 것 같은 상황이 오늘 이 땅에서 벌어지고 있는 것을 보면서 우리의 부끄러움을 감출 길이 없다.

새 문명의 중심에 서려면 새로운 발상으로 세계를 이해하고 운영해 갈 새 틀을 창안해 내야 한다. 우리는 지난 산업문명에서는 역사의 변방에서 헤매다가 뒤늦게 막차를 올라탔다. 그것이 바로 지난 50여 년의 고통의 역사였다.

인류는 지금 새 세상에 대한 그림을 그려야 할 때이다. 그 새 그림을 잘 그리고 그것을 먼저 현실로 만드는 자가 새 문명의 중심에 서게 될 것이다. 새로운 판의 역사가 전개될 전환의 시대가 바로 오늘 우리가 숨 쉬는 세상이다. 자본 반자본의 옛 판을 만든 장본인들은 이미 그 놀이를 집어치운 지 오래되었는데, 이 땅의 늦깎이들만 옛 판을 꺼내 들고 무슨 대단한 것인 양 야단법석을 벌이고 있는 형국이다.

지금이야말로 대화해(大和解)와 통합이 필요한 때이다. 19세기 말에 우리끼리 엉터리 싸움에 몰두하는 사이에 엉뚱한 세력에게 먹힘을 당했던 옛 역사의 비극을 되풀이하지 않기 위해서 말이다.

그러기 위해서는 우리가 세상을 넓게 내다보는 다차원의 시각을 가져야 할 것이다. 세상을 낮은 차원에서 보면서 '작은 다름'에 크게 주목하는 사람들은 자기와 다른 것들을 배제하고 원수로 삼는다. 그러나 다차원의 시각에서 세상을 바라보는 자는 자기와 다른 것을 원수로 배척하는 것이 아니라, 자기가 안 가진 것을 보태줌으로써 자신을 한 차원 높은 존재로 만들어주는 자로 인식한다. 다른 것을 제로섬 게임(zero-sum game)의 관계에서 보는 것이 아니라, 윈윈 게임(win-win game)의 차원에서 바라본다. 이러한 다차원의 시각에 설 때야 비로소 대화해를 통한 대통합의 세계가 열릴 수 있다.

지금 한국은 바로 이러한 상보(相補)를 통한 상생(相生)의 대화해와 대통합의 리더들을 요청하고 있다. 그리고 새 문명에 대한 폭넓은 열린 시각과 비전을 가지고 새 역사를 창조해 나갈 리더들을 요청하고 있다.

지금 우리에게 절실하게 요구되는 것은 오십보백보의 차이를 놓고 마치 성자와 죄인의 대결처럼 수다를 떠는 일이 아니다. 우리는 반칙(反則)이 일상화되어 있는 어려운 세월을 사는 동안 반칙으로부터 완전히 자유로운 사람이 거의 없을 정도의 상황에 놓여 있었다. 털어서 먼지 안 나는 사람이 없다는 자조의 삶을 살아왔다. 이제 그것을 청산할 때가 되었다. 이때 필요한 것은 차원 높은 안목으로 대화해의 뜨거운 감동의 정치로 이 땅의 영혼들을 서로 얼싸안도록 하는 일이다. 우리가 만일 이런 새로운 역사의 시작을 마련하는 데 성공한다면, 오늘의 고통은 희망으로 승화될 것이다.

역사의 새해를 맞이하면서 새날이 찾아오길 소망한다. 과거의 실패에 고착되어 있는 자는 결코 희망의 새날을 맞이할 수 없다. 수많은 어제의 실패에도 불구하고 매일매일을 새로운 날로 맞이하는 열린 마음, 열린 영혼이야말로 새 역사를 창조하는 아름다운 사람이 아닐 수 없다. 새해에 우리 모두가 그런 아름다운 인간으로 상승했으면 얼마나 좋을까.

『월간 헌정』(2004년 1월)

사람과 혼인

말을 다 배운 세상의 어른들이 보는 재미가 여러 가지가 있겠으나, 겨우 말을 배우기 시작한 어린아이가 연출하는 '말 재롱'을 관람하는 것처럼 감칠맛 나는 재미도 많지 않은 듯하다. 말 재롱을 관람하는 재미는 어린아이가 내뱉는 말들이 어른들의 것보다 월등해서 느끼는 그 어떤 존숭의 재미가 아니다. 그 형편없는 존재가 그래도 그만큼이나 해내는 그 '기특함'에 대한 어른스러운 느긋한 정서가 자아내는 기쁨을 어른들은 어린아이의 말 재롱에서 얻는 것인지도 모른다. 까닭이야 무엇이기나 한 가지 분명한 사실은 어린아이들의 말 재롱은 어른들에게 하루의 고달픔을 풀어주기에는 안성맞춤이라는 것이다.

여기에 늘어놓은 나의 이야기도 그런 말 재롱일 수밖에 없다. 며칠 전에 『샘이 깊은 물』의 편집자가 나에게 아내와 남편에 관한 이야기를 써달라는 주문을 해왔다. 그 주문을 물리칠 수 없는 딱한 형편에 있던 나는 명령과 다름없는 그 요청에 응하기로 하였지만, 그런 주문을 나 같은 사람에게 하는 까닭을 곰곰이 생각해 보지 않을 수 없었다. 나야말로 그 주제에 관하여 거의 아는 바가 없는 무식한 사람이기 때문이다. 경험이 곧 지식이라는 주장도 있지만, 나야말로 남편으로서의 경험이 며칠밖에 되지 않으니 내가 무엇을 쓸 수 있단 말인가? 말을 갓 배우기 시작한 어린아이에게 네 아는 말을 모두 한번 들먹여보라고 말 재롱을 부추기는 어른들의 마음보와 같은 것이 편집자의 마음속에 도사리고 있음을 분명하게 느끼지 않을 수 없었다. 하기야 어른들의 유창한 말재주가 때로는 어린아이의 말 재롱보다 지루하게 느껴지는 때도 있으니, 나와 같은 인생 초년생이 한 번쯤 부부 재롱담을 펴보는 것도 조기 찌개에 넣는 쑥갓쯤의 역할은 할 수 있을 듯도 하다.

이야기가 나왔으니 말이지, 이 원고지를 메우고 있는 오늘로 내가 혼인한 지 꼭 한 달이 되었다. 그러니 내가 아내와 남편에 관해 알면 얼마를 알 수 있겠는지 독자들은 넉넉히 짐작할 수 있을 것이다.

20세기의 가장 탁월한 독심술가라 할 수 있는 지그문트 프로이트는, 사람은 어머니 젖꼭지를 물고 있는 시기부터 이성에 대해 하염없이 동경을 한다고 했으니, 아내와 남편이 한 쌍을 이루어 사는 것은 하늘의 이치인지도 모른다. 나도 그 하늘의 이치를 겨우 나이 마흔이 훨씬 넘어 실천에 옮겼으니 사람으로는 매우 우둔한 무리에 드는 것이 분명했다. 어쩌면 그렇게도 우둔할 수 있을까?

나의 친구들은 거개가 20대에 그 천리를 깨닫고 실천에 옮겼으며, 늦어도 30대에는 모두 그 깨달음의 경지에 들어섰으니 말이다. 나보다 앞서간 어른들의 이야기는 꺼내지 않는 것이 나의 우둔함을 좀 약화하는 데에 도움이 될 터이지만, 그게 내 입을 통해 말을 꺼내지 않는다고 가려질 사실도 아니기에 한 가지만 이야기하겠다. 멀리도 말고, 나의 한 불알친구의 아버지는 일곱 살에 장가를 들었으며 그의 어머니는 열두 살에 시집을 왔다. 그뿐만 아니다. 내가 6 · 25 전쟁 때에 제주에 피난 가서 국민학교에 다녔는데 — 아마 5학년 때였던 듯하다 — 그때에 이미 장가 간 녀석이 우리 반에 있었다. 내가 만일에 그 녀석처럼 영특했더라면 지 금쯤은 손자는 몰라도 혼인할 나이가 지나고도 넘치는 의젓한 어른을 자 식으로 두었을 것이 틀림없다. 이렇게 생각해 보면 겨우 한 달 전에 치른 내 혼례는 인생 지진아의 현장 검증과도 같은 것이었다.

어른이 되면 시집 장가를 가서 아내와 남편으로 살아가는 것을 천리 로 아는 세상에 40세가 훨씬 넘도록 독신으로 살았던 이 인생 지진아가 겪었던 서글픈 이야기가 사실 한두 가지가 아니다. 우리 사회의 '독신 탄압'이 이만저만이 아니기 때문이다. 적어도 한국 땅 위에서는 독신으 로 살면서 순교자의 수난과 엇비슷한 쓰라림을 면하는 것이 그리 쉽지 않다. 그러니 이 땅에 살면서 혼인하여 아내와 남편이 된다는 것처럼 대 단한 일도 없을 듯하다. 나도 비록 늦기는 했을망정, 그 대단한 일을 치 른 괜찮은 사람이 이제 된 셈이다.

사람을 만날 적마다 언제 국수 먹여주느냐, 왜 아직도 혼인하지 않느 냐는 질문 공세에 몇 번씩 시달리지 않는 날이 하루도 없는 나날을 살아 가는 것이 이 땅 독신자의 생활이다. 나도 이 독신자가 겪는 나날의 수난 에서 벗어날 수가 없었다. 언제 국수 먹여주느냐는 질문을 어떤 때는 강 의를 끝마치고 학생으로 붐비는 복도를 헤쳐 나오다가 받기도 했다. 정 말 그때는 얼굴이 화끈거리나 못해 창피스러울 뿐만 아니라 무슨 죄라도 지은 듯이 느껴지기조차 했다. 홧김에라도 그 좋은 혼인을 누구라도 좋 으니 당장 해서 나도 떳떳한 사람이 되어야 하겠다고 다짐해 보기도 하 였으나, 그게 그리 쉬운 일은 아니었다.

이런 끊임없는 질문 공세에 시달리면서 내가 만들어낸 대답이 하나 있다. "그래 봬도 내가 당신의 행복 증진에 기여하고 있소. 당신이 나를 만날 적마다 무슨 말을 꺼내 말문을 열까 하는 수고를 할 필요 없게 해주 니 말이오." 또 때때로 이런 고약한 말로 대꾸할 수 없는 것도 아니다.

"당신 아직도 그 옛날 여자와 살고 있소?"

1960년대 말에서 1970년대 초까지 미국에서 대학원 학생으로 5년 동안 살았던 경험이 있다. 그때는 내 나이 20대 말에서 30대 초였으니, 어찌 보면 혼인 적령기였다고 할 수 있는데도, 나는 미국 사람들로부터 혼인 언제 하느냐는 질문을 받았던 기억이 거의 없다. 그리고 나이 마흔이 넘어 독일에서 한 해쯤 머물렀던 일이 있는데, 그때도 나는 독일 사람들로부터 왜 아직도 혼인하지 않고 있느냐, 언제 혼인할 생각이냐 같은 질문을 한 번도 받은 적이 없다. 더구나 나와 가까운 사이였던 독일의 대학 교수조차 내 혼인에 관해 한마디도 하지 않았다. 어찌 보면 나에게 무관심했기 때문인지도 모른다. 그러나 대체로 서양 사람들은 혼인과 같은 남의 개인 속사정 이야기는 자기가 스스로 꺼내기 전에는 안 하는 것이 예절 있는 사람의 행위라고 여기는 듯하다. 예절이란 근본적으로 남의 처지를 난처하게 만들지 않는 것이어야 한다고 그들은 믿고 있는지도 모른다.

인간은 저마다 자기의 처지와 생각과 취미에 따라 이렇게 또는 저렇게 살 권리가 있으며, 그러한 남의 권리를 존중하는 것이 사회생활에서 우리가 지켜야 할 중요한 도덕규칙이라고 나는 생각한다. 그러므로 아무리 선의에서 하는 말이나 행위라 하더라도 그것이 남의 처지를 어렵게 만드는 것일 때는 자제하는 것이 옳은 것이 아닌가 한다. 어떻게 보면 이 땅에서 빈발하는 저 독신 탄압은 선의에 뿌리를 둔 것임에 틀림없지만, 곧 "네가 장가들어(시집가서) 마누라 품고(서방 품에 안기고) 행복하게 살고 아들딸 낳아 대를 잇게 하는 것이 나의 관심사다"라고 암시하는 것임이 분명하지만, 그것이 당사자들에게 얼마나 곤혹스러운 일이 되는가를 생각할 때에 삼가는 것이 옳다고 여겨진다.

우리나라 독신자들의 피해는 그쯤에 그치지 않는다. 한마디로 줄여 말하면, 사회제도상의 여러 가지 불이익이 독신자들에게 가해진다. 재미있는 것은 인구 증가 억제에 열을 올리고 있는 이 사회에서 인구 증가 억제에 가장 공헌이 큰 독신자들에게 더 혜택을 베풀기는커녕, 그들에게 중벌과 같은 불이익을 제도적으로 보장하는 것은 참으로 기묘한 일이 아닐 수 없다. 그 대표적인 보기가 여러 회사와 기관에서 공급하는 아파트 입주권을 독신자에게 주지 않는 것이라고 하겠다. 한마디로 이 나라에 살면서 아내 노릇이나 남편 노릇을 못하는 나이 든 사람은 사람대접을 제대로 받기 어렵다. 그러니 혼인이 연애의 무덤이라고 하더라도 혼인은 우선 해두는 것이 이 땅에 사는 지혜로운 방법처럼 여겨질 정도이다.

"51점이면 해라." 어디선가 들어본 적이 있는 명령의 말씀이요, 권유의 말이다. 혼인하는 일에 재주가 없어서 혼인이라는 큰일을 앞에 놓고 꾸물거리는 혼인 후보자들에게 사람들이 흔히 주는 교훈의 명령이 바로 "51점이면 해라"라는 저 귀한 말씀이다. 참으로 간단하고 명료한 처방이다. 혼인 문제를 풀기 위해서는 상대방 후보가 몇 점인지를 매겨보고 나서, 총계가 51점이면 눈 감고 구청으로 달려가서 혼인신고서에 도장만 찍으면 인생 문제가 다 해결된다는 것이 저 값있는 교훈의 말씀의 골자가 아닌가 한다.

그런데 문제는 그리 간단하지 않은지도 모른다. 왜냐하면 그 채점 기준이 무엇인가가 그렇게 명백하지 않을지도 모르기 때문이다. 그러나 채점 기준을 아는 것은 그리 어려운 일이 아니다. 이 땅에 사는 이미 혼인한 몇 사람을 붙들고 물어보면 대충 알 수 있다. 그래도 잘 모르겠으면 이 땅의 혼인 문제 해결사인 '마담 뚜'에게 달려가면 곧 그 해답을 얻을 수 있을 것이다.

그러나 만일에 어떤 혼인 후보생이 "51점이면 해라"라는 충고의 말씀에 다음과 같은 이의를 제기하면 그 대답은 무엇일까? "왜 51점짜리와 혼인하라고 하는가? 51점 이상짜리는 어떻게 하고…." "혼인은 다 그렇고 그런 거야. 뭐 별난 여자, 별난 남자 있는 줄 알아? 다 똑같아. 뭐 그렇게 수선 떨지 마. 그리고 혼인해 보기 전엔 몰라. 고른다는 것이 되고르기 일쑤요, 마침내 인생은 아니 혼인은 복권과 같아서 제비뽑기란 말이야." 이것이 저 까다로운 후보생에게 주어지는 정답이 아닌지 모르겠다. 그리고 거기에 몇 마디 더 곁들인다면, "옛날에 사람들이 어떻게 혼인했는지 알아? 여자 얼굴은 혼인한 날 밤 이부자리에 들 때 처음 보고도 아들딸 잘 낳고 잘들 살았어요. 이 똑똑한 체하는 젊은이야, 쯔쯧…"일 것이다.

혼인이 연애의 무덤이라고 하지만, 연애의 과정을 겪어 혼인으로 귀결되는 남녀의 결합이 보편화되기 시작한 것은 인류의 삶에서 그리 오래된 풍습이 아닌 듯하다. 서양만 해도 연애는 중세의 귀족 문화에서나 이야기되는 사건이었다. 그 밖의 혼인은 사회경제적인 교환의 한 형태로서 행해져 왔다. 그러므로 사회경제적인 고려가 가장 중요한 혼인의 성립 요인으로 작용하였다. 그리고 그러한 사회경제적인 고려는 혼인 당사자가 아닌 어른들에 의해 결정되었다.

그래서 어떤 경우에는 여자를 배우자로 데려오는 값으로 소나 말과 같은 가축이나 금은과 같은 금품을 여자의 부모에게 지급하는 것이 상례로 되기도 하였다. 그런가 하면 아직도 이 세상에는 여자 배우자를 경제적인 대가를 지급하고서야 데려다가 혼인할 수 있는 사회가 존재하고 있음이 인류학이 관찰해 얻은 상식이다.

혼인에 연애라는 혼인 당사자들의 실존적인 요인이 개입하게 된 것은 인류 역사의 진보적인 전개과정과 일치하는 사건이라고 나는 생각한다. 인류의 역사가 대체로 진보의 방향으로 진행되어 왔다는 추상적인 낙관론을 내가 떠받드는 것은 아니지만, 그래도 지금까지 진행되어 온 인류 역사에 무엇인가 더 나은 방향으로 움직임이 있었다면, 그 안에는 반드시 혼인제도에 연애의 요소가 포함되었다는 사실도 꼽혀야 할 것이다.

혼인이야말로 인간과 인간이 만나는 가장 중요한 방식에 드는데, 그 사건이 만나는 당사자의 생각과 뜻에 따라 이루어지는 것처럼 자연스러운 일은 없다. 인간의 삶이 비록 자기의 생각과 결정에 따라 깡그리 결정되는 것은 아니라 하더라도, 인간 개인의 생각과 결정이 배체된 채로 굴러가는 삶을 자기가 살아야 하는 것처럼 비인간적인 사건이 어디에 있을까?

지금 우리 혼인 풍습에는 옛 흔적이 아직도 살아 있는 듯한데, 그중 혼수 주고받기와 궁합을 보는 것이 그 대표되는 것이라 할 수 있다. 그러므로 요즈음에 저 두 가지 요소를 무시하고 치른 혼인이라면 잘 치른 혼인이라고 말하기 어려운 것인지도 모른다. 세상에 떠도는 말로는 시집 장가를 가는 일에 엄청난 재산의 거래가 전제되기도 한다고 한다. 그리고 그런 혼인을 매우 잘한 혼인인 것처럼 부러운 눈초리를 보내고 있는 것이 요즈음 세상인 모양이다. 하기야 사람의 세상살이에 물건이 필요하지 않으랴마는 세상에 가장 가까운 사람을 돈으로 교환한다는 것은 무엇인가 잘못되어도 단단히 잘못된 것이 틀림없다는 생각을 물리칠 수가 없다.

그런 사람들이 하는 생각의 밑바닥에는 이런 생각이 흐르고 있는지 모른다. "세상에 가장 귀한 것은 돈이다. 그리고 배우자도 세상에 가장 귀한 것이다. 그러므로 배우자는 돈과 교환될 수 있다. 왜냐하면 배우자는 곧 돈이니까." 아리스토텔레스가 공식화해 놓은 삼단논법에 들어맞는 듯한 그럴싸한 논리라 할 수 있다.

그러나 이 추리는 '매개념 부주연의 오류'라는 잘못된 추리에 든다. 돈을 세상에 귀한 것으로 꼽을 수는 있어도 돈이 세상에서 귀한 것 전부는 아니다. 그리고 사실 곰곰이 생각을 해보면 돈이 세상에서 귀하다는 것과 배우자가 세상에서 귀하다는 것은 똑같은 수준에 놓고 생각할 수 있는 것이 아니다. 돈은 돈만큼 귀한 것이요, 사람은 돈과는 다른 차원에서 — 다른 의미에서 — 귀한 것이기 때문이다. 돈과 사람은 서로 맞바꿀 수 있는 것이 아니다. 돈과 사람을 맞바꾸려는 것은 돈 귀신 들린 사람의 머릿속에서만 타당한 생각이다. 돈은 사람이 사는 데에 사용되는 수단에 지나지 않는다. 사는 것 곧 삶의 주인공은 인간 자신이다. 돈과 사람을 같은 차원 위에 놓고 맞바꾸려는 것은 수단과 목적을 같은 것으로 보는 그릇된 생각이다. 돈은 어디까지나 삶의 수단으로서 귀중한 것이요, 사람은 삶의 주인공으로서 소중한 것이다. 돈은 어디까지나 돈이요, 사람은 어디까지나 사람이다.

20세기 중엽에 상당한 설득력을 지니고 유럽 사람들을 매료시켰던 사상으로 실존철학이라는 것이 있다. 실존철학이 내세우는 주장에서 가장 중요한 것 하나는 인간은 점수화할 수 없는 존재라는 것이다. 왜냐하면 사람은 사람마다 그 나름대로 독특한 특성을 가지고 있기 때문이다. 그러므로 사람은 그 어떤 한 잣대를 가지고 점수화될 수 없다. 따라서 상품화될 수도 없다. 상품화는 특정한 잣대를 가지고 점수화할 수 있을 때만 가능하기 때문이다. 상품화는 값 매김을 요구하는데, 값 매김은 점수화를 뜻한다. 사람은 점수화할 수 없는 존재이므로 값을 매길 수 없으며, 값을 매길 수 없기에 상품화할 수 없다. 이것이 실존철학자들이 목소리 높여 외친 중요한 주장에 든다. 우리는 이런 실존철학자들의 인간론에 동의를 표하지 않을 수 없다. 왜냐하면 인간의 상품화는 인간이 자기 자신에 대하여 행하는 가장 모욕적인 행위가 되겠기 때문이다.

두 남녀가 만나 서로 아내와 남편의 관계를 맺는 최초의 날인 혼례 날만은 신부와 신랑은 세상에서 가장 귀한 존재처럼 대접받고 행세함이 마땅하다는 어떤 주례자의 말씀을 들은 적이 있다. 그래서 신랑은 마치 임금처럼, 신부는 왕후처럼 행세해도 좋다는 것이었다. 그래서인지는 몰라도 요즈음에 혼인하는 일과 더불어 빼놓을 수 없는 것처럼 생각하는 것이 있는데, 그것은 옛날의 임금과 왕후 그리고 높으신 귀족 나리들이 몸에 걸치던 온갖 귀금속과 보석이 혼수에 드는 것이다.

귀금속과 보석이 없으면 두 인간이 부부로서 만나는 일이 불가능한 것처럼 여기고 있는 버릇도 과연 정당한 것일까? 다이아몬드 반지 없는 혼인은 '앙꼬 없는 빵'처럼 여기고 있는 이 놀라운 풍습은 과연 어디에서 온 것일까? 우리나라에 돌아다니는 다이아몬드 반지는 거의 밀수품의 성격을 띤 것이라고 하니, 두 인간이 밀수품이라는 강력 접착제에 의하여 하나로 결합되는 셈이다. 참으로 부끄러운 노릇이 아닐 수 없다. 다이아몬드 반지의 애호가들보다는 차라리 다이아몬드 반지를 밀수품이 아니고는 가지기 어렵게 만든 이 나라의 높으신 어르신들을 원망하고 싶다. 또 그렇게들 온 나라가 다이아몬드 반지에 눈이 벌게져 있는데도 아랑곳없이 그것을 자유롭게 유통하지 못하게 하는 까닭이 어디에 있는지 나는 모르지만, 혼인과 다이아몬드 반지가 그 무슨 뗄 수 없는 필연적인 관계가 있다고 믿는 저 다이아몬드의 광신자들의 속마음도 나는 이해할 수 없다. 그리고 그 비싼 보석 시계는 또 무엇인가? 모두 도둑이 군침 흘릴 일에 열성을 내고 있음에 틀림없다. 도둑이 무서워서 끼고 다니지도 않을 반지와 시계는 해서 무엇 하자는 것일까? 혼인 초부터 저축에 그런 방식으로 열을 올리고들 있는 것일까? 사랑의 징표, 약속의 징표가 필요하다면, 아무도 탐내지 않을 합금 반지나 두 개 만들어 하나씩 끼고 다니면 충분하지 않을까? 내가 알기로 요새 우리나라 사람들처럼 다이아몬드 반지와 혼인을 뗄 수 없는 것처럼 끔찍이 여기는 사람들이 다른 나라에는 없는 듯하다.

혼인은 두 사람의 몸과 마음이 하는 것이요, 그 어떤 쇠붙이나 돌이 하는 것이 아니다. 무엇이 맞아서 하는 것이라면, 궁합이 맞아서 하는 것이거나, 뜻이 맞아서 또는 기분이 맞아서, 배짱이 맞아서 하는 것이 혼인이요, 쇠붙이나 돌이 맞아서, 돈 계산이 맞아서 하는 것이 혼인일 수가 없다. 혼인함으로써 밀수품 애용자라는 범법자의 불명예를 얻게 되는 이 세태는 분명히 어딘가 잘못되었다고 말하지 않을 수 없다.

아담의 갈비뼈를 떼어내 이브를 만들었다는 기독교의 이야기는 아내와 남편의 인간관계가 다른 인간관계와 근본적으로 다른 것임을 상징적으로 표현한다. 우리는 그런 특수한 아내와 남편의 관계를 '일심동체'라는 말로 표현한다. 한 마음을 지닌 한 몸이 바로 아내와 남편이라는 것이다. 이것은 어찌 보면 너무나 엉터리 같은 소리요, 불가능한 이야기와 같이 들리는 말이다.

인간이 남과 관계 맺는 것은 둘이 하나가 되는 것이 아니라, 서로 독자적인 개체로서 일대일로 만나는 것이다. 대등하고 평등한 모든 정상적인 인간관계는 독립적이고 독자적인 두 개체가 '나는 나대로, 너는 너대로' 당당히 서서 서로 처지를 인정해 주며, 서로 더도 덜도 말고 공정한 관계를 맺는 것이 바람직하다고 우리는 믿고 있다. 이것은 둘이 합해서 하나가 되는 그런 관계가 아니다.

그런데 부부관계는 처음은 둘로 시작하지만, 합하여 몸과 마음이 하나가 되는 인간의 결합 방식에 의해 탄생되는 관계라는 것이다. 도대체 몸과 마음이 하나가 되는 부부관계란 구체적으로 무엇을 뜻하는 것이며, 그것은 참으로 실현이 가능한 것일까?

둘이 결합하여 하나가 된다는 것은 공동 운명체, 공동 생명체라는 말로 풀이할 수 있다. '너의 죽음이 곧 나의 죽음이요, 너의 삶이 곧 나의 삶이요, 너의 기쁨이 곧 나의 기쁨이요, 너의 고통이 곧 나의 고통이 되는' 등식 조건이 성립되는 관계가 부부관계라고 말할 수 있다. 이런 등식 조건이 성립될 때에 우리는 그것을 공동 운명체 또는 공동 생명체라고 말할 수 있다.

우리가 다 아는 대로 부부관계의 토대는 생물학적인 것이다. 남녀라는 성의 구별이 그 결합을 요청하는 근거가 된다. 그리고 그 구별은 생물학적인 두 가지의 다른 기능을 뜻한다. 그리고 두 가지의 다른 기능은 서로 동떨어져 있는 독립적인 그 무엇이 아니요, 서로가 서로에게 필요한 상호의존, 상호보완의 성격을 지닌 것이다. 바로 그와 같은 상호의존과 상호보완의 성격 때문에 그 두 가지 다른 기능의 결합이 요청된다. 그 두 기능은 서로 결합됨으로써만 저마다 고유한 기능과 특성을 실현시킬 수 있다. 서로 고립되거나 독자적이어서는 자기의 기능과 특성을 발휘할 수 없는 이 묘한 성의 두 특성 때문에 남녀의 양성은 독립적이요 자족적인 것일 수가 없는 것이다. 그러므로 그것은 상대방에 의해서, 상대방 속에서만 자기일 수 있으며 상대방의 것일 수 있다. 이와 같은 생물학적인 성의 구별을 토대로 해서 성립되는 인간의 사회적인 관계가 아내와 남편의 관계라고 우리는 말할 수 있다.

그런 관계가 부부관계라 해서, 그것이 반드시 공동 운명체이어야 할 까닭이 있을까 하는 의문을 우리는 제기할 수 있다. 쉽게 말해서 우리가 공통 운명체적인 부부관계를 맺지 않고서도, 상호의존과 상호보완의 성관계를 맺는 것이 가능하기 때문이다. 그렇다면 무엇이 단순한 성관계만이 아닌 공동 운명체로의 부부관계를 사회적으로, 도덕적으로 바람직한 관계라고 말하게 하는 것일까? 말을 바꾸어 표현하면, 두 남녀가 연애하는 관계를 넘어서서 연애의 무덤이라는 혼인을 하여 아내와 남편으로서 제구실을 하며 사는 것이 왜 사회적으로, 도덕적으로 바람직한 일일까?

우리는 흔히 아내와 남편을 주축으로 하여 형성되는 가정을 사회의 기본단위라고 말한다. 그런데 그러한 사회의 기본단위가 되는 가정이 공동 운명체적인 집단이라는 것이 바로 아내와 남편이 일심동체라는 말이 뜻하는 바라 하겠다. 여기서 문제가 되는 것은, 우리는 왜 단순한 애인관계를 넘어서서 아내와 남편으로서 공동 운명체적인 가정의 구성원으로 편입되기를 희망하며, 나아가 그러한 희망은 어떤 의미에서 사회적으로 또는 도덕적으로 바람직한 일일까 하는 것이다.

이 물음에 대한 해답을 간단히 이렇게 표현할 수 있다고 나는 생각한다. 예수의 말마따나 '네 이웃'을 '내 몸'과 같이 사랑하는 천국이 아닌 오늘의 지상에서 공동 운명체적인 가족의 형성과 유지는 2세의 정상적인 양육과 교육을 위해서 필수적이다. 애초부터 어른으로 태어나는 사람은 아무도 없다. 인간은 누구나 어린아이로 태어난다. 그러므로 어린아이의 정상적인 양육과 교육이 없이 정상적인 인간의 삶은 확보될 수 없다. 따라서 생명 공동체적인 가정은 인간의 정상적인 삶의 영위를 위해 필수적이라는 결론에 이르게 된다.

어떤 의미에서 우리는 어린아이의 정상적인 양육과 교육을 위한 필수조건이 가정이라고 말할 수 있을까? 인간은 동물 중에서 독립적인 생존이 가능한 성숙한 개체가 되기까지 가장 긴 시간이 필요한 존재이다. 인간이 생물학적으로 성숙한 개체가 되는 데만 적어도 스무 해가 걸리며, 오늘날과 같은 다원화된 사회에서 생존하기 위한 여러 가지 교육과 훈련을 제대로 받기 위해서는 그 스무 해 말고도 4년에서 7년까지가 더 걸린다. 그런데 이와 같은 긴 시간 동안에 젊은 2세에게 양육과 교육에 필요한 여러 가지 여건을 제공하는 주체는 지금까지의 사회에서는 가정이다. 그러므로 그와 같은 가정이 없이는 젊은 2세가 정상적인 삶을 유지할 수 없다. 그런데 이렇게 스물다섯 해가 넘는 긴 세월 동안 2세를 보살펴줄 주체가 존속하기 위해서는 가정을 형성하고 있는 아내와 남편이 공동 운명체적인 성격을 지닌 한 가정을 일생 동안 유지할 것이 요청된다. 왜냐하면 한 사람이 성년이 되어 가정을 형성한 뒤에 그 2세가 성년이 되어 독립할 수 있게 되었을 때면 한 인간의 삶은 거의 종착역에 가까이가 있게 되기 때문이다. 아내와 남편이 그러한 공동 운명체적인 삶의 틀을 제대로 형성하지 못하게 될 때에 가정은 위기를 맞게 되며, 그러한 가정의 위기는 그 가정에 태어난 2세들에게 삶의 위기를 맞게 할 수 있다.

만일에 모든 가정이 그러한 위기에 선 불안정한 가정이 된다면, 그것은 모든 2세들의 삶의 위기를 초래하게 될 것이며, 마침내 그 뒤에 나타나는 모든 인간의 삶을 위기로 인도할 것이다. 그러므로 공동 운명체적인 부부관계를 형성하여 지켜나가는 일은 어린아이의 정상적인 삶의 터전을 마련하기 위해 필수적인 전제조건이라는 통찰에 우리는 이를 수 있다.

그러면 가정의 울타리에서 우리 자신을 해방시킬 수는 없는 것일까? 사람이 거개가 가정의 울타리를 잘 지키고 있는 동안에는, 몇 사람이 대외적으로 가정의 울타리로부터 벗어난다고 해도 인류 전체의 안녕과 존속에 크나큰 영향을 미치지 않을 것임은 분명하다. 그것은 과거의 역사 사실에 의하여 확인됨과 함께 사태에 대한 논리적인 따짐에 의해서도 분명히 드러난다.

그런데 문제는 도대체 너나 할 것 없이 사람들이 모두 가정의 좁은 울타리를 넘어서서 살 수는 없는 것일까? 가정에서 벗어나는 해방, 가정의 초월은 전혀 인간에게 불가능한 일일까? 그에 대한 해답은 분명하다. 인간이 가정에 대해 지녔던 것과 같은 생각을 가정 밖에 있는 사람들에게까지 확대하여 적용할 수 있게 될 때에 우리는 가정을 초월할 수 있을 것이다. 아내와 남편을 주축으로 하여 형성되는 공동 운명체에 대해 지녔던 일심동체의 관념을 가정 밖의 구성원에게 적용하는 것은, '네 이웃'을 '내 몸'과 같이 사랑함을 의미한다. '너의 죽음이 곧 나의 죽음이요, 네 삶이 곧 나의 삶이요, 네 기쁨이 곧 나의 기쁨이며, 네 고통이 곧 나의 고통이 되는' 그런 공동 운명체적인 태도를 우리가 나의 가정 밖에 있는 모든 인간에 대하여 똑같이 지닐 수 있게 되었을 때에 우리는 가정의 울타리를 넘어설 수 있게 되며 가정에 얽매인 좁은 이해의 편견에서 우리 자신을 해방시킬 수 있을 것이다. 그때에 우리는 '나의 아내'와 '나의 남편'만이 공동 운명권 속에 있는 존재가 아니라, 모든 인류가 그러한 공동 운명권 속에 있는 존재임을 비로소 발견하게 될 것이다. 가정을 우리가 그렇게도 소중히 여길 수밖에 없는 것은 우리의 따스한 마음과 시선이 모든 인간에게 고루 배분되지 못하는 연약하고 불완전한 존재이기 때문이다.

만일에 우리가 남의 자식도 내 자식처럼 사랑할 수 있다면, 가정이 없더라도 어린아이는 정상적인 양육과 교육의 기회를 얻게 될 것이다. 그러나 자기 자식조차 제대로 양육하고 교육하기를 게을리하는 자에게 남의 자식을 잘 양육하고 교육해 주기를 기대하기는 매우 어려울 것이다. 그러므로 세상에 부부를 주축으로 하는 가족제도가 존속하는 동안에는 공동 운명체로서 아내와 남편의 관계가 인간의 삶을 풍요롭게 하기 위한 도덕적인 요구 사항이 아닐 수 없다. 그리고 만일에 이 세상에 사는 사람들이 모든 이웃을, 세상에 존재하는 모든 사람들을 마치 자신의 몸과 같이 아끼고 사랑할 수만 있다면, 가족이 아니더라도 어린아이의 양육과 교육은 순조롭게 정상적으로 이루어질 수 있으리라고 기대할 수 있을 것이다. 그리고 그때에야 비로소 우리는 가정에서 해방될 수 있으며 가정의 편애에서 우리 자신을 초월시킬 수 있게 될 것이다. 그때에 우리는 모두 천국의 아들딸이 될 것이며, 그때에야 마침내 우리는 참으로 자유로운 진리의 아들딸이 될 수 있을 것이다. 이것은 인간의 영원한 염원이 아닐 수 없다. 인류의 역사는 어쩌면 그러한 구원의 염원을 향한 기나긴 도정이었는지도 모른다. 그러나 인류는 아직도 그 염원의 실현으로부터 너무나 멀리 떨어져 있는 듯하다. 가정은 그러한 구원의 염원을 아직 실현하지 못한 진리의 도상에 있는 존재들의 일시적인 안식처인지도 모른다. 따라서 가정의 이야기는 차가운 남들의 눈초리들 속에서 몇 사람끼리나마 꼭 껴안고 생존을 위해 보온 운동을 하는 지상의 애처롭게 추운 사람들의 이야기인지도 모른다.

'네 기쁨이 곧 나의 기쁨이요, 네 고통이 곧 나의 고통'이라고 느끼는 아내와 남편은 위대한 부부임에 틀림없다. 그러나 그러한 공동 운명의 공감을 모든 인간과 더불어 같이 나누어 가지려는 아내와 남편은 그 위대한 부부보다도 더 위대한 인간이라고 우리는 말하지 않을 수 없다.

『샘이 깊은 물』(1985년 11월)

왕 같은 대통령의 시대는 지났다

동물의 세계에는 두목이 있어왔다. 혼자 사는 동물이 아니라 무리를 이루어 사는 집단 동물(social animal)의 삶에는 두목이 이끄는 대로 쫓아가야 제 생명을 유지할 수 있다. 도망갈 때와 공동으로 싸울 때, 먹이를 찾아 낯선 지역으로 움직일 때, 두목이 이끄는 대로 움직여야 자기 생명을 제대로 보존할 수가 있다.

인간의 삶도 무리를 이루어 사는 집단의 삶, 소위 사회적(social) 동물의 삶이다. 그래서 그 공동체를 이끌고 가는 두목이 있어왔다. 그 두목의 명칭은 여러 가지 언어로 표현되었다.

그 공동체가 오늘날과 엇비슷한 국가의 형태를 지녔을 때, 동양권에서는 그 두목을 '왕(王)'이라 불렀고, 서양에서는 'King'이라 불렀다.

한민족은 고조선, 고구려, 백제, 신라, 고려를 거쳐 조선이라는 정치 공동체를 이루고 살면서 왕을 두목으로 모시고, 그가 지도하는 대로 집단생활을 영위해 왔다. 하지만 조선이라는 나라는 500여 년 지속하다가 왕들이 왕 노릇을 제대로 하지 못해서, 이웃 왜족에게 국권을 상실하여

35년 동안 일본 식민지로 전락, 일본 '천황'이라는 두목 밑에서 살았던 뼈아픈 과거의 기억을 우리 한민족은 가지고 있다.

1948년, 한민족은 '대한민국'이라는 국호를 달고, 민주국가를 건설한 후, 대통령제 국가로 출발하였다. 민주국가(民主國家)란 민(民)이 주인(主人)인 나라이다. 말하자면, 국가의 구성원인 민(民)이 모두 주인인 나라이다. '주권재민(主權在民)' 사상이 뜻하는 바가 바로 그것이다.

그러면 대통령은 무엇인가? 한마디로 쉽게 표현하자면, 나라의 주인을 섬기는 큰 심부름꾼이다. 물론 누구나 큰 심부름꾼 노릇을 할 수는 없다. 주인의 다수가 선택한 자만이 큰 심부름꾼이 될 수 있다.

'제왕적 대통령'이란 말이 한국 사람들의 입가에 나돈 지 꽤 되었는데, 그 뜻은 왕과 같은 대통령이라는 것이다. 박정희 씨는 군사 쿠데타를 통해 권력을 잡은 후 유신헌법까지 제 손으로 만들어놓고, 그 어떤 과거의 왕보다도 강력한 '제왕적 대통령'이 되었다. 민주국가를 자처하는 나라에서는 이론적으로 모순되는 권력 체제를 운영했던 것이다.

박정희 군사통치를 친위 쿠데타로 권력을 계승한 전두환 씨도 박정희 정권에 못지않은 제왕적 권력을 휘두른 대통령 노릇을 했다.

1987년, 이른바 6월 항쟁으로 대통령 직선제가 채택되어 오늘에 이르고 있다. 벌써 28년이 되었다. 그 후 국민들이 직접 뽑은 대통령이 대한민국을 운영해 오고 있다. 오늘 우리는 박근혜 대통령과 새누리당의 간부들이 티격태격하는 추태를 연일 눈이 시리도록 보고, 귀가 아프도록 듣고 있다. 과연 이 나라가 어디로 갈 것인가? 산으로 올라갈 것인가? 나라 주인인 민(民)은 노심초사하고 있다.

이곳저곳에서 '왕 같은 대통령'이라는 소리가 들려오고 있다. 또한 여기저기서 '나도 나도' 하면서 '너만 힘세냐, 나도 힘세다'를 과시하는 몸짓과 큰 소리를 내고 있다. 조선시대의 당파 싸움을 연상케 하는 권력 투쟁의 검은 그림자를 느끼게 한다.

지금은 '혼자 몰아 가지는 시대'가 아니다. 나눔의 시대이다. 나눔의 시대에 알맞은 권력 행사, 협치(協治)에 걸맞은 제도로 탈바꿈해야 오늘과 같은 혼란에서 벗어날 수 있을 것이다. 헌법 개정이 바로 그런 제도의 탈바꿈을 가능케 할 것이다.

새로운 대한민국의 탄생이 요청된다. 시대의 요청을 외면하는 자에게 미래는 없다. 성숙한 시민만이 시대의 요청에 제대로 응답할 수 있을 것이다.

『성숙의 불씨』(2015년 7월 7일)

시효가 지난 87년 체제

하룻강아지 범 무서운 줄 모른다는 옛말이 머리를 스치고 지나간다. 요즘 한국의 정치 현장을 보고 있노라면, 도대체 나라를 이끌고 가는 국가 지도자가 되겠다는 사람들의 작태가 범 무서운 줄 모르는 하룻강아지를 떠올리게 한다. '위기'라고 말은 하나, 위기의 참뜻을 아는지 모르는지, 권력을 좇아 이리 뛰고 저리 뛰기만 하는 정치 현장 속의 하룻강아지들이 이 땅 위에서 목숨을 부지하고 있는 사람들의 속을 뒤집어놓는 요즘이다.

그동안 이 땅의 많은 사람들은 제2차 세계대전 후 유일하게 산업화와 민주화에 성공한 기적의 대한민국이라는 자부심을 느끼며 살아온 게 사실이다. 그러나 지금은 그런 환각 속에서 단꿈을 꿀 때가 아니다. 왜냐고? 지금 세상은 급변의 시대, 문명의 대전환기이기 때문이다. 참으로 중차대한 역사의 전환기이기 때문이다. 어정쩡하게 서성거리다 보면 역사의 나락 속으로 추락하기 딱 좋은 때, 그런 '위기'가 바로 오늘이기 때문이다. 호랑이 굴에 들어가서도 정신만 차리면 호랑이 등을 타고 새로운 세계로 진입할 수도 있는 그런 결정적 순간이기 때문이다. 내가 하면 로맨스, 네가 하면 스캔들이라는 적대적 관점의 포로가 되어 국가 이익은 어디로 가는지 알 수 없이 난투극만 연출하는 여의도 국회의사당, 그것이 이 땅의 선민(善民)의 가슴을 쥐어짜는 통증의 근원이다. 온 국민의 선량들이 분연히 일어나 의사당 안에서 싸움질만 일삼는 높으신 분들을 의사당 밖으로 쫓아내고 싶은 심정이지만, 그럴 수도 없는 현실이 아닌가.

4 · 13 총선의 표의 행방이 보여주는 것은 이런 선민(善民)들의 마음의 표상(表象)이 아닐까?

때가 되었다. 정치권이 대오각성하여 창조적 파괴를 실천에 옮길 때가 무르익었다. 땅에 엎드려 허리 운동한다고 해서 해결될 일이 아니다. 이제 엎드려 절하는 따위의 겉치레가 세상을 구제할 수는 없다.

가장 핵심적인 작업은 87 체제의 헌법을 확 뜯어고치는 과감한 결단을 실천에 옮기는 일이다. 산업화를 강행한 군부의 장기 집권을 무너뜨린 운동권, 그래서 획득한 현재의 헌정 질서에 일대 변혁을 가져올 때가 되었다.

우리는 그동안 국가의 정체성을 두고 정치권이 갈라져 싸움박질을 하며 국가 정체성의 위기를 자초했다. 나라가 제대로 굴러가려면 외부의 적대 세력에 대해서는 한마음이 되어 나라를 지켜낼 때에야 국가의 발전과 국민의 행복을 도모할 수 있다.

그리고 우리 내부 살림살이에 대해서는 다양한 해결 방안들을 놓고 최선의 길을 토론할 수 있어야 참된 민주주의의 꽃이 활짝 필 수 있다. 사회의 여러 가지 영역을 대변하는 여러 정치집단들이 약동할 수 있는 정치 환경이 만들어져야 한다. 여기서 성장과 복지 어디에 더 우선순위를 두느냐 하는 것도 극렬한 찬반이 아니라, 타협을 통한 현실 가능한 방안을 도출하는 합의체가 형성될 때, 사회와 경제의 양극화도 막아낼 수 있을 것이다. 그리고 지금까지와 같은 호남과 영남을 중심으로 하는 지역 갈등도 해소될 수 있을 것이다.

한마디로 내치(內治)는 다당제(多黨制)가 살아 숨 쉬는 내각책임제 정치제도가 도입되어야 한다.

그리고 외치(外治)의 핵심인 외교와 국방은 정당정치의 밖의 중립적 위치에 있는 대통령이 책임지는 헌법 구조가 마련될 때 지금까지의 이 땅의 동물 국회와 식물 국회가 이 땅에서 사라지게 되고 국민 모두가 여러 가지 방식으로 자부심을 가지고 더불어 잘 사는 나라가 만들어질 것이다. 제발 엎드려 간곡히 부탁하고 싶은 것은 20대 국회는 개원 시작부터 87 체제 헌법을 뜯어고치는 작업에 착수하기 바란다. 성공하면, 대한민국은 세계의 중심 국가로 우뚝 설 것이다. 제발 선민(善民)들의 존경을 받는 여의도 의사당 속의 인간들이 되길 간절히 또 간곡히 빌어 마지않는다.

4·13 총선의 결과에 반영된 민심(民心)이 바로 이런 역사 변혁을 요청한다. 그것이 바로 나라의 주인을 올바로 섬기는 일이다.

『성숙의 불씨』(2016년 4월 26일)

무엇이 선진국인가

경제학은 GNP가 얼마인가의 척도로 선진국과 후진국을 가늠한다. 한국은 현재 GNP가 2만 8천 달러 정도가 된다고 한다. 이런 GNP의 잣대로 보면 한국은 선진국으로 이제 막 진입하기 시작했다고 말한다.

흔히 대한민국은 제2차 세계대전 후에 태어난 신생국으로, 산업화와 민주화를 최단기간에 성취한 나라라고 말한다. 아무도 부정할 수 없는 사실임에 틀림없다.

그런데 오늘날 대한민국은 세계 어디에 내놓아도 괜찮은 나라인가? 관점에 따라 평가가 다를 수 있다. 솔직히 말하면, 민주화도 걸음마 수준임을 자인하지 않을 수 없다. 무엇보다도 나라의 주인인 국민의 의식 수준을 문제 삼지 않을 수 없다. 대한민국 국민의 다수는 오늘 이 나라의 정치권에 있는 사람들을 향해 손가락질하고 있다. 다른 어떤 사회 영역에 종사하는 사람들보다도 정치 영역에 종사하는 사람에 대한 평가가 지극히 낮다. 단순한 질투심에 나온 평가일까?

그런데 한 나라의 정치 수준은 나라의 주인인 국민의 수준에 달렸다고 말한다. 정치권에 있는 사람들을 선출해 준 사람들은 다름 아닌 국민이기 때문이다. 이렇게 따지다 보면, 형편없다고 손가락질하는 정치꾼들을 탓하기 전에, 나라의 주인인 국민들이 제구실을 했는가도 자성하지 않으면 안 된다. 문제는 나라의 주인인 국민들이, 정치꾼들이 무엇을 하는가를 똑똑히 들여다보고, 채찍을 제대로 행사하는가에 있다. 무엇보다도 국회에서 만드는 여러 가지 법과 제도가 엉터리가 아닌가를 들여다보아야 한다.

지금 대한민국의 국회의원 선거법은 과연 선진국이 시행하는 선거법에 견주어 제대로 된 것인가 따져볼 때가 되었다. 지금 대한민국은 정당의 소수의 우두머리가 추천한 사람들이 후보자가 되어 국민의 선택권 행사를 기다리고 있다. 우리는 지금 정당에 대한 선택권만 있다. 후보가 누가 되느냐는 정당 안의 소수의 우두머리 손에 달려 있다. 우두머리가 소위 '계파'의 우두머리이다. 소수 우두머리에게 잘 보여야 후보가 될 수 있다. 이른바, '친노', '비노', '친이', '친박', '비박'이니 하는 것은 어떤 우두머리에 줄을 서 있느냐를 가리키는 언어이다.

'완전 국민 경선', '오픈 프라이머리(open primary)'라는 제도는 나라의 주인인 국민들에게 공천권을 돌려주는 제도이다. 정치 선진국이 채택하는 제도이다. 아무 단점이 없고 장점만 지닌 최상의 제도란 존재하지 않는다.

민주정치(民主政治)란 무엇인가? 한마디로 국민(民)이 주인(主)인 정치이다. '오픈 프라이머리' 제도는 나라의 주인이 주인 노릇을 하는 제도이다. 주인이 신통치 않아서 주인 노릇 제대로 못하면, 그 나라의 정치가 신통치 못할 것은 뻔하다. 이것이 오픈 프라이머리 제도에 수반될 수 있는 결함이라면 결함이라 볼 수 있다. 그렇다고 소수의 우두머리들에게 맡길 것인가? 그것은 인류가 일찍이 경험한 옛날의 정치, '과두정치'이다. 옛날로 돌아갈 것인가?

소수의 우두머리들을 둘러싼 사람들은 오픈 프라이머리 제도의 결함을 들먹이며 딴소리를 한다. 그 딴소리에 귀가 솔깃해지는 순간 우리는 정치꾼들의 농간에 속아 넘어간다. 나라의 주인의 깨어 있는 의식이 그래서 중요하다. 깨어 있는 국민의식, 이것이 민주정치의 알파와 오메가이다. 거기에 선진 정치와 선진국의 열쇠가 있다.

『성숙의 불씨』(2015년 7월 28일)

연고 대신 자질 중시하는 '통 큰 정치' 하라

노무현 대통령은 일개 정치인으로 있을 때부터 영호남 간 분열과 지역 갈등을 한국 정치가 해결해야 할 가장 가슴 아픈 문제로 인식했을 뿐 아니라, 지역 갈등 해결을 위한 사회통합의 정치를 대통령 후보 핵심 공약으로 내세웠다. 그가 대통령 자리에 오르게 된 중요한 계기를 마련해 준 것은 된 지역 갈등을 해결하려는 그런 단호한 의지와 결연한 행보였다고 해도 과언이 아닐 것이다.

그런데 그가 대통령의 자리에 오른 후, 이 나라의 상황은 어떻게 바뀌었는가? 이 땅은 지금 지역 갈등을 넘어 세대 갈등, 집단 갈등, 거기에다 이념 갈등까지 격화되어 온 나라가 중심을 잃고 분열과 갈등의 격랑에 휩싸여 있지 않은가. 어쩌면 그의 의도가 정반대 상황이 벌어지고 있는 것인지도 모르겠다.

이러한 상황이 조성된 원인이 어디에 있으며, 그 책임이 누구에게 있는가? '조선일보, 중앙일보, 동아일보 등 이른바 수구 언론과 수구 정치 집단과 그 지지 세력의 탓'이라고 노대통령 지지 세력은 말하고 싶을지도 모른다. 물론 오늘의 상황에 대한 모든 책임을 대통령 한 사람에게만 돌리는 것은 공정한 태도가 아니라고 할 수도 있다. 그러나 그 일차적 책임을 국정의 최고 지도자에게 묻는 것은 너무나 당연한 일이 아닐까.

옛날에는 흉년이 들어도 임금의 탓으로 여겼다. 천재지변도 아닌, 분열과 갈등이라는 인재(人災)의 책임을 국정의 최고 책임자에게 묻는 것은 너무나 자연스러운 일이다. 분열과 갈등의 격랑 속에서 국가의 안전에 대한 우려가 심화되고 있을 뿐 아니라, 경제가 추락하여 또다시 빈곤의 수렁에서 헤매게 되지 않을까 하는 두려움이 국민의 마음속을 파고들고 있다.

이 어찌 서민들만의 걱정거리이겠는가. 국정운영의 최고 책임자인 대통령이야말로 그 누구보다도 번뇌할 것이다. 그래서 그의 입가에서 "대통령 하기가 이렇게도 어려운가." 하는 탄식의 소리가 흘러나오는 것인지도 모른다. 한때 그를 지지했던 사람들마저 두려운 마음으로 오늘의 상황을 바라보고 있다.

현명한 사람은 때를 아는 사람이다. 때에 적합한 생각을 할 줄 알며, 때에 알맞은 행동을 할 줄 아는 사람이 현명한 사람이다. 오늘은 어떤 때인가? 문명의 대전환기를 향해 용트림하는 때이다. 이 엄청난 격변의 시대에 지난 시절 유행했던 그 어떤 생각의 한 가닥을 잡고 그것에 의해 세상을 요리하려는 것은 어리석은 일이다. 격변의 시대에 필요한 것은 새로운 착상이요, 새로운 시각이요, 새로운 생각의 틀이다. 어제의 틀은 어제로 유효기간이 지났음을 알아야 한다. 그렇기에 어제 같은 뜻을 가졌던 사람이라 할지라도 이 격변의 시대를 헤쳐 나갈 가장 적합한 인물이 아닐 수도 있다.

정치의 요체가 사회통합에 있다는 것은 두말할 필요 없다. 그런데 나이가 다르다고 빼버리고 코드가 다르다고 빼버리면 남는 것은 분열뿐이다. 사회통합은 어디에도 있을 수 없다. 자기와 다른 것에서 자신의 부족한 것을 보완하고 배우려는 데서 진정한 사회통합은 시작된다. 같은 것만을 고집하는 것은 획일주의요 배타주의다. 다른 것이 곧 자기를 이롭게 하며, 그리하여 자기를 살려주는 것이라는 것을 깨닫는 것이 바로 참된 사회통합의 전제조건이다.

우리가 참으로 더불어 잘 사는 세상을 만들기를 원한다면, '다른 것은 아름답다'는 생각을 생활화해야 한다. 그것은 뺄셈의 정치가 아니며 덧셈의 정치다. 분열과 갈등이 격화되는 나라에서는 경제도 국가 안전도 결코 제대로 굴러갈 수 없다.

노무현 대통령이 당면한 최대 과제는 지금 어떻게 이 나라를 분열과 갈등으로부터 구해 내느냐에 있다고 나는 생각한다. 어쩌면 이것은 그가 대통령이 되기 전에 그렇게도 안타까워했던 지역 분열과 갈등으로부터 우리 정치를 구해 내겠다는 그의 생각과 동일선상에 있는 일일 것이다. 그런데 안타까운 것은 현실은 그 정반대라는 것이다.

노대통령을 아끼는 사람들은 그가 처한 지금의 곤경을 히딩크가 초기에 처했던 곤경에 빗대어 바라보면서, 히딩크가 최후에 대역전한 것처럼 노대통령의 대역전 쾌거를 상상해 보는 것 같다.

물론 그런 대역전이 가능할 수도 있다. 그런데 현재 그 모양 그대로를 그냥 밀고 나가면서 역전의 때가 오리라고 믿는다면, 그것은 큰 오산이라고 나는 감히 말하려 한다. 나의 예견으로는 그와 정반대의 것이 기다리고 있을 것이다. 이유는 간단하다. 오늘의 분열과 갈등의 상황은 시간이 지난다고 해서 저절로 치유될 성질의 것이 아니기 때문이다.

대역전은 통 큰 정치적 결단에서 그 가능성을 엿볼 수 있을 것이라고 감히 말하고 싶다. 통 큰 정치란 대화해를 통한 대탕평의 정치다. 대화해란 과거에 대한 고백과 용서를 통해 서로를 끌어안음이다.

솔직히 말해서 적어도 해방 후 우리 사회는 반칙이 정상으로 통하는 반칙사회였다. 반칙사회에서 사는 사람치고 털어서 먼지 안 나는 사람을 찾기가 매우 어렵다. 그런 사회에서 그런대로 돈을 크게 벌었거나 권력 근처에서 왔다 갔다 한 사람치고 엄정한 사정의 칼날로부터 자유로운 사람이 이 땅에 얼마나 되겠는가.

이러한 상황 아래서 서로를 적대시하면서 집권만 하면 법의 이름을 걸어 서로를 죽이려 든다면 결국 나라는 풍비박산이 되고 말 것이다. 이런 악순환의 고리를 끊기 위해서는 옛날 몽골로 끌려가서 '더럽혀진(정조를 잃은) 여자들'을 구하기 위해 만들어놓은 '홍제천(弘濟川)'의 의식 같은 통과의례라도 만들어 모두가 새로운 깨끗한 사람으로 거듭나게 하는 새 출발점으로 삼아야 할 것이다. 그래서 어두웠던 시대를 살면서 더럽혀진 우리의 과거를 청산하고 새로운 위대한 시작의 출발점에 서야 한다.

노대통령이 만일 이같이 대화해와 대탕평의 계기를 마련한다면, 우리나라는 분열과 갈등의 수렁에서 벗어나 새로운 한국을 만들어가는 커다란 전환점을 마련할 수 있으리라고 나는 생각한다. 그러기 위해서는 적어도 다음 두 가지를 선행시켜야 할 것이다.

첫째, 그동안 인간 노무현 씨를 자연인으로부터 한국의 최고 지도자로 만드는 데 헌신해 온 사람들 가운데 정치에 참여하고자 하는 사람은 각자의 선택에 따라 원하는 정당에 참여하도록 함으로써 노대통령과의 옛 인연을 끊게 한다. 그렇게 함으로써 노대통령이 모든 정당으로부터 중립적인 등거리에 위치하도록 한다.

둘째, 대화해와 대탕평의 정신에 따라, 이제까지 노대통령과의 정치적 연고관계를 고려하지 않고 오직 업무 능력과 직위에 상응하는 사람됨의 자질에 따라 함께 일할 새로운 팀을 구성해야 한다.

이 두 가지 전제조건이 충족되었을 때만 대화해와 대탕평의 통 큰 정

치에 대한 국민의 신뢰가 형성되어 소기의 목적을 달성할 수 있을 것이다

국정운영의 성패는 국민생활의 성패와 직결된다. 국정운영의 실패는 대통령 개인의 실패로 끝나지 않는다. 국정운영 실패의 최대 피해자는 국민이다. 따라서 우리는 노대통령의 국정운영에 대해 진지한 관심을 갖지 않을 수 없다. 그의 국정운영 성공은 곧 국민의 성공이기 때문이다. 나의 두 가지 제안은 바로 노대통령의 국정운영 성공을 진심으로 바라는 한 국민의 간절한 목소리인 것이다.

『신동아』(2003년 11월)

개혁은 '역사의 배' 수리작업

"나무는 보고 숲은 못 본다." 그냥 속담쯤으로 듣고 넘겨버릴 소리가 아니다. 참으로 우리 가운데 몇 사람이나 저 어리석음의 함정으로부터 자유로울 수 있을까?

더욱 심한 것은 나무 잎사귀만 보고 나무줄기는 보지 못하는 우리의 눈이 아닐까. 눈 뜬 장님이 없다고 누가 감히 호언장담하겠는가? 귀가 있어도 제대로 듣지 못하는 사람들, 그런 사람들은 어디 딴 세상에 사는 별난 사람들이 아니다. 우리가 바로 그런 사람들이 아닐까.

우리 앞을 스쳐간 많은 사람들이 있다. 한때 영원히 살 듯이, 지구 덩어리가 좁은 듯이 설치고 다니던 사람들, 그 사람들이 만일 잎사귀만 말고 나무도 제대로 보며, 나무만 말고 숲도 제대로 볼 수 있었다면, 우리의 지난 역사가 그렇게도 쓸쓸하지는 않았을 것이다.

오늘도 마찬가지다. 이리 뛰고 저리 뛰는 사람들, 저 사람들의 눈에 보이는 것은 무엇일까? 나무일까, 숲일까? 눈앞의 것들, 작은 잎사귀이거나 그 잎사귀에 매달린 작은 곤충이거나 그 잎사귀 색깔, 아니면 그 잎사귀에 맺힌 아침이슬 몇 방울, 태양빛이 하늘 높이 매달리는 한낮이 채되기도 전에 사라지고 마는 몇 방울의 아침이슬을 우리가 생명수로 여기고 허둥대며 찾아 나서고 있는 것은 아닐까.

'문민정부'란 말은 오늘 역사의 이정표이다. 역사의 획을 그어놓은 언어이다. 3공에서부터 6공에 이르는 역사와 색다름을 나타내는 정치 언어이다.

이 색다름의 본질을 제대로 읽어내기 위해서는 잎과 나무를 동시에 볼 줄 아는 눈, 나무와 숲을 제대로 보며 구별할 줄 아는 눈이 필요하다.

역사를 바로 세우려면 역사를 바로 보는 눈이 있어야 한다. 역사를 바로 본다는 것처럼 어려운 일은 없다. 자주 찾아가는 친구의 사무실 벽에 걸린 그림도 제대로 보지 못하고 우리가 어떻게 역사를 바로 보는 데 그렇게 쉽사리 성공할 수 있으리라 기대할 수 있겠는가.

역사는 벽에 걸린 그림과 같이 즉물적(卽物的)인 것이 아니다. 그렇다고 도깨비와 같은 유령도 아니다. 그러나 결코 없다고 할 수도 없는 그런 것이다.

역사에 관해서 사람들은 말한다. 역사책은 바로 그런 말의 기록이다. 사실(史實)은 있었던 그대로서의 사실(事實)이라고 할 수 없다. 잎사귀만 보고 적은 것, 이슬만 보고 나무만 보고 적은 것, 나무는 빼놓고 숲만 보고 적은 것, 그런 것들이 우리가 역사적 사실(史實)이라고 히는 것은 아닐까.

'문민정부'라는 역사의 자리매김도 근원적으로는 이런 시각의 정체성에 대한 검토에서 출발해야 한다.

지난 3년 동안 문민정부는 변화와 개혁을 통한 신한국의 창조라는 큰 그림의 구도 안에서 여러 가지 개혁 작업을 벌여왔다.

초기에는 예상을 뛰어넘는 박수갈채를 받았지만 차츰 박수소리가 작아지더니 여기저기서 불평의 고함소리가 터져 나왔다. 그 가운데 치러진 지방자치단체 선거 결과는 초기의 엄청난 박수갈채와는 너무나 대조적인 것이었다.

다시 변화와 개혁의 생기를 불어넣으려고 애쓰고 있는 문민정부의 몸짓을 국민들은 조심스러운 눈으로 쳐다보고만 있다. 좀처럼 초기와 같은 열광의 눈빛을 찾아보기 어렵다.

논객들은 말한다. 개혁의 언어는 있으나 핵심적인 추진 세력이 형성되어 있지 않다고. 또 개혁 프로그램이 체계화되어 있지 못해 개혁이 뿌리내리지 못하고 있다고 비판한다.

또 어떤 논객은 말한다. 개혁 프로그램이 담고 있는 도덕성을 담보할 능력이 결핍되어 있다고. 인사(人事)와 개혁의 구호 사이에 큰 거리가 있음을 지적하는 것이다.

이러한 논자들의 날카로운 지적에도 불구하고, 분명한 것은 문민정부 출범 이후 청와대를 비롯한 이 땅의 관가(官街)에 과거와 같이 검은 돈이 위세를 떨치고 있다는 이야기나 그 증거가 적어도 아직까지는 나오지 않고 있다는 점이다.

그리고 지금까지 나온 개혁 정책의 방향이 크게 잘못된 것이 없다는 데 대해서도 많은 사람들이 동의하고 있다고 여겨진다.

정치의 마당이 물론 도덕군자들의 설교 장소 같은 것일 수는 없다.

소크라테스와 플라톤이 당했던 과거 서양의 역사와, 공자나 노자를 좌절하게 했던 지나간 동양의 역사를 굳이 들먹일 필요까지는 없다.

정치의 마당이 홉스의 표현대로 '이리떼의 격전장'이라는 것을 지난 역사는 우리에게 보여주고 있다.

그럼에도 불구하고 우리가 정치에서 도덕성이라는 소금을 빼버린다면 어떻게 인간과 동물 세계를 구별하며, 문명의 진보와 역사의 발전을 이야기할 수 있겠는가.

'문민정부'라는 언어가 역사의 획을 긋는 역사의 이정표가 되려면 그 이전의 역사와 색깔을 달리하는 고유한 특성이 존재하지 않으면 안 된다.

그 고유한 특성을 '정치에 있어서의 도덕성'에서 찾지 않으면 안 된다.

소리(小利)에 집착하는 한 우리는 야바위꾼의 잔꾀에서 벗어날 수 없다. 하지만 아직도 이 땅은 역사의 대국(大局)을 보며 대도(大道)를 걸어가려는 사람들이 박수갈채를 받지 못하는 현실이다.

꼼수꾼들이 이 땅 도처에서 기세를 올리고 있는 것도 부인할 수 없다.

이러한 역사의 기조가 바뀌지 않고서는 정치의 도덕성에 대한 희망은 물거품이 되고 말 것이다.

역사에 있어서 개혁이란 배를 타고 항해하면서 배를 수리하는 과정과 흡사한 일이다. 그렇기에 우리가 타고 가는 역사의 배가 난파되지 않도록 하면서 동시에 수리하는 어려운 일을 해내야 한다. 여기서 우리의 개혁이 점진적일 수밖에 없는 까닭을 깨닫게 된다.

그러면 수리는 왜 해야 하는가? 만일 수리를 하지 않고 그냥 방치해 두면 시간의 경과와 더불어 침몰의 위기가 점점 가까이 다가오기 때문이다.

어리석은 자는 머지않아 닥쳐올 침몰의 위기를 보지 못하고, 눈앞의 작은 떡을 챙기는 데만 눈이 벌겋게 달아올라 있다. 지혜로운 자는 목전의 이익보다는 미래에 펼쳐질 상황을 꿰뚫어 본다.

한 나라의 정치가 엿장수의 가위처럼 된다면 우리 미래 역사의 운명은 너무나도 자명하다. 새로운 문명에서 '낙동강 오리알 신세', 바로 그것이 우리 역사의 몫이 될 수밖에 없을 것이다.

우리가 가진 힘을 다 합쳐서 우리가 탄 배의 미래 운명을 놓고 최선의 방안을 짜야 할 귀중하고 엄청난 시기에 조그만 눈앞의 떡을 몇 개 더 먹느냐를 놓고 죽기 살기로 싸움박질하는 것만은 정말 안 된다.

정치는 죽기 내기 싸움이 아니다. 정치는 한 배를 타고 가는 공동 운명체의 구성원들 사이에 벌어지는 '사랑의 싸움'이다. 이를 잡는다고 우리의 보금자리 초가삼간에 불을 지르는 어리석음을 범할 수는 없지 않은가.

문민정부가 앞으로 성취해야 할 최대의 과제는 바로 정치에 있어서 싸움이 '사랑의 싸움'이 될 수 있도록 기본적 토대를 마련하는 일이다.

그것과 함께 21세기 새 문명의 도전에 대한 응전의 합리적 기반을 마련해야 한다.

이 역사적 과제를 제대로 수행해 낼 때에만 '문민정부'는 한국 역사에 지울 수 없는 '영원한 이정표'로 남게 될 것이다.

『뉴스피플』(1996년 2월 29일)

또 한 해를 보내며

또 한 해가 다 끝나갑니다. 그 숱한 시간이 우리를 남겨둔 채 어디론가 사라졌습니다. 아니, 사라진 것은 시간이 아니라 우리 자신이라고 말해야 옳은 것 같기도 합니다. 물론 우리가 지금 여기에 있으면서 사라진 것이 우리라고 말하는 것은 말이 안 되는 소리라고 할 수도 있습니다. 그러나 그것은 말이 안 되는 소리가 아니라 말이 되는 소리입니다.

해가 바뀌면, 젊은 사람은 어른 됨에 가까워지지만, 나이 든 사람은 늙어감에 더 가까워집니다. 어른 됨이나 늙어감이나 모두 삶의 과정인데, 그 삶의 과정은 죽음이라는 종착점에 더 가까이 가는 일입니다. 죽음은 삶의 시한성을 드러내 보여줍니다. 인생은 일정한 양이 주어진 삶의 사건들의 다발이라고 할 수 있습니다.

해가 바뀌면, 인생에 주어진 그 일정한 양의 삶의 사건이 감소되어 갑니다. 산다는 것은 잃어버리는 것입니다. 우리에게 주어진 일정량의 삶의 에너지를 불태워버리는 것입니다. 해의 바뀜과 더불어 사라지는 것은 우리 자신의 삶이요, 삶의 에너지입니다. 그렇기에 해가 바뀔 때면 우리에게 그 어떤 어두움이 찾아듭니다. 그 잃어버린 것들에 대한 아쉬움이 우리를 엄습해 옵니다.

그것은 단순한 잃어버림에 대한 아쉬움만은 아닙니다. 그것이 만일 의미 있는 것, 값있는 것을 위한 잃어버림이었다면 우리의 아쉬움은 그렇게 허전한 것이 아닐 수도 있습니다. 그저 아무것도 아닌 것, 아주 하찮은 것, 신기루와 같이 아무 알맹이도 없는 것, 안개와 같은 것, 그런 허망한 것들을 좇으며 태운 우리의 삶의 에너지였기에 더욱 아쉽고 안타까운 것입니다.

이제 그 시간과 함께 사라진 나의 삶을 되돌아봅니다. 지나가버린 나의 삶의 토막들을 머리에 떠올려봅니다. 환희로 가득 찬 토막, 슬픔과 비탄으로 가득 찬 토막, 푸른빛으로 채색된 토막, 회색빛으로 채색된 토막, 각양각색의 토막들.

드라마가 따로 있는 것이 아니라, 나의 삶이 바로 하나의 드라마임을 발견합니다. 나는 나의 삶의 드라마의 연출자입니다. 나의 일생이란 다름 아닌 내가 연출하는 드라마의 토막들이 뭉치입니다. 내가 보낸 한 해의 시간들이란 알고 보면 내가 연출한 드라마의 토막들입니다. 나의 삶이란 내가 책임져야 할 드라마입니다. 연출자가 바로 나라는 사실 때문에 책임은 나에게 물어질 수밖에 없습니다.

시간이 간다는 것은 잃어버림이기도 하지만, 성취이기도 합니다. 드라마의 연출은 내가 나의 에너지를 불태워 이루어내는 하나의 작품이요, 나의 희망의 실현이기 때문입니다. 그렇기에 한 해를 넘긴다는 것은 아쉬운 일이기도 합니다마는 가슴 뿌듯한 일이기도 합니다. 내가 애써 만든 삶의 작품이 나에게 남겨져 있기 때문입니다. 그것이 무엇이라도 말입니다. 나의 뜨거운 피와 땀의 결정이기에 나에게 그것은 소중하게 여겨집니다. 그것이 나에게만 소중한 것이 아니라, 우리 모두에게 소중한 것이라면 더욱 귀한 일입니다. 값있는 일이란 나에게 소중할 뿐 아니라, 우리 모두에게 소중한 것입니다. 나의 삶의 참된 기반은 너와 나를 붙들어 매는 그 어떤 틀입니다. 인간은 혼자 살 수 없기 때문입니다. 나 없는 너도 없으며, 너 없는 나도 없습니다.

그것이 바로 삶의 참모습입니다. 사람의 삶은 '혼자 있음'이 아니라 '더불어 있음'에 뿌리를 두고 있습니다. '모듬살이'도 바로 그것입니다. '사회'란 모듬살이의 다른 표현입니다. '공동체'도 또 하나의 다른 표현 이지요.

우리는 가끔 환상에 사로잡힙니다. 너 없는 나를 생각할 때가 바로 그 것입니다. 아니, 네가 나의 삶의 장애물이라고 생각하는 것은 환상 중의 환상입니다. 그것은 망상입니다. 우리가 그런 망상에 사로잡히고 나면, 우리의 마음은 난폭해집니다. 그러나 그런 난폭이 최종으로 낳는 것은 나의 성장이 아니라 나의 왜소화와 나의 몰락뿐입니다. 어리석은 망상 의 열매입니다. 네가 바로 나의 존재의 터전임을 보지 못하는 것은 착각 이요 우매입니다.

1987년은 한국 땅 위에서 몸담고 사는 사람들에게 더없이 깊은 자국 을 남긴 시간이었습니다. 더불어 있음의 참뜻을 깨닫게 해준 시간이었 습니다.

민주화가 무엇입니까? 사람들이 더불어 사는 방식에 관한 그 어떤 틀 을 두고 한 말입니다. 한마디로 사람이 사람답게 살 수 있는 모듬살이의 틀이 바로 민주란 말이 가리키는 참뜻입니다.

그런데 그것을 가로막는 것은 무엇입니까? 탐욕입니다. 나만 생각하 는 방만한 욕심입니다. 그런 방만한 욕심은 사람의 존재함의 참뜻과 어 긋납니다. 네가 바로 나의 삶의 터전임을 그것은 부정합니다. 민주화란 너와 내가 더불어 잘 사는 틀을 만들고 그렇게 실천하자는 것입니다. 민 주화를 거역하는 모든 말짓과 몸짓은 더불어 있음을 부정하고 혼자나 몇 사람들만 끼리끼리 잘해 보자는 것 이외에 아무것도 아닙니다.

한국 사람 전체가 하나의 '더불어 있음'의 틀이 되어야 합니다. 그것은 작은 나의 울타리를 허물어버리는 것을 뜻합니다. 나는 결코 나 혼자서 있을 수 있는 존재가 아니기 때문입니다. 나는 결코 자기충족적인 체제가 아닙니다.

나의 존재는 닫힌 체제가 아닙니다. 내가 먹고 자고 입고 사는 모든 조건들은 결코 나의 손에 의해 만들어진 것이 아닙니다. 그 수많은 타인들의 손을 거쳐 만들어진 것입니다. 이름 모를 수많은 너와 그물처럼 얽혀 있는 존재가 바로 나입니다. 나의 삶은 너의 삶과 얽혀 있는 그물의 한 매듭에 불과합니다.

모듬살이는 그렇기에 하나의 그물입니다. 우리 각자는 한 그물의 하나의 매듭입니다. 어느 매듭이 끊어져도 그물은 손상을 입습니다. 어느 하나의 매듭도 그렇기에 마구 다루어서는 안 됩니다. 모든 매듭은 귀하기가 마찬가지입니다.

'내 방만한 욕심대로'는 그 누구의 경우도 정당화될 수 없습니다. 공직에 있는 자, 특히 나라의 최고 공직자가 그와 같은 방만한 욕심대로 움직일 때 나타나는 것이 정치의 독재화입니다.

보통 사람의 경우에도 그런 방만한 욕망은 모듬살이에 적합한 몸짓일 수가 없습니다. 그것은 물론 정치의 독재화만큼 그 폐해가 깊고 큰 것은 아닙니다만, 옳지 않은 점에서는 마찬가지입니다. 그것은 인간다운 삶을 방해하는 장애물이요 독소입니다. 오늘 한국 사람은 인간이 인간답게 살 수 있는 좋은 삶의 틀이 무엇인가를 역사의 현장에서 몸으로 배우고 있습니다. 그리고 그 틀을 만들기 위해 많은 고통을 겪고 있습니다. 우리는 그 새 삶의 새 틀을 만드는 데 기어이 성공할 것입니다. 물론 그것은 하루거리의 사업이 아닙니다. 그것은 제도의 변화와 함께 사람의 몸짓과 말짓의 변화를 동시에 요구하기 때문입니다. 1987년은 그러한 역사적 과제를 향한 하나의 큰 이정표를 마련한 시간이었습니다. 그렇기에 우리의 드라마는 비록 값비싼 대가를 치른 것이었지만, 매우 의미 있고 값있는 것이었습니다. 1987년의 사라짐이 그리 아쉬운 것만은 아님이 바로 그 때문입니다. 그것은 벅찬 것이었습니다.

『한일그룹 사보』(1987년 12월)

6공화국은 5공화국과의 단절을 더욱 서둘러라

1980년, 지금부터 여덟 해 전 일이다. 나라 안팎에서 새 세상에 대한 기대를 알리는 말들이 쏟아져 나오고 있었다. 10 · 26 사건으로 끝난 7년 동안의 무시무시한 긴급조치 시대를 마감하고 난 1980년 봄은 정녕 희망의 시간이 아닐 수 없었다. 너도나도 질세라 민주의 찬가를 부르며 1980년부터 전개될 새 시대의 꿈에 부풀어 올랐다. 나 자신도 결코 예외일 수가 없었다. 그래서 정치권에서는 새 헌법을 어떻게 만드는 것이 좋은가를 놓고 갑론을박의 열띤 토론이 벌어졌으며, 대학가에서도 대학을 권력의 시녀로부터 어떻게 자유롭게 할 수 있을까 하는 문제를 놓고 학생들과 교수들 사이에서 숱한 언어가 생산되었다. 어찌 그뿐이랴. 지난 20년 가까운 박정희 군사정권 기간 동안 이 땅의 구석구석에 쌓이고 또 쌓인 획일주의의 군사문화가 남겨놓은 비민주적 잔재들을 털어버리려는 각계각층의 몸짓이 도처에서 꿈틀대고 있었으니, 그 모두를 열거하기조차 쉽지 않다. 한마디로 한국사회의 일대 탈바꿈을 위한 정열과 몸짓이 이 땅 안에 충만했던 때가 1980년 봄이었다.

역사는 잔인했다. 예수는 일찍이 이런 말을 했다. "떡 달라는 아이에게 돌을 주며, 고기를 달라는 아이에게 뱀을 줄 아버지가 어디 있겠는가?"

이런 예수의 반문과는 달리, 우리의 역사는 이 땅의 알맹이들의 열망과는 정반대의 방향으로 급선회하고 말았다. 떡과 고기를 열망하는 이 땅의 알맹이들에게 돌과 뱀을 던져 주며, 한 무리의 사람들이 새 시대를 열겠다고 고함지르며 역사의 무대 위에 등장하였다.

5·17 전국 비상계엄 선포가 바로 그 출발 신호였다. 총칼의 위협으로 일시에 전국은 침묵의 바다가 되었다. 참으로 슬픈 정경이었다. 해가 저물어가는 어둑어둑한 바닷가를 쳐다보는 것과 같은 말할 수 없는 절망이 우리를 사로잡았다. 그러나 그 절망을 통곡으로 표현할 기력조차 없었다.

5공화국, 그것은 비극의 아들이었다. 그로부터 여덟 해가 지났다. 이제 사람들은 저마다 '5공화국 비리(非理)'를 말한다. '전두환 일가 비리'를 필두로 하여 온갖 종류의 권력과 돈의 비리를 사람들은 열거한다. 어떤 정당의 발표에 따르면 55가지 비리가 5공화국에서 자행되었다고 한다. 이제 새로 문을 연 6공화국 국회에서 이 비리의 진상을 밝히는 특별위원회를 구성한다고 한다. 지금 여당과 야당은 위원회 구성, 조사 방법, 조사 대상의 범위를 놓고 갑론을박하고 있나.

그동안 일간신문들과 잡지들에는 그 비리의 내막이 날이면 날마다 줄을 이어 보도되고 있다. 대학가에서는 "해먹은 놈은 잡아 처단해야 한다"는 목소리가 울려 퍼지는가 하면, 진상은 규명하되, 처벌은 유보해야 한다는 정가(政街)의 목소리도 있다. 모두가 슬픈 이야기임에 틀림없다.

지난 이야기 다시 꺼내 무엇하겠냐마는, 1980년에 느닷없이 총칼을 빼어든 것은 잘못 중의 큰 잘못이었다. 떡을 달라는 아이에게 돌을 주며 고기를 달라는 아이에게 뱀을 주었으니, 어찌 일이 순조롭게 풀릴 수가 있겠는가 말이다. 어리석음과 탐욕이 불러일으킨 일이었다. 그것이 바로 5공화국의 탄생이었다. 이런 의미에서 비리 가운데 비리는 5공화국의 출현 자체라고 하지 않을 수 없다. 탄생 과정 자체가 총칼로 이루어졌으니 정치적 비리요, 역사의 대세를 거역하고 나타났으니 역사적 비리이다. 이것은 그 어떤 권력 남용과 그 어떤 이권 부정과도 견줄 수 없는 최대의 비리이다.

바늘 도둑에는 눈알을 부라리면서도 소도둑에는 눈길을 주지 않는 것이 일상인의 마음이 아닌가 한다. 나라를 들어먹는 것은 그 어떤 것을 들어먹는 것보다 무겁다.

"탐욕이 잉태한즉 죄를 낳고, 죄가 잉태한즉 사망을 낳는다." 1987년 6월, 그 뜨거운 6월은 이 땅의 민주화 도정의 지울 수 없는 이정표였다. 한국 역사에서 그만큼 엄청난 백성들의 열기를 또 어디에서 발견할 수 있을까. 아니 세계 어느 나라의 역사에서 그와 같이 엄청난 군중들의 분노를 찾아볼 수 있으랴.

6월의 민주항쟁은 6·29 선언으로 그 절정에 이르렀다. 이로써 5공화국의 종말은 예고되었다. 6·29 선언은 5공화국의 임종의 메시지이자, 6공화국의 탄생을 알리는 예고이기도 하였다. 그러나 무엇보다도 중요한 것은, 그것이 국민에 대한 항복 선언이라는 점이다. 그러면 이 항복의 주체는 무엇인가? 말할 것도 없이 그것은 5공화국을 이끌어온 총칼의 무력이다. 총칼로 협박하여 정치 아닌 무술과 전략, 전술로 나라를 끌고 온 세력들이 국민의 예지 앞에 무릎을 꿇은 것이 바로 6·29 선언이다.

총칼의 비리가 이성(理性)의 합리(合理) 앞에 무릎을 꿇은 것이다. 이로써 총칼의 시대가 막을 내리고, 이성의 시대가 도래한다는 역사의 예고가 이 땅의 마음속에 접수되었다.

그러나 아직도 우리에게는 하나의 물음이 남아 있다. 과연 합리의 시대는 우리에게 다가오고 있는가? 이 물음에 결정적인 긍정적 답변을 하기에는 우리의 상황이 불투명하다. 이것이 숨길 수 없는 우리의 상황이다. 아직도 이 땅에는 억지와 무리한 몸짓이 이 구석 저 구석에서 꿈틀거리고 있다.

합리의 시대를 불러들이기 위해서는 탈바꿈이 요청된다. 탈바꿈은 결코 '탈바꿈하겠다'는 말을 내뱉는 것으로는 이루어지지 않는다. 그런 탈바꿈에의 선언은 하나의 시작에 불과하다. 시작이 반이긴 하나, 나머지 반을 이루어내기 위해서는 엄청난 인고와 노력이 뒤따라야 한다.

두 차례의 선거를 치름으로써 우리가 5공화국의 비리의 시대를 청산했다고 볼 수는 없다. 역사의 때가 정권 담당자들의 교체만으로는 씻어지지 않는다. 5공화국이 남겨놓은 최대의 부정적인 유산은 언어의 타락이라고 나는 생각한다. 여우를 보고 '양'이라고 말하는 것은 언어의 타락이다. 도둑을 가리키며 '성현'이라고 말하는 것도 언어의 타락이다.

독재정권의 전매특허인 체육관 선거로 출범한 제5공화국 대통령 취임식은 자기의 체질에 맞게 잠실체육관에서 거행되었다. 바로 그 취임식 날 아침 일곱 시에 두 명의 정보과 형사가 나의 아파트 문을 열고 들어섰다. 잠실체육관에서 멀리 떨어지지 않은 곳에 있는 나의 아파트 안에서 나는 아침 일곱 시부터 두 명의 형사에 의해 연금된 상태에서, 라디오에서 들려오는 5공화국 초대 대통령 — 결국 초대이자 마지막 대통령이 되었지만 — 의 취임사를 듣고 있었다. 민주주의를 토착화하며 복지사회를 건설한다는 화려한 말씀을 하는 것은 말할 것도 없고, '권력 남용과 정치적 탄압으로부터 해방'이라는 정말 천사의 말씀 같은 어구가 귀를 때리지 않는가. 나의 귀를 정말 의심하지 않을 수 없었다. 그 훌륭한 하늘의 말씀과 같은 말을 듣고 있는 나는 바로 그 말을 뱉어내고 있는 장소로부터 불과 1킬로미터 안에서 권력 남용과 정치적 탄압에 시달리고 있었다. 이보다 더 심한 언어의 배반을 어디에서 찾을 수 있을까. 나의 입에서는 나도 모르게 무언가 중얼거리는 소리가 튀어나왔다. 그러나 그 것은 알아들을 수 없는 입가의 경련에 불과했다. 두 명의 형사가 나를 지켜보고 있었기 때문이다.

공자는 일찍이 말을 바르게 하는 일이 나라를 이끌어가는 데 있어서 첫째가는 일임을 역설하였다. 정명(正名)이 바로 그것이다. 그것은 백성의 먹을 것을 염려하는 일과 적군을 막을 무기를 마련하는 일보다 더 우선적인 일이라고 하였다. 경제와 국방보다 우위에 서는 일이 바로 말을 바로 하는 일이라는 것이다.

우리는 그동안 수많은 구호들에 시달려왔다. 그리고 수많은 정부 방침과 지시와 명령에 시달려왔다. 그리고 텔레비전 앞에서 들려오는 화려한 말씀에 시달려왔다. 왜 시달려왔다고 말하는가? 그저 말뿐이었기 때문이다. 실제는 그와 비슷하지 않았던 것은 말할 것도 없고 그와 정반대의 경우가 너무나 많았음을 우리는 너무나 뼈아프게 체험해 왔다.

그래서 결과로 나타난 것은 무엇인가? 불신이다. 믿지 않음이다. 진실을 말해도 믿지 않는 세상이 되었다. 콩으로 메주를 쑨다 해도 믿지 않는다. 무엇으로 나라를 이끌고 갈 수 있는가? 여기에 나타날 수밖에 없는 것은 제각기 멋대로 하는 것뿐이다. 서양의 사회학자들이 말하는 아노미 현상이 바로 그것이다. 모두가 제 볼 장만 보려 할 때 사회라는 모듬살이는 붕괴되고 만다. 모듬살이에 필요한 것은 개체를 묶는 끈이다. 나잇살이나 먹은 사람은 자식의 끈에 매여 산다지만 젊은 사람은 무슨 끈으로 모듬살이를 유지해 갈 것인가?

노태우 대통령의 재신임 약속도 이런 정명(正名)의 차원에서 반드시 실천에 옮겨져야 할 것이다.

5공화국의 존재는 우리의 역사에 있어서 매우 불행한 사건이었다. 5공화국에서 저질러진 비리도 문제이려니와 5공화국의 존재 자체가 우리 역사에서 발생했던 비리의 사건임을 똑똑히 인식해야 한다. 그런 일이 이 땅에 다시 일어나서는 안 된다. 다시 일어나서 안 된다고 말하는 것은 단순한 도덕적 판단이 아니다. 한 번 더 그런 비리의 사건이 우리 역사에서 재연되는 날 우리의 역사 자체가 그것을 견디어낼 수 없는 운명에 처하게 되겠기 때문이다. 우리는 거듭 그 인식을 분명히 해야 한다.

누가 뭐라고 하든 한 가지 분명한 사실을 나는 말하려 한다. 지금 한국인의 삶의 열정은 그 어느 때보다 강렬하게 작열하고 있다는 사실이다. 양기(陽氣)가 하늘을 찌를 듯 치솟아 있다. 이것은 아무도 부정할 수 없는 분명한 사실이다.

이제 필요한 것은 이 엄청난 힘을 제 곬으로 유도하는 일이다. 엄청난 물이 집을 덮치면 사람을 죽이는 재앙을 불러일으킨다. 그러나 개천과 강을 따라 모인 물이 바다로 흘러들어 가거나 저수지에 모이면 사람을 살리는 복스러운 물이 된다. 비를 두려워하기 전에 개천과 강을 다듬어 놓자. 물이 제 곬을 따라 흐르도록 하자.

우리 사회가 오늘 당면한 과제란 흐트러진 사회의 곬을 재정비하는 일이다. 막힌 곬은 뚫고, 새 곬이 필요한 곳에는 새 곬을 파야 한다. 이 땅 위에 충만한 기(氣)가 제 곬을 따라 흘러가도록 해야 한다. 5공화국 비리를 청산하려는 우리의 자세가 겨냥해야 할 것은 바로 사회의 곬을 바로잡는다는 바로 그 원칙이라고 나는 생각한다. 바로 그곳에 우리의 희망의 씨앗은 싹트기 시작할 것이다.

『주부생활』(1988년 7월)

책은 왜 읽어야 하는가

　책은 왜 읽어야 하는가? "그걸 다 질문이라고 하는가? 너무 뻔한 이야기인데, 막상 질문이라고 해서 대답하자면 싱거운 소리밖에 안 되지 않겠는가." 사실 그렇다. 너무 뻔한 이야기밖에 안 되는 소리인데, 그걸 가지고 이러쿵저러쿵하는 것이 궁상맞은 일 같기도 하다. 그럼에도 나는 더 궁상맞은 이야기를 지금부터 좀 해보려고 한다.

　결론부터 먼저 말하면 책을 읽는다는 것은, 좀 거창한 말로 표현하면, 사람의 본질에 합치하는 일이다. 바꾸어 말하면 사람이 사람답게 살려면 책을 읽어야 한다는 이야기이다. 어째서 그런가?

　사람들은 흔히 말한다. 동물은 '본능'에 따라 움직인다고. 그러나 사람은 본능을 안 가진 것은 아니지만, 그 이상의 그 어떤 능력에 따라 삶을 꾸려가는 '그럴듯한 존재'라고. 그러면 도대체 '본능(本能)'이란 어떤 것인가? 한문의 뜻풀이를 해보면, 본래부터 가진 능력이라는 말이 된다. 세상에 태어날 때부터 가지고 태어난 능력이라는 말이니, 결국 그것은 세상에 살면서 나중에 획득한 능력이 아니라는 말이겠다.

이 사정을 요즘의 컴퓨터와 비교하여 한번 설명해 보자. 다 아는 대로 컴퓨터라는 게 작동하려면 소위 하드웨어와 소프트웨어 이 두 부분의 협력이 필요하다. 그런데 소프트웨어는 또 두 가지 종류로 나누어 생각할 수 있는데, 그 하나는 하드웨어를 만들 때 미리 '내장'되어 있는 것이고, 다른 하나는 나중에 사용자가 필요에 따라 '입력'시키는 소프트웨어이다.

본능이란 인간의 신체라는 하드웨어가 만들어질 때부터 미리 내장되어 있는 소프트웨어라고 볼 수 있다. 이렇게 보면, 동물은 세상에 태어날 때부터 가지고 태어나는 소프트웨어에 의지해서만 자기의 생존을 꾸려 나가는 존재라고 볼 수 있다.

그런데 인간은 어떠한가? 물론 인간도 태어날 때부터 무언가 가지고 태어나는 것이 많다. 그중에서도 엄마가 젖을 빨지 않으면 죽는다는 교육을 갓난아이에게 하지 않더라도 젖을 빨 줄을 안다. 물론 그뿐이 아니다. 이성에게 끌림과 잡아당김도 배워서 하는 일이 아니다. 배꼽이 붙어 나온 '할 줄 앎'이라고 할까.

그러나 사람도 동물의 한 종류이기는 하지만 다른 종류들과 특별히 다른 점은 '배꼽에 붙어 나온 소프트웨어'에 있다기보다는 세상에 태어나서 집어넣는 소프트웨어의 방대함에 있다고 보아야 한다. 태어나서 집어넣는 소프트웨어가 다름 아닌 경험이요 학습이다.

동물의 삶의 양식은 배꼽에 붙어 나온 소프트웨어의 범위 안에 고정되어 있다. 그러나 인간의 삶의 질과 폭은 그가 경험과 학습이라는 관문을 통해 모아들인 소프트웨어의 질과 폭에 의해 이렇게도 저렇게도 된다. 개인의 삶의 경우뿐 아니라, 민족과 국가라는 공동체의 삶의 경우도 마찬가지다.

책이란 무엇인가? 세상에서 우리가 거두어들일 수 있는 소프트웨어의 묶음들이다.

세상에는 여러 가지 종류의 소프트웨어들이 있다. 저질의 것, 없어도 좋을 것, 더 나아가서는 없어져야 할 것들도 허다하다. 한 인간의 삶의 질과 폭은 그가 입력시키는 소프트웨어의 질과 폭에 의해 좌우된다. 책을 멀리하는 인간의 삶은 동물의 그것으로부터 그렇게 멀리 떨어져 있기 어려울 것이다. 지금 한 끼니를 걱정하는 때가 지났으니, 삶의 질을 위해 마음을 좀 써보아야 하지 않을까. 맑은 눈, 열린 마음을 원한다면, 그는 철학의 성문을 두드리지 않을 수 없을 것이다.

『책』(1991년 6월)

전환의 탈바꿈

탈바꿈은 생명의 갱생 원리이다. 옛 탈을 바꾸지 않으면 새로운 단계로 생명이 올라가지 못한다.

계절이 바뀌면 탈도 바뀐다. 탈은 생명체의 보호막이다. 보호막인 탈은 때에 알맞아야 한다.

껍질은 식물의 탈이요, 피부는 동물의 탈이다. 거기다가 동물인 사람은 피부 이외에 옷이란 탈도 쓰고 산다. 사람은 철에 따라 옷을 바꿔 입는다. 여름에 겨울 오버코트를 입고 다니는 것은 기행(奇行)이다. 때에 알맞지 않은 탈이기 때문이다.

때를 몰라 한여름에 오버코트를 입는 사람은 고장 난 인간이요, 때를 알고도 입는 사람이 있다면, 그가 노리는 것은 몸을 보호하기 위함이 아니다. 사람들의 관심을 끌어보자는 묘한 생각이 여름에 오버코트를 뒤집어쓰게 했을 것이다.

봄이다. 땅 위에 있는 온갖 생명들이 이제 어제의 껍질을 벗어버리고 새로운 생명의 몸짓을 한다. 나무에서는 새싹이 움터 나온다. 벌레들은 옛집을 떠나 새로운 변신을 한다. 동물들은 어제의 털을 털어버리고 새 털로 몸을 단장한다. 모두가 어제로부터 탈출하려는 일대 운동을 벌인다. 탈바꿈이 바로 그것이다.

탈바꿈은 자연의 역사 변혁 운동이다. 탈바꿈이 없이는 자연 안의 생명체들의 성장이 불가능하다.

옛 탈을 그대로 뒤집어쓴 채 새 계절을 맞이할 수는 없다. 옛 탈을 고집하는 자는 제대로 살 수가 없다. 결국 때의 중압에 밀려 무화(無化)에의 길을 걷게 되고 만다. 없어질 운명의 주인공이 되고 만다. 이것은 무서운 자연의 교훈이다.

여름에 겨울옷을 고집해서도 안 되지만, 겨울에 여름옷을 고집해서도 안 된다. 정신이 나가지 않은 사람들은 철에 따라 알맞은 옷을 갈아입고 다닌다. 이것이 사람 사는 지혜의 하나이다.

사람은 옷이라는 탈만 쓰고 사는 존재가 아니다. '제도'라는 탈을 쓰고 사는 존재가 인간이다. 인류의 역사는 '제도'라는 탈의 연속적인 변화의 과정이다. 하나의 제도에서 또 다른 제도로, 그리고 거기로부터 또 새로운 제도로, 그리고 또 새로운 제도로의 끊임없는 제도 교체의 과정이 인류의 역사였다.

지금 인류는 거대한 역사의 탈바꿈의 시대를 살고 있다. 어제의 탈을 벗어 던지고 새로운 탈을 창조해야 하는 시점에 우리가 도달했다.

어제의 탈에 익숙해진 많은 사람들은 좀처럼 그 탈을 벗어 내던지려고 하지 않는다. 새로운 탈을 쓰면 큰일 나는 줄 알고 옛 탈을 끌어안고 주저앉으려고 고집한다. 그러나 그것은 헛된 몸짓이다. 그것은 어리석은 몸짓이다. 탈바꿈이 곧 생명의 갱생 원리라는 것을 모르는 어리석은 자의 부질없는 허우적거림에 지나지 않는다.

계절이 바뀌면 옷은 갈아입을 줄 알면서 역사의 때가 바뀌었는데 제도의 옷은 갈아입지 않으려 한다면, 그것은 영리한 것 같으면서도 어리석은 일에 지나지 않는다. '제도'도 사람의 또 다른 옷이라는 이 엄숙한 진리를 외면하는 것은 지혜로운 몸짓이 아니다.

오늘 한국 사람들은 엄청난 탈바꿈의 시대를 살고 있다. 나라 안으로는 전통적인 농경사회로부터 산업사회로, 그리고 다시 새로운 종류의 문명에로 진입하는가 하면, 나라 밖으로는 동서의 대립이 새로운 형태로 재편성되며, 이데올로기의 대립이 어제의 이야기로 바뀌어가려는 시대가 바로 오늘 우리가 숨 쉬고 있는 시대이다.

어제의 '제도'의 탈이 지금 그 효력을 잃어가고 있다. 지금까지 우리에게 절대적 힘을 발휘했던 그 어제의 탈의 유효기간이 이제 끝나려 하고 있다. 그리고 그 어제의 탈과 밀착되어 있던 우리의 생각과 사고방식 또한 이제 생명력을 잃어가고 있다.

이런 엄청난 탈바꿈의 시대에 우리에게 절실히 요청되는 것은 우리 자신을 '어제의 고정관념'으로부터 해방시키는 일이다. 그리하여 마음의 문을 활짝 열어놓고 새로운 가능성을 모색하려는 태도를 지니는 일이다.

제도가 외형적 탈이라면 생각은 내면적 탈이다. 그렇기에 '발상의 전환' 없이 제도적인 탈바꿈은 성공할 수 없다. 이러한 역사의 탈바꿈이 성공을 거두려면 사회 구성원들이 저마다 높이 쌓아놓은 담을 헐어버리고 상대방의 처지에 서서 상대방의 목소리를 이해해 보려는 '입장의 전환'이 무엇보다 절실하다. 각자가 자기의 성곽을 높이 쌓아놓고 독단과 옹고집의 포로가 될 때, 우리는 아무런 새로운 가능성의 출구도 발견할 수 없다.

우리가 청산해야 할 것은 어제의 한의 노래이며, 대결의 논리이다. 오늘은 대결의 시대가 아닌 새로운 차원의 '더불어 있음의 시대'이기 때문이다.

인간과 인간의 관계, 인간과 자연의 관계가 대결과 정복과 지배의 차원으로부터 더불어 있음이 차원으로 일대 전환되지 않으면 안 된다. 어제의 제도와 사고는 대결과 정복과 지배로 물들어 있었다. 우리가 지금부터 모색해야 할 새로운 존재의 탈은 '더불어 있음'의 질서로 짜인 것이어야 한다.

때에 맞추어 탈을 바꾸지 못하는 존재는 쇠락의 길을 걷기 마련이다. 여름에 겨울 오버코트를 걸치는 것만 꼴불견이 아니다. 새로운 역사의 계절이 다가왔는데도 옛 삶의 틀과 제도에 매달려 자기쇄신을 하지 않는 것도 또 하나의 꼴불견이다.

이러한 탈바꿈은 우리 모두에게 요청된다. 이 탈바꿈을 우리가 성공적으로 이루어낼 때 우리의 내일은 희망의 시간이 될 것이다.

"벼룩을 잡으려고 초가삼간 다 태운다"는 우리의 옛 속담이 있다. 벼룩을 잡는 일을 한다고 우리의 보금자리까지 모두 뒤집어 없애는 것은 결코 지혜로운 일이 아니다.

우리는 상대방의 눈에 들어 있는 티끌에는 비판의 눈초리를 보내면서 자신의 눈에 들어 있는 대들보에는 너무나 관대하기 쉽다. 우리 모두가 더불어 삶에 성공하려면 너의 탈바꿈만이 아니라 나의 탈바꿈이 요청된다.

오늘 우리가 사는 시대는 결코 예사로운 시대가 아니다. 역사에 가끔 나타나는 큰 전환의 교차로이다. 이런 중대한 시간에 알맞은 우리의 몸자세는 '특별한 것'이어야 한다. 무엇보다도 모든 일에 있어서 '성급함'은 금물이다. 판단과 행동에 있어서 '지혜'가 어느 때보다도 절실한 때이다.

『한국유리 사보』(1990년 3월)

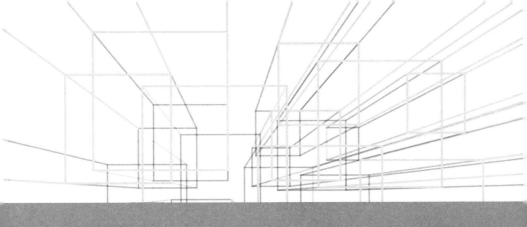

IV _ 몰아 가지기로부터 나누어 가지기로

몰아 가지기로부터 나누어 가지기로

1987년은 박정희 군사 권위주의 체제를 친위 쿠데타로 계승한 전두환 군사정권이 넥타이 부대까지 출현한 기나긴 데모 항쟁 끝에 비로소 종식을 고했던 해이다. 이로써 체육관 선거가 종식되고 국민 직선 5년 단임 대통령제 헌법이 마련될 수 있었다. 이러한 대통령제는 장기간의 독재 정권에 시달리며 민주정치를 갈망하는 국민들에게는 단비와 같은 것이었다.

그러나 그로부터 27년이 지난 오늘 이 땅의 민주정치는 어떤가? 정치라고 하면 지겨운 것으로 보고, 정치인이라고 하면 더럽고 못돼 먹은 인간으로 인식하는 오늘의 모습이 바로 한국인의 의식이 아닌가. 무엇보다도 권력을 잡는 데 실패한 정치 패거리는 권력을 잡은 정치꾼들이 내놓는 의안들에 대해서 무조건 반대와 성토를 일삼는다.

말하자면 국민들의 눈에는, 국가의 이익은 온데간데없고 반대를 위한 반대만을 일삼는 자들은 국민의 혈세만 낭비하는 정치 모리배로 보일 뿐이다. 왜 그런가? 무엇보다도 권력을 못 잡은 국회의원들을 일종의 박수

부대로 전락하게 하는 오늘의 한국 정치체제가 문제이다. 그것은 이른바 제왕적 대통령의 문제이기도 하다. 그렇다고 제왕적 대통령이 국가이익을 위해 쓸모 있을 만한 일을 그렇게 쉽사리 할 수도 없다. 권력을 몰아 한 손에 쥐었으나, 그 무엇도 제대로 할 수 없는 무력한 제왕이다. 그러면 더 강력한 권력을 손에 쥔 지난날의 권위주의적 통치를 갈구해야 하겠는가? 이젠 그럴 수도 없지 않겠는가.

권력은 나눌수록 커진다는 말이 있다. 야당에게도 무언가 할 수 있다고 믿게 만드는 권력이 분산된 제도 아래서도 지금과 같은 극한투쟁이 난무할 것인가? 정치 선진국에서는 우리와 같은 대통령제는 채택하지 않고 있으며, 내각책임제나 분권형 대통령제를 채택하고 있다. 미국도 대통령제이지만 우리와는 판이하게 다른 대통령제이다. 미국의 경우 많은 권력을 주 정부가 손에 쥐고 있는 연방제일 뿐만 아니라, 연방 대통령은 주로 안보와 외교에 주력한다. 그래서 미국은 외교를 책임진 국무장관과 안보를 책임진 국방장관이 힘쓰는 나라이다. 오바마 대통령은 그 막강한 권력의 자리인 국무장관에 자기의 정적이었던 힐러리를 앉혔을 뿐 아니라, 전 정권의 국방장관을 유임시키기까지 하였다. 미국의 대통령은 권력을 혼자 쥐고 흔드는 대통령이 아니다.

우리와 엇비슷한 대통령제를 채택하고 있는 나라들은 한결같이 정치 후진국이라는 사실을 눈여겨볼 필요가 있다. 우리나라 국민들은 대통령제라고 하면 미국을 기준으로 삼는다. 바로 여기에 한국인의 정치의식의 맹점이 도사리고 있다. 그래서 대통령제 이외의 다른 정치체제를 별로 염두에 두지 않는 사람이 허다하다. 1987년 정치체제가 그동안 어느 정도 이 땅의 민주정치를 발전시키는 데 유효했던 것도 사실이다. 하지만 이 체제가 지속된다면, 국가 이익의 신장에 치명적인 손상이 될 뿐만 아니라, 국가의 존립마저 위협받는 불행스러운 사태가 벌어질 수도 있다.

현재 한국의 안보와 외교는 우리를 둘러싸고 있는 국제정치의 상황이 매우 혼미스럽기 때문에 온 국민의 단합된 힘의 뒷받침을 절실히 요구한다. 그렇기에 안보와 외교를 책임진 국가 원수는 모든 정치적 파당으로부터 초월한 인물이 맡도록 해야 한다. 그리고 그 외의 국가운영은 내각제 총리가 맡도록 하는 이원집정부제가 오늘의 한국 정치 상황에 매우 적절하다고 보지 않을 수 없다.

지난 산업화 과정의 경제 건설은 국가 주도 아래 이루어진 일종의 '국가 자본주의'라고 볼 수 있다. 국가가 몇 사람의 경제인들에게 자본과 시장을 마련해 줌으로써 대외 경쟁력을 지닌 거대 기업을 매개로 수출 중심의 경제발전을 성취했다. 오늘의 소위 재벌기업은 탄생 초기부터 그런 방식의 국가의 절대적인 지원 아래에서 성장한 기업들이다. 오로지 시장 안에서 작동하는 시장경제의 논리에 의해서만 성장한 기업이 오늘의 재벌인 것처럼 주장하는 것은 어제의 한국 경제의 성장 배경을 송두리째 잊어버리고 하는 소리라 하지 않을 수 없다. 한마디로 그들은 온 국민들과 국가의 협력 아래 성장한 기업이라는 말이다.

우리가 제대로 된 성숙한 민주사회와 더불어 잘 사는 성숙한 경제 질서를 지닌 한국의 미래를 소망한다면 넘어야 할 커다란 준령(峻嶺)이 우리 앞에 가로놓여 있다. 한마디로 지금처럼 '몰아 가지는' 정치권력과 경제권력을 '나누어 가지는' 체제로 일대 전환이 이루어져야 한다. 그것은 말처럼 결코 순탄하지 않은 등정임에 틀림없다. 우리가 탐욕을 내려놓아야만 가능한 일이기 때문이다. 나는 너 때문에 오늘 여기서 숨 쉬며 살고 있고, 너는 나 때문에 여기서 살아 숨 쉰다는 이 지고(至高)의 진리를 우리 모두가 깨닫는다면, 우리는 저 높은 준령을 넘을 수 있다. 우리의 희망은 거기에 있다.

『철학과 현실』(2014년 여름)

여기서 그냥 주저앉을 수는 없지 않은가

대한민국은 1948년에 탄생되었다. 68년 된 나라치곤 우여곡절도 많았지만 산업화와 민주화에 성공한 나라라고 자타가 자랑스럽게 여겨왔다. 그런데 지금은 어떤가? 정치가 제대로 굴러가고 있는가? 군사독재와 같은 폭압적인 상황은 아니지만, 민주정치다운 국가운영이 되고 있는가? 1987년에 군사통치를 가능케 했던 헌법은 철폐되었으나, 초보적인 민주정치의 수준에 머물러 있다. 한마디로 현행 헌법과 국회의원 선거법 아래서는 참으로 국민이 주인 대접 받는 정치가 이루어지기 어렵다. 대통령 직선제만으로는 안 된다. 한국 사람들은 미국이 대통령제를 채택한 민주국가이니 우리도 대통령 직선제 헌법이면 좋은 게 아닌가 생각하고 있는 것 같다.

미국은 우리와 근본적으로 다른 정치적 체제와 배경을 지닌 나라이다. 주(州)가 먼저 태어나고, 미국이란 나라는 각 주의 연합으로 이루어진 연방국가이다. 각 주의 정부가 국민의 뜻을 받들어 민생(民生)을 보살피고, 연방정부의 우두머리인 대통령은 외교와 국방에 전력을 기울이는 책무를 지니고 있다.

미국을 제외한 세계 국가들에서 대통령제를 채택한 나라는 대체로 정치 후진국들이다. 서양의 정치 선진국들은 한결같이 내각책임제를 채택하고 있다. 이것이 우리가 지금까지 경험한 민주정치의 실상이다.

'안철수 현상'이란 다름 아닌 기존 정치권에 속해 있는 집단에 대한 절망의 표현에 불과하다. 지금 정치권이 새로 거듭나려면, 현재의 헌법과 국회의원 선거법에 대한 '창조적 파괴'를 감행해야 한다. '협치'가 가능하려면 현재의 '1987년 체제'를 혁파해야 한다. 그것만이 대한민국이 세계의 중심국가로 다시 태어나는 길이다.

경제도 마찬가지다. 현재의 한국 경제는 군사통치 시대에 만들어진 경제체제이다. 한 가지만 예를 들면 현재 한국의 10대 기업 가운데 거의 대부분이 군사정권 때 성장한 선대(先代)로부터 증여받은 기업이다. 현재 미국의 10대 기업은 대부분이 당대에 성장한 기업이다. 민주국가의 최대 장점은 누구나 열심히 노력하면 자기 능력을 최대로 발휘할 수 있는 틀을 지닌 사회라는 것이다.

피를 통해 권력이 계승되던 사회가 과거의 왕정(王政)이라는 국가권력이었다. 피를 통해 금권(金權)이 계승되는 사회는 민주사회의 올바른 경제 질서라 볼 수 없다. 피를 통한 권력(權力)의 계승도, 금력(金力)의 계승도 민주사회에서는 용납되기 어렵다는 것이 그동안의 인류의 역사를 통해 인류가 배운 교훈이다.

지금처럼 정치와 경제가 계속된다면, 대한민국호가 주저앉지 않는다고 누가 장담하겠는가? 지금이 바로 기회이다. 지금부터 새로운 시작을 할 때이다.

『성숙의 불씨』(2016년 6월 7일)

역사는 왜 가르치는가

　너무 엉뚱한 질문인지도 모르겠다. 개인이 어떻게 살아왔는가를 개인의 역사, 개인사라고 한다면, 어떤 기관 혹은 단체가 어떤 일을 해왔는가는 그 단체나 기관의 역사이다. 예를 들어, 서울대학교가 언제 설립되어서 어떤 일을 해왔는가는 서울대의 역사일 것이다. 그리고 한 나라가 언제 생겨나 어떻게 굴러왔는가는 한 나라의 역사, 국사(國史)가 될 것이다.

　요즈음 우리는 역사에 큰 영향을 끼친 한 개인의 역사에 대해서도 이러쿵저러쿵 이야기가 많다. 이를테면, 이승만, 김일성 같은 인물들의 개인사가 세상 사람들의 입방아에 오르내리는 것을 우리는 본다.

　그런가 하면 대한민국의 역사에 대해서도 여러 가지 시비가 많다. 더 길게는 오늘 대한민국의 국민이라고 자처하는 사람들의 조상의 역사와 나아가 조선민주주의인민공화국 백성의 조상의 역사를 통틀어 '한국사'라고 통칭한다면, '한국사'의 정체에 관해서 남한 땅에 사는 사람들 사이에도 의견이 분분하다. 이런 상황 속에서 한국사를 중고등학교에서 필수과목으로 가르친다면, 도대체 어떤 결과가 되겠는가? 불문가지다. 필수과목으로 가르치고자 하는 사람들은 대한민국의 국가 정체성을 확립하고자 하는 것인지 몰라도, 또 다른 일부의 사람들은 다른 목적의식을 가지고 어린 세대들을 가르치려 들 수 있을 것이다.

한반도에 오랫동안 둥지를 틀고 살아온 우리의 조상들은 그렇게 영광스러운 삶을 살아온 것만은 아니다. 하지만 보통 사람들이 그렇듯이 자기의 어두운 면은 될수록 숨기고, 좋은 면만 남에게 자랑스럽게 이야기하려 들기 쉽다. 나라의 역사 이야기도 어둡고 누추한 이야기나 고통과 치욕의 실패의 역사 이야기는 빼놓고 싶은 것이 보통 사람들의 마음이 아닐까 싶다. 그런데 그렇게 고통과 실패의 역사를 덮어놓고 망각의 대해로 흘려보내기만 해도 좋을까?

유대인들은 예로부터 자신들의 조상들이 겪은 고난과 실패의 역사를 결코 눈감아버리지 않고, 깊이 들여다보고 따져봄으로써 다시는 실패와 오류의 함정에 빠지지 않으려고 안간힘을 쓴다고 알려져 있다. 무서운 결기를 그들에게서 엿볼 수 있다.

실패와 고난의 역사를 가르치지 않는 민족은 실패와 고난의 역사의 함정에 또다시 빠지기 쉽다는 것을 인류 역사에서 흔히 발견한다. 지금 왜 이 땅의 젊은이들에게 한국사를 가르쳐야 하는가? 그렇다고 자학의 구렁텅이 속에 젊은이들을 빠뜨리려 함은 결코 아니다. 불구덩이 속에서도 다시 살아 일어서는 불사조와 같은 강인한 생명의 약진을 후손들에게 불어넣고자 함이 아닐까?

『성숙의 불씨』(2014년 7월 1일)

점진적 개혁과 혁명

지금 대한민국은 공무원연금 개혁에 열중하고 있다. 개혁이란 뜯어고친다는 말인데 공무원연금 개혁이 노리는 것은 적자를 어떻게 줄이느냐에 그 초점이 있다. 적자란 수입과 지출에 있어서 수입보다 지출이 많은 것을 뜻한다. 현재 공무원들은 연금 기금에 적게 내고 많이 받고 있기 때문에 중앙정부 예산에서 모자라는 부분, 즉 적자를 메워주고 있다. 그런데 중앙정부는 국민들부터 거두어들인 돈으로부터 공무원연금의 적자를 보전해 주고 있다.

도대체 공무원이란 직업은 국민으로부터 거두어들인 세금을 먹고사는 직업이다. 따라서 공무원이 세금으로부터 지원받는다는 것은 어떻게 보면 너무나 당연한 처사처럼 보인다. 그래서 공무원연금의 적자를 중앙정부가 갚아주는 현행 제도가 생겼는지도 모르겠다. 물론 일반 공무원뿐 아니라 군인도 세금을 먹고산다. 그런데 이것이 종래부터 시행해오던 제도인데, 왜 이것을 뜯어고치자는 것일까? 중앙정부가 세금을 거두어 써야 할 용처가 새롭게 많이 등장했기 때문이다. 앞으로는 공무원연금을 위해 보조해 주던 돈을 줄여가다가 나중에는 전혀 보조하지 않고 혼자 굴러가도록 해보겠다는 것이 공무원연금 개혁이 노리는 바이다.

그 방법으로 현재 논의되는 것은 공무원 재직 시 지금까지보다 더 많이 내고, 나중에 퇴직 후 받는 연금액을 지금보다 적게 받도록 설계하는 것이다. 현재 여야 합의로 채택된 공무원연금 개혁안에 따르면, 몇 년 가면 그 개혁의 실질적 효력이 줄어드는 미흡한 개혁안이라는 데 대해서 세간의 논란이 많다. 이러한 논란의 배경으로 떠오른 것이 국민연금이다. 국민연금과 비교할 때 내고 받는 것이 공무원연금의 경우와 차이가 매우 심하다는 것이다. 국민연금제도가 시작하기 전에는 비교 대상이 없어서 사람들의 관심거리가 안 되었는지, 공무원연금이 크게 문제가 안 되었는데, 요즘엔 공무원연금을 받는 퇴직 공무원들이 일반 사람들의 큰 눈총을 받고 있다. 앞서 지적했듯이 공무원들은 본래 일터가 개인 기업이 아니라 국가라는 공적 업무를 수행하는 곳이어서 국가로부터 일에 대한 보상을 받는다. 즉 세금을 받아 먹고사는 존재가 공무원이다. 따라서 국민연금제도가 없었을 때는 공무원연금이 관심 밖의 일이었던 것이다.

사연이 이런 것인데 공무원이 무슨 도둑이라고 되는 듯이 세상이 갑자기 야단치는 것을 공무원 사회가 자연스럽게 받아들이기 어려워졌다는 것이다. 그뿐만 아니라 과거 공무원이라는 직업이 잘나가는 대기업보다는 같은 능력의 사람임에도 낮은 급여를 받으면서 묵묵히 지내온 것은 퇴직 후 연금 혜택을 고려했던 것도 사실이 아닌가? 그런데 갑자기 더 많이 내고 더 적게 받는 새로운 제도를 개혁이라는 이름으로 강요하고 있는 셈이다. 소뿔을 바로잡으려다가 소를 죽인다는 교각살우(矯角殺牛)라는 말이 있다. 소뿔을 하루아침에 바로잡는다고 억지로 무리한 힘을 가하면 뿔의 주인공인 소를 죽일 수 있다. 시간을 가지고 점진적으로 조금씩 바로잡도록 해야 소를 죽이지 않고 뿔을 바로잡을 수 있지 않을까? 점진적 개혁이 여기에 요구된다.

공무원연금 개혁도 시차를 두고 점진적으로 개혁 작업을 해야 서로 다치지 않고 개혁에 성공할 수 있지 않을까? 갑자기 한 수에 온통 뒤집어엎는 혁명 같은 방법을 동원하려는 것은 상생의 방법이 되지 못한다. 그래서 국가운영과 개혁 작업에는 전후 맥락과 전체 구조를 헤아릴 줄 아는 경세의 지혜와 눈이 필요하다. 오늘 이 땅에 필요한 것은 점진적 개혁이요, 혁명이 아니다.

『성숙의 불씨』(2015년 5월 12일)

경제 민주화 논쟁

4·19 데모를 시발점으로 이 땅 위에서는 정치 민주화를 부르짖는 소리가 60년에 가까운 세월 동안 한국인의 식탁의 언어가 되어버렸다. 민주화란 말은 곧 정치 민주화와 같은 말이 되어버렸다. 물론 그 사이에도 학원 민주화라는 구호 아래 총장실 난입을 대학의 학생회 업무의 1순위 사업처럼 당연시해 온 것이 지난 몇 십 년 동안의 학원가의 풍경이기도 했다. 또한 여자와 남자라는 하늘이 만들어놓은 차이를 놓고 민주화를 들먹이는 움직임도 만만치 않았던 것이 사실이다.

'민주화'란 말은 어디에도 붙일 수 있는 요술방망이처럼 남용되어 온 것 또한 부인할 수 없다. 그런데 웬일인가? '경제 민주화'라는 전에 듣지 못하던 언어가 요즈음 이 땅의 정치 마당에서 왔다 갔다 하며 내로라하는 사람들의 입가에서 자장가처럼 흘러나오고 있는 요즈음이다. 돈깨나 있는 사람이나 그쪽을 편드는 사람들 가운데는 매우 불쾌한 표정을 감추지 못하고 있는 것 또한 사실이다. 경제 민주화, 그것은 자유 대한민국의 국가 정체성과 어긋나는 불온한 언어가 아닌가 하고 의심스러운 표정 말이다. 그러나 그런 의심스러운 표정은 대한민국의 정체성이 무엇인가를 글로 써놓은 대한민국 헌법 제119호 2항을 읽어보면 곧 사라질 수밖에 없다.

헌법 제119조 2항은 다음과 같다. "국가는 균형 있는 국민경제의 성장 및 안정과 적정한 소득의 분배를 유지하고, 시장의 지배와 경제력의 남용을 방지하며 경제 민주화를 위하여 경제에 관한 규제와 조정을 할 수 있다." 경제 민주화라는 말이 우리 헌법에 박혀 있음을 볼 수 있는 대목이다.

"균형 있는 국민경제의 성장"만 가지고도 오늘날 대기업의 방만한 경영을 제어할 수 있는 규제 장치를 만들 수 있음을 읽을 수 있다. 또한 "적정한 소득의 분배"라는 칼자루를 들고 고소득자들에 대한 세제 개혁을 도입할 수 있음도 읽을 수 있다. 그리고 "시장의 지배와 경제력의 남용을 방지"하기 위한 대기업과 중소기업의 상생을 향한 여러 가지 제도적 장치를 도입할 수 있음을 읽을 수 있다. 이 모든 일에 대한 언어적 표현이 다름 아닌 경제 민주화라고 우리 헌법은 밝히고 있다.

경제 민주화라는 화두만 내놓은 상태이다. 앞으로 갈 길은 멀다. 더불어 사는 존재가 사람의 근본 존재 상황이라는 깨달음이 먼저 우리 마음속에 자리 잡아야 한다. "기업의 자유와 창의"도 물론 우리 헌법은 존중한다고 적어놓고 있다. 그 자유와 창의가 혼자만 마음대로 사는 세상을 전제하지 않음도 깨달아야 한다. 더불어 살 수밖에 없는 인간의 근본적 존재 상황에 대한 깨달음 위에 자유와 창의력이 살아 숨 쉬는 기업 활동이 되어야 하지 않을까?

『성숙의 불씨』(2012년 6월 12일)

절망에서 희망으로

역사로부터 교훈을 얻지 못하는 개인이나 집단은 미래가 없다. 지금 한국 땅 위에 몸담고 사는 사람들은 깊은 좌절과 절망 속에 빠져 있다. 우리가 지난해의 역사로부터 무엇을 깨우치고, 어떻게 새로운 시도를 하는가에 따라 한국의 내일의 모습이 결정될 것이다.

우선 이 땅의 정치권에 속해 있는 사람들은 그 누구보다도 이 땅의 오늘의 사태에 대하여 책임을 통감해야 한다. 그들은 국가와 국민 전체보다는 개인의 영달과 자기 패거리의 이익을 앞세워왔다. 누가 이런 사실을 부정할 수 있겠는가. 지금도 그들은 자신의 잘못을 깨닫기는커녕 이 불행스러운 혼란을 이용하려는 갖가지 꼼수를 쓰고 있지 않은가. 현명한 국민이 정치꾼들의 꼼수에 더 이상 속아 넘어가지 않는 길만이 대한민국을 오늘의 위기에서 벗어나게 하는 길이다.

이제까지 이 땅의 정치는 한쪽이 권력을 잡으면 반대쪽은 무조건 반대만을 일삼는 패거리 정치였다. 나와 내 편이 하는 것은 무조건 좋은 것이요, 너와 네 편이 하는 것은 무조건 나쁜 것이라는 극단적 대립과 투쟁만을 일삼아왔다. 제왕적 대통령제라는 제도가 이 고질병의 근본 원인으로 작용해 왔다. 이 고질병의 근원을 치유하지 않고는 누가 집권해도 지금보다 더 나은 정치가 이 땅에서 이루어질 수 없다고 나는 힘주어 외치고 싶다.

선거제도의 개혁이 이루어져야 한다. 오늘과 같은 다원적 사회에서 여러 가지 입장을 가능한 한 폭넓게 수용할 수 있는 선거제도가 마련되어야 한다. 쉽게 말해서 양대 정당이 아니라 여러 개의 정당이 조금씩 힘을 나누어 가짐으로 독주가 불가능한 다당제 정치가 이루어지도록 선거법 개정이 시급하다. 그 다음은 내각책임제나 이원집정부제로 현행의 대통령제를 개헌해야 한다. 두 제도 모두 내각의 총리가 중심이 되어 여러 정파가 협치한다는 점에서 동일하다.

한국의 많은 사람들은 아직도 왕조 시대의 왕과 같은 존재가 국가운영의 책임자가 되어야 한다는 낡은 생각에 사로잡혀 있다. 그래서 개헌을 말하면서 4년 중임 대통령제를 거론하는 사람들이 많다. 그것은 아마도 미국도 대통령제를 택하고 있다는 사실에 영향을 받고 있기 때문인지도 모르겠다. 그러나 미국의 대통령제는 한국의 대통령제와는 근본적으로 다른 역사적 배경과 토대 위에서 운영되고 있다. 미국은 본질적으로 연방국가이다. 그래서 주 정부가 독자적인 권한을 가지고 각 주의 민생문제를 해결하고 있다. 중앙정부는 외교와 국방을 핵심 사업으로 삼고, 세계의 여러 국가와의 관계 설정이 미국 대통령의 책임이다.

유럽의 선진국들은 내각제나 이원집정부제를 채택하고 있다는 사실, 그리고 정치 후진국들은 대통령제를 채택하고 있다는 사실로부터 배우는 바가 있어야 한다. 한마디로 말해서 유럽의 정치 선진국은 모두 내각책임제가 핵심을 이루는 정치제도를 채용하고 있으며, 여타의 정치 후진국들은 대통령제를 채택하고 있다. '권력의 분산'과 '협치'가 그 중심에 자리 잡고 있다. 내각제 국가에도 국가권력의 최고 상징으로 왕이나 대통령이 있다. 특히 우리나라는 특수한 역사적 배경으로 배태된 극단적 대립 세력인 좌파와 우파가 대립하고 있다. 이제 한국 정치도 극단적인 두 세력을 정치의 중심으로부터 몰아내고, 중도적인 입장에 있는 여러 개의 정당의 협치를 통해 국가운영이 이루어질 때 한국의 미래는 지금의 절망으로부터 희망으로 전환될 것이다.

『성숙의 불씨』(2017년 1월 2일)

한국의 정치병

지금 이 땅의 국회의원들은 제 할 일을 제대로 잘 수행하고 있다고 보십니까? 우리 각자는 자신이 이 땅의 정치의 주인이라고 생각하시나요? 아니면 자신은 한국이라는 큰 여객선에 올라타서 선장과 선원들이 끌고 가는 배에 자신의 운명을 내맡기고 있는 하나의 손님에 불과하다고 느끼고 계신가요? 배의 운명을 책임진 선장은 서투른 부하 초년생 선원에게 배의 운명을 맡겨놓고, 선장 자신은 술 먹고 노름하다가 낮잠에 푹 빠져 있는 그런 배에 우리가 올라타고 있다고 생각해 보신 적은 없으신가요?

이 땅의 사람들 가운데는 이 땅의 국회의원들이 막말과 싸움질만 일삼는 세금 도둑이라고 생각하는데, 그 원인이 어디에 있다고 보시는지요? 그리고 그것이 한국의 '정치병(政治病)'이라면, 그 병을 어떻게 고칠 수 있다고 생각하시는지요? 당쟁만 일삼다가 나라를 잃은 조선의 조상만을 탓하면서, 오늘 이 땅의, 한국의 '정치병'을 팔짱만 끼고 쳐다보며 한숨만 내쉬고 있어도 되는 것일까요?

곰곰이 깊이 생각해 보면, 국회의원이란 사람들은 자신들이 잘나서 국회의사당을 제 발로 드나드는 것이 아니라, 이 땅의 국민들이 선거에서 투표로 뽑아준 덕에 국회의사당을 큰소리치며 드나드는 것이 아니겠습니까? 그러니 뽑아준 사람이 그들의 주인이요, 그들은 주인의 심부름꾼에 불과한 것이 아니겠습니까? 공복(public servant)이란 말이 있듯이, 국회의원은 나라의 주인인 국민들의 심부름꾼이 아니겠습니까? 그런데 심부름을 제대로 안 하거나 못한다면, 그냥 놔두어서야 되겠습니까?

그리고 한 가지 신기한 것은, 국회의원이 되기 전에는 그렇게 멋있어 보이던 사람도 국회라는 정치판에 들어가기만 하면 제구실을 못하는 이 기괴한 현상을 어떻게 설명해야 할까요? 그리고 그것을 바로잡을 방도는 없을까요? 그것이 바로 선거법을 비롯한 여러 가지 정치제도의 틀과 관행과 관련이 있기에, 그것들을 뜯어고쳐야 할 필요가 있는 것이 아닐까요?

오늘 이 땅의 국민들이 생각을 제대로 가다듬고 한국의 '정치병'을 치유하지 않으면 불의의 변고에 직면할 수도 있습니다. 그렇기에 지금이 바로 나라를 바로잡는 절체절명(絕體絕命)의 기회가 아닐까 합니다.

『철학과 현실』(2015년 여름)

옛 사색당파를 떠올리게 하는
오늘의 한국 정치

오늘 이 땅의 정치권에서 일어나는 일들을 대중매체를 통해 접하고 있노라면, 탄식을 넘어 두려움마저 느낀다. 도토리 키 재기란 말처럼 고만고만한 인물들이 되어서 그런지, 모이는 듯하다가 흩어지는 꼬락서니를 관망하다 보면, 앞으로 나라가 어찌 될 것인가 하는 두려움마저 느낀다. 여당의 경우에 친박을 넘어 진박과 비박과 탈박들 사이의 진흙탕 개싸움(이전투구), 그리고 야당의 경우 친노와 비노의 이합집산하며 새 당 만들기, 그리고 또 헤어지기. 도대체 어린아이들도 아닌데, 애들 장난이라고 일소에 부쳐버릴 수 없는 이 야릇한 풍경이 이 땅에서 벌어지고 있다. 그들이 주장하는 말, "나라를 구하고 국민들의 삶을 행복하고 풍요롭게 하겠다"고 하니, 국민을 도대체 무엇으로 아는 사람들인가? 물론 정치권에 있는 모든 인사가 이런 작태를 하는 꼴불견은 아니지만, 정치권 전체를 오염시켜 놓고 있으니 어찌하랴. 자기 몸 하나도 제대로 가누지 못하는 웃기는 자들이 남을 지도하겠다고 나서고 있으니, 참으로 눈 뜨고 볼 수도 없다.

꼴뚜기가 어물전 망신시킨다는데, 이 땅의 정치꾼들이 대한민국의 모습에 먹칠하는 오늘이다. 옛말에 수신제가치국평천하(修身齊家治國平天下)라 했거니와, 오늘 이 땅의 정치권을 넘나드는 사람들과 무관한 옛말인가 싶다. 심지어 군 복무도 기피한 자들이 애국(愛國)한다고 떠들어대고 있으니, 어찌 그들의 말을 신뢰할 수 있을까. 공익(公益)을 위해 일하겠다고 하면서 그 속을 들여다보면 공해(公害)로 가득 찬 전력자들이 아닌가. 통탄스러울 따름이다.

정치권의 일대 쇄신은 투표장에 가는 국민의 현명한 판단을 통하지 않고는 불가능하다. 그리고 그놈이 그놈이라고 투표장에 가길 거부하는 것은 현명한 처사가 될 수 없다. 온 국민이 투표장으로 나가 준엄한 심판을 해야, 대한민국은 새로운 삶의 공동체로 거듭날 것이다.

나라의 주인이 정치권을 배회하는 사람들이 아니라, 투표장에 들어가는 국민이라는 것을 보여주어야 한다. 지금 정치권에서 벌어지는 모습은 정치를 하는 몸짓이 아니라, 더러운 진흙탕 속에서 싸우는 개들의 모습이라는 것을 잊지 말아야 한다. 이때야말로 성숙한 시민의식이 절실한 때가 아닐 수 없다.

『성숙의 불씨』(2016년 3월 15일)

스포츠는 우리에게 무엇인가

　지난 20세기 문명비평가들은 세 개의 에스(s)라며 성(sex), 영상(screen) 그리고 스포츠(sports)를 20세기 보통 사람들을 사로잡는 새로운 특이 현상으로 거론했다. 성은 어쩌면 인류 역사 그 자체와 더불어 만인의 유혹거리였지만, 특히 20세기에 유별나게 드러나게 된 데는 무엇보다도 피임을 손쉽게 해주는 과학기술의 발전에 그 까닭을 돌릴 수 있을 것이다. 영상은 말할 것도 없이 그것을 가능케 한 것은 전적으로 과학기술의 출현 때문이다.

　그러면 스포츠는 어떤가? 스포츠도 성과 더불어 인류 역사 그 자체와 함께 기나긴 역사를 지닌 것인지도 모른다. 인간은 아리스토텔레스의 혜안을 빌릴 필요도 없이 움직이는 생물(동물)의 하나임에 틀림없다. 움직이지 않으면 존재할 수 없게 만들어진 존재, 그것이 인간인지도 모른다. 무엇보다도 먹이를 구해 입에 넣으려면 움직여야 한다. 설사 움직이지 않고 먹이를 구한다 하더라도 자기 몸을 건강하게 유지하려면 움직여야 한다. 어린아이를 보면 인간이 움직이는 생물이란 걸 한눈에 너무나 잘 알 수 있다. 인간은 움직여야 산다. 움직여야 모든 것이 해결될 수 있다.

스포츠는 이렇게 움직여야 사는 인간존재에게 숙명처럼 따라다니는 것이다. 그런데 스포츠는 단순히 몸을 움직이는 그것으로는 안 된다. 거기에다가 일정한 움직임의 규칙이 있어야 하고, 그 규칙 가운데는 승부를 가려낼 수 있는 규칙도 있어야 한다. 바로 이 승부의 규칙 때문에 스포츠는 움직이는 생물에게 꽤나 매력적인 것이 된다. 승부의 규칙이 있는 몸놀림, 그것이 스포츠의 핵심이라 해도 좋을 듯하다.

그러면 하필 20세기에 와서 스포츠가 크게 드러나게 되는 까닭은 어디 있을까? 무엇보다도 '여유'와 관련이 가장 클 것 같다. 입에 풀칠할 것도 없는 형편이라면, 스포츠가 그렇게 관심거리가 될 수 있을까? 그리고 이 여유의 틈새를 이용하여 돈을 벌려는 사람들의 노림수도 큰 몫을 할 것임에 틀림없다. 또한 대중 조작을 통해 권력 놀이를 기획하는 사람들에게도 스포츠는 좋은 재료가 될 것이다.

올림픽과 더불어 월드컵 축구는 오늘 우리에게 엄청난 우려로 다가서고 있다. 마치 나라의 모든 것이 걸려 있는 그 어떤 신성한 것으로 떠받들어지고 있는 것 같다. 그리고 '16강 진입'이야말로 만인의 절대적 소원이라고 여겨지고 있다. 모두가 월드컵이라는 신흥 종교의 독실한 신자가 된 것처럼 보인다. 어떤 사람들은 가히 광신도라고 할 특별한 사람들도 있는 것 같다.

인간 본성에는 공격하고 파괴하고자 하는 강한 욕구가 도사리고 있다고 심리를 연구하는 사람들은 말해 왔다. 무엇을 때려눕히고 싸우고 싶은 강한 욕구 때문에 이 핑계 저 핑계 만들어가지고 싸움질을 해온 것이 인류의 역사의 한 단면임에 틀림없다. 인간의 이와 같은 공격욕을 살육의 전쟁이 아닌 보다 세련된 방식으로 해소할 수가 있다면 그보다 좋은 일이 있을 수 없다. 그런 세련된 방식 가운데 하나가 아마도 스포츠인지도 모르겠다. 전쟁 대신에 스포츠를 한다면, 그것은 여러 가지 면에서 좋은 일일 수가 있다. 사람을 죽이지 않는 싸움, 그것이 스포츠라면 말이다. 그런데 어쩌면 전쟁보다도 더 결연한 의지와 치밀한 준비로 맞이하는 전쟁 아닌 전쟁이 스포츠 경기인지도 모르겠다.

요즈음 매스컴에 보도되는 월드컵과 관련된 갖가지 기사들을 접하면서 느끼는 것은 오늘 한국민이 치러야 하는 절체절명의 과제가 월드컵이라는 국가 대사라는 것이다. 여기에 우리의 모든 것이 걸려 있는 지상의 과제 말이다.

하기야 월드컵 핑계 대고 시민의 공공의식을 제고하고, 이 기회에 나라의 문화 선전도 하고, 또 한국 상품 광고도 잘해서 우리나라를 문화적으로 또 경제적으로 한 단계 높일 수만 있다면 얼마나 좋은 일인가. 그리고 스포츠로 공격욕을 해소함으로써 전쟁 대신에 인류평화를 도모할 수 있다면 그보다 더 좋은 일이 어디 있겠는가.

거기에다 스포츠의 규칙 지키기로부터 페어플레이(fair play) 정신을 배워 우리의 공동체를 경영하는 데 도움을 받을 수 있다면 얼마나 좋을까. 정말 "꿩 먹고 알 먹고 둥지 태워 불 땐다"는 말처럼 월드컵 축구라는 축구 행사 하나 치러 이런 여러 가지 좋은 결과를 다 얻어낸다면 무엇을 더 바랄 것인가.

그런데 한 번쯤은 우리가 좀 더 깊이 생각해 볼 필요가 있다. 뭔가 무게의 중심이 한쪽으로 기울어진 것은 여기에 없는가?

내가 지적하고 싶은 핵심은 이것이다. 오늘 이 시대의 스포츠 문화는 너무 프로 중심, 따라서 관람 중심이라는 것이다. 그리고 여기에 편승한 지나친 상업주의에 놀아나는 군중들의 중심 잃은 삶이 문제라는 것이다. 스포츠가 모든 것인 양 한쪽으로 기울어진 세상살이가 문제이다.

인간은 움직여야 하는 존재이기에 운동하는 것이 매우 필요하다. 더욱이 승부가 걸린 운동을 하는 것은 운동에다가 재미까지 곁들여 있으니 매우 권장할 만한 일이다. 그런 승부와 결부된 운동에는 엄격한 규칙이 있기 마련이므로, 그런 경기 운동을 하면서 '공정하게 일하는 정신'을 배운다면 또 얼마나 좋겠는가.

문제는 그런 운동을 모든 사람이 직접 하는 것이다. 구경꾼으로서가 아니라 참여자가 되는 일이다. 남이 하는 운동을 구경하는 것으로는 자기의 건강이 유지되는 것은 아니다. 중요한 것은 자신이 직접 스포츠의 실천자가 되는 것이다.

프로 중심의 스포츠 문화는 지나친 경쟁심과 더불어 승부에 대한 탐욕을 불러일으킨다. 그뿐만 아니라, 그러한 지나친 경쟁과 승부에의 집착은 프로 운동선수들을 기록 경쟁으로 몰고 감으로써 운동 참여자로 하여금 말할 수 없는 육체의 곤경 속으로 빠지게 한다. 그 결과 운동이 건강을 증진시키는 것이 아니라, 그 반대의 극단으로 치닫는 역설이 나타날 수 있다. 말하자면 비인간화의 비극이 그 속에 잉태될 수 있다.

이러한 관점에서 볼 때 국가의 스포츠 정책에 근본적인 관점의 전환이 요청된다. 국가가 국민의 혈세로 짓는 스포츠 관련 시설들이 프로 스포츠 중심으로 기획되고 실현되어 온 것이 작금의 실정이다. 이른바 '생활체육'으로 정책의 전환이 이루어져야 한다. 관람 중심으로부터 참여 중심으로 스포츠 정책이 전환되어야 한다. 인간은 본질적으로 움직이는 존재이기 때문에 이 본질에 적합한 스포츠 문화가 창출되어야 한다. 이제는 스포츠 문화가 모두의 건강한 삶을 위한 것으로 전환할 때가 되었다.

20세기 문명비평가들의 스포츠 문화에 대한 차가운 시선을 다시 음미해 볼 때가 되었다. '놀아나는 스포츠 문화'는 인간을 빈껍데기로 만들기 때문이다. 남에게 놀아나는 스포츠 문화로부터 '자기가 노는 스포츠 문화'로 방향 전환을 할 때만, 우리 모두가 제대로 된 삶을 살 수 있을 것이다.

인생에는 남에게 놀아날 만큼 충분한 시간이 주어져 있지 않다. 자기가 놀 시간도 넉넉히 주어져 있지 않음을 우리는 알고 있다.

『철학과 현실』(2002년 가을)

반칙사회로부터 성숙한 사회로

우리가 사는 오늘 이 땅은 어떤 세상인가? 수년 전 일이다. 비가 주룩 주룩 내리 뿌리는 밤 열 시경, 나는 강남역에서 분당행 버스를 탔다. 양 재역을 지나자 버스 운전기사는 색맹이라도 되는 듯 적신호와 청신호를 구분 없이 질주했다. 두서너 개 적신호를 그냥 통과했을 때 운전기사 바로 뒷좌석에 앉았던 내가 말했다. "신호 좀 지킵시다. 사고 나면 기사님 혼자만 다치는 것이 아니고 우리 모두가 다칩니다." 운전기사는 막무가 내다. 계속 적신호를 무시하고 질주한다. 내가 또 말했다. "이러다간 큰일 납니다. 제발 신호 좀 지킬 수 없어요? 남의 목숨 귀한 줄 생각해야지요." 그러자 운전기사는 갑자기 차를 길가에 정차시키더니 고함쳤다. "내려요. 내려!" 나는 그냥 앉아 있었다. 우산을 든 승객이 나에게 달려 오더니, 운전기사와 합세하여 나를 꾸짖었다. "왜 기사한테 시비요? 썩 내려!" 하며 우산 자루로 나를 칠 듯이 위협했다. "자, 이러지 마세요. 도 대체 교통신호 지키자는데 나를 차에서 쫓아내면 어떻게 해요. 갑시다, 가. 신호를 지켜요. 적신호에 그냥 가다가 충돌하면 모두 큰일 나요." 옥

신각신 끝에 버스는 떠났다. 나를 옹호해 주는 승객은 아무도 없었다. 외로운 혼자만의 외침이었다. 더 이상 입을 열었다가는 몰매 맞는 봉변을 당할 것 같았다. 버스는 또 적신호를 무시하고 질주했다. 내가 버스에서 내릴 때까지 열한 개의 적신호를 그냥 통과했다.

반칙이 일상화된 세상에서 규칙을 지키자는 목소리는 일종의 행패로 인식되는 것 같았다. 반칙이 보편화된 세상에서 준칙은 비정상으로 낙인찍힌다. 반칙이 곧 정상이기 때문이다.

지하철 노조가 '준법투쟁'이란 것을 했던 일이 있다. 얼핏 들으면 법을 지켜가며 법의 테두리 안에서 투쟁한다는 말처럼 들린다. 그러나 실제로는 준법운행이 곧 투쟁이라는 것이다. 보통 때는 법규에 어긋나게 운행했기 때문에 법규에 따라 운행하면 그것이 곧 투쟁의 수단이 될 수 있다는 것이다. 준칙이 곧 비정상이요, 그래서 투쟁의 수단이 된다는 것이다. '준법 = 투쟁'의 등식이 성립되는 세상, 그것이 우리가 오늘 생명을 부지하고 사는 세상이다.

'표적 사정'이란 말이 있는가 하면, '괘씸죄'란 말도 있다. "털면 먼지 안 나는 놈이 없다"는 말도 있다. 털면 먼지 나지 않는 사람이 없을 정도로 잠재적 범법이 일상화되어 있는 세상에서는 '괘씸죄'와 '표적 사정'이 가능하다. 반칙이 일상화되어 있는 세상에서 사정의 칼날을 갖다 대면 감옥행을 면할 사람이 얼마나 되겠는가. 먼지 안 털리는 동안은 집에서 편히 살 수 있지만, 일단 먼지가 털리면 감옥생활을 하지 않을 수 없게 되는 세상, 그것이 곧 반칙사회이다. 반칙이 정상이요, 준칙이 비정상인 세상, 그것이 바로 우리가 사는 세상이란 말이다. 오호 통재라! 이를 어찌할 것인가.

사람의 삶을 규제하는 법칙에는 두 가지가 있다. '자연법칙'이라 부르는 것이 그 하나요, 도덕, 법률 그리고 각종 규칙이 그 다른 종류이다. 후

자는 보통 규범이라는 말로 묶어 표현하는데, 전자가 사람의 의지와 상관없는 법칙이라면, 후자는 사람의 의지와 상관되어 만들어지는 법칙이라 할 수 있다. 사람이 제대로 삶을 유지하려면 저 두 가지 법칙에 따라 삶을 꾸려가야 한다. 자연법칙을 거스르고서는 제대로 살 수 없다. 그것을 잘 이용해야 한다. 제아무리 억지꾼이라도 자연법칙과 겨루어 승리할 수는 없다. 온도가 영하로 내려가면 물이 얼어붙는다. 영하 50도 아래서 발가벗고 몇 시간을 견디어낼 수 있을까? 아무리 억척스러운 사람도 견디어내는 데 한계가 있을 것이다. 자연의 법칙에 순응하는 한에서만 인간의 생존은 가능한 것이다. 역천자(逆天者)에게 밝은 미래는 없다.

규범의 경우는 어떤가? 교통규칙도 규범의 법칙의 하나이다. 적신호 때는 정차, 청신호 때는 통과, 이것은 사람들이 정해 놓은 약속이다. 그 약속을 지키지 않으면 어떻게 되는가? 혼란이 생긴다. 그래서 차가 서로 충돌할 수 있다. 충돌할 경우, 자동차의 파손에서부터 사람의 사망까지 여러 가지 불행한 사건이 벌어지게 된다. 교통규칙은 그러므로 사람의 생사를 좌우하는 매우 중요한 규칙이다. 옛사람들은 삼강오륜을 사람이 지켜야 할 핵심적인 규범이라 생각했다. 그런데 삼강오륜을 어겼다고 해서 당장 생사가 판가름 나지는 않는다. 옛날에는 자동차가 없는 세상이라서 교통법규가 필요하지 않았다. 오늘은 자동차의 세상이다. 이런 세상에 사는 우리에게 교통법규의 준수 여부는 생사를 갈라놓는다.

교통규칙 안 지켜 사고를 내면 나만 피해를 보는 게 아니다. 남의 생명과 재산을 파괴하고, 남의 가족의 불행을 초래하는 것이다. 교통규칙은 오늘의 삶을 이끌어가는 현대판 삼강오륜인 셈이다. 그것의 준수 여부가 사람의 생사를 가르는 중대한 규범이다. 사람의 생명보다 더 중요한 것이 어디 있겠는가. 그런 의미에서 교통규칙은 오늘의 일상인이 지켜야 할 최대의 덕목이라 해야 할 것이다.

규범은 본질적으로 약속의 토대 위에 있다. 오늘 우리가 사는 땅은 약속의 위기, 신뢰의 위기에 직면해 있다. 자기가 내뱉은 언어를 헌신짝처럼 내던진다. 헛소리가 판을 치는 세상이다. 정치는 본질적으로 말의 힘에 토대하고 있다. 말의 힘은 말이 본래의 쓰임새대로 쓰인다는 데서부터 나온다. 소를 보고 '소'라 부르고, 개를 가리켜 '개'라고 한다. 그런데 소를 보며 '개'라고 하면, 말의 힘은 없어지고 만다. 말이 본래의 쓰임새대로 쓰이지 않기 때문이다. 말이 본래의 쓰임새대로 쓰이지 않을 때, 그것은 한낱 헛소리가 되고 만다. 헛소리가 난무하는 세상, 그것은 난세이다. 제대로 돌아가지 않는 세상이다.

규범의 핵심은 말의 힘에 있다. 오늘 이 땅은 규범의 위기에 마주 서 있다. 허언(虛言)의 명수들이 세상의 최고 경영자로 군림하고 있기 때문이다. 공자는 정언(正言)이 국가운영의 핵심이라고 2천 수백 년 전에 갈파했다. 국가운영에 있어서 군사력과 경제력이 중요한 것은 사실이다. 그러나 정언이 없으면 국가경영은 그 뿌리에서부터 흔들린다고 공자는 일찍이 우리에게 가르쳐주었다. 말 값대로 말을 하는 것이 정언이다. 개를 보고 '개'라 부르고, 쌀을 보고 '쌀'이라고 말하는 것이 정언이다. 개를 보고 '쌀'이라고 하면 헛소리다.

반칙이 일상화되어 있는 사회는 거꾸로 된 사회요, 몰락해 가는 병든 사회이다. 윗물이 맑아야 아랫물이 맑다. 소위 사회의 지도자라는 사람들이 거짓말과 말 뒤집기를 밥 먹듯 하는데 어떻게 세상이 제대로 돌아가겠는가. 지도자의 자리는 '왕선생'의 자리이다. 학교의 꼬마 선생이 아무리 애를 써도 세상이 제대로 굴러가지 않는다. 마치 바닷가 모래 위에 써놓은 글자가 파도에 한 번 밀리면 종적 없이 사라지듯 꼬마 선생의 애씀은 덧없기 짝이 없다. 왕선생이 내뱉는 언어가 부실할 때 기껏 쌓아 올린 규범의 탑은 한순간에 바벨탑의 운명에 처한다. 기업의 부실화가 금융의 부실화로 이어져 급기야는 나라의 경제를 파국으로 몰고 가듯,

왕선생의 언어의 부실은 보통 사람들의 언어의 부실화를 촉진하여 급기야는 사회 전체의 신뢰의 붕괴를 초래하는 데 이른다. 신뢰의 붕괴는 곧 국가 흥망의 위기로 직결된다.

지난 30여 년 동안 우리는 산업화를 위해 많은 땀을 흘렸다. 그 덕분으로 우리의 물질적 살림은 저개발의 비극적 상황으로부터 벗어났다. 너무나 다행스러운 일이 아닐 수 없다. 그 지겹던 '보릿고개'란 말도 우리의 일상 언어에서 자취를 감추었다. 그러나 그 대신 비좁은 도로 위에서 '나 먼저'만을 고집하는 운전자들이 몰아대는 자동차가 매일 시민전쟁의 사상자 수를 더해 가고만 있다. 빨리 가자고 만든 자동차이건만 온 나라의 도로는 정지된 자동차로 가득 찬 주차장이 되어가고 있을 뿐이다. 이것이 우리의 눈에 보이는 산업화의 실상의 또 하나의 단면이다.

새로운 밀레니엄을 맞았다고 하여 여러 가지 새로운 기대와 함께 새로운 기획이 앞다투어 나타나고 있다. 물론 필요하고 또 해야 할 일들임에 틀림없다. 그런데 한 가지 분명한 것은 이제까지와 같은 마구 밀어붙이기 식으로는 안 된다는 것이다. 적어도 차원 높은 성숙한 사회를 만들 수는 없다는 것이다. 경제만 해도 그렇다. 지금까지는 마구 밀어붙이기 식으로 이 정도의 수준에 도달하는 데는 성공했다고 볼 수 있다. 그러나 그 이상 한 차원 높은 경제성장은 사회의 도덕적 체질이 강화되지 않고서는 결코 성취될 수 없을 것이다. 신뢰의 수준이 오늘과 같아서는 결코 밝은 내일이 우리에게 찾아오지 않을 것이다.

우리는 지난 권위주의 시대에 폭력에 의한 국가경영이 얼마나 비극적인가를 뼈아프게 체험했다. 폭력에 의해 국가운영을 하는 것은 저차원의 삶밖에 우리에게 가져다주지 않는다는 것을 역사로부터 너무나 값비싼 대가를 치르고서야 배울 수 있었다. 이제 우리에게 필요한 것은 차원 높은 삶의 가능성을 열어주는 국가운영의 철학이다. 그것은 무엇보다도 말의 진실성에 토대한 신뢰관계의 구축에서 시작해야 한다. 사회적 규범의 질서의 토대는 말의 질서의 확립에 있다. 그것은 바로 약속의 실천이다. 아무리 그럴싸한 법과 제도가 마련되었다 한들, 그것이 말대로 이행되지 않는다면 무슨 소용이 있겠는가. 소위 국가 지도자라는 사람들이 허언의 전문가 집단에 불과하다면 그 좋은 법과 제도가 어떻게 제대로 운행이 되겠는가. 냉소의 콧방귀 소리가 넘치는 곳에 어떻게 차원 높은 삶을 구가할 수 있는 국가운영이 이루어질 수 있겠는가.

이제 우리에게 선택 아닌 선택으로 남아 있는 것은 한 가지다. 사회의 기본을 찾아가는 일이다. 규범의 토대를 다지는 일이다. 단순한 자연물이라면 자연법칙의 순응만으로 족할 것이다. 인간은 말을 하는 동물이요, 말을 통해서 공동체적 삶을 엮어가는 모듬살이꾼이다. 공동체의 질서는 약속의 언어가 그 핵심에 자리하고 있다. 지켜지지 않는 약속의 언어는 헛바퀴 도는 말이다. 그것은 세상을 움직이지 못한다. 그저 혼란만을 확대 재생산할 뿐이다. 그러므로 국가경영의 책임을 진 사람은 어떤 경우에도 허튼소리는 내뱉지 말아야 한다. 실천이 담보되지 않은 말은 세상을 어지럽히는 허튼소리에 지나지 않는다.

반칙의 사회를 준칙의 사회로 바꾸어야 한다. 그것은 허튼소리 안 하기에서부터 시작되어야 한다. 그것은 다름 아닌 말의 진실성을 실천 속에서 담보하는 일이다. 이것은 매우 작은 일이다. 그러나 그것은 그 어떤 국가 대사보다 선행되어야 힌다. 모든 사회적 대사의 토대는 바로 참말에 있기 때문이다. 그리고 참말하기는 성숙한 사회를 위한 묘밭이기 때문이다.

『철학과 현실』(2000년 가을)

자율적 복지사회

1. 자율(autonomy)이란 타율(heteronomy)과 대조되는 말이다. 자기가 아닌 타인이나 밖으로부터 주어지는 규칙 혹은 규범이 타율인 데 반하여, 자율은 자기 스스로 만들어내는 규칙이나 규범을 뜻한다.

서양에서 자율의 개념을 도덕적 인간의 핵심 개념으로 설정한 철학자는 칸트이다. 칸트에게 있어서 자유(Freiheit)는 자율의 다른 이름이다. 우리 식으로 쉽게 표현하면 자율은 '스스로 알아서 하는 것'이라고 할 수 있다. 그리고 타율은 '밖에서 시켜서 하는 것'이라고 할 수 있다.

2. 복지사회(Welfare Society)라는 말이 사용되어 온 관행적 용법은 인간이 살아가는 데 기본적으로 필요한 것을 국가가 제공하는 사회를 말한다. 문제는 기본적 필요(basic needs)라는 것이 어떤 것이냐에 관해서는 사회적 발전 단계에 따라 다를 수 있다. "요람에서 무덤까지"라는 표어가 선진국의 복지사회에서 거론되어 왔다. 출생에서 사망까지 '사람이 사람답게' 사는 데 기본적 필요가 어디까지인가는 선험적으로 결정될

수는 없다. 일반적으로 유아기와 같이 남의 도움이 없이는 살 수 없는 시기에 필요한 것과 각종 질병에 걸려서 밖으로부터의 도움이 없이는 제대로 삶을 살 수 없는 경우, 그리고 노인이 되어 혼자서 자기 삶을 영위해 가기 어려운 시기, 그리고 성인으로 사회적 활동을 하기 이전에 제대로 된 사회인으로 제 역할을 하기 위해 필요한 교육 등이 복지의 대상으로 거론되어 왔다. 그런데 이런 경우에 얼마만큼 국가가 지원하느냐는 한 사회가 감당할 수 있는 경제적 여건에 따라 결정될 수밖에 없다. 따라서 가난한 나라에서는 국가의 재정 능력의 부족으로 복지 혜택을 국민에게 주는 것이 현실적으로 불가능하다.

3. '자율적 복지사회'란 말은 위에서 지적한 복지사회라는 말의 일반적 관행 용법과는 거리가 있다. 지금까지의 일반적 관행 용법은 국가라는 밖으로부터 주어지는 타율적 복지사회라 볼 수 있기 때문이다. '자율적 복지사회'라는 말은 개인이 스스로 인간의 필요조건들을 만들어가는 사회라는 말이다. 그러나 주제 발표자 김경동 교수가 말하려는 것은 사회 구성원 개인들이 자원봉사를 통해서 기본적 필요가 요구되는 개인들에게 그 요구를 충족해 주는 '아름다운 모듬살이(공동체)'의 모습을 그려보려는 것같이 보인다.

그런데 문제는 과연 자원봉사를 통해 어느 정도의 '복지'의 요구가 충족될 수 있을까라는 더 깊은 천착이 요구되는 사항이 아닐까 사료된다.

4. 나눔과 자원봉사

자원봉사는 나눔의 한 유형이다. 기부는 또 다른 나눔의 형식이다. 지금까지 존재했던 국가경영에 있어서는 조세정책이 나눔의 핵심적 수단이 되었다. 오늘 토론의 자리는 그런 국가가 시행하는 나눔의 문제는 논외의 문제가 되고 있다.

그러면 기부와 자원봉사는 어떻게 구분될 수 있을까? 일반적으로 기부란 금전으로 환산될 수 있는 물질적 재화를 개인이나 단체가 그것을 필요로 하는 개인이나 단체에게 무상으로 양도하는 것을 말한다. 그러나 최근에는 '재능기부'란 말이 나오면서 물질적 재화 이외에 인간이 지닌 재능을 통해 도움이 필요한 자에게 무상으로 베푸는 것을 말한다.

자원봉사는 한 개인이나 단체가 강제에 의해서가 아니라 스스로의 결정에 따라 타인이나 단체가 필요로 하는 것을 충족할 수 있도록 무상으로 도와주는 것을 말한다.

5. 자원봉사는 일방적인 시혜인가?

자원봉사는 단순히 가진 자가 못 가진 자에게 건네는 일방적인 시혜가 아니라는 데 자원봉사의 빛나는 값어치가 있다고 논평자는 생각한다.

우선 자원봉사에 참여하는 사람은 반드시 이른바 가진 자가 아니어도 된다. 자원봉사에 요구되는 것은 그 어떤 우월한 특성일 필요가 없다. 또한 자원봉사를 받는 사람 또한 열등한 존재가 아닐 수 있다. 간단히 말하면 자원봉사는 우월한 존재가 열등한 존재에게 베푸는 일방적 사건이 아니다.

자원봉사는 특정한 필요(needs)가 있는 상대방에게 그 필요를 충족시켜 줄 수 있는 조건을 갖춘 자가 도움을 주는 행위일 뿐 아니라, 도움을 받는 자만이 즐거움이나 행복감을 얻는 사건이 아니라, 도움을 주는 자의 마음에도 상당한 만족감과 행복감을 불러일으키는 쌍방향적 관계의 사건이다. 쌍방향의 주고받음의 신나는 삶의 교감 현상이 자원봉사가 인간의 삶에서 지니는 아름다운 가치라고 볼 수 있다.

기부 행위는 누구나 할 수 있는 것은 아니다. 타자에게 줄 물질적 재화가 있거나 탁월한 재능이 있어야 가능하다. 그러나 자원봉사는 누구나 가능하다. 근육의 힘이 없는 사람은 '좋은 말'이 필요한 사람에게 말로 도와줄 수 있다. 모든 사람은 잘하는 것이 있는가 하면 부족한 것, 잘 못하는 것이 있다. 나는 네가 부족한 것을 보태주고 도와줄 수 있는가 하면, 너는 내가 부족한 것을 보태주고 도와줄 수 있다. 우리 모두는 서로 보태줄 수 있는 관계, 상보관계(相補關係)에 놓여 있다. 또한 그렇게 서로 살려주는 관계, 상생관계에 놓여 있다. 너는 나 때문에 살 수 있으며, 나는 너 때문에 살 수 있다는 존재의 신비가 바로 자원봉사를 밑받침하는 기둥, 자원봉사의 철학의 뿌리이다.

자원봉사가 작동하는 모듬살이 속에는 자원봉사에 동원되는 물리적 요소를 넘어서서 사람과 사람 사이에 일어나는 '따뜻한 영혼의 교감'이 너무나 소중한 보배이다. 그 보배가 그 사회를 지탱해 가는 '윤리적 그물망'을 활성화시켜 준다. 그래서 자원봉사는 인간의 모듬살이의 '도덕적 효모'라고 볼 수 있다. 그렇기에 자원봉사는 더불어 잘 사는 세상으로 인도하는 사다리라고 할 수 있다.

6. 자원봉사와 교육(훈련)

"세 살 적 버릇 여든까지 간다"는 우리의 속담이 있다. 고대 그리스의 철인 아리스토텔레스는 "제비 한 마리 왔다고 봄이 오지 않는다"고 서양 윤리학의 최초의 고전 『니코마코스 윤리학』에서 말했다. 그가 이런 말을 꺼낸 것은 "윤리적 덕(virtue)은 습관(habit)으로부터 생겨난다"는 것을 말하기 위해서이다.

좋은 행위는 한두 번의 실천으로 덕의 품성으로 뿌리내리지 못한다. 여러 번 거듭된 훈련을 통해 덕성이 함양된다는 것이다.

그래서 모든 어린이에게 좋은 도덕적 덕이라 할 수 있는 자원봉사 훈련을 시키는 것은 너무나 중요하다. 진짜 선진국은 GNP 성장만으로는 이룩되지 않는다. 인간이 살 만한 세상은 자원봉사의 덕성을 지닌 사람들이 다수를 차지할 때만 가능하다.

우리나라가 그런 사람이 살 만한 성숙한 세상이 되기 위해서는 어린 아이 적부터 가정과 학교에서 자원봉사 훈련을 쌓도록 이 땅의 어른들이 각고의 노력을 해야 할 것이다.

그것이 아마도 자율적 복지국가로 가는 길이 될 것이다.

7. 오늘 한국사회는 두 가지 큰 과제 앞에 서 있다. 첫째는 절대 빈곤으로부터 나오는 배고픔의 문제라기보다 상대적 빈곤, 상대적 박탈감으로부터 유래하는 배 아픔의 문제가 한국의 영혼들을 혼란과 우수 속에 헤매게 하고 있다. 이 문제는 물리적 처방보다는 영혼의 각성을 통한 치유가 선행되어야 하지 않을까? 나는 너 때문에 살 수 있으며, 너는 나 때문에 살 수 있다는 존재의 상호의존적 신비에 눈을 뜨는 것, 영혼의 깨달음이 우리의 모듬살이에 퍼져나가야 하지 않을까? 그 깨달음이 바로 우리의 삶을 그물로 엮어내는 위대한 공감(共感)이 아닐 수 없다. 이 공감이 우리의 영혼들을 흔들 때, 배고픔의 갈증은 치유될 수 있지 않을까? 자원봉사와 나눔의 실천 운동이야말로 오늘의 우리의 갈증을 해소시켜 주는 실마리가 될 수 있지 않을까?

오늘 우리 사회를 짓누르고 있는 둘째 문제는 문명사적 대전환기를 맞이하여 극도의 정치적 혼란이 우리의 마음을 온통 뒤집어놓고 있다는 것이다. '정치는 돈'이라는 말이 오늘 한국 정치의 침울한 뒷사정을 폭로해 주고 있다. 정치도 일거리이니 비용이 안 들 수 없다. 그 비용을 마련하기 위해서 온갖 뒷거래를 하며 겉으로는 온갖 아름다운 말로 치장하고 있다. 그러다가 치부가 드러나면 '표적 사정'이라는 말로 자신을 변호하며 군자의 표정을 지으며 펄쩍 뛴다. 왜 표적 사정이라고 하는가? 정치권 안에 거주하는 사람들 모두가 다 같은 짓을 하고 있는데, 왜 재수 없게 나만 가지고 야단이냐는 말이다. 이해할 만도 하다. 이 아귀다툼의 정치판은 어떻게 개선될 수 있을까? 돈 덜 드는 선거를 할 수 있으면 개선될 수 있지 않을까? 어떻게? 아무런 보수도 안 받고 공짜로 선거를 도와주는 도우미가 있으면 어떨까? 거기다 자기의 생각을 대변해 주며 자기의 삶의 고민거리를 해결하는 데 앞장설 수 있다고 믿는 사람을 위해 단돈 얼마라도 기부하는 일이 벌어진다면, 우리의 정치판이 조금은 개선되지 않을까?

결국 이것은 자원봉사와 기부의 활성화가 가져다줄 열매가 아닐까? 게다가 회계 투명성이 뒷받침되면 금상첨화가 아닐까? 들어오고 나가는 돈 길을 누구나 훤히 들여다볼 수 있을 때 정치의 어두운 뒷골목이 사라질 수 있지 않을까?

자원봉사와 기부가 물론 만병통치약은 아니다. 그러나 썩어 곪아터지는 악취는 상당 부분 제거될 수 있지 않을까? 희망을 걸어볼 것은 그래도 자원봉사와 기부 문화의 활성화이다.

(2000년)

거짓말 공화국

강아지 세계에 '거짓말'이 있을까? 강아지끼리 말을 한다면, 강아지 세계에 거짓말이 있을까? 강아지 조련사들은 강아지들에게 일정한 훈련을 시킨다. 훈련에 성공하는 것을 보면 강아지와 일정한 방식으로 소통이 되는 셈이다. 언어란 소통의 수단이다. 언어 없는 소통은 가능한가? 강아지 조련사가 훈련에 성공하는 것을 보면, 소통의 수단이 있다고 가정할 수 있다. 인간의 소통 수단인 언어와는 또 다른 소통 수단이 있는 셈이다. 알 수 없는 노릇이다. 어쨌거나 초보 수준의 소통 수단이 없다고 할 수는 없겠다.

거짓말은 인간존재에게만 가능한 것일까? 어쩌면 인간의 징표일까? 그렇다면 거짓말이야말로 인간이 인간임을 나타내는 핵심적 요소라고 해야 할까?

여하튼 거짓말로 치자면 한반도 남쪽 위에 사는 한국은 우리의 가까운 이웃 나라 일본과 비교하여 거짓말의 고수들이 창궐하는 세상이라는 것을 보여주는 몇 가지 통계가 있는 모양이다. 위증죄의 건수가 일본의

165배이며, 무고사건의 건수는 일본의 305배라는 통계가 있다. 그리고 사기사건은 13.6배. 이쯤 되면 거짓말 공화국이라고 할 수 있지 않을까? 참으로 인정하고 싶지 않은 것이지만 말이다. 부끄러워서 어디에다 내놓고 할 이야기도 못 된다.

공자는 일찍이 믿음(信)이 없으면 나라가 제대로 굴러가지 않는다고 설파했다. 아무리 먹을 것이 풍부하고 국가 안전을 보장해 주는 온갖 무기가 잔뜩 쌓여 있을지라도, 다른 사람의 말을 믿을 수 없는 세상은 모래 위에 지어놓은 궁궐과 같다는 것이다. 이것은 단순한 옛날이야기가 아니다. 오늘에도 살아 있는 진리이다.

우리는 오늘 세계에서 열 번째 근처에서 왔다 갔다 하는 경제대국이라는 통계가 있다. 그런데 불행하다고 호소하는 사람들의 숫자로 말하면, 행복지수가 세계 나라들 가운데 가장 뒷자리를 맴도는 가장 불행한 사람들의 세상이라는 통계가 있다. 도대체 어찌 된 영문인가? 잘못되어도 한참 잘못된 세상이 아닌가?

그냥 한 귀로 듣고 흘려보내도 좋은 이야기가 아닌 것이 분명하지 않은가?

정말 어찌하면 좋을까?

『성숙의 불씨』(2012년 4월 17일)

성숙에 관하여

사전에 성숙은 '생물의 발육이 무르익음'이라고 풀이되어 있다. 숙성이라는 말은 '미생물 작용에 의해서 발효된 것이 잘 익어 있는 상태'를 뜻한다. 성숙과 숙성에 공통적인 것은 무엇이 '잘 익어 있음'이라고 보인다.

'성숙한 사회 가꾸기 모임'을 시민운동으로 시작한 지 어언 13년이 다 되었다. 이 운동을 시작했던 2001년은 문민정부에 이어 등장한 국민정부 시절이다. 문민정부 5년 동안에 박정희 정권과 전두환, 노태우 정권이라는 군인들에 의해 형성된 권위주의적 적폐를 해소하려는 노력을 했으나, 미진한 상태에서 국민의 정부가 탄생했다. 민주정치가 아직도 뿌리를 제대로 내리지 못한 상황에서 민주사회를 한 단계 높이기 위해서는 그 토대가 되는 일상적 차원에서 성숙한 행위의 규범들이 실천되어야 한다는 생각에서 '성숙한 사회 가꾸기 모임'을 시작하였다.

그 이후 세 정권이 지나고 지금 박 정권이 탄생한 지 근 열 달이 되고 있다. 그런데 우리의 정치는 어떤가? 옛 모습을 그대로 답습하고 있거나 퇴행하고 있는 것 같다. 어째서 그런가? 민주정치란 것이 그렇게 단시간 안에 성숙한 정치로 바뀌는 것이 어렵기 때문인지도 모른다. 해방 이후 이승만 정부가 민주헌법에 의한 민주정부로 탄생했다. 그러나 국민의 다수가 문맹인 상태여서 선거 때 후보의 번호를 문맹자들을 위해 작대기를 그어 표시하기까지 했다. 출현한 지 2년 만에 6·25 전쟁이 터졌고, 3년간 전쟁을 치르는 동안 국민들은 굶주림과 온갖 질병과 빈곤의 골짜기에서 사경을 넘나들었다. 그러고 나서 5-6년 동안 잿더미와 하꼬방을 넘나들며 굶주린 배를 움켜쥐고 겨우 연명하는 것을 천만다행으로 지냈다. 그것이 나의 삶이었으며, 그 당시 생존했던 대부분의 한국 사람들의 삶의 모습이었다.

그 후 박정희 통치 18년과 전두환 통치 7년, 이 25년은 무인시대였으며, 그 시대의 국가의 지상과제는 경제 건설이었다. 그리고 민주화 운동은 그런 경제 건설, 산업화가 진행되는 동안 내내 이 땅에서 꿈틀거렸던 삶의 운동이었다. 그 이후 26년 동안 형식적인 절차적 민주주의인 대통령 직선제가 실시되었다. 그것이 한국 땅 위에서 민주정치가 작동한 역사였다.

군사정권의 장본인들은 지금 한국 정치의 무대에서 사라졌으나, 젊은 대학생으로 데모 군중 속에서 고함을 지르던 사람들은 한국의 정치 마당에서 양쪽으로 갈라서서 한쪽은 보수, 다른 한쪽은 진보라는 딱지를 붙이고 서로 으르렁거리고 있다. 이른바 민생은 간곳없고 권력 투쟁만 국민들의 눈살을 찌푸리게 하고 있다.

옛날 그리스의 철인 소크라테스와 플라톤은 대중, 즉 매스(mass)에 의한 정치를 달가운 눈으로 보지 않았다. '바보들의 잔치'쯤으로 경멸의 눈으로 보았다. 오늘날 '포퓰리즘'이라고 지칭되는 정치 행위가 그런 바보들의 잔치에 해당된다고 볼 수 있다. 당장 눈에 보이는 떡을 가지고 권력의 기반인 표를 낚는 데만 눈을 번뜩이는 사람들은 '정상(政商) 모리

배' 외에 다른 것이 아니다. 표 장사꾼, 권력 투기꾼들이다. 소크라테스와 플라톤이 경멸했던 우중정치가 바로 그것이다.

우리는 오늘의 한국 정치 마당이 한 단계 높은 성숙한 민주정치가 되길 희망한다. '성숙한 사회 가꾸기 모임'이 희망하는 것은 정치가 성숙된 세상이다.

『성숙의 불씨』(2013년 11월 19일)

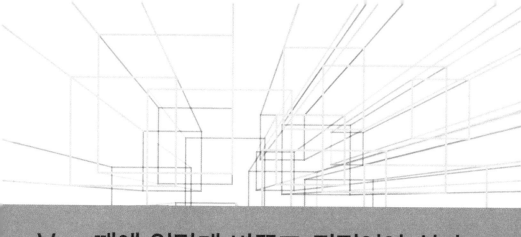

Ⅴ _ 때에 알맞게 바꾸고 뒤집어야 산다

때에 알맞게 바꾸고 뒤집어야 산다

'변화' 그리고 '개혁'이 시대의 화두인 것만은 분명하다. 나라 안팎을 막론하고 공통의 언어이다. 때가 바로 그것을 요구하기 때문이다. 역사의 대전환이 이루어지고 있는 때이기 때문이다. 봄이 왔는데도 겨울옷을 걸치고 다닌다면 분명 그것은 때에 알맞은 짓거리일 수 없다. 역사의 때가 바뀌면 사람이 살아가는 방식도 바뀔 수밖에 없다. 그래서 지금까지 살아왔던 인간의 삶의 방식을 새로운 방식으로 바꾸지 않으면 새로운 역사의 낙방생이 되고 만다. 역사의 변방으로 밀려나거나 역사의 무대에서 사라지지 않으려면 변화하지 않으면 안 된다. 오늘 우리는 바로 그런 역사의 요청을 강력하게 주문받고 있다.

그런데 문제는 그 변화와 개혁의 방향과 내용이 오늘의 대세와 어울리는 제대로 된 변화와 개혁이냐이다. YS의 문민정부는 변화와 개혁의 화두를 맨 먼저 들고 나온 정부이다. 그 후 DJ의 국민의 정부, 그리고 현재 참여정부에 이르면서 겉말은 같은 변화와 개혁인데 그 방향과 내용은 점점 걷잡을 수 없게 혼란스러워지고 있다.

근본적인 물음은 과연 그 변화와 개혁이라는 말 아래 이루어지는 온 갖 것들이 오늘 우리의 살림을 제대로 꾸려가는 것인지, 더 나아가 내일의 이 나라의 살림을 더 풍성하고 품위 있는 삶으로 인도할 수 있는 것인지 하는 의문이다. 그런 의문이 오늘 이 땅에서 숨 쉬고 생명을 부지하고 있는 많은 사람들의 마음속을 파고들고 있는 것 같다.

사람은 앞이 보일 때, 파란 미래가 보일 때 희망을 가지고 용기 있게 살 수 있다. 그러나 뭐가 뭔지 알아볼 수 없이 앞이 캄캄할 때는 불안과 절망의 골짜기에서 헤매게 된다. 오늘 한국 사람들의 마음의 기상도는 과연 어떤가? 희망과 용기의 기상도인가, 불안과 절망의 기상도인가? 한 가지 분명해 보이는 것은 많은 사람들의 마음의 기상도가 희망과 용기가 넘쳐나는 것은 아니라는 사실이다. 절망까지는 아니라도 비교적 높은 불안지수 근처를 맴도는 이 땅의 영혼들이 많다는 사실이다. 그러나 2005년에 들어선 이후 차츰 불안의 먹구름이 조금씩 걷히는 것 같은 기상도의 변화가 있기는 하다. 불행 중 다행스러운 징조라 하지 않을 수 없다.

내가 심히 고통스러워하는 것은 행여나 변화와 개혁이라는 시대의 요청을 우리 국민 가운데 지겹게 여기는 사람들이 늘어나 마침내 역사의 낙제생으로 떨어져나가지 않을까 하는 것이다. 문제는 잘못 궤도를 잡은 변화와 개혁이지 변화나 개혁 자체가 아니기 때문이다. 오늘의 문명은 대전환의 때를 맞이하고 있기 때문에 변화와 개혁은 반드시 필요한 것이다. 중요한 것은 문명의 큰 흐름에 알맞은 제대로 과녁을 맞힌 개혁이어야 한다. 엉뚱한 방향으로 엉뚱한 궤도로 움직이는 변화와 개혁은 우리를 살리는 변화와 개혁일 수 없다. 그것은 거꾸로 가는 변화와 개혁이다. 거꾸로 가는 변화와 개혁은 우리를 어둠의 세계로 몰고 갈 뿐이다. 바꾸고 뒤집는 것이 다 좋은 것은 아니다. 때에 알맞게 바꾸고 뒤집어야 한다.

말도 많은 교육개혁부터 생각해 보자. 한국의 학생 신분을 가지고 사는 사람은 인구의 4분의 1 이상이다. 이 사람들이 교육개혁이라는 변화에 따라 이익과 손해를 보게 되는 당사자들이다. 이 사람들이 '점수'에 따라 일렬로 앞으로 나란히 서 있는 모양이 한국 교육의 현주소였다. 어쩌면 그 그림은 과거의 모습만이 아니라 현재의 모습이라고 말하고 싶은 사람도 있을 것이다. 이른바, '5 · 31 교육개혁'이라 불리는 문민정부의 교육개혁 이래 이러한 '한 줄 세우기 교육'으로부터 '여러 줄 세우기 교육'으로 전환을 모색해 온 것이 지난 10여 년 동안 이 땅의 교육개혁이 걸어온 길이라고 말할 수 있다. '교육의 다양화'의 원리가 바로 그것이다. 일단 '여러 줄 세우기 교육'으로의 방향 전환에는 커다란 논란이 없어 보인다. 물론 그 내용을 깊이 들어가 보면 상당한 논란이 일어나고 있는 것도 사실이다.

　그런데 제일 극심한 대립과 갈등을 보이고 있는 교육개혁의 방향과 관련해서 제기되고 있는 문제는 교육에 있어서 자유와 평등의 문제이다. 자유와 평등의 문제는 비단 교육에 있어서만 첨예한 대립과 갈등의 원인은 아니다. 경제에 있어서도 교육에 있어서 못지않은 통증의 근원이 되고 있다.

　교육에 있어서 자유와 평등의 문제는 이른바 평준화 교육의 문제를 어떻게 다룰 것인가에서 그 갈등의 단초가 나타난다. 그것은 또 대학입학전형 방식과 연결되면서 날카롭게 갈등이 증폭되어 있다.

　간략하게 표현하면 이 땅의 대학 이전의 교육은 '옆으로 나란히(일렬횡대)'로 진행되는 듯하다가 대학 정문 앞에 와서는 갑자기 '앞으로 나란히(일렬종대)'로 바뀌면서 평등과 자유의 교란은 극도에 달한다. 그런데 사람들은 이러한 평등과 자유의 곡예 운동에서 '매우 영리한 처신'을 해왔다. 그것이 바로 사교육이다. 대학 이전의 평준화 교육이라는 앞치마 뒤에서 벌어지는 개인적 차원의 경쟁 학습이 사교육 시장에서 벌어지고 있는 것이다. 평준화의 기치 아래서 행해지고 있는 공교육은 그렇게 해서 겉모양만 평등의 깃발을 휘날리고 있지만 속으로는 황폐화의 길로 치닫고 있는 것이다. 대부분의 사람들은 대학 문 앞에서 '한 줄로 앞으로 나란히 세우기'에서 맨 앞자리를 차지하려고 개인적 차원의 대비책인 사교육에 열을 올리고 있는 것이다.

이러한 기현상을 타개할 수 있는 방책은 무엇인가? 국가의 교육정책을 일관성 있게 하나의 원리로 통일하는 것이다. 이것이 가장 먼저 쉽게 내놓을 수 있는 대안이다. 그래서 가장 쉽게 나오는 대안은 대학까지 평준화하는 방법이다. 그러면 대학 문 앞에서의 '전쟁'은 사라지게 될 것이다. 그런데 이 대안은 일단 '대학입학전쟁'은 해소시켜 주지만, 새로운 국가운영의 엄청난 재앙을 초래하게 된다는 점에서 우리가 유의하지 않으면 안 된다. 그 국가적 재앙은 다름 아닌 국가경쟁력, 즉 국력의 약화이다.

그리고 그 다음 대안으로 가능한 것은 대학처럼 대학 이전의 교육도 '한 줄로 앞으로 나란히 세우기'로 바꾸어 자유의 원리로 일관성 있게 국가의 교육체계를 세우는 방안이다. 그렇게 되면 입시전쟁은 나라의 온 학교로 확산되어 갈 것이다. 온 나라는 약육강식의 들판으로 바뀌어 갈 것이다. 이럴 경우 과연 나라가 제대로 굴러갈 수 있을 것인가? 나라가 제대로 굴러가려면 어느 정도끼지는 힘이 한 방향으로 모이져야 하는데, 이러한 '약육강식의 들판'에서 과연 그런 힘을 한데 모으는 일이 가능할 것인가? 강자는 역시 소수이기 마련이고 보면 다수라는 숫자의 위력을, 그 불만의 폭발적 위험을 어떻게 대처할 수 있을까? 힘으로? 공권력으로? 숫자가 결정 권한을 쥔 민주사회에서 그것이 가능할 것인가? 간단히 정리하면 그것은 가능하지도 않을 뿐 아니라, 가능해서도 안 되는 일이다. 적어도 열린사회를 지향하는 사람들에 있어서는 말이다.

경쟁을 통해서 국가경쟁력이 향상된다는 것은 일견 맞는 말처럼 들린다. 그러나 그 경쟁이라는 싸움판이 '멋진 페어플레이(fair play)'가 될 수 있을 때만 가능하다. 쉽게 말해서 대부분의 사람들이 그 경쟁의 싸움 판을 받아들일 때만, 자유경쟁은 개인과 사회를 살리는 힘을 창출할 수 있다.

그런데 사람들이 어떤 경쟁의 싸움판을 받아들이는 것은 자기도 한 번 이길 수 있는 싸움판이라고 생각할 수 있을 때에야 가능하다. 원천적 으로 자기는 패자에 머무를 수밖에 없다고 생각할 때는 거부하게 된다.

간단히 정리하면 '승산이 있는 게임'이라고 판단되었을 때 사람들은 그 싸움판을 받아들일 수 있다. 승산이 있는 게임이란 애당초부터 승자 와 패자의 조건이 확연히 구분되어 있는 경우가 아닐 것이다. 그래서 많 은 사람들이 해볼 만하다고 여길 수 있어야 한다.

그 길은 무엇인가? 한 가지 분명한 것은 한 가지 기준으로 모든 사람 을 평가하고 재는 그런 세상은 아니다. 사람의 다양성을 충분히 고려하 는 다양한 기준의 게임판에서는 많은 사람들이 승산 있는 게임을 예상할 수 있다. A라는 기준에서 보면 자기는 열세이지만 B라는 기준에서 보면 우세일 수 있기 때문에, 많은 기준을 설정할수록 그 승산의 기댓값은 늘 어나기 마련이다.

그리고 한 가지 더 중요한 것은 불리한 조건 아래에 놓여 있는 사람들 에게 '덤'을 주는 경우에는 더 많은 사람들이 승산을 기대할 수 있다. 불 리한 조건 아래에 놓여 있는 사람에게 덤을 주는 것은 단순한 자유경쟁 의 원리만 가지고서는 불가능하다.

이쯤 따지고 보면 일단 분명해 보이는 것은 평등의 원리나 자유의 원 리 한 가지만 가지고 우리의 교육체계를 세운다고 해서 좋은 세상이 되 는 것은 아니라는 점이다.

그 이유는 간단하다. 세상에 있는 사람들은 모두 똑같은 조건을 가지 고 태어나지 않았을 뿐 아니라, 똑같은 상황 아래 살고 있지 않다는 엄연한 인간존재의 현실 때문이다. 자유의 원리는 우세한 생래적 조건들을 가지고 유리한 상황 속에서 살고 있는 사람들에게는 확실히 득이 되는 원리이다. 그러나 열악한 생래적 조건과 열악한 환경에 처한 사람들에게는 실이 더 많은 원리가 아닐 수 없다. 열악한 조건과 상황에 놓인 사람을 도와주는 것, 그들에게 '덤'을 주는 장치가 필요하다. 그런 장치가 도입되는 범위 안에서만 자유의 원리는 세상에 활력을 주는 원리가 될 수 있다.

이것은 바로 자유와 평등의 두 원리가 '맞물림의 관계'로 작동하도록 조화의 체계를 가꾸어가는 새로운 제3의 대안이다. 그런데 지금까지 우리에게 익숙한 평등에 대한 생각은 잘 뛰는 사람의 발목을 잡아매서 못 뛰는 사람과 발을 맞추도록 하는 데 있다는 생각이다. 그런데 이런 생각이 잘못된 생각이라는 것은, 그런 평등은 우리 모두를 '어둠의 골짜기'로 몰아넣을 것이라는 너무나 뻔한 예측 때문이다. 그것은 우리라는 공동체를 시간이 갈수록 저 밑바닥으로 가라앉게 만들고 말기 때문이다

지금 우리가 마주하는 세상은 어떤 때인가? 문명의 대전환이 일어나고 있는 역사의 대변혁기이다. 다가오는 세상은 인류 역사상 그 어느 때보다도 '인간의 능력'(지적 능력과 품격 높은 인성)이 그 무엇과도 비교가 안 되는 힘을 발휘하는 때이다. 그것을 사람들은 '지식정보화 사회'라고 말하고 있다. 이런 세상에서 역사의 변방이 아니라 중심에서 살려면 역사의 핵심 추동력인 인간의 능력을 극대화하지 않으면 안 된다. 하나의 공동체가 역사의 중심에 자리 잡기 위해서는 공동체 구성원들의 인간 능력의 총합계가 극대화될 수 있도록 교육체계를 세우고 꾸려나가지 않으면 안 된다. 그렇기에 21세기 국가의 최선의 과제는 '인적 능력의 극대화'가 아닐 수 없다.

그런데 그것은 어떻게 가능한가? 그 해답은 너무나 간명하다. 잘 뛰는

사람 발목 잡지 않고 잘 뛰도록 넓은 자유의 공간을 열어주고, 잘 못 뛰는 사람을 잘 뛰도록 도와주는 평등의 장치를 만들어 가동시키는 방법이다. 그렇게 함으로써 모두가 잘 뛰는 세상을 만드는 것이다.

평등의 원리가 시기와 질투의 미학으로 뒷받침되어서는 좋은 세상이 결코 이루어질 수 없다. '배고픔'을 평등의 원리로 해결하려는 것이 아니라, '배아픔'을 평등의 미학으로 치유하려 할 때 우리에게 찾아오는 것은 '모두의 배고픔'이다. '모두의 배고픔'이 결코 '배아픔'의 치유책이 될 수는 없다. 다 함께 웃는 세상을 우리는 희망한다. 그것은 약자를 도와 다 함께 잘 뛰도록 만드는 세상에서만 가능하다.

오늘 우리가 추구해야 할 변화의 방향은 바로 모두가 함께 웃는 세상이 되어야 할 것이다. 그러기 위해서는 우리에게 고정관념처럼 굳어버린 단선적인 사고에서 벗어나야 한다. 자유냐 평등이냐, 그 하나만이 우리를 구원한다는 종래의 사고, 기존의 '주의'로부터 벗어나야 한다. 과거의 철학과 사상은 그때의 문제를 해결하기 위한 하나의 처방전이었다. 그것은 그때의 병을 치유하기 위한 한때의 처방전이었다. 오늘 우리는 우리 시대의 문제를 위한 새로운 처방전을 만들어야 한다. 옛 처방전은 하나의 참고자료로만 보아야 한다.

새 역사는 새 처방을 요청한다. 우리는 바로 그런 새 문명에 알맞은 새 처방을 해야 한다. 그것이 바로 우리 시대의 변화와 개혁의 일꾼들이 힘을 모으고 지혜를 모아 만들어내야 할 새 역사의 청사진이다. 그런 변화와 개혁만이 우리를 살릴 것이다.

『철학과 현실』(2005년 봄)

신진 정치인들이여, 통 큰 대인이 되길

　국민이 국가권력의 토대라는 주권재민의 국가를 이룩한 지 56년밖에 안 되는 짧은 민주국가 역사를 지닌 우리나라다. 그 짧은 시간 사이에도 우여곡절이 많았던 게 사실이다. 그 가운데 가장 두드러진 것은 국민의 의사에 의해서가 아니라 군대의 무력을 이용하여 국가권력을 장악했던 쿠데타 정권의 수립이었다. 지난 문민정부와 국민의 정부는 군사정권에 저항했던 정치집단이 중심이 되어 형성된 정권이었다. 세칭 '3김 정치'는 그러한 전통적인 정치세력이 주도해 온 의회정치였다.

　그런데 이번 총선을 통해 새로 등장한 신진 정치인들 다수는 비정치인으로서 과거 군사정권에 알몸으로 저항했던 세대에 속한 사람들이다. 그들은 '변화와 개혁'의 기치를 앞세우며 정치 마당으로 뛰어들었다. 그들은 '구태 정치'로부터 벗어나겠다고 외친다. '낡은 정치'의 속박을 벗어버리겠다는 것이다.

　지난 50여 년의 한국 정치의 뒷모습을 들여다보면, '낡은 정치'로부터 벗어나 새로운 세상을 만들겠노라고 큰소리치면서 나타났던 무리가 한

둘이 아니었음을 우리는 기억한다. 심지어는 우리가 반민주적이라고 매도하는 군사 쿠데타 참여자들마저 썩고 낡은 정치의 청산을 목소리 높여 부르짖었던 것을 우리는 기억한다.

그런 과거의 기억에도 불구하고 이번에 새로 출현한 신진 정치인들에 대해 우리는 새로운 기대를 하지 않을 수 없다. 우리가 놓인 현재 상황이 참으로 새로운 출발을 요청하는 때이기 때문이다. 지금 우리가 처한 상황은 보통 때가 아니기 때문이다. 비상한 때가 오늘이다. 역사의 새로운 매듭이 맺어지는 때라고 나는 생각한다. 크게 말하면 역사의 새 판이 펼쳐지는 때, 다른 말로 표현하면 문명의 대전환이 이루어지는 때라고 말이다. 새 판이 짜이는 때가 오늘이다. 판이 짜이는 때이므로 결정의 시간이다.

우리는 지난 세기에 산업문명의 막차를 올라타느라고 너무나 애를 많이 썼다. 산업문명의 선두주자들은 앞서가는데 산업문명의 변방에서 뒤꽁무니를 쫓아가는 것만도 우리에게는 너무나 힘들었다. 그러다가 겨우 막차를 올라타고 산업문명의 천덕꾸러기 신세는 겨우 면했다. 너무나 다행스러운 일이다. 그래서 지금은 세상을 조금은 여유 있는 눈으로 바라볼 수 있는 처지가 되었다.

그런 우리 앞에 새로운 도전으로 나타난 것이 문명의 대전환이다. 새로운 문명, 한 단계 업그레이드된 문명으로 도약하느냐, 아니면 새로운 역사의 판에서도 변방의 천덕꾸러기로 겨우 목숨이나 부지하고 사느냐, 그것이 오늘 우리가 당면한 새로운 역사적 숙제이다. 이 숙제를 어떻게 푸느냐, 그것이 오늘의 일꾼들에게 맡겨진 일이다.

이번에 새로 등장한 신진 정치인들은 이 역사적 문제를 주도적으로 풀어야 할 일꾼들이다. 그래서 우리의 기대가 예사로울 리가 없다. 신진 정치인들 가운데는 학생으로서, 노동자로서 알몸으로 민주화를 외치며 온갖 고초를 겪은 사람들이 있다. 그동안 어쩌면 이 땅의 최대의 피해자의 한 사람으로서 허덕이며 살아온 사람들이다. 그러던 권력의 '아웃사이더'들이 지금 권력의 '인사이더'가 되었다. 역사의 역전이 이루어진 것이다.

이들에 대한 나의 기대가 각별할 수밖에 없는 것은 나 역시 이들이 겪은 수난의 역사적 현장에 같이 몸을 담았던 개인적 체험을 가지고 있기 때문이다. 그렇기에 이들에 대한 나의 관심은 너무나 크다.

나는 이들에게 무엇보다도 '통이 큰 사람', '열린 마음을 가진 사람'이기를 주문하고 싶다. 잘못된 역사를 되풀이하지 않기 위해서이다. 흔히 피해는 보복의 역사를 되풀이 산출하기 쉽다. 보복의 역사는 인간을 병들게 만든다. 우리가 민주화를 위해서 애쓰는 것은 인간이 인간다운 삶을 살 수 있는 세상을 만들어가기 위해서이다. 인간을 병들게 하는 역사는 인간이 인간답게 살 수 있는 세상이 아니다.

나는 가장 넓은 관용을 베풀 수 있는 사람은 '피해를 가장 많이 받은 사람'이라고 생각한다. 최근 역사에서 아프리카의 만델라 대통령은 가장 아름다운 관용의 본보기를 우리에게 보여주고 있다. 만델라야말로 참으로 통이 큰 사람, 활짝 열린 마음의 소유자라고 나는 생각한다. 지금 우리에게 절실히 요구되는 것은 통 큰 사람, 열린 마음이다. 그것은 우리의 역사가 새로 출발하기 위한 필수조건이라고 나는 생각한다.

본시 민주주의 정치는 관용의 정신 위에서만 제대로 작동한다고 민주주의 사상의 선각자들은 힘주어 우리에게 말하고 있다. 민주사회가 가능하려면 나와 다른 타자를 없애버려야 할 존재로 여기는 풍토 속에서는 불가능하다. 나와 다른 타자는 내가 안 가진 특성을 가지고 있어서 나의 부족한 것을 채워 보태주는 사람, 그래서 나를 한 단계 업그레이드해 주는 존재이며, 그래서 그가 없이는 수준 높은 내가 존재할 수 없게 된다. 따라서 '다름'은 제거되고 부정되어야 할 존재가 아니라 나를 살려주는 존재라는 그 위대한 깨달음이 바로 차원 높은 민주사회를 가능케 해주는 지혜라고 나는 생각한다. 이런 지혜를 우리가 지닐 수 있을 때 참으로 '통 큰 사람', '관용의 대인'이 될 수 있다고 나는 본다.

새 문명은 새로운 사고의 틀을 요청한다. 새로운 국가운영의 틀을 요청한다. 새로운 인간의 출현을 요청한다. 우리는 지난 중세문명으로부터 근대문명으로 전환하는 문명의 전환 속에서 그 뚜렷한 사례를 찾아볼 수 있다. 우리가 지금 지니고 있는 많은 생각의 틀은 지난 근대 산업문명 안에서 통용되어 온 사고와 이론의 틀이다. 그런 사고의 틀은 새로운 문명의 새 판에서는 그대로 써먹을 수 없는 것으로 바뀌어갈 것이다.

따라서 우리가 새 문명의 새 판에서 중심의 자리에 서려면, 새로운 눈으로 세상을 내다볼 수 있는 새로운 생각의 틀을 창안해 내지 않으면 안 된다. 나는 새로 출현한 새 일꾼들에게 기대한다. 그들이 새로운 문명의 주도적 인물로 일하게 되기를. 그러기 위해서는 지금까지 애지중지해 온 자기의 '생각의 보물들'을 다시 꼼꼼히 들여다보고, 그것들이 과연 새로운 문명 속에서 얼마나 제 빛을 발휘할 수 있는 것인지 정밀검사를 해보기를 기대한다.

이런 정신적 자질은 앞서 말한 도덕적 열린 마음과는 결을 달리하는 열린 마음이다. 앞의 통 큰 마음을 '도덕적 용광로'라고 한다면, 이것은 '창조적 용광로'라고 부를 수 있는 것이다. 용광로는 모든 잡것들을 녹여버리고, 새로운 틀에서 새로운 것을 창조해 낸다.

통 큰 대인은 저 도덕적 용광로와 창조적 용광로를 함께 지닌 사람이다. 이 땅의 사람들이 새 문명의 새 판에서 중심의 자리에 있기 위해서는 오늘 이 땅의 중심의 자리에서 일하는 사람들이 저 '통 큰 대인'으로 거듭나야 한다고 나는 생각한다.

이런 열린 관용의 정신들 사이에서만 참다운 대화와 토론이 가능하다. 그리고 열린 창조적 정신들만이 지금 우리에게 닥친 문명적 도전들이 제기하는 새로운 숙제들을 제대로 풀어갈 수 있을 것이다. 지금 출현하는 정치적, 외교적, 경제적, 사회적, 교육적, 문화적 문제들은 그저 단순히 지금까지 우리가 익힌 공식에 집어넣어 그 해답을 얻을 수 있는 그런 문제들이 아니다. 우리가 설령 그 낡은 공식에 맞추어 그 문제들을 풀었다 하더라도, 그 해답을 가지고는 새 문명의 중심의 자리에 서 있을 수가 없을 것이다.

우리가 지금 말하는 보수와 진보라는 사고의 공식들은 산업문명에서 잘나가던 사고의 틀이라고 볼 수 있다. 지금 우리에게는 어느 때보다도 '성찰적 사고'가 필요하다. 그렇기에 기존의 정답풀이 공식으로부터 일단 거리를 두고 생각하는 열린 마음이 필요하다.

21세기는 새 문명의 분기점이다. 문명의 새 판이 벌어지는 영역이다. 우리가 이때에 존재하는 것을 영광으로 생각할 이유가 있다면, 그것은 무엇보다도 우리가 지금까지 군림하던 사고의 틀, 생각의 문법으로부터 자유로울 수 있는 창조적 인간이 될 수 있다는 데 있을 것이다.

우리가 만일 여기에 성공한다면, 이 땅을 참으로 수준 높은 민주주의가 살아 숨 쉬는 나라로 만들 수 있을 뿐 아니라, 새로운 문명의 중심에서 자연과 인간, 인간과 인간이 더불어 잘 살 수 있는 세상을 만들 수 있게 될 것이다.

『철학과 현실』(2004년 여름)

'자연 따로 사람 따로'의 문법을 넘어서서: 맞물림의 신문법을 향하여

본디 사람은 자연으로부터 태어나서 자연의 일부로 살다가 자연으로 돌아가는 존재이다. 그런데 언제부터인가 사람을 자연과는 전혀 다른 존재로 생각하는 버릇이 생겨났다. 그래서 자연은 자연이요 인간은 인간이라는 이분법적 사고가 우리의 뇌리를 사로잡았다.

아직도 남아 있는 원시 부족들의 생활상을 이야기로 듣거나 기록사진으로 혹은 영상매체로 보면, 사람이 자연의 일부로 살아가고 있음을 한눈에 볼 수 있다. 그런 원시사회의 그림을 보다가 뉴욕과 같은 소위 문명사회를 들여다보면, 사람은 자연의 일부가 아니요, 별도의 존재라는 걸 강하게 느낀다. 원시림 속의 사람과 뉴욕 도심 속의 사람은 과연 근본적으로 다른 존재일까? 물론 눈에 보이는 모습은 너무나 판이하다. 뉴욕의 고층건물 아래 길을 걸어가는 사람의 모습은 원시림 속의 사람의 모습과 너무나 다르다.

원시림 속의 사람은 원시림 속의 원숭이나 들짐승과 그렇게 달라 보이지 않는다. 반면에 뉴욕의 빌딩 숲속의 사람은 뉴욕의 동물원에 있는 동물들과 너무나 달라 보인다. 이렇게 본다면, 사람을 자연과 전혀 달리 보이게 하는 주범은 '문명'이라는 생각이 든다. 결국 문명이 사람의 존재 위상을 다르게 만든 셈이다.

하지만 옛날부터 동양에서도 천(天), 지(地), 인(人)을 존재세계의 세 요소로 구분했다. 서양에서는 인간에 대한 이해가 시대를 거듭하면서 매우 다르게 나타났다. 그리스에서는 누스(Nous)라는 이름을 붙여놓은 그 어떤 위대한 능력은 인간만이 가지고 있다고 봄으로써 인간을 다른 생명체로부터 구별하려고 했다. 그 '누스'를 동양 한자권에서는 이성(理性)이라는 낱말로 번역했다. 이성을 가진 존재가 바로 인간이라는 것이다.

서양 중세의 기독교 문화에서는 그 이성은 일종의 신적 속성이라는 생각이 널리 퍼져 있었다. 사람은 이런 신적 성질과 육체라는 물질이 결합된 이중적 존재라는 생각이 기독교의 인간 이해의 알맹이를 이루고 있었다. 이런 이성이라는 신적 능력은 하늘을 향해서, 몸뚱이는 땅을 향해서 움직이는 모순된 존재가 인간이라는 서구인의 사고는 이런 기독교적 전통에 뿌리박고 있다.

이런 모순적인 존재가 인간이지만 인간은 그 신적인 속성을 부분적으로나마 가지고 있다는 특권 때문에 물질세계인 자연 위에 군림하며 지배할 수 있는 월등한 존재로 생각되어 왔다. 인간은 자연과 다른 특별한 존재라는 생각이 그 후 서구문명의 중심사상을 이루어온 것이다.

그 후 서양의 산업문명은 인간은 자연을 지배하는 특별한 존재라는 것을 단순한 입방아의 수준을 넘어서서 실질적으로 자연 지배의 기술과 방법을 가르쳐줌으로써 보여주었다. 그리고 기술을 동원하여 자연을 지배함으로써 인간의 삶의 모습을 혁명적(?)으로 바꾸어놓았다.

그 결과는 무엇인가? 인간의 편익을 위해 자연을 변형시켜 놓은 것인데, 그 변형된 자연이 인간의 생물학적 생존을 위협하기에 이른 것이다. 만일 인간이 참으로 자연과 전혀 다른 존재라면 변형된 자연이 어떻게 인간의 생존을 위협할 수 있겠는가? 인간의 생존을 위협하는 변형된 자연이란 한마디로 쉽게 표현하면 썩은 공기와 썩은 물과 썩은 먹거리이다. 사람은 무엇보다도 좋은 공기를 들이마시고 썩은 공기를 뿜어내야 살 수 있다. 그런데 공기가 썩었으니 어떻게 살아남겠는가? 단 한순간도 숨을 못 쉬면 죽는 존재가 인간이다.

그런가 하면 일단 숨 쉬는 데는 지장이 없다 하더라도 물을 못 마시면 생명을 유지할 수 없는 존재가 인간이다. 물을 마셔야 산다. 몸의 대부분이 물로 된 존재가 인간이다. 어찌 보면 '걸어 다니는 물 자루'가 인간이라고 할 수 있다. 그런데 썩은 물을 먹으면 우리 몸도 썩는다. 그뿐만 아니라 썩은 물은 사람의 먹거리들을 온통 썩혀놓는다. 썩은 먹거리는 결국 사람을 썩히고 만다.

사람이 만일 자연의 일부가 아니라면 썩은 자연이 어떻게 사람의 생존을 위협할 수 있겠는가? 인간이 기껏 머리를 짜내고 재주를 부려서 해놓은 짓이 고작해서 썩은 공기, 썩은 물, 썩은 먹거리라면, 인간은 스스로의 머리와 재주에 대해서 절망하지 않을 수 없다.

사람들은 인간의 그런 머리 쓰기와 재주 부리기를 '문화'와 '문명'이라는 말로 표현했다. 루소는 일찍이 도덕적 관점에서 '문명의 진보'에 대해서 절망하였다. 결국 지금까지 사람들이 머리 쓰기와 재주 부리기를 통해 이룩해 놓은 '발전'이란 것이 결국은 도덕적 타락에 불과하다는 것이 루소의 견해였다.

오늘 우리가 목도하고 있는 '환경재앙'은 그런 도덕적 타락이라기보다는 자연의 변형이다. 그것을 나는 '썩은 자연'이라고 표현한다. 그것은 물질의 변질이다. 그것은 도덕이라는 그 어떤 이상야릇한 것의 변질이 아니다. 변질된 묾질이 인간의 생물학적 존재 기반을 허물어버리고 있는 것이다. 그것이 오늘의 환경재앙의 실상이다.

그 변질된 자연이 왜 인간의 생존을 위협하게 되었는가? 본디 모든 물질은 변하게 되어 있다. 그대로 있는 것은 아무것도 없다. 그런데 인간의 '묘수'라는 기획에 의해서 변질된 물질은 어째서 문제가 되는가? 한마디 말로 잘라 말하면, 그 '묘수'가 문제인 것이다. '인간의 짧은 눈으로 본 인간의 편익'이 바로 문제인 것이다. 긴 눈으로 봐야 하는데, 짧은 눈으로 봐서 문제요, 오로지 인간의 이익만을 고려하는 그 속 좁은 생각이 문제다.

긴 눈으로 보아야 자연의 전체 흐름을 읽을 수 있다. 짧은 눈으로 보면 부분만 보인다. 그래서 부분을 전체로 잘못 파악하게 된다. 인간의 존재 바탕은 홀로 있음이 아니다. 자연의 전체 체계와 더불어 있음이 인간의 존재 바탕이다. 그러니 속 좁게 인간만의 이익을 찾으려 들면, 결국 인간존재의 바탕을 잘라버리는 어리석음을 범하게 된다.

인간은 자연으로부터 고립된 홀로 있는 존재가 아니다. 자연 안의 전체 존재들이 서로가 서로에 맞물려 있다. 서로가 서로를 있게 하며 살려준다. 나의 결함은 타자에 의해서 보완되며 타자의 결함은 나에 의해 충족된다. 서로가 보태줌으로써 서로를 있게 하며 존재케 하는 것이다.

더불어 있음의 가장 좋은 방식은 맞물려 있음이다. 같은 것끼리의 더불어 있음은 충돌로 치달을 수 있기 때문이다. 나와 타자가 다른 것일 때 나와 타자는 서로 맞물린 더불어 있음일 수가 있다. 나의 배설물이 타자의 밥이 될 때 나와 타자는 맞물림의 관계에 놓여 있다. 나와 타자가 존재론적 차이를 지니고 있기 때문이다.

자연은 하나의 맞물림의 관계에 놓여 있는 다른 것들의 더불어 있음의 거대한 그물망이다. 나의 배설물이 타자의 밥이 되는 그런 맞물림이야말로 서로 다른 것들이 하나의 생명권을 형성하는 한 살림의 전형이다. 인간은 식물의 배설물인 산소를 들이켜며 식물은 인간의 배설물인 이산화탄소를 밥으로 먹는다. 이러한 인간과 식물의 관계야말로 서로 다른 것들이 서로에게 보태주며 서로를 살려주는 맞물림의 전형이 아닐 수 없다.

변질된 자연이란 무엇인가? 그것은 한마디로 이러한 맞물림의 관계 속에 있는 더불어 있음의 관계가 파괴된 자연이다. 나의 똥이 너의 밥이 되는 맞물림의 관계가 파괴되었을 때, 나도 제대로 살 수 없으며 너도 제대로 살 수 없을 것이다. 아무에게도 밥이 될 수 없는 똥이 넘쳐나게 되면 그 존재질서는 이미 정상을 벗어난 것이 된다.

오늘 우리가 환경재앙이라고 말하는 것은 이러한 똥과 밥의 맞물림의 관계가 파괴된 환경(자연) 이외에 아무것도 아니다. 이러한 맞물림의 관계를 파괴한 것은 짧은 눈으로 인간만의 편익을 도모하려는 인간의 잔꾀(머리 쓰기)와 재주 부리기이다.

그런데 아주 놀라운 것은 오늘날 환경의 재앙으로부터 벗어나려는 환경운동가들 가운데는 인간과 자연을 분리하려는 이상야릇하고 역설적인 노력의 몸짓을 하고 있는 사람들이 있음을 발견하게 된다. 그것을 한마디로 표현하면 '자연 따로 사람 따로'의 정책이라고 부를 수 있다. 아주 단순하게 생각해 보면 너무나 지당한 이야기이다. 사람들이 자연을 변질시켜 이 모양이 되었으니 사람의 손길이 닿지 않도록 자연을 사람으로부터 분리시켜야 한다는 주장이다. 그 결과 나타나는 것이 '자연 따로 사람 따로'이다.

여기서 한 걸음 더 나아가 자연에 대한 인간의 손길을 완전히 차단하다 보면, 자연에 대한 어떠한 손길도 부정한 신성모독으로 취급하게 됨으로써 이상야릇한 자연숭배의 경지로 빠져들 수 있다.

모든 극단은 진리로부터 멀리 떨어져 있다. 요는 정도(程度)의 문제다. 자연을 조금도 훼손하지 않고 인간은 살 수 없다. 어쩌면 어느 정도의 자연의 훼손은 자연의 정상적인 순환운동을 위해서 필요한 것인지도 모른다.

핵심적인 문제는 아무의 밥도 될 수 없을 정도로 많은 똥이다.

옛날에도 똥은 있었다. 그때는 그 똥을 밥으로 바꾸는 맞물림의 관계가 유지될 수 있었다. 문제는 오늘의 환경오물은 밥으로 다 소화해 낼 수 없는 '엄청난 똥'이라는 데 있다.

나무를 베어 집을 짓고 땔감으로 쓰는 모든 행위가 자연을 훼손한다는 이유로 금지될 수는 없다. 인간은 자연과 더불어 살 수밖에 없는 존재이기 때문이다. 자연을 있는 그대로 그냥 놔두고 어떤 손질도 하지 않고 살 수는 없다.

인간은 자연으로부터 와서 자연의 일부로 자연과 더불어 살다가 자연으로 돌아가는 존재이기 때문이다. 따라서 자연으로부터 인간을 완전히 분리시켜 '인간 따로 자연 따로' 살도록 하려는 것은 또 하나의 극단의 몸짓이다. 그것은 오로지 인간의 편익만을 위해 자연을 마구 지배하려는 오만스러운 인간의 탐욕주의적 극단에 마주하는 또 다른 극단의 몸짓일 뿐이다. 그런데 오늘 우리는 그런 이상한 또 하나의 극단의 몸짓들을 도처에서 발견한다. 여기서 우리는 변형된 물신주의(物神主義)의 잉태를 엿볼 수 있다.

참으로 우리가 서야 할 자리는 어디냐고 묻는다면 나는 이렇게 말하겠다. "인간과 자연의 더불어 있음."

더불어 있음을 가능케 하는 것은 인간 자신의 탐욕의 조절이다. 어떻게 나무를 살려주면서 나무와 더불어 살 수 있을 것인가? 나무로 집을 짓고 살림 재료로 쓰지 않으면 살 수 없게 되어 있는 것이 인간의 존재구조이다. 그렇다고 무차별적으로 탐욕스럽게 나무를 자르면 인간의 생존 기반이 금세 없어져버려 결국 인간도 그 존재 기반을 상실하게 된다. 자연과 인간이 함께 죽고 만다. 이것이 오늘 인류가 당면한 딜레마이다. 환경위기의 본질이 여기에 있다. 이 딜레마로부터 벗어나서 사는 길은 욕망의 조절을 통해 인간과 자연이 더불어 사는 길을 모색하는 것이다.

　오늘 한국 땅 위에 있는 개발론자와 환경론자들은 그 정반대의 입장에도 불구하고 한 가지 공통분모를 가진 것으로 보인다. 그것은 '사람 따로 자연 따로'라는 철학이 아닌가 싶다. 개발론자는 그것을 개발의 전략으로, 환경론자는 그것을 억제의 전략으로 삼고 있는 것처럼 보인다.

　개발론자는 개발 지역이라면 나무 한 그루 남김없이 모조리 파내고 땅을 잘라내어 비자연의 것으로 그 공간을 꽉 채워놓으려고 한다. 사람과 자연이 함께 어울려서 더불어 사는 방법을 전혀 고려하지 않는다. 그런가 하면 환경론자들은 자연에 대한 어떠한 손길도 거부함으로써 사람과 자연이 어우러져 사는 것을 거부한다. 그래서 '숲속의 집', '숲속의 학교'란 이미지는 환경훼손으로 치부될 수밖에 없다.

　도시라고 해서 숲이 없어야 한다고 주장하는 것도 이상한 이야기지만, 산림이라고 해서 사람이 사는 집이 없어야 한다고 주장하는 것도 이상한 이야기가 아닐 수 없다. 숲이 우거진 도시, 산림 속의 집과 학교, 이것은 사람과 자연이 맞물림의 관계 속에서 더불어 존재하는 모습이 아닐까?

　그런데 우리의 삶의 모습은 너무나 삭막하다. 서울의 도심은 참으로 숨 막히는 비자연적인 것들의 집합일 뿐이다. 그리고 개발제한구역이라는 족쇄가 채워진 곳은 오직 원상태로만 보존해야 한다는 엄명 아래 풀한 포기 옮겨 심어도 반칙이 되는 그야말로 상식에 벗어난 철학 아닌 철학이 세상을 주름잡고 있는 세상이 한국이란 세상이다.

우리는 언제까지 이렇게 답답한 세상을 참고 견디어내야 하는가. "소위 선진국이란 나라를 한번 가보라. 어떻게 사람과 자연이 어우러져 사는가를 보라." 이렇게 외친다면 외국병 환자라고 지탄을 받을 것인가? 물론 선진국이라고 모든 게 제대로 된 것은 아니다. 그러나 적어도 우리와 같이 이렇게 '경직된 생각의 노예'는 아니란 걸 우리는 배울 수 있을 것이다.

사람과 자연은 둘이 아니요 하나다. 더불어 살아야 하는 존재다. 문제는 어떻게 더불어 잘 살 수 있는가 하는 지혜가 어느 때보다도 절박하다. 따로따로의 철학만은 제발 청산할 때가 되었다. 그것은 사람과 자연이 무엇인가를 제대로 모르는 데서 나온 엉터리 경세론일 뿐이다. 우리가 추구해야 할 새 생각의 문법은 맞물림을 통한 더불어 있음의 문법이다.

『철학과 현실』(2002년 겨울)

누가 우리를 살릴 수 있을 것인가

『철학과 현실』을 통해 철학운동을 하기 시작한 지도 벌써 16년이란 세월이 흘러갔다. "우리의 삶은 그동안 '가로되'와 '마구잡이' 사이에서 넘나들어 왔다. 앵무새처럼 '아무개 가로되'를 주문처럼 읊어왔다. 아니면, '시끄럽다, 집어치워라'를 연발하며 오직 하면 된다고 뚝심 하나만 믿고 밀어붙이는 마구잡이들에게 떠밀려 살아왔다. … 가로되꾼이나 마구잡이꾼들이 판치는 시대는 가고 새 시대가 우리 앞에 천천히 다가오고 있다. 제 목소리로 제 곡조의 노래를 불러야 살 수 있는 때가 다가오고 있다. 남의 사상의 단순한 숭배자나 소비자가 아니라, 자기의 언어로 자기의 사상을 만들어내는 사상의 생산자가 되어야 할 때가 다가오고 있다. 이것이 오늘의 역사의 요청이다."『철학과 현실』창간호에 실린 창간사의 한 구절이다.

오늘 한국사회는 엄청난 변화의 격랑 속에서 극심한 혼란에 휩싸여 있다. 그 혼란의 근원은 두 가지다. 그 하나는 전 지구적인 인류문명사적 대격변으로부터 유래하는 혼란이요, 다른 하나는 한국 최근세 역사로부터 유래하는 혼란이다. 이것이 한국이 당면한 현실의 모습이다. 우리는 현실을 철학적으로 규명하고 철학을 현실 속에 녹여내는 작업을 목표로 삼고 철학과 현실 운동을 시작했다.

우리가 수행해야 할 첫째 작업은 한국의 현실의 모습에 대한 정확한 그림을 그리는 일이다. 철학적 그림을 그리는 일이다. 인류는 농경문명을 거쳐 산업문명 속에서 살아왔다. 그리고 그 문명들에 알맞은 생각과 행동의 틀을 철학적 이론의 그림을 그려 파악하려 했다. 나는 그 생각과 행동의 틀을 '문법'이라는 말로 바꾸어 표현하고자 한다. 각 문명에 알맞은 문법이 존재했던 셈이다. 물론 하나의 문명에 하나의 문법이 존재했던 것은 아니다. 오늘은 산업문명이 새로운 문명으로 변형되어 가는 문명적 대전환의 용트림이 시작되고 있는 격변의 때이다. 산업문명을 지배해 왔던 사고와 행동의 틀로서는 설명하기 어려운 새로운 현실이 나타나는 때이다. 지금은 '새로운 문법'이 요청되는 때이다. 혼란의 근원은 바로 여기에 있다. 새로운 현실은 새로운 사고와 행동의 틀을 요구하고 있는데, 때 지난 틀을 가지고 생각하고 행동하는 데서 혼란은 나타난다. 현실과 틀 사이의 엇박자가 바로 오늘의 혼란의 정체이다.

'이념 논쟁'이란 한마디로 지난 산업문명의 논쟁거리요, 그것이 서구 산업사회에서 한때 진보의 이름으로 거론되기도 했다. 진보란 그 이전 것과 다른 새것에 붙여졌던 명칭일 따름이다. 한때 진보라는 명칭이 붙여졌던 것도 그 다음 새것이 나오면 보수의 자리로 물러나기 마련이다. 그리고 보수란 기존의 것을 지켜나가는 입장에 붙여지는 이름일 뿐이다. 보수라 하여 나쁘고 진보라 하여 좋기만 한 것은 아니다. 새것만이 좋은 것은 아니기 때문이다. 옛것이라 하여 다 던져버려야 할 것이 아니라는 것은 박물관 속의 물건들을 인류가 얼마나 소중히 여기는가를 보면 분명히 알 수 있다.

소비에트연방공화국 시절에 그렇게도 높이 떠받들어지던 공산주의 이론과 공산주의 사상가들이 오늘의 러시아에서 보수적 이론, 보수적 인사로 불리고 있는 사실만 봐도 진보와 보수라는 말이 어떻게 쓰여왔는 가를 잘 알 수 있다. 이념 논쟁이란 자유와 평등의 이념 가운데 어느 쪽에 우선성을 인정하느냐의 문제인데, 한때는 자유의 이념이 최고의 진보사상이었던 때가 있었으며 평등의 이념이 그 뒤를 이어 진보의 이름으로 나타났던 것이다. 그러나 오늘 그런 이념 논쟁은 한때의 논쟁으로 되어버린 새로운 현실이 우리 앞에 다가서고 있다. 그렇기에 철 지난 이념 논쟁의 틀로 오늘의 현실을 풀려고 대드는 것이 오늘에 적중한 사고와 행동이 아니라는 추론은 너무나 자연스러운 것이 아닐 수 없다.

오늘까지 지난 산업문명을 주도해 왔던 문명권은 이제 일대 해체의 위기에 놓여 있다. 그 해체를 핵심 화두로 내걸고 있는 이른바 포스트모더니즘이 오늘의 유행이 되고 있는 것은 결코 우연이 아니다. 한마디로 포스트모더니즘은 지난 산업문명을 지배해 왔던 사고나 행동의 틀의 유효기간이 지났음을 선포하는 것이다. 그렇다고 아직 적극적인 대안을 포스트모더니스트들이 내놓고 있지는 않다. 그런 의미에서 그것은 과도기의 징후일 뿐 그 이상도 그 이하도 아니다. 그들은 지금까지 진리의 표준으로 제시되었던 것들이 유효하지 않다는 것을 보여주기 위해 이 소리 저 소리를 끌어대고 있을 뿐이다.

지금 우리에게 필요한 것은 새로운 대안으로서의 신문법이다. 새로운 문명에 알맞은 새로운 사고의 틀, 행동의 틀을 모색하는 작업이다. 새로운 현실에 알맞은 새로운 문법의 모색이다. 우리의 지난 역사 속에서 겪었던 문명과 문법의 엇박자의 괴리로부터 유래된 실패의 경험에서 우리는 교훈을 얻어야 한다. 그것은 다름 아닌 이른바 조선 말 개항기의 역사적 경험이다. 농경문명 속에 있었던 당시 조선은 주자학이라는 농경문명에 알맞은 사고와 행동의 철학(문법)으로 세상살이를 꾸려가던 세상이었다. 그러던 차에 개항이라는 출구를 통해 서양의 산업문명의 도도한 도전과 부딪쳤을 때, 그 당시 우리 사회의 주류는 위정(衛正)이라는 말로 농경문명 문법인 주자학을 가지고 산업문명이라는 새로운 문명적 도전에 응전(應戰)하려고 시도했다. 그 결과 혼란을 거듭하다가 조선의 종말로 매듭짓고 말았다. 농경문명의 문법을 가지고 산업문명의 도전에 응전을 시도하다가 실패했던 우리의 지나간 아픈 역사로부터 오늘 우리가 배우지 않으면 안 된다.

일본이 동양의 중심으로 우뚝 올라선 것은 결코 우연이 아니다. 산업문명의 문법을 동양의 나라들 가운데서 가장 먼저 소화하여 동양에 있어서 산업문명의 선두주자가 되었기 때문이다. 따라서 조선의 멸망을 애국심의 관점에서만 해석하는 것은 세상이 어떻게 돌아가는지를 단순히 주관적 관점에서만 해석하는 단견이 아닐 수 없다.

추운 겨울에는 털옷이야말로 너무나 좋은 옷이다. 그러나 한여름에 털옷을 걸치고 다닐 수는 없다. 모든 옷은 때에 알맞게 만들어져 있다. 모든 사상은 때에 알맞게 만들어졌다. 그래서 동양의 선현들은 때에 알맞음, '시중(時中)'을 강조했다. 농경문명의 문법을 산업문명에 그대로 적용하려 들면 실패하기 마련이다.

우리가 지금 분명히 깨달아야 할 것은 지금 우리가 살아 숨 쉬는 세상이 어떤 세상인가를 먼저 인식한 다음, 거기에 알맞은 새로운 생각과 행동의 틀을 새롭게 찾도록 노력해야 한다는 것이나. 때 지난 흘러간 노래를 마치 오늘의 노래인 양 부르며 자기도취에 있지 않은지 스스로 점검해야 할 것이다. 우리가 만일 현실과 문법의 엇박자를 지난 조선 말기의 경우처럼 되풀이한다면, 우리는 그 애달픈 실패의 역사를 되풀이하게 될 수밖에 없지 않은가.

우리가 오늘 겪고 있는 혼란의 두 번째 연원은 우리가 지난 1960년대 이후 겪은 산업화와 민주화의 갈등의 아픈 역사의 상흔에 있다. 그 갈등의 역사의 주인공들이 대부분 이 땅에서 호흡을 같이하고 있는 상황 아래서 그 역사에 대한 무사공평한 평가란 매우 어려운 일이다. 더구나 나 같이 이 갈등의 역사에서 피해자였던 사람이 내리는 평가는 더더욱 의심의 눈초리를 피하기 어려운 줄 안다. 지난 산업화의 주역은 군사 쿠데타 세력이었다는 데는 이 땅의 만인이 동의하는 사항이다. '잘살아 보세'를 구호로 내걸고 '하면 된다'는 밀어붙이기 마구잡이 군인들이 천하를 호령하던 세월에 바로 이 땅에 산업화의 씨앗이 뿌려졌다 해도 과언이 아니다. 그 덕에 소위 '보릿고개'가 이 땅의 농촌에서 사라진 것도 사실이다. "밥 굶기를 떡 먹듯 한다"는 항간의 말은 이 땅의 가난이 얼마나 심각했는가를 말해 준다. 우리의 가난이 너무나 처절했기에 가난으로부터 벗어나는 것이 무엇보다 급한 일이었음은 누구도 부인할 수 없다.

그러나 이런 상황이라 하더라도 무엇이나 모두 정당화될 수는 없는 것 또한 세상의 이치이기도 하다. 중용의 조절이 필요한 것이 현실이었건만, 현실은 그렇게 흘러가지 못했다. 철저한 비밀경찰 조직 아래 통제되는 군사통치가 사회 전체를 옥죌 뿐 아니라, 민주정치는 하나의 요식 행위가 되면서 그 요식 행위마저 온통 돈과 관 조직에 따라 치러졌다. 시간이 흐를수록 강력한 국민적 저항에 부딪치면서 상식이 통하지 않는 사회, 이성이 질식할 것 같은 세상으로 굳어지면서 민주화 운동은 극한에 도달했다. 그러다 보니 사회 전체는 정상의 궤도를 이탈한 반칙사회 자체가 되고 말았다. 그 사이에 국민 대다수는 민주의식이 매우 고양되는 역설적인 역사가 진행되었다. 이런 역설적인 역사는 수많은 사람들의 피와 눈물을 요구했다. 그런 희생을 딛고 나타난 문민정부를 시작으로 국민의 정부를 거쳐 오늘의 참여정부에 이르기까지 10여 년 이상 진행된 민주화의 꽃이 이 땅 위에 산업화에 뒤이어 피어난 것이 오늘의 현실이다.

우리에겐 산업화도 소중한 역사과정이지만, 민주화는 사람이 사람답게 살 수 있는 세상이 되기 위해 필수적인 조건이다. 그런데 중요한 것은 민주정치가 성숙되기 위한 제일의 덕목은 관용이라는 사실이다. 관용이 없이는 민주정치가 제대로 이루어질 수 없다는 것을 민주정치사상의 선구자들은 이미 역설했다.

오늘 우리나라는 형식적인 민주정치의 틀은 어느 정도 갖추어졌다. 그러나 그 틀만 가지고서는 안 된다. 민주정치의 운영이 민주적으로 되어가야 한다. 민주정치의 틀은 갖추고 있으나 그 운영이 반민주적으로 굴러갈 수 있다는 것을 우리는 역사에서 읽을 수 있다. '민주독재'라는 역설이 나타날 수 있다는 말이다. 관용은 그래서 민주정치의 운영의 제일의 덕목인 것이다. 관용의 덕이 밑받침되지 않은 민주정치는 민주독재로 빠질 위험이 있다. 더욱이 스스로를 의롭다고 생각하는 도덕적 우월감에 사로잡힐 때 관용은 뒤로 물러서고, 민주독재의 오만한 자태가 세상을 어둡게 할 가능성이 농후하다. 또한 관용 대신에 보복을 통한 극단적인 자기정당화는 역사의 반대 역풍을 몰고 옴으로써 역사를 다시 후퇴시켰던 역사적 전례들을 우리는 인류 역사에서 목격해 왔다.

겸손하지 않은 권력의 종말이 무엇인가를 우리는 알고 있다. 오늘 한국은 혼란의 수렁에서 탈출해야 한다. 오늘 우리가 서 있는 세계적 상황이 혼란을 지속시켜도 좋을 그런 여유 있는 상황이 아니다. 방향을 잘 잡아야 할 때이다. 혼란을 방치하다가는 새 문명의 판도에서마저 또다시 변방의 낙제생으로 전락할 수 있다.

모두 거듭나야 한다. 남의 눈에 들어 있는 티끌에 혈안이 되어 자기 눈에 들어 있는 대들보를 놓치는 어리석음을 범해서는 안 된다. 과거의 어두운 역사에서 혼자만 깨끗하고 정의로운 사람이라고 큰소리치는 사람은 새 역사를 창조할 큰 그릇이 되지 못한다. 고개를 들고 눈을 크게 뜨고 세상이 어떻게 돌아가는지 제대로 읽는 혜안을 가진 사람만이 오늘의 한국을 살릴 수 있을 것이다.

『철학과 현실』(2004년 겨울)

큰판, 대국(大局)을 보는 지혜

변화가 극심한 시대, 그것이 바로 오늘이라는 것을 매일 만나는 사람들의 말과 몸짓에서 듣고 볼 수 있습니다. 자기 자신의 삶을 들여다보면 더욱더 절실하게 느낍니다. 무엇보다도 세대 간의 차이에서 변화가 얼마나 빠른 속도로 진행되고 있는지를 느낄 수 있습니다.

그래서 사람들은 이 변화의 거대 물결에서 낙오되지 않으려고 안간힘을 쓰고 있습니다. 나 자신도 예외가 아닙니다. 그래서 도처에서 아우성치는 소리, 허둥대는 몸짓을 목도합니다. 어디로 가는 변화의 물결입니까? 어느 누구도 확실한 답을 제시하기는 어려운 상황에 있는 것 같습니다. 그렇지만 흐름의 큰 방향, 행로는 어느 정도 가늠할 수 있을지도 모르겠습니다. 그 행로를 전혀 가늠할 수 없는 사람들은 이리로 저리로 휩쓸리며 아우성을 내지르고 있습니다. 그래서 이 엄청난 격동의 시기에는 혼란이 이만저만이 아닙니다. 한마디로 난국입니다. 큰 시각에서 말하면 오늘은 문명의 대전환기입니다. 과거 중국의 춘추전국시대가 바로 그런 문명의 대전환기의 전형입니다. 그리고 서양의 중세 기독교 문명이 요동치면서 새로운 근대문명, 과학기술과 자유시장이 태동하던 시기, 르네상스 시대가 그런 문명의 대전환기라 할 수 있습니다.

한반도는 지난 백여 년 동안 서양 근대문명의 유입으로 전통사회가 요동치던 시대였습니다. 자유와 평등, 자본주의와 공산주의라는 상반되는 물결이 이 땅을 덮친 시기였습니다. 지난 백 년의 허우적거림은 한반도 내부의 소산이라기보다는 외부의 충격에 의한 것이었습니다. 그 격동 가운데서 지금 살아남은 우리의 삶터가 바로 대한민국입니다. 상처 투성이 과거를 지워버리고 싶지만, 그것은 이미 화석화된 역사의 잔해가 되고 말았습니다. 그러한 아픈 상처에도 불구하고, 오늘 대한민국은 세계의 변방이 아니라 세계의 중심권에 진입하고 있는 것이 누구도 부인할 수 없는 살아 있는 현실입니다. 그것이 바로 우리의 실존입니다. 이것이 바로 큰 눈으로 바라보는 오늘 우리의 현실입니다.

어떤 사람들은 지난 백여 년 사이에 있었던 상처에만 시선을 고정시킨 채 오늘의 살아 있는 현실을 부정하며 못 본 체하려 합니다. 입으로, 문자로 부정한다고 결코 있는 것이 없는 것으로 무화(無化)될 수야 있겠습니까?

하기야 오늘 이 땅에 있는 것들이 모두 아름다운 것만은 결코 아닙니다. 아직도 이 땅에는 불법과 거짓으로 우리의 눈살을 찌푸리게 하는 일들이 많이 있는 것 또한 사실입니다.

우리는 오늘 선진국임을 자랑스럽게 외치고 싶어 합니다만, 솔직히 말해서 우리의 윤리의식은 최하위급은 아니더라도, 최상급은 못 됩니다. 그리고 우리의 정치도 독재체제는 아니지만, 수준 높은 민주정치가 확립되어 있지는 못한 것이 사실입니다. 먹고사는 물질적 여건도 후진국의 가난과 고통의 질곡으로부터 벗어난 것은 사실이지만, 모두가 더불어 행복하게 사는 최상의 아름다운 모듬살이가 아닌 것 또한 우리가 잘 알고 있습니다.

이러한 모든 허물에도 불구하고 오늘 대한민국은 지구촌 시대의 변방에 꿇어앉은 병자가 아닌 것만은 누구도 부인할 수 없는 현실입니다. 우리가 세계무대에서 활개 치며 태평성대를 노래할 정도가 아닌 것도 사실입니다만, 이 땅의 젊은 세대가 각종의 세계무대에서 신선한 모습으로 활약하며 떳떳한 대한민국의 아들임을 자랑스러워하는 것도 부인할 수 없는 사실입니다.

성숙한 눈은 큰판, 대국(大局)을 볼 줄 아는 지혜로운 눈입니다.

오늘 대한민국의 삶의 지평은 과거 어느 때보다도 희망으로 열려 있습니다. 문제는 인식의 조준점을 어디에 놓는가에 있습니다. 균형 잡힌 인식의 조준점을 우리가 견지할 수 있다면, 우리 앞에 절망은 없으리라고 믿습니다.

『성숙의 불씨』(2013년 9월 10일)

돼지 셈법

돼지 열 마리가 있다. 대장 돼지에게 물었다. 돼지가 몇 마리가 있느냐고. 하나, 둘, 셋, 넷, 다섯, 여섯, 일곱, 여덟, 아홉! 아홉 마리 돼지가 있다고 대장 돼지가 답했다. 대장 돼지가 셈을 하면서 자신을 빼놓았다.

우리는 자신을 빼놓고 말하는, 돼지 셈법을 하는 사람들을 주변에서 너무나 많이 발견한다. 특히 자신이 잘난 사람이라고 으스대는 '나 잘난 박사'들에게서 돼지 셈법을 너무 많이 발견한다.

국회의원 나리들은 국회에 장관을 비롯한 고급 공무원들을 불러놓고 호통을 친다. 그들은 자신을 헌법기관이라고 자처하면서 장관들과 고위직 공무원들을 마치 장난꾸러기 어린애들 다루듯 호통을 쳐댄다. 얼굴 표정이 그렇고 입버릇이 그렇다. 반말은 여반장이다. 그런데 자신들은 어떤가? 한마디로 반칙을 떡 먹듯 하지 않는가? 무엇보다도 선거법에 규정된 대로 선거자금을 운용하고 있는가? 문서상으로만 그럴듯하게 꾸며놓고 장막 뒤에서 야바위꾼 행세를 일삼다가 들통이 나서 법원의 판결을 받고 옷을 벗는 경우를 한두 번 경험했는가? 그것은 어찌어찌 재수가 없어서 탄로 난 경우요, 탄로 나지 않은 행운 덕에 계속 큰소리를 떵떵 내지르고 있는 국회의원 나리들이 어찌 한둘이겠는가.

어디 그뿐인가? 그래서 여론조사를 해보면, 사회 여러 영역에서 일하는 사람들 가운데 가장 불신을 많이 받는 사람들이 정치 영역에 속한 사람들이 아닌가. 남을 향한 질타의 기준을 자신에게는 적용하지 않는 사람들, 그들은 돼지 셈법에 갇힌 사람들이다.

어디 국회의원뿐일까? 부끄러운 일이지만, 사회의 최고 지성인의 집단이라는 교수들도 자신의 이익이 걸린 문제에 대해서는 돼지 셈법의 고수가 되고 만다. 교수의 '철밥통'을 지키기 위해서는 평소 입에서 내뱉는 고담준론(高談峻論)은 어디에다 내팽개친 채, 교수 집단의 이익을 부끄럼 없이 사수하려 한다. 어디 교수뿐인가? 성직자라는 종교인들에게조차 예외는 없다. 물론 그것은 어제오늘의 이야기만은 아닌 것 같다. 구약성서에 나오는 의인 다섯 명이 없어서 멸망한 고모라 성의 이야기는 부끄러운 인간의 자화상이 아닌가.

자기 자신을 객관화할 수 있는 능력을 가진 사람을 가리켜 '지성인'이라 한다면, 오늘 이 땅에 절실한 문제는 지성인의 숫자를 어떻게 늘려갈 수 있을까 하는 것이다.

성숙한 사회란 바로 자신을 객관화할 수 있는 능력을 가진 사람들, 돼지 셈법의 우물로부터 탈출한 사람들이 사회가 크게 잘못 굴러가지 않도록 균형을 잡아주는 역할을 하는 사회를 말한다. 그런데 지금 우리는 성숙을 향한 노력이 너무나 아쉬운 사회라는 것을 매일의 삶 속에서 절감하면서 살고 있다. 타인을 향한 손가락질을 하기 전에 자신의 모습을 들여다보는 훈련을, 매일 거울에 자신의 얼굴을 들여다보듯 하면 어떨까?

『성숙의 불씨』(2013년 10월 29일)

안현수 선수 사건으로부터 배워야 할 교훈

소치 동계올림픽에서 금메달을 목에 거는 영광을 누린 안현수 선수 사건은 오늘을 사는 우리에게 적어도 두 가지 교훈을 던져주고 있다. 그 첫째는 지난 백여 년 동안 한국인의 머리와 가슴속 깊이 박혀 있는 '민족주의'라는 말이 과연 오늘에 무슨 효능을 가지고 있는가 하는 문제요, 둘째는 계파라는 패거리 싸움이 얼마나 뿌리 깊은 사회악의 진원지인가를 되새겨보아야 하는 문제이다.

대중매체의 보도에 따르면 안현수 선수는 한국 빙상체육계의 계파 싸움에 휘말려 한국을 등지고 러시아에 귀화하였고, 러시아에 금메달을 안겨주었다는 것이다. 민족주의적 감정으로 보면 괘씸하기 짝이 없는 일인 것처럼 보인다. 과거 일본 식민지 시절, 일본 깃발을 몸에 달고 마라톤 경기에서 금메달을 딴 손기정 선수에 대해서는 그가 조선 민족의 아들이라는 민족주의적 감정으로 한없는 감동에 빠지는가 하면, 그가 일본 국기를 몸에 달고 우리의 원수의 나라 일본에 금메달을 안겨주었다는 점에서 너무나 뼈아픈 일로 여겼다. 이것은 손기정 선수에 대한 그 당시 식민지의 백성들에게는 나무랄 데 없는 인간의 정서적 반응이 아닐 수 없다.

그런데 오늘날은 지구가 하나의 삶의 영역으로 바뀌어가는 지구촌 시대이다. 이러한 지구촌 시대에 모든 사건들을 민족주의라는 하나의 잣대로 재단하는 것은 과연 타당한 일인가? 무엇보다도 오늘날 스포츠의 세계에서는 선수들이 국경을 넘나들며 활약하는 시대가 아닌가? 러시아 선수와 중국 선수가 한국으로 귀화한 일도 이미 엊그제의 일이 아니다. 많은 외국인들이 한국 스포츠의 현장에서 엄청난 활약을 하고, 한국 스포츠계의 발전에 상당한 공헌을 하고 있다. 한국 선수들 역시 외국의 스포츠계에서 상당한 활약을 하여 세계의 주목을 받고 있다.

이런 현실에서 옛날식의 민족주의적 감정으로 세상을 재단하는 것이 얼마나 편협한 판단인지를 알 수 있다. 그리고 안 선수가 러시아의 선수로 귀화하게 된 배경에 빙상체육계의 패거리 의식이 작용했다면 이것은 그냥 모른 척하고 지나칠 일이 아니다. 한국이 진정 모든 사람이 더불어 잘 사는 열린 세상, 평등한 세상이 되려면 우리가 해야 할 가장 중요한 일은 패거리 의식을 뿌리 뽑는 것이다. 이러한 패거리 의식은 한국사회의 도덕적 발전을 가로막는 핵심적인 질병의 하나이다.

패거리 문화가 가장 번성한 곳은 정치계라 할 수 있다. 오늘날 한국에 있어서 정치에 몸담고 있는 사람들을 혐오의 눈으로 보게 만드는 것은 바로 이 패거리 의식이 아닐 수 없다. "우리가 남이가"를 연발하며 단합을 도모하려는 몸짓은 바로 이 패거리 의식의 표현이다.

깊이 숙고해 보면 민족주의라는 것도 패거리 의식의 하나요, 그 확대된 형태에 속하는 것은 아닐까? 인간의 삶이 진정으로 공평하고 차원 높은 것으로 상승하려면, 진정한 공평무사한 스포츠 정신으로 무장된 정의로운 질서에 의해 움직이는 모듬살이가 되어야 하지 않을까?

『성숙의 불씨』(2014년 2월 18일)

공짜는 없다:
있다면 그 공짜는 독이 되어 돌아온다

세상이 온통 공짜로 충만해 있다면 좋을까, 나쁠까?

"땀을 흘리지 않는 자는 먹지도 말라." 경전에 있는 말씀이다. 땀을 흘리지 않는다는 것은 꼼짝도 하지 않고 남이 땀 흘려 만들어놓은 것에 의지해서 산다는 것이다. 그렇게도 좋은 일일까? 남의 등에 업혀서 산다는 것은 말을 바꾸면, 타 존재에 붙어서 기생(寄生)하여 자기 존재를 유지한다는 말이다. 공짜로 산다는 것, 땀을 흘리지 않고 산다는 것은 남에게 빌붙어서 타 존재에 기생하여 자기 생명을 유지한다는 것이다. 결국 공짜를 좋아하는 것은 기생충과 같은 존재가 되고자 하는 것이라 볼 수 있다.

물론 로또복권 당첨 같은 공짜도 생각해 볼 수 있다. 그러나 곰곰이 생각해 보면 로또복권은 무(無)로부터 나온 그 무슨 은사가 아니다. 수많은 사람들의 호주머니에서 나온 돈을 몇 사람이 몰아 가지는 것에 불과하다. 설사 로또복권에 당첨되는 사람의 경우라도, 당첨은 수많은 로또복권에 투자한 결과 얻은 행운에 불과하다. 결코 하늘에서 떨어진 공짜가 아니다.

"공짜는 없다"는 경영학의 핵심적인 가르침 가운데 하나라고 말할 수 있다. 누군가 공짜를 가정해서 경영 설계를 한다면 그는 제정신이라 말할 수 없다. 투자 없는 열매를 바라는 심보를 가진 사람에게 다가올 결과는 재앙밖에 없을 것이다. 그런데 사람들은 공짜의 유혹에 너무나 쉽사리 빠진다. 세상의 사기꾼은 공짜 유혹의 낚싯줄을 도처에 던져놓는다. 물고기만 어리석지 않은 탓인지 공짜 낚시에 걸려 넘어지는 사람들도 상당히 있다.

선거의 계절이 되면 표를 모으는 데 눈이 벌게진 정상배(政商輩)들이 공짜 유혹의 그물과 낚시를 여기저기에 깔아놓는다. 지난해에는 학생들에게 공짜 점심을 준다는 유혹의 그물을 쳐놓아 상당한 재미를 본 정치 낚시꾼들이 있었다. GNP 2만 달러를 넘어선 땅에서 공짜 점심 이야기는 정상적인 이야기라 할 수 없다.

한국은 구매력 기준으로는 3만 달러의 GNP 국가라고 한다. 과거 앞서간 나라들에서 보면 2만 달러가 넘어서면 몸이 뚱뚱해지는 불건강(不健康)의 비만 증세를 나타내는 계층은 경제적 하위계층이라고 한다. 2만 달러가 넘는 나라에서 비교적 못사는 사람들은 뚱보가 되어 불건강의 적신호 앞에 직면하게 된다. 그런데 이런 나라에서 공짜 점심의 유혹의 언어를 던져 표를 낚으려 하는 것은 넉넉지 못한 사람들에게 불건강의 고약한 선물을 던져주는 꼴이다. 공짜라면 무엇이든지 좋은 것은 아니다. 결국 공짜는 독인 셈이다.

정치 도박사들이 외치는 공짜 선물 공세는 결국 뜯어보면 나중에 세금폭탄 공세로 나타나기 마련이다. 국가나 지방자치단체는 하늘의 만나를 던져줄 수 있는 능력을 지닌 천사가 아니다. 중앙정부나 지방정부에서 한자리하겠다는 사람들이 재벌이나 된다면 자기 재산을 털어 공짜 선물 공세를 할 수 있을지 몰라도, 대부분의 경우 자기 집안 식구 입에 풀칠하기도 시원치 않은 주제에 무슨 수로 그런 공짜 선물을 주겠다고 허풍을 떠는 것일까? 거짓말이거나 권력을 잡은 후 세금폭탄을 안겨주는 것 이외에 무슨 묘수가 있을 수 있겠는가?

"공짜는 없다." 이보다 더 확실한 만고의 진리는 없다. 우리가 사는 이 세상에서는 그렇다.

『성숙의 불씨』(2014년 3월 18일)

난세와 종교

신의 왕국은 재물왕국인가? 유병언 사태를 보면서 종교란 무엇인가를 다시 반추하게 된다. '구원파'라는 별칭까지 붙은 침례교의 한 종파에서 온갖 종교적인 좋은 말씀 뒷전에서 하는 일은 재물을 모으고 불려나가는 일이었음이 세월호 난파 조사과정에서 드러나고 있다. 종교의 앞문에서 오가는 말들과 종교의 뒷문에서 거래되는 물질들의 적나라한 모습을 매일 매스미디어를 통해 보면서 많은 사람들이 허탈을 금치 못하고 있다.

어찌 유병언 씨 경우뿐이겠는가. 문선명 씨의 경우에 비하면 유병언 씨의 재물 모으기와 불리기는 하수에 불과하다고 할는지도 모른다. 천당과 내세를 침이 마르도록 내세우는 사람들이 지상과 현세의 물질을 왜 그렇게 끌어 모으는 데 열광하는가? 또 하나 놀라운 것은, 밤에 불을 보고 좋다고 달려드는 들판의 불나방처럼 종교의 교주들을 향해 왜 그리도 많은 선남선녀들이 모여드는가? 놀라운 말들의 잔치 때문인가? 하기야 "말 한마디로 천 냥 빚을 갚는다"는 속담도 있긴 하지만, 말의 힘은 그리도 센 것인가?

지난 역사를 통해 볼 때 말장난으로 세상을 어지럽혔던 히틀러를 대적할 자 있겠냐마는, 김일성 수령도 한국이 낳은 말 장수에서 빼놓을 수 없는 인물이 아닌가. 어쩌면 인간은 최면적 동물인지도 모르겠다. 최면이란 현상은 말의 힘에 의해서 인간존재를 주무르는 마술이 아닐까? 이 세상에는 여러 가지 사기술로 사람들을 미혹에 빠뜨리는 일이 허다하다.

오늘이 그야말로 사기술이 극성을 부리는 때가 아닌가 싶다. 그것이 바로 난세다. 난세란 다름 아닌 대변혁의 시간이다. 지난 산업문명이 서서히 뒤로 물러가고 새 문명이 동터오는 문명의 대전환기가 오늘이 아닌가 싶다. 대전환기는 바로 난세다. 그래서 여기저기서 들려오는 비명소리가 우리의 마음을 흔들어놓는다.

'관심병사'는 군대에 있는 머리가 흔들려 있는 사람들이지만, 도처에서 그런 불쌍한 사람들이 비명소리를 내지르고 있는 오늘이다. 오늘은 분명히 난세다. 그래서 구원의 말씀을 혀로 떠들어대는 사람들의 말의 힘이 더욱 위력을 발휘하는 것이 아닐까? 난세와 종교, 어려운 세상이다. 제정신 가지고 살기가 매우 어려운 세상이다.

『성숙의 불씨』(2014년 8월 19일)

빛과 그림자:
빛이 있으면 그림자가 있기 마련이다

빛만을 쳐다보는 자는 낙관론자가 되고, 그림자만을 쳐다보는 자는 비관론자가 된다. 그러나 한쪽에만 눈을 팔지 않고 빛과 함께 드리워지는 그림자에 시선을 적정 배분하는 자가 있다면, 그를 현인(賢人), 지혜로운 자라고 부를 수 있지 않을까?

영국 신경제재단(NEF)이 2012년에 151개국을 조사한 행복지수 결과를 발표했는데, 한국은 63등이라고 한다. 1등은 중남미에 있는 코스타리카라고 한다. 날씨가 더운 나라이니까 얼어 죽을 걱정은 없는 자연환경이 되어 행복지수가 높은 것일까?

한국은 1960년대 초 1인당 GNP가 100달러 수준이었는데, 작년 기준으로 GNP가 2만 6천 달러 정도가 되었다. 1960년대 한국은 이른바 '보릿고개'로 표현되는 기아선상에서 헤매던 나라였다. 오늘날 겨울에 춥게 지내는 가난한 사람이라도 라면 한 그릇은 먹을 수 있는 세상이 되었다.

한 가지 분명한 것은 GNP라는 경제 여건이 사람들이 행복을 느끼게 하는 데 결정적인 요인은 못 된다는 사실이다. GNP가 5만 달러 이상을 선회하는 이른바 서구 선진국들이 행복지수가 가장 높은 나라가 아니라는 사실이 바로 그것을 말해 준다. 한국 사람들 가운데 불행하다고 느끼며 사는 사람들이 많다는 것을 우리는 매일 온갖 뉴스를 통해 보고 듣는다.

행복의 공식을 다음과 같이 표현할 수 있다.

$$\text{행복} = \frac{\text{성취}}{\text{욕망}}$$

여기에서 분모를 적게 하면 성취하는 것이 늘어나지 않더라도 행복은 커지게 된다. 욕망은 마음의 상태이다. 자신의 마음의 상태에 따라 행복은 결정된다고 할 수 있다. 나는 자신이 불행하다고 느끼는 사람들에게 자신의 마음을 긍정 모드로 바꾸는 한 가지 방법으로 아래와 같은 행복 키우기 연습을 권장해 본다.

아침에 일찍 일어나 동쪽을 향해 서서 떠오르는 태양을 바라보며 마음을 집중한다. 그리고 "저 태양은 나를 위해 떠오른다"라고 상념한다. 생각만 하지 말고, 입으로 중얼거린다. 옆에 아무도 없는 곳이라면 큰 소리를 내어 외친다. 이런 일을 생활습관으로 만든다.

세상일에는 밝은 면과 어두운 면이 있기 마련이다. 왜 하필 어두운 면에만 시선을 고정시켜 비관론자가 되겠는가? 오늘이 나의 삶의 마지막 날이 되더라도 꽃씨를 심는 마음으로 산다면, 우리의 삶은 한결 더 낫게 되지 않을까?

『성숙의 불씨』(2015년 1월 27일)

성숙한 사회의 윤리와 구조

우리는 지난 2월에 성숙한 사회를 가꾸어가기 위한 작은 모임을 시작했습니다. 그 모임을 만들게 된 배경에는 다음과 같은 생각이 깔려 있었던 것 같습니다. 지난 20세기에 우리 한국 사람들은 역사의 변방에서 불굴의 투지와 줄기찬 노력으로 일제 식민화와 민족상잔의 시련을 딛고 넘어서서 산업화와 민주화라는 현대국가의 최소 조건을 충족하는 데는 일단 성공하였으나, 오늘 우리는 '신뢰의 위기'로 도덕적 공황 속에서 허덕이고 있습니다.

이러한 상황 속에서 우리는 이런 통찰에 이르게 된 것입니다. 제대로 된 도덕적 토대가 없이는, 단순한 물질적 풍요가 인간다운 삶을 보장하지 못할 뿐만 아니라, 소위 경제 선진국이라는 일류 산업국가로 발전할 수도 없다는 것입니다. 도덕적으로 성숙한 사회가 아니고서는 품격을 지닌 인간으로 더불어 잘 살 수 있는 일류 국가를 이룩할 수 없다는 것입니다.

이러한 믿음 위에서 우리는 우선 자신부터 도덕적 최소의 조건들을 실천에 옮기는 일부터 시작하기로 한 것입니다. 그것이 바로 우리 모임이 내세운 여섯 가지 실천 준칙입니다.

이러한 우리의 소박한 믿음과 실천 운동에 대해 여러 가지 질문들이 제기될 수 있을 것입니다.

우선 이런 의문이 제기될 수 있을 것입니다. 몇 사람들이 그런 자질구레한 일을 한다고 해서 한 나라의 도덕적 수준이 과연 향상될 수 있을까, 더구나 오늘의 '신뢰의 위기' 극복에 그것이 무슨 도움이 될 것인가 하는 것입니다. 이러한 의문은 너무나 당연한 것입니다만, 우리는 그런 의문을 가진 사람들에 대하여 "한 방울의 물이 모여 시냇물을 이루고, 시냇물이 모여 강물이 되고, 강물이 모여 대하(大河)가 형성된다"는 매우 은유적인 표현으로 응답할 수밖에 없는지 모르겠습니다. 물론 이 응답은 하나의 말장난에 그칠 수도 있습니다. 문제는 우리의 이 작은 실천 운동이 얼마나 뜨거운 정열과 지칠 줄 모르는 발걸음으로 연결되느냐에 성패가 달려 있다고 나는 생각합니다.

그리고 어떤 사람들은 이런 질문을 던질 수 있을 것입니다. 우리의 모임이 내세우는 여섯 가지 실천 준칙들을 자세히 검토해 보면 그것들을 실천에 옮기는 일이 결코 쉬운 일이 아니라는 것입니다. 자기 말에 책임을 지는 일처럼 어려운 일도 없으며, 어려운 사람들을 돌보는 일이 말처럼 그렇게 쉬운 일이 아니라는 깃은 몇 십 넌 살아본 사람이라면 뼈지리게 느낄 것입니다. 또 공동 자산을 아끼는 환경보호와 검소, 절제도 물론 어려운 일입니다.

위에서 지적한 세 가지 실천 준칙들은 상당한 수준의 도덕적 훈련과 수양을 쌓은 사람이 아니고서는 그렇게 쉽사리 실천에 옮길 수 있는 일이 아님을 우리는 인정하지 않을 수 없습니다.

오늘 우리 사회는 소위 지도자라는 사람들이 자기 말을 헌신짝처럼 내던지는 일들을 너무나 많이 경험한 나머지 '거짓말 공화국'이라는 신조어를 만들 정도가 되어버린 것이 사실입니다. 어쩌면 이와 같은 우리의 도덕적 공황이 우리 모임의 실천 준칙이 지닌 값어치를 보여주는 것인지도 모릅니다. 대부분의 사람들이 자기가 한 말에 책임을 지는 상황이라면, 우리 모임이 그러한 실천 준칙을 내걸고 우리 사회의 윤리적 수준을 높이는 운동을 벌이는 것 자체가 어린애 같은 발상으로 폄하될 수 있을지도 모르겠습니다.

그리고 어떤 사람들은 이런 질문을 던질지도 모릅니다. 우리 모임의 여섯 가지 실천 준칙들 가운데는 위에서 지적한 개인적 차원의 행동 준칙과는 다른 준법과 관련된 세 가지가 있습니다. "교통규칙을 지킨다", "정당한 세금을 납부한다", "뇌물을 주고받지 않는다"가 그것들입니다. 이렇게 국가의 법에 명시된 규범들을 지키자는 우리 모임의 실천 운동은 어쩌면 너무나 당연한 이야기를 하는 것처럼 보입니다. 그렇지만 이러한 실천 규칙을 실제로 실천에 옮기고자 할 때 그것은 어쩌면 불가능한 것을 요구하는 위선적인 주장으로 인식될 수도 있을 것입니다.

긴 이야기를 짧게 말하면, 너나 할 것 없이 법을 '적당히' 지키는 세상에서 법대로 살라고 하는 것은 죽으라는 것과 같다고 느끼는 사람들이 있을지도 모릅니다. 일반적으로 말해서 법대로 살지 않는 '반칙'이 구조화되어 있는 반칙사회 안에 사는 사람들에게 법대로 살라고 말하는 것은 그 사회에서 도태되거나 순교자가 되라고 요구하는 것과 같은 일이 될 수 있을 것입니다.

한 가지 예를 들면, 너나 할 것 없이 적당한 선에서 납세하는 세상에서 법대로 세금을 내면 사업을 꾸려갈 수 없게 되어 있는 상황이 바로 그것입니다. 법을 만드는 사람들은 사람들이 법대로 세금을 내지 않을 것을 고려해서 세율을 높이 매겨놓았는데, 고율의 세금을 내고 나면 사업을 제대로 할 수 없을 수도 있을 것입니다.

또 이런 상황 아래서 '법대로의 칼자루'를 어떤 특정한 납세자에게 갖다 댈 경우, 사람들은 '괘씸죄' 혹은 '표적 사정'이라는 말로 표현하면서 '법치(法治)'가 아니라 '인치(人治)'의 세상이라고 힐난하게 되는 것입니다.

이러한 '법대로'가 법치가 아니라 인치로 인식되는 비정상적인 상황을 나는 '반칙사회'라고 부르고자 하는 것입니다. 오늘 한국사회는 나의 견해에 따르면 일종의 반칙사회입니다. 이러한 반칙사회 안에 사는 사람들에게 우리의 세 가지 실천 준칙이 말하는 바와 같은 준법을 도덕적 요구로 내세울 경우에 우리의 운동이 무언가 제대로 현실을 모르는 사람들이 현실과 동떨어진 주장을 하는 것으로 인식될 수 있다는 점에 우리가 주목해야 할 것입니다.

이와 같은 준법에의 호소가 사회의 탈락자가 되거나 세상을 구제하는 순교자가 되라는 요구처럼 받아들여진다면, 우리의 운동은 보통 사람이 참여할 수 있는 '시민운동'과는 거리가 먼 것으로 인식되기 쉬울 것이기 때문입니다. 사정이 이렇다면 우리가 준법에의 호소를 포기해야 하는 것인가요?

이러한 딜레마로부터 해답은 무엇이겠습니까? 한마디로 나는 우리의 윤리실천운동이 사회구조의 개혁을 위한 제도개혁운동과 연계되어 추진되어야 한다는 것을 말씀드리고 싶습니다.

오늘 여러분에게 하나의 화두로 말씀드리고자 했던 핵심적인 문제에 우리가 도달했습니다. 우리 '성숙한 사회 가꾸기 모임'이 지향하는 도덕적 실천운동은 근원적으로 사회구조의 문제인 제도개혁과 뿌리에서 만나고 있다는 점입니다. 이것은 비단 준법과 관련된 실천 준칙들에 한정된 것이 아닙니다. '자기 말에 대한 책임지기'와 같은 개인적 차원의 윤리 덕목과 같은 것도 그 속을 들여다보면 그것이 바로 사회의 존립을 결정해 주는 법률을 비롯한 온갖 사회적 규범의 토대라는 놀라운 사실에 우리가 주목하게 됩니다. 사회의 온갖 법률과 제도는 일종의 약속의 체계이기 때문입니다. 따라서 약속을 지킴은 모든 사회적 규범의 토대입니다.

이러한 결론이 함축하는 것은 우리의 '성숙한 사회 가꾸기 모임'이 지향하는 윤리실천운동은 하나의 개인의 윤리운동에 머물 수 없다는 점입니다. 윤리실천운동은 바로 사회구조의 제도개혁과 동떨어져서는 결코 제 생명을 발휘할 수 없다는 점입니다.

한 알의 밀알이 썩지 않으면 백 배 천 배의 수확을 거두어들일 수 없다는 것은 우리가 익히 아는 진리입니다. 그러나 우리가 꼭 잊지 말아야 하는 것은 한 알의 밀알이 말라 죽거나 새의 밥이 되지 못하도록 땅을 가꾸어주어야 한다는 사실입니다. 도덕의 씨알도 마찬가지일 것입니다. 도덕의 씨알이 썩어 제대로 땅에 뿌리를 내리도록 사회의 제도적 토양을 가꾸는 일에도 우리가 힘써야 마땅할 것입니다.

『성숙한 사회』(2001년 9월 21일)

다른 것은 아름답다

"다른 것은 틀린 것이다."

"다른 것은 나의 적이다."

"다른 것은 없애야 한다."

"다른 것은 왕따다." 등등

'같음'의 사고의 틀 안에 갇혀 있는 사람들에게는 '다른 것'은 부정되어야 할 어떤 것으로 나타난다. 같은 것들끼리만 사는 데 익숙한 사람들은 다른 것을 보면 각종의 알레르기 반응을 한다. 인류는 오랫동안 이 끼리끼리의 삶의 틀 안에서 생각하고 행동하는 같음의 철학을 살아왔다. 원수란 나와 다른 것이다. 원수는 쳐부수고 없애야 한다. 아니면 적어도 그것을 나와 같은 것으로 동화시켜야 한다.

인류는 참으로 오랫동안 이 같음의 울타리 안에서 안주해 왔다. 같은 것들끼리 짝짜꿍하는 데서 삶의 기쁨을 맛보았다. 다른 것은 없애거나 먹어치워야 할 대상일 뿐이다. 다른 것과 더불어 사는 것은 불가능한 일이다. 더불어 있음은 같은 것들끼리 사이에서만 가능하다.

인류는 참으로 오랫동안 이 같음의 울타리 안에서 세상을 바라보고 사물을 평가하고 또 행동해 왔다. 놀라운 것은 이 '같음'의 철학을 '절대화'하였다는 점이다. 같음의 절대화를 통해서 다른 것의 하잘것없음을 정당화했다. 우리와 같은 것들끼리가 주장하는 것이 곧 절대적 진리다. 다른 것은 이 절대의 기준과 어긋나는 것이다. 그러므로 그것은 잘못된 것이요 틀린 것이다. 나쁜 것은 제거되어야 한다. 살려야 될 것은 나와 같은 것이요, 다른 것은 죽어야 한다. 그것이 바로 진리의 길로 가는 방법이다. 진리의 이름으로 절대 진리의 이름으로 다른 것은 죽음의 선고를 받는다.

그래서 인류는 너무나 오랫동안 같음의 철옹성의 닫힌 세계에서 안주해 왔다. 그 철옹성 안에서 절대의 깃발을 높이 걸어놓고 다른 것들과의 더불어 있음을 거부해 왔다.

그런데 이상한 것은 절대를 주장하는 무리가 하나가 아니라는 점이다. 자신이 칩거하는 철옹성의 문 밖을 나서면 또 다른 절대를 주장하는 철옹성의 무리가 있다는 엄연한 사실을 어찌하랴마는, 이런 사실은 나의 절대만을 고집함으로써 없는 것으로 치부되었다.

절대는 신적 존재에게만 부여될 수 있는 특성이다. 그리고 그것은 하나요, 여럿일 수 없는 것이다. 절대가 여럿일 수 있다는 것은 말이 안 되는 말이라고 여겨졌다. 그래서 내가 절대면, 너는 절대일 수가 없다. 그런데 여기저기서 각각 자기들이 절대라고 외치고 있으니 어찌할 것인가.

문제의 심각성은 자기의 신을 절대로 떠받드는 데 있다기보다는 자신의 입장을 신적으로 절대화한다는 데 있다. '신의 모습(Imago Dei)'이 곧 자신의 모습이라고 격상시킴으로써 인간을 절대화하는 데 문제의 심각성이 있다. 이러한 인간의 절대화는 자기와 다른 생각과 다른 타인을 용납할 수 없게 만든다.

오늘 사람들은 인류가 오랫동안 수많은 절대의 철옹성들을 쌓아놓고 끊임없는 갈등과 죽임의 역사를 만들어온 지구라는 별이 '하나의 열린 촌락'으로 바뀌어가고 있다고 말한다. 한 가지 분명한 것은 지구 덩어리가 하나의 열린 모듬살이터가 되기 위해서는 같음의 절대 철학을 털어버리지 않으면 안 된다는 것이다.

절대를 털어버리고자 하는 사람들이 빠지는 반대의 극단은 허무의 수렁이다. 절대의 기준이 없어졌으니 아무 기준도 없다고, 그러니 아무래도 된다고, 무엇이라도 좋다고 말한다. 그래서 그들은 "이성이여 안녕"을 부르짖는가 하면, 실재(존재) 대신에 언어(텍스트와 담론) 만능을 설교한다.

인간을 절대화하는 것은 분명히 오만의 극치가 아닐 수 없다. 그러나 저 절대의 깃발을 내린 후 인간이 내쏟아내는 언어 동작들만이 세상을 엮어간다고 주장하는 것 역시 철없는 오만의 객기가 아닐 수 없다.

절대란 조건 없음, 제약 없음을 말한다. 인간은 그런 절대의 이름으로 포장될 수 없다. 인간의 존재는 헤아릴 수 없이 많은 조건들, 제약들에 둘러싸여 있기 때문이다. 인간은 무엇보다도 시간과 공간의 제약(조건) 아래 있으며, 여러 가지 자연법칙들의 조건 아래 묶여 있다. 우리 가운데 누구도 이런 생물학적, 화학적, 물리적 법칙들을 초월해서 존재할 수 없다. 어디 그뿐이랴. 우리의 의식과 행동은 수많은 사회문화적 조건들을 초월해서 움직이는 그런 어떤 초월적인 것이 아니다. 한마디로 인간의 존재와 인식 그리고 행동은 수많은 조건들과 얽혀 있다. 따라서 그 모든 조건들과 무관한 그런 절대적인 것이 아니다. 그리고 인간이 그런 절대적인 것이 아니라고 해서 아무렇게나 굴러가는 그런 허무에 떠 있는 존재도 아니다.

이 세상은 여러 가지 다른 방식의 조건들 아래서 살고 있는 나와 다른 존재들로 가득 차 있다. 어떤 것들은 나와 같은 조건들 아래 있으며, 어떤 것들은 나와 다른 조건들 아래에 있다.

우리는 오늘 절대와 허무의 두 극단의 틀 안에 갇혀 있는 두 진영의 사람들을 본다. 인간의 정위치는 그 양극단 어느 것도 아니라고 나는 본다. '인간적인 너무나 인간적인' 우리의 고백은 절대나 허무의 고백일 수가 없다. "다른 것은 아름답다." 이것이 바로 인간적인 너무나 인간적인 고백이 아닐까?

왜냐하면 그것은 나와 다른 조건 아래 있는 존재들과 더불어 있음을 찬양하는 노래이기 때문이다. 나와 다른 조건 아래 있는 것들은 나의 존재와 무관한 어떤 것이 아니라, 나의 존재를 떠받쳐주는, 나를 살려주는 어떤 것이라는 통찰이 그 노래 속에 담겨 있다. 내게 부족한 것을 보태주는 것이기에 다른 것과의 더불어 있음은 나의 존재를 고양시켜 주는 존재가 아닐 수 없다. 그러므로 다른 것은 나의 존재와 맞물려 있다. 서로 보태줌으로써 서로 살려주는 관계가 바로 맞물림의 관계이다. 그렇기에 다른 것은 아름다운 것이다.

인류가 몸담아온 지구가 하나의 열린 모듬살이의 터가 되기 위해서는 이러한 새로운 발상으로 전환되어야 할 것이다.

『철학과 현실』(2002년 봄)

민주화 문제는 전 국민적 과제

— 요즈음 열기를 더해 가고 있는 학원에서의 민주화 운동에 대해 한 말씀…

"사회가 올바로 돌아가지 않을 때, 학생들이 제동적인 역할을 하는 것은 당연하다고 봐요."

— 현 상태에서 학생운동의 방향에 대하여 교수로서 어떻게 생각하시는지…

"'계엄 해제', '이원집정제 철회' 등의 구호에만 집착해서는 안 될 것 같아요. 이원집정제냐 대통령제냐 하는 제도보다는 누가 정권을 잡느냐가 더 중요하다고 봐요.

흔히 이야기하듯이 전술 면에서 보다 지혜로워야 해요. 과거 유신체제 하에서는 '노(No)'라고 하는 용기만이 필요했지만 지금은 단순한 용기 이외에 지혜가 필요해요. 우리나라 국민은 보수성이 강하고 4·19 이후의 혼란으로 발생한 5·16의 경험 때문에 떠들면 불안해요.

국민들에게 혼란으로 인식되지 않게, 효과적인 싸움을 해야지요. 이에 덧붙여 구체적인 정치 참여의 폭을 넓혀야 해요. 선거권을 만 18세로 낮추는 것은 지금 선거권이 없는 학생에게 정당한 권리 행사의 도구를 제공하므로, 이것을 요구하는 것도 바람직하리라 봅니다.

데모란 합리적 싸움이 불가능할 때 요청되는 것입니다. 일차적으로 가능한 합리적 방법을 최대한 동원해야 합니다. 데모는 항생제와 같아서 너무 자주 복용하면 정작 중병이 들었을 때는 효력을 나타내지 못해요.

장기적 안목에서, 지금의 학생운동은 응급조치일 뿐이지 학생들의 정상적인 활동은 아니에요. 사회가 병들어 있으므로 지금 상태에서는 어쩔 수 없이 학생이 제동을 걸어야 하지만 이것은 학생들에게 너무나 불행한 일입니다. 하루빨리 이런 불행이 끝나고 학점을 따기 위해서만 하는 공부가 아닌 우리 민족문화를 주체적으로 창조하기 위한 공부를 할 수 있기 바랍니다.

특히 강조하고 싶은 것은 범야권(汎野圈)의 대동단결을 위한 압력을 가하라는 것과 국민들에게 여러분의 뜻을 조용히 납득시키라는 것입니다. 범국민적 운동으로 전개되기 위해서는 국민들이 납득할 수 있는 방법을 택해야 돼요. 책자를 돌린다든지, 국민들 사이에 직접 뛰어들어서 계몽운동을 펴는 것을 예로 들 수 있죠."

— 학교의 주인이 학생과 교수라고 볼 때 특히 교수의 입장에서 학생운동과 시국에 대해서…

"지금 학생들이 주장하고 있는 것이 자신의 특수한 이익을 위해서는 아니죠. 아무리 외쳐대도 빵을 얻는 것도 아니고 장학금을 받는 것도 아니니까요. 이렇게 볼 때 민주화 문제는 학생들의 문제라기보다도 전 국민의 문제죠. 전 국민의 문제를 학생들이 걱정하고 있는데 교수라고 걱정하지 않겠어요? 모든 교수들이 자신의 문제로 받아들이리라 생각합니다."

『대학신문』(1980년 5월 12일)

민주주의와 절대(絶對)

　'절대(絶對)'라는 낱말은 민주주의의 발상(發想)과 가장 어울리지 않는 낱말의 세계에 속한다. 우선 이 말은 '상대(相對)'의 반대어로 지적될 수 있다. 일상적으로 "나는 절대로 거짓말을 하는 사람이 아니다"에서와 같이 '반드시', '꼭', '여하한 경우에 있어서도'의 의미를 지니고 있다. 그리고 좀 전문적으로는 '무한(無限)', '무제약(無制約)', '완전', '영구', '궁극', '신(神)', '신적(神的)인 것' 등의 의미로 쓰인다.

　민주주의의 발상의 토대는 상대성이다. 한 사회 안에 있는 어떤 개인이나 집단도 완전하다거나 무한하다거나 궁극적이라고 믿지 않기에 그 어떤 특권적 위치를 부여하지 않는다. 일단 모든 구성원은 원천적으로 대등한 위치에 서 있다. 모든 구성원은 서로가 서로에 대하여 '상대적' 위치에 있다. 그렇기에 무엇이 한 사회 전체에 옳은가 하는 것은 구성원 모두가 참여하여 합리적 방식에 의해 결정한다.

　합리적 방식이라 함은 우격다짐, 윽박지름, 맹목적 권위, 더구나 폭력과 무력에 호소하여 문제를 해결하는 것이 아니라, 논리적인 따짐과 설

득과 관용에 호소하여 문제를 풀어나가는 방식을 말한다. 나는 너의 이성(理性)과 양식을 의식하며 나의 의견을 펴고, 너도 마찬가지로 나에 대하여 서 있다. 서로가 서로에 대하여 제약하고 있다. 어느 누구도 원천적으로 완전하다거나 궁극적이라고 말할 수 있는 신적(神的)인 위치에 있지 않다. 서로가 서로를 보완하며 제약하며 견제한다.

민주정치는 본질적으로 이러한 상대성을 바탕으로 이루어지는 정치이다. 정치권력이란 한 사회의 구성원에게 떡을 배분하는 힘이다. 민주정치는 그 떡의 배분을 이해 당사자들이 참여하여 결정하는 것을 원리로 삼는다. 민주주의 사회에 있어서 정부권력이란 그 떡의 배분권(配分權)을 위탁받은 권한에 지나지 않는다. 따라서 정부권력은 위탁자인 국민의 의사로부터 독립해서 존재할 수 없다. 위탁자가 그 위탁을 철회하는 순간, 권력의 수탁자(受託者)인 정객과 관료는 하나의 자연인이 되고 말 뿐이다. 민주정부의 권력은 그러므로 상대적일 뿐이다.

요즈음 민주사회라고 하는 이 나라 관가에 전에 듣지 못했던 새 언어가 출몰하는 바람에 많은 사람들이 당혹을 감추지 못하는 모양이다. '절대정부(絕對政府)'라는 기어(奇語)가 바로 그것이다. '절대군주', '절대왕국'이란 말에만 귀가 익은 사람들이라, 세상이 정말 제 방향으로 돌아가고 있는지 의심하지 않을 수 없는 모양이다. 낱말의 오용(誤用)의 한 사례이기를 바란다.

『조선일보』(1980년 5월 10일)

외양간과 정치

　강원도 사북의 동원(東原)탄광 사건은 우리에게 무엇을 가르쳐주는 가? 소 잃고 외양간 고친다는 속담이 하나의 말장난이 아니라 현실을 증 언하는 말임을 우리는 배웠다. 물론 값비싼 소를 잃고 말이다.

　한국은 이제 역사의 큰 전환점에 서 있다. 낡고 오래된 외양간들을 뜯 어고쳐야 할 때가 왔다. 사람은 왜 소를 잃고 나서야 외양간을 고친다고 법석대는 것일까?

　소를 잃고 나서야 외양간에 관심을 갖게 되는 사람들의 처지는 물론 다 같을 수 없다. 어떤 사람은 자기의 외양간이 뜯어고쳐야 할 상황에 있 다는 것마저 전혀 알지 못하는 '무지형(無知型)' 인사(人士)일 수도 있다. 또 어떤 사람은 고쳐야 할 형편이라는 것은 어렴풋이 알면서도 그런대로 그냥 버티고 살 수 있겠지 하는 '편법형(便法型)' 인사일 수도 있다. 그런 가 하면 어떤 사람은 모든 것을 뻔히 알면서도 고치는 데 대가를 지불할 용기가 없어서 주물럭거리는 '우유부단형' 인사일 수도 있다.

　오늘 한국의 역사는 뜯어고쳐야 할 낡은 외양간들이 하나둘이 아님을 발견한다. 현명한 사람은 소 잃기 전에 외양간을 뜯어고치는 사람이다. 오늘처럼 나라의 살림을 꾸려가는 정치권에 있는 사람에게 현명함이 요구되는 때도 드물 것이다. 무지에 찬 불도저형 인사도, 어떻게 되겠지 하는 요행과 편법을 믿는 요령주의의 명수(名手)도, 역사의 진보를 위해 값을 지불하기 주저하는 용기 없는 재사(才士)도 오늘의 변혁의 역사를 올바로 주도할 수는 없다. 더구나 아무 일도 없다는 듯이 시치미를 딱 떼고 점잖은 모양을 하고 눈망울을 끄덕거리고 있는 사람은 참으로 곤란한 사람들이다.

오늘 한국의 역사는 소 잃기 전에 외양간을 고칠 줄 아는 현명한 사람을 요청한다. 욕망은 사람의 눈을 어둡게 한다. 그리하여 역사의 대세를 바라보지 못하게 한다. 욕망에 가려진 눈은 소를 잃고 나서야 외양간을 발견할 수 있을 뿐이다.

낡은 헌법은 우리가 고쳐야 할 으뜸가는 낡은 외양간이다. 낡은 외양간이 어찌 그뿐이랴. 낡은 외양간은 소 잃기 전에 하루라도 빨리 뜯어고치는 것만이 이 전환의 시대를 사는 사람이 자기 역사에 대해 최선을 다하는 일이 될 것이다.

『조선일보』(1980년 5월 3일)

민주주의와 대중영합주의

'좋은 세상.' 말만 들어도 가슴 설레는 말이 아닐 수 없다. 그래서 인류 역사를 되돌아보면 좋은 세상을 꿈꾸며 그런 좋은 세상을 만들어보려고 온갖 열정을 불태우며 고통의 쓴잔을 마시는 것을 마다하지 않은 사람들이 한둘이 아닐 뿐 아니라, 그들이 추구한 길과 방법도 한두 가지가 아니었음을 발견한다.

어떤 사람은 좋은 세상의 모습을 책으로 쓰고 제자들을 불러 모아 가르치기도 했으며, 어떤 사람은 자기가 그려놓은 이상사회를 실현하기 위해 권력자와 손을 잡고 시도해 보기도 했으며, 또 어떤 사람은 폭력을 동원하여 그 이상사회를 만들어보려는 모험을 감행하기도 했다. 인류 역사는 어쩌면 이런 이상사회를 위한 시험장이었다고 볼 수도 있다.

그런데 그 결과는 어떤가? 어떤 사람들은 인류의 그런 노력에 '진보와 발전'이 있었다고 보는가 하면, 인류 역사의 그런 변천을 어두운 눈으로 바라보기도 한다.

헤겔은 인류 역사를 진보의 과정으로 보면서 그 진보의 알맹이는 '자유의식의 확대'에 있다고 보았다. 자유의식의 확대란 한 사람만 자유롭던 왕권 시대로부터 많은 사람들이 자유를 향수(享受)할 수 있는 세상으로 바뀌는 것을 말한다. 오늘 우리가 민주주의라 부르는 것은 다름 아닌 만인의 자유의 향수를 그 핵심으로 해서 발전해 왔다. 백성이 곧 주인인 '민주(民主) 세상'에서 주인이 자유롭지 못하다는 것은 자기모순이다. 주인이 아닌 자는 노예였던 시대에 노예는 자유롭지 못한 자였다. 노예는 그 주인이 시킨 대로 할 수밖에 없는 부자유한 존재였다.

이런 가닥에서 생각을 더듬어보면 자유야말로 민주 세상의 본질적인 요소가 아닐 수 없다. 자유가 없는 민주란 자기모순이 아닐 수 없다. 그런데 지난 역사를 되돌아보면 자유가 없는 세상을 민주주의라는 말로 포장했던 사례를 우리는 엿볼 수 있다. '앙꼬 없는 찐빵'과 비슷하다고나 할까. 이렇게 생각해 보면, 자유 없는 세상을 민주주의라 부르며 좋은 세상이라 치켜세우는 것은 일종의 사기가 아닐 수 없다. 그런 사기의 수명은 길지 못했다는 것을 우리는 인류의 역사에서 분명히 보아왔다.

민주란 민(民)이 주인(主人)이 되는 세상이다. 이러한 생각으로부터 어쩌면 자연스럽게 끌어낼 수 있는 생각은 주인인 '백성이 좋아하는 대로' 세상이 운영되는 것은 옳다는 것이다. 이른바 '대중영합주의'란 '백성이 좋아하는 대로 국가를 운영하자'는 것이라 볼 수 있다. 따라서 대중영합주의는 민주주의의 알맹이라는 주장이 나올 법도 하다. 사실 대중영합주의는 단순한 하나의 주장을 넘어서서 지난 역사에서 존재했을 뿐 아니라 오늘도 지구의 일부 지역에서 꿈틀대고 있다. 오늘 이 땅에서도 대중영합주의가 새 시대의 경세술로 등장하고 있다는 경고의 목소리가 도처에서 흘러나오고 있다.

서양에서 플라톤은 이상국가의 이론을 가장 심도 깊게 전개한 사람으로 정평이 나 있다. 민주주의의 발상지는 고대 그리스였으며, 플라톤이 살던 당시 그리스 아테네는 바로 그런 민주주의의 고향이었다. 플라톤의 스승 소크라테스에게 독사발을 안겨 사형으로 몰고 갔던 것이 바로 대중이 주인으로 행세하던 민주주의였다. 플라톤의 이상국가론은 당시의 민주주의에 대한 비판을 그 출발점으로 삼고 있다. '몰려다니는 백성들'에 국가운영을 내맡긴다는 것은 매우 위험하다고 플라톤은 보았다. 몰려다니는 백성은 대중선동과 같은 집단최면에 매우 취약하기 때문이다. 국가운영과 같은 사안은 그때그때의 기분과 분위기에 좌우되는 정서적 결정에 맡겨질 사안이 아니다. 심사숙고, 냉철한 판단, 넓고 깊게 생각하기가 절실히 요청되는 사안이 바로 국가운영이기 때문이다. 플라톤은 그것을 '이성에 의한 사유'라고 표현했다. 국가운영은 이런 이성에 의한 사유의 훈련을 받은 사람들의 판단에 의해 운영될 때만 좋은 세상이 만들어질 수 있다고 생각했다.

'대중영합주의'란 무엇인가? 집단최면에 매우 취약한 몰려다니는 군중의 박수소리에 따라 나라를 끌고 다니는 것이 좋다는 생각이다. 집단최면에 취약한 군중의 의사란 사실 알고 보면 군중의 의사라기보다 최면을 건 사람의 의사일 뿐이다. 분위기와 정서가 지배하는 상황 아래서의 대세란 결국 소수 조종자의 음모에 불과할 뿐이다. 대중영합주의가 제대로 민주주의와 같이 갈 수 없는 이유가 바로 여기에 있다. 깊고 넓게 생각한 결과로 나타난 민의가 아니기 때문이다.

"백성이 원하는 대로 하는 것이 민주주의다." "백성이 원하는 것이 바로 민주주의에 있어서 진리요 정도다." 참으로 그럴듯한 말이다.

인터넷은 사람과 사람 사이를 가로막는 공간과 시간의 장벽을 무력화하고 있다. 그렇게 함으로써 사람과 사람 사이의 '전염의 가능성'을 엄청나게 확대했다. 인터넷 시대의 위험이 여기에 도사리고 있다. 인터넷 포퓰리즘이 바로 그것이다.

인터넷 기술은 분명히 전자민주주의 시대의 가능성을 열어놓았다. 그리고 전자민주주의는 새로운 정치의 가능성을 예고하고 있다. 그런데 우리가 경계해야 할 것은 그 새로움 속에 도사리고 있는 경박성과 폭력성이다. 이 경박성과 폭력성이 인류의 삶에 얼마나 큰 해악을 끼칠지 예측하기 어렵다. 그러나 한 가지 분명한 것은 인간을 허수아비로 만들어 끝내는 자멸의 길로 들어서게 할 수도 있다는 점이다.

종교가 집단최면에 빠져들면 사이비의 최후를 맞이하게 될 뿐 아니라, 인간 자체를 파멸시키고 만다. 우리는 그것을 사실로 확인하고 있다.

정치도 마찬가지다. 대중영합에 몰두하는 정치는 백성을 주인으로 모시는 정치가 아니라, 백성을 주술의 노리개로 전락시키는 집단 사기술에 불과하다.

모름지기 인간을 살리는 좋은 세상은 그런 집단최면의 주술로부터는 나오지 않는다. 이성이 살아 숨 쉬는 세상에서 영글어진 백성의 소리만이 참된 민주주의가 살아 숨 쉬게 할 것이다.

오늘 한국은 어디로 가고 있는가? 이성이 살아 숨 쉬는 세상인가, 아니면 경박과 폭력이 지배하는 세상인가? 인간은 경박과 폭력의 노예가 될 수도 있는 야성을 지녔을 뿐 아니라, 숙고와 지혜가 번뜩이는 이성을 지닌 존재이기도 하다. 문제는 무엇이 살아 움직이도록 하는 세상인가이다. 우리가 지향하는 좋은 세상은 분명히 경박과 폭력이 지배하는 세상이 아닐 것이다. 성숙한 사회는 숙고와 지혜가 넘실대는 사회가 아닐까. 그리고 그것은 우리가 바라는 좋은 세상이 아닐까.

『성숙한 사회』(2004년 3월 1일)

이성이 숨 쉬는 나라

역사는 역사의식의 프리즘을 통해서 그 생명의 빛이 드러난다. 역사의식이 없는 사람에게 역사는 장님 앞에 펼쳐진 아름다운 경치와 다를바가 없다. 그러면 도대체 역사는 어떤 얼개로 되어 있는 것일까? 역사는 시간의 틀에 따라 묶인 사건의 다발이다. 그러므로 시간은 역사의 얼개를 이룬다. 역사의 얼개를 알려면 시간의 얼개를 알지 않으면 안 된다. 시간성은 바로 역사성과 뿌리가 같다.

여기에서 시간은 단순히 측정의 단위로 헤아려지는 물리적인 시간이 아니다. 그것은 그 이상의 것인 사람이 창조해 내는 사건의 다발이다. 역사에서 문제되는 시간은 바로 그러한 의식의 존재로부터 드러나는 시간이다. 그러면 의식에서 시간은 어떤 꼴로 드러나는 것일까?

'기억'으로 과거라는 시간의 꼴이 나타나며, '기대'로 미래의 시간이 사람의 의식세계에 다가온다. 그 기억과 기대를 하는 것을 자신이 스스로 깨닫는 시점이 바로 현재이다. 시간은 그 사람의 의식 작용의 방식에 따라 그 얼개가 과거, 현재, 미래로 나누어져 의식세계에 떠오른다. 그 시간이 바로 의식시간이다.

역사는 바로 의식시간의 지평 위에서 만나는 사건들의 모습이다. 과거의 역사를 반성하고 미래의 역사를 헤아려보는 인간 정신이 활동하는 무대, 그것이 바로 오늘의 역사 현장이다.

역사의식이라는 것은 이러한 역사의 새 계기가 드러나도록 하는 인간의 의식을 통틀어 일컫는 말이다. 그러므로 역사의식이 없는 곳에는 역사도 없다. 그것은 텔레비전 수상기가 없는 곳에 텔레비전 화면이 있을 수 없음과 같다. 역사는 역사의식을 거쳐서만 그 존재를 드러낸다.

눈이 없는 사람에게 꽃이 어떻게 그 아름다운 모습을 나타낼 수 있으랴. 마찬가지로 역사의식이 없는 사람 앞에 어떻게 역사가 스스로 제 모습을 드러낼 수가 있을 것인가. 건망증 환자에게 과거의 역사는 형체 없는 안개나 공허함일 수밖에 없다. 또 희망이 없는 머저리에게 앞으로 펼쳐질 역사가 보일 까닭이 없다. 오직 그들에겐 코앞에 닥친 그때그때의 순간이 있을 뿐이다. 역사란 이미 일어난 일을 또렷하게 마음에 새겨두며 이 새겨둔 과거의 빛 아래에서 앞일을 미리 내다보는 역사의식을 지닌 사람에게만 의미가 있다.

바른 역사의식은 사람으로 하여금 눈앞의 잇속을 뛰어넘게 한다. 그것은 현재를 과거의 빛 아래에서 보게 함으로써 현재의 바른 모습을 깨닫게 하고 앞으로 다가설 미래의 잣대로 현재를 앞당겨 심판하게 한다. 바른 역사의식은 역사를 하나의 심판 과정으로 본다. 그리하여 그것은 사람의 역사세계를 이성이 지배하는, 곧 이성이 숨 쉬는 의로운 세계가 되게 한다. 야바위꾼의 '한탕주의'는 바로 역사를 심판의 과정으로 보는 역사의식이 조금도 없는 머저리들이 만들어내는 한때의 물거품에 지나지 않는다. 우리 사회를 어지럽히는 이 야바위꾼들의 한탕주의를 쓸어버려야 하는 까닭은 우리 사회를 보상 체계가 잡힌 의로운 세계로 만들어야겠다는 이성의 명령이 있기 때문이다. 진정한 역사의식은 우리의 눈길을 자신의 잇속에서 공동의 선으로 돌리게 한다. 왜냐하면 나의 삶이 자리 잡고 사는 터전은 나와 네가 어울려 뗄 수 없이 맞물린 역사의 한 울타리 속이라는 것을 역사의식은 드러내주기 때문이다.

오늘날 이 나라에서 살고 있는 우리에게 뼈아프게 요청되는 것은 바로 그러한 역사의식이 우리의 의식 속에 뿌리를 박도록 하는 일이다.

그러기 위해서는 첫째로, 우리의 역사의 건망증을 회복시켜야 한다. 지나간 일이라고 해서 그저 눈을 감아버리거나 까맣게 잊어버리고 마는 순간에 과거라는 시간의 지평 위에서 벌어졌던 역사는 안개처럼 사라지고 만다. 역사의 건망증이 전염병처럼 두루 퍼져 있는 역사의 '시장 바닥'엔 야바위꾼의 한탕주의가 활개를 칠 수밖에 없다. 야바위꾼의 기본 전술은 오늘은 여기에서 한탕 벌이고 내일은 저기에서 한탕 벌이는 것이다. 그 전술이 성공을 거두는 까닭은 야바위꾼이 어제 해먹은 그 한탕을 다른 사람들이 지나간 일이라고 그저 눈감아 버리거나 까맣게 잊어버리기 때문이다. 야바위꾼들이 노리는 점이 바로 그것이다. 그래서 내일에 할 한탕의 기틀이 다시 마련된다. 우리가 역사를 배우는 것은 지난 일을 그저 단순한 이야깃거리나 심심풀이로 삼거나, 역사를 연구하는 사람에게 일자리를 마련해 주기 위해서가 아니다. 때가 되면 지난 일이 민중의 심판을 받게 된다는 사실을 알기 위해서이다.

역사 건망증이 덕 있는 행위로 정당화되는 풍토가 결코 용납되어서는 안 된다. 그것은 덕이 아니라 악덕이며, 역사의 정의를 무너뜨리는 범죄자들이 저지른 죄를 눈감아 주는 방조 행위이다. 일본 제국주의 시대에 칼을 휘두르며 눈을 부릅뜨고 이 땅의 의로운 사람들을 괴롭히고 독립투사들을 잡아들여 고문하고 목을 조르던 민족 반역자들이 해방이 된 뒤에도 바로 그 하늘 밑에서 다시 이 땅의 애국적인 사람들을 핍박하는 무리로 위세를 떨칠 수가 있었던 까닭을 어떻게 설명해야 옳을까. 어찌 그뿐인가. 자유당이 저지른 역사적인 범죄 사건에 빌붙었던 자들이 자유당이 무너진 뒤에도 고개를 더욱더 높이 빼어 들고 역사의 사도인 양 거들 먹거리는 꼴을 정말로 어떻게 설명해야 하는가. 이 웃지 못할 역사의 아이러니를 무엇으로 설명해야 하는가. 한마디로 그것은 역사 건망증을 인정이니 덕이니 하는 허울 좋은 이름으로 용납하는 역사의식의 빈곤이라는 것 말고 달리 설명할 도리가 없다. 일본 사람 밑에서 한탕하고, 자유당 밑에서 한탕하고, 그리고 어떤 시대가 되어도 한탕한다. 이 한탕주의가 활개를 칠 수 있었던 것은 바로 그 역사 건망증이라는 보호막이 있었기 때문이 아니고 무엇이겠는가.

그 역사 건망증을 온갖 아름다운, 윤리적인 언어로 치장하게 하는 것은 우리 속에 있는 감상주의라고 잘라 말하면 너무 경박한 진단일까? 아무튼 나는 우리의 체질 속에 배어 있는 감상주의에 제동을 거는 것이 우리가 올바른 역사의식을 되찾는 데에 도움이 되는 일이라고 굳게 믿는다. 이 역사 건망증을 고치지 않고는 우리의 역사를 정의가 지배하는 이성의 역사로 만들 수 없을 것이다. 역사 건망증이 바로 올바른 역사의 심판을 막기 때문이다. 심판이 없는 역사가 의로운 역사일 수 없고 이성의 역사일 수 없다. 이성의 역사만이 사람이 저마다 제 분수에 맞는 올바른 대접을 받을 수 있는 세상을 마련해 줄 것이다. 그렇기 때문에 지난 일을 마음에 새겨두고 잊어버리지 않는 것은 참으로 중요하다. 우리가 지난날의 역사책을 읽는 까닭은 그 기억을 새롭게 하여 역사 망각 증상에 빠지지 않기 위함이다. 그 역사 망각 증상에서 벗어남으로써만 우리는 이성이 숨 쉬는 정의로운 사회를 만들 수가 있다.

둘째로, 역사의식을 제대로 뿌리를 내리게 하려면 '역사적인 상상력'을 키워야 한다. 그것은 옛 사건들을 하나씩 따로 떼어 토막으로 보는 것이 아니라 하나의 의미 있는 관계 속에서 사건들을 연결시켜서 보는 능력을 키우는 길이다. 과거의 어느 시점에 일어난 일을 시간의 고리 속에서 다른 사건들과 관련시켜 볼 뿐만 아니라, 그것을 다시 오늘에 일어나고 있는 사건을 파악하는 밑바탕으로 삼으며, 그로써 내일에 벌어질 일들의 모습과 의미를 파악하는 능력이 바로 역사적인 상상력이다. 달리 말하면 그것은 과거에 대한 우리의 기억과 미래에 대한 우리의 이상과 오늘의 역사 현실에 대한 이해를 한 덩어리로 묶어 역사를 입체적으로 볼 수 있게 하는 능력이 된다.

우리가 흔히 빠지기 쉬운 웅덩이는 과거는 과거대로, 현재는 현재대로, 미래는 미래대로 따로 떼어서 보는 버릇이다. 과거를 과거로만 따로 떼어서 보는 버릇에 빠지면 복고주의의 종이 되기 쉽고, 현재를 현재로만 따로 떼어서 보는 악습에 빠지면 적당주의, 편의주의, 기회주의의 앞잡이가 되기 쉬우며, 미래를 미래로만 따로 떼어서 보게 되면 환상주의의 중독자가 되기 십상이다. 이러한 것들은 모두 역사적인 상상력의 빈곤에서 나오는 질병의 증상들이다. 과거의 모습이 오늘의 빛 아래서 다시 해석되고 이해되며, 오늘은 과거의 발판 위에서 그 뿌리와 성격이 밝혀지며, 내일은 어제의 발판과 오늘의 필요와 희망에 따라 맞추어서 기획되고 헤아려질 때에만 역사의 제 모습이 드러날 것이다. 또 그럴 때에만 참된 역사 발전이 가능할 것이다.

역사적인 상상력이 없는 곳에서 참된 역사의 발전을 바라는 것은 시베리아의 얼음판 위에서 어여쁜 장미가 피기를 바라는 것과 무엇이 다르랴. 우리가 역사의 뿌리의 소중함에만 사로잡혀 과거의 포로가 되어버리면 우리는 결코 발전을 기대할 수 없게 될 것이다. 1970년대에 이 나라를 휩쓴 '우리 것' 바람은 그 열도가 지나친 듯하여 우리의 역사 발전에 대한 희망에 위협을 주는 것 같았다.

해방이 된 뒤에 불어닥친 서양 바람은 이 땅의 많은 사람들을 바로 눈앞에 번뜩이는 온갖 것들에 정신을 빼앗기게 만들었다. 서양 바람에 제정신을 빼앗기고 허겁지겁 이리 뛰고 저리 뛰던 사람이 한둘이 아니었다. 그리고 1970년대에는 물질지상주의라는 헛바람이 불어댔다. 내일의 물질의 풍요를 위해서는 무엇이라도 희생해야 된다는 그 돈 바람이 이 땅의 많은 사람들의 착한 영혼을 병들게 하였다. 내일에 대한 그 환상이 깨어질 때에 그 좌절이 가져오는 역사의 진통은 너무 크지 않을까? 이 모두가 역사적인 상상력이 모자란 탓일 것이다. 이 땅의 주인들은 역사적인 상상력이 빈곤하여 나타나는 이러한 병리 현상들을 극복하도록 마땅히 애써야 한다. 그 열망이 절실하면 절실할수록 역사적인 상상력이 더욱더 소중함을 깨달을 것이다.

지금까지 이성이 숨 쉬는 사회와 역사를 이루기 위해 올바른 역사의식을 가지는 것이 얼마나 중요한지를 이야기했다. 그러면 도대체 이성이 숨 쉬는 사회와 역사의 구체적인 모습이 어떤 것인지를 살펴보아야 할 것 같다.

이성은 '따지는 힘'이다. 그런데 사람의 따지는 행위는 말로써 이루어진다. 그러므로 '이성이 숨 쉬는 사회'란 '말로써 지배되는 사회'라고 말할 수 있다. 그러자면 말이 제구실을 해야 한다. 말이 제구실을 하기 위한 첫째의 전제조건은 '약속이 지켜짐'이다. 약속이 지켜진다는 것은 사람들 사이에 '믿음'이 있음을 나타내며 '정직'이 살아 움직이고 있음을 뜻한다. 불신과 속임이 없음을 뜻한다. 왜 말이 말다워지는 전제조건으로 믿음을 꼽는가? 말은 약속의 체계이기 때문이다. 우리는 동그란 꼴의 빨간 물건을 가리키며 '붉은 공'이라고 부른다. '붉은 공'이란 말은 그런 물건에 붙여 부르기로 약속한 것이다. 그렇기 때문에 우리는 어떤 사람이 "여기 붉은 공이 하나 있다"고 말하면 그 붉은 공은 개나 돼지가 아니라 붉은 공이라고 부르기로 약속한 바로 그 물건임을 안다. 그리고 그 사람의 말이 본디의 약속대로 쓰인다고 믿을 때에만 그 말은 그 물건을 알리는 제구실을 할 수가 있다. 만일에 그 말을 하는 사람이 본디의 약속에 따르지 않고 제멋대로 그 말을 내뱉는다면 그가 하는 말은 제구실을 하지 못한다. 소가 한 마리 있을 때도 "여기 붉은 공이 하나 있다"고 말하고 벌레가 한 마리 있을 때도 그렇게 말한다면, 그가 하는 말은 우리가 바라는 말의 제구실에서 벗어난다. 말은 약속의 체계이며 또 믿음은 말이 말로 쓰일 수 있는 전제조건이다. 그러므로 이성이 숨 쉬는 사회는 '믿음과 정직'을 바탕으로 한 말에 지배되는 사회임이 분명하다.

두 번째 조건으로, 말의 유통이 자유로워야 한다. 말을 주고받음이 순조로울 때에 비로소 의사 전달이라는 기능이 제 가치를 지니게 된다. 말을 주고받음이 제대로 되려면 그 주고받음을 가로막는 벽이 없어져야 한다. 그런 벽은 두 가지가 있는데, 말을 하는 사람과 듣는 사람 사이에 놓인 '사회적인 벽'과, 말을 하는 사람과 듣는 사람의 마음속에 깔린 '마음의 벽'이 바로 그것이다. 여기에서 우리는 이성적인 사회는 사람과 사람을 갈라놓는 모든 벽이 없는 사회, 곧 '탁 트인 사회'라는 사실을 알게 된다. 폐쇄된 사회, 닫힌사회는 이성이 숨 쉬는 사회가 아니다. '쉬쉬' 하는 소리가 흘러나오는 사회는 이성이 숨 쉬는 사회가 아니다. 곁눈질을 해가며 속삭이는 사회도, 눈치 보며 말을 얼버무리는 세상도 이성이 숨 쉬는 사회가 아니다.

이성이 숨 쉬는 사회는 정말로 '말이 통하는 사회'이다. 말로 모든 문제를 풀어나가며 주먹이나 총칼이나 돈의 힘으로 문제를 풀어나가지 않는 사회가 그런 사회이다. 불신이 활개 치는 세상, 그리하여 말이 도무지 먹혀들지 않는 세상, 억지가 이웃사촌보다 나은 세상, 상식이 통하지 않는 세상은 막혀버린 세상이요, 비이성적인 사회이다.

말이 제대로 통하지 않는 사회는 바로 억압된 사회이다. 한 사회에 뜬소문과 헛소문이 얼마나 많이 나도느냐에 따라 우리는 그 사회의 억압된 정도를 잴 수가 있다. 뜬소문, 헛소문이 많이 나도는 것은 말길을 제대로 터놓지 않고 막아놓았기 때문이다. 말이 가는 길을 터놓으면 뜬소문과 헛소문은 사라지고 만다. 암시장은 경제의 유통 질서가 제대로 잡히지 않았을 때에 활개를 치는 법이다. 뜬소문과 헛소문은 말의 암시장에서 거래되는 말들이다. 뜬소문은 어떤 사람이 없애려고 해도 없어지지 않는다. 엄명을 내리면 그 값어치만 올려놓는 꼴이 되고 만다. 말길을 트는 것만이 뜬소문과 헛소문을 뿌리 뽑는 유일한 처방이다.

한 가지 빛깔을 지닌 생각만이 용납되는 사회는 탁 트인 이성적인 사회가 아니다. 이른바 단색적인 문화는 겉보기에는 그럴듯하지만, 속은 곪고 병든 문화이다. 제복을 입히는 것처럼 한 가지 방식 말고는 다른 것이 용납되지 않는다. 억압된 사회가 낳는 사고는 흑백논리이다. 지배적인 빛깔을 띤 사고방식은 옳은 것이요, 그것과 어긋나는 것은 틀린 것이라는 말이다. 그리고 억압된 사회는 지배하는 빛깔과 다른 빛깔은 틀린 것이라고 말하는 것에 그치지 않고 그것의 존재를 없애려 하는 데에 그 두드러진 특징이 있다. 흑과 백이 함께 살 수 있는 세상만 해도 그렇게 억압된 사회는 아니다. 이성적인 사회는 여러 가지 빛깔들이 즐비하게 있으나 그들 사이에 조화가 이루어짐으로써 전체가 참으로 아름다운 한 폭의 그림이 되는 그런 사회이다. '여러 가지 모양과 빛깔 속에 깃든 조화'가 바로 이성적인 사회가 추구하는 사회통합이다. 자기와 다른 빛깔은 없애야만 사회통합을 이룰 수가 있다고 믿는 것은 억압된 사회가 가진 감성의 특색이다. 박수부대가 동원되고 굵직한 글자로 구호를 적은 현수막들이 곳곳에 나부끼는 사회는 그만큼 사회가 굳어 있음을 뜻한다. 굳은 것은 얼른 보면 강한 것 같지만, 한번 금이 가면 당장 무너지고 만다. 부드러운 것은 겉보기에는 약해 보이지만, 쉽사리 금이 가지도, 무너지지도 않는다. 이성적인 사회는 굳어버린 사회가 아니라 부드러운 사회이다.

그러므로 세상을 한 빛깔로만 보는 질서는 껍데기 질서에 지나지 않는다. 여러 가지 모양과 빛깔이 골고루 들어 있는 사회의 질서는 눈에 금방 띄지는 않지만 그 질서가 참 질서이다. 그 질서 속에서만 비로소 민중들의 목소리가 들리고 제 얼굴이 드러나기 때문이다. 민중을 순한 양처럼 말 잘 듣는 박수꾼으로 만드는 사회치고 제대로 굴러간 사회가 없음은 인류의 역사가 숱하게 증명해 준다.

사회의 질서와 자연의 질서는 뿌리부터가 좀 다르다. 자연의 질서는 사람이 마음대로 만들거나 바꿀 수 있는 질서가 아니다. 사람의 힘으로는 어쩔 수 없는, 우리가 어떤 생각을 가졌거나 무엇을 바라거나 관계없이 꼭 그렇게 되기 마련인 질서가 자연의 질서이다. 우리는 그것을 필연적인 질서라고 부른다. 그러나 사회의 질서는 그런 것이 아니다. 사람이 마음먹기에 따라 이렇게도 되고 저렇게도 될 수 있는 인위적인 질서이다. 이것을 우리는 규범이라고도 부른다. 사회의 질서는 규범의 질서이다. 그런데 이 규범적인 질서는 믿음과 정직이 있어야 지켜지는 것이며 믿음 위에 서 있지 않은 사회의 질서는 죽은 질서이다. 사회의 질서는 약속의 체계이므로 죽은 질서에는 죽은 약속만 있고, 죽은 약속은 참 약속이 아니다. 부도가 난 수표는 참 수표가 아니다. 부도 난 수표는 믿음이 빠져버린 약속의 본보기이다.

이성이 숨 쉬는 사회는 불신과 속임수가 아닌 믿음과 정직을 주춧돌로 삼아 세워진 사회이다. 그런데 믿음과 정직은 명령이나 강압으로 세워지지 않는다. 그것은 사람들이 속을 탁 터놓고 저마다 제 목소리를 낼 수 있는 곳에서만 태어나는 묘한 존재이다.

사회질서의 구체적인 모습이 바로 법과 규정이다. 그것이 민중의 속마음과 어긋나는 것이면 생명력을 가질 수 없다. 그러므로 참된 사회의 질서는 우선 민중이 속을 탁 터놓고 제 소리를 내뱉을 수 있는 상황 속에서 만들어진 것이어야 한다. 그리고 그 질서 속에 민중의 뜻과 바람이 들어가 있어야 한다.

우리는 이제 1980년대에 들어서는 문턱에 와 있다. 이 땅에 태어난 사람으로서 이 땅이 저주스러운 땅이 되기를 바라는 사람은 아무도 없을 것이다. 우리가 근세 역사에서 받은 수난은 우리에게 새로운 역사적인 발전을 위한 많은 교훈을 주었다. 우리가 그 역사의 교훈을 제대로 인식한다면 눈앞의 제 잇속만을 채우려고 안달할 수는 없을 것이다.

그렇다면 우리가 앞으로 만들어가야 할 우리 역사의 내일의 모습은 어떤 것이어야 할까? 내일의 '비전'은 단순히 머릿속에서 그리는 환상과는 아주 다르다. 환상은 머릿속에서 바라는 것이 바로 현실이라고 믿으려는 하나의 착각이지만, 이상은 과거에 뿌리를 둔 현실의 여러 가지 조건을 충분히 검토한 뒤에 그 현실의 바탕 위에서 미래를 만들려는 역사의 청사진이기 때문이다. 그러므로 이상은 창조의 의지를 가진 건강한 정신이 내놓는 작업 일지요 여행 일정이다.

앞으로 우리가 만들어가야 할 새로운 사회는, 첫째로, 모든 사람이 사람으로서의 긍지를 느끼며 저마다의 능력을 힘껏 발휘할 수 있는 사회여야 한다고 믿는다. 그러려면 사람대접이 고루 베풀어지는 사회가 되어야 한다. 몇 사람이 몰아서 가지는 것이 용납되는 세상도, 모든 사람을 비둘기장 속에 집어넣는 획일적인 평등의 세상도 사람의 대접이 제대로 이루어지는 사회라고 보기 어렵다. 이것은 19세기 유럽에서 서양 사람이 만든 유물인 두 가지 이데올로기의 신화에서 우리가 벗어나야 함을 뜻한다. 그것은 우리의 역사적인 과제일 뿐만 아니라, 우리와 비슷한 처지에 있는 나라의 사람들이 걸머진 역사의 숙제이다. 물론 그 일은 쉬운 일이 아니다. 먼저 필요한 것은 낡은 19세기적인 신화의 고정관념부터 뜯어고치는 일이다. 사람과 사회를 새로운 눈으로 바라보려면 이미 쓰고 있던 안경을 벗어버려야 한다. 그리고 우리의 지혜를 모아 새로운 세계의 모형을 창조해야 한다.

둘째로, 내일의 한국사회가 내세워야 할 것은 국제사회의 차원에서 정의를 실현하는 것이다. 이제까지 국제사회를 휩쓸어온 제국주의와 민족주의는 하나의 뿌리에서 나온 두 개의 가지에 지나지 않는다. 앞의 것은 팽창적인 민족주의요, 뒤의 것은 방어적인 민족주의이다. 앞의 것은 늘

남까지 제 민족의 이익의 울타리 안에 넣자는 집단적인 이기주의요, 뒤의 것은 남의 밥이 안 되겠다는 힘이 없는 집단의 자기보호적인 몸짓이다. 모두가 민족의 이해에 머물러 있는 집단적인 이기주의에 그 뿌리를 내리고 있다. 물론 힘이 센 집단이 힘이 없는 집단을 잡아먹겠다고 입을 벌리고 있는데, "나를 잡아먹어라"라고 외치며 제 몸뚱이를 내놓자는 주장이 아니다. 힘센 쪽이 그런 짓을 그치지 않으면 힘없는 쪽이 자기를 보호하려고 안간힘을 쓰는 것은 너무나 당연한 일이다. 그러나 힘이 세고 잘났다고 뻐기는 쪽에 힘이 없는 쪽이 '우리는 우리대로'라는 투의 배타적인 몸짓을 하는 것만을 능사로 여겨서는 안 된다는 점을 깨달을 필요가 있다. 스스로 문화가 앞섰다고 믿는 앞선 나라 사람들에게 우리가 외쳐야 할 것은 범인류적인 차원에서의 정의 이념의 실현일 것이다. 그리고 나라와 나라 사이에 힘과 자원의 공정한 배분을 우리가 떳떳이 외칠 수가 있어야 한다. 인류 역사에서 도덕의 원리는 한 민족이나 나라 안에서만 적용되어 왔다. 실제로 민족과 나라 밖에서는 그 고상한 도덕원리는 내팽개쳐지고 발가벗긴 채 오직 힘으로 모든 것을 결판냈다. 인류의 역사는 이제 하나의 '공동 생명권'임을 부인할 수 없는 시대로 옮겨가고 있다. 그것은 요즈음 생태의 위기를 깨달음으로써 더욱더 날카롭게 인식되고 있다. '너는 죽고 나만 잘 살겠다'는 생각으로는 인류가 이 지구 위에서 그 생명을 오래 이어갈 수 없음을 깨닫게 되는 시대가 머지않아 올 것이다. 이것은 어리석은 낙관주의자의 잠꼬대가 아니다. 인류가 그렇게 되지 않으면, 사람에 관한 모든 이야기조차, 고상하거나 추하거나 더 이상 오갈 수 없는 영원한 침묵이 이 지구를 뒤덮을 것이기 때문이다.

셋째로, 내일의 한국 문화가 개발해야 할 것은 새로운 삶의 태도이다. 우리가 1970년대에 허겁지겁 올라탄 열차는 성장이라는 신화로 가는 경제 열차였다. 그것은 어쩌면 막차였는지도 모른다. 그러나 기하급수적인 성장은 유한 체계 안에서의 무한한 확대라는 논리의 모순을 지니고 있을 뿐만 아니라, 현실에서는 불가능하다는 계산들이 나와 있다. 그렇다면 도대체 성장의 신화가 갖고 있는 삶에 대한 태도는 어떤 것일까? 그것은 사람이 욕망의 대상을 자꾸 많이 만들어놓음으로써 사람은 더욱더 행복해진다고 믿는 태도이다. 그러한 태도가 참으로 옳은 것일까? 성장이라는 신화의 허상은 두 가지 방향에서 폭로될 수가 있다. 첫째는 계속적인 성장이 이 지구 위에서 적어도 지금까지의 방식으로는 불가능하리라는 현실적인 문제요, 둘째는 도대체 그런 성장은 무엇 때문에 추구해야 하느냐는 삶과 관련된 윤리적인 문제이다.

우리나라의 경우는 성장의 열차를 타고 얼마 가보지 못했으므로 위의 두 가지 의문은 우리에게 아직 그렇게 절실하지 않은 것도 사실이다. 우리는 아직도 계속 성장해야 할 현실적인 욕구가 너무나 강하다. 따라서 위와 같은 성장 한계론은 우리 처지와는 동떨어진 배부른 사람의 신세타령쯤으로 받아들여질 수도 있다. 그러나 우리가 그 문제를 강 건너 불 보듯 할 수 없는 것은 그것이 오늘의 우리에게 급한 문제는 아니더라도 내일의 한국사회가 부딪칠 심각한 문제가 될 것임에 틀림이 없기 때문이다. 그러므로 내일의 역사를 이야기하는 처지로서는 그 문제에 슬기로운 대처 방안을 미리 궁리해 놓지 않으면 안 될 것이다.

우리는 행복의 공식을 다음과 같이 표현할 수 있을지도 모른다. 곧 '행복은 욕망 대상의 획득 나누기 욕망'이란 공식에 따르면, 분모가 일정한 경우에는 분자를 늘림으로써 행복을 크게 할 수 있고, 분자가 일정한 경우에는 분모를 줄임으로써 행복을 크게 할 수 있다. 앞의 방식은 사람이 지닌 욕망은 그대로 놔두고 욕망을 채워줄 대상을 자꾸 생산해 냄으로써 살기 좋은 세상, 곧 행복한 세상을 만들려는 삶의 태도이며, 뒤의 경우는 욕망의 대상은 더 만들지 않고 사람의 욕망을 하나씩 하나씩 줄여감으로써 행복의 크기를 키우는 삶을 살아가려는 태도라고 볼 수가 있다.

성장의 신화는 앞의 극단적인 형태이고, 금욕주의는 뒤의 극단적인 형태일 것이다. 그리고 서구사회는 일반적으로 앞의 경향이 짙고 동양의 전통사회는 뒤의 경향이 짙은 삶의 태도를 저마다 가지고 있었다고 볼 수 있다. 여기서 우리는 새로운 다른 형태의 삶의 태도를 개발해야 할 시점에 서 있음을 발견한다. 그것을 우선 '신초월주의'라고 부르자. 그 신초월주의가 좇는 것은 금욕주의와 같이 사람의 욕망을 완전히 없애거나 억누르려는 것이 아니라, 사람의 욕망을 한 계단 넘어서서 밖에서 냉정히 바라봄으로써 욕망을 채우는 것이 근본적으로 새로운 문제를 생기게 하는 그런 욕망을 이성으로 넘어서자는 것이다. 여기에서 근본적인 새로운 문제라고 하는 것은 우리가 자연의 한계에 도전하거나 자연의 근본적인 균형을 깨뜨리는 것을 뜻한다.

신초월주의의 뿌리를 우리는 동양의 전통적인 사유에서 발견할 수가 있다. 옛 동양적인 통찰에 현대의 옷을 입힌 것이 우리가 여기서 이야기하는 신초월주의라고 해도 크게 잘못될 것은 없을 것이다.

위에 든 세 가지 점은 우리가 내일의 한국 역사를 미리 넘겨다보면서 짚어보는 역사의 가능성에 지나지 않는다. 오늘 이 땅을 사는 사람들 가운데 이 땅의 역사가 이제는 좀 달라져야겠다는 역사의 요청에 귀를 막을 사람은 없을 것이다.

사람이 정말로 살 만한 사회를 만들고 이성이 숨 쉬는 역사를 창조하는 것이 바로 오늘 이 땅에 사는 우리가 풀어야 할 역사적인 과제가 아닐 수 없다. 역사는 오로지 이성이 작곡한 작품만을 연주하는 무대도 아니고, 자연이 인간을 키워온 것의 기록도 아니다. 역사는 사람의 이성이 자연에 대하여 그리고 사람 자신에 대하여 끊임없이 새로운 '관계를 세움'으로써 자기의 존재를 확대하고 풍성하게 하려고 이성이 벌인 싸움의 기록이다.

『뿌리 깊은 나무』(1979년 12월)

이명현

계간 『철학과 현실』 발행인
심경문화재단 이사장
서울대학교 인문대학 철학과 명예교수
2008년 세계철학자대회 조직위원회 위원장
제37대 교육부장관
미국 하버드대학교 철학과 Visiting Scholar
서울대학교 인문대학 철학과 교수
독일 트리어대학교 연구교수(Humboldt재단 fellow)
서울대학교 철학과 학사 · 석사
미국 브라운대학교 철학과 박사(Ph.D)
청조근정훈장 수상
저서 : 『이성과 언어』, 『신문법 서설』, 『열린마음 열린세상』, 『길이 아닌 것이 길이다』, 『보통사람을 위한 철학』 등
역서 : 『열린사회와 그 적들』 등

아름다운 세상

1판 1쇄 인쇄   2019년 3월 5일
1판 1쇄 발행   2019년 3월 10일

지은이   이 명 현
발행인   전 춘 호
발행처   철학과현실사

출판등록   1987년 12월 15일 제300-1987-36호
서울특별시 종로구 동숭동 1-45
전화번호 579-5908
팩시밀리 572-2830

ISBN 978-89-7775-817-9 03100
값 18,000원